观光农业系列教材——

观光农业营销学

主　编　史亚军
副主编　黄映晖　崔忠民
参编者　马　亮　王志芳

气象出版社
China Meteorological Press

内 容 简 介

　　本书较系统地介绍了观光农业的概念、内涵、基础理论、基本条件、类型与赢利方式、国内外发展特征与趋势,着重介绍了观光农业的规划、项目设计、消费者行为分析、发展策略、定价策略、促销策略以及观光农业法律法规建设,并介绍了不同类型观光农业的建设。全书共十四章,集国内外最新研究成果与编写人员长期研究与实践编撰而成。本书适合于观光农业专业、旅游管理专业或其他相关本科、专科专业教学使用。也可供相关行业、产业的人员参考。

图书在版编目(CIP)数据

　　观光农业营销学/史亚军主编. —北京:气象出版社,2010.12
　　(观光农业系列教材)
　　ISBN 978-7-5029-5082-8

　　Ⅰ.①观… Ⅱ.①史… Ⅲ.①农产品-市场营销学-高等
学校:技术学校-教材 Ⅳ.①F762

　　中国版本图书馆 CIP 数据核字(2010)第 216128 号

出版发行:气象出版社
地　　址:北京市海淀区中关村南大街 46 号　　　邮政编码:100081
总 编 室:010-68407112　　　　　　　　　　　发 行 部:010-68409198
网　　址:http://www.cmp.cma.gov.cn　　　　　E-mail:qxcbs@cma.gov.cn
责任编辑:方益民　姚　棣　　　　　　　　　　终　　审:章澄昌
封面设计:博雅思企划　　　　　　　　　　　　责任技编:吴庭芳
责任校对:赵　瑗
印　　刷:北京京科印刷有限公司
开　　本:720 mm×960 mm　1/16　　　　　　印　　张:22.5
字　　数:438 千字　　　　　　　　　　　　　印　　数:1—4000
版　　次:2010 年 12 月第 1 版　　　　　　　　印　　次:2010 年 12 月第 1 次印刷
定　　价:38.00 元

出 版 说 明

　　观光农业是新型农业产业，它以农事活动为基础，农业和农村为载体，是农业与旅游业相结合的一种新型的交叉产业。利用农业自然生态环境、农耕文化、田园景观、农业设施、农业生产、农业经营、农家生活等农业资源，为日益繁忙的都市人群闲暇之余提供多样化的休闲娱乐和服务，是实现城乡一体化，农业经济繁荣的一条重要途径。

　　农村拥有美丽的自然景观、农业种养殖产业资源及本地化农耕文化民俗，农民拥有土地、庭院、植物、动物等资源。繁忙的都市人群随着经济的发展、生活水平的提高，有强烈的回归自然的需求，他们要到农村去观赏、品尝、购买、习作、娱乐、疗养、度假、学习，而低产出的农村有大批剩余劳动力和丰富的农业资源，观光农业有机地将农业与旅游业、生产和消费流通、市民和农民联系在一起。总而言之是经济的整体发展和繁荣催生了新兴产业，观光农业因此应运而生。

　　《观光农业系列教材》经过专家组近一年的酝酿、筹谋和紧张的编著修改，终于和大家见面了。本系列教材既具有专业性又具有普及性，既有强烈的实用性，又有新兴专业的理论性。对于一个新兴的产业、专业，它既可以作为实践性、专业性教材及参考书，也可以作为普及农业知识的科普丛书。它包括了《观光农业景观规划设计》《果蔬无公害生产》《观光农业导游基础》《观赏动物养殖》《观赏植物保护学》《植物生物学基础》《观光农业商品与营销》《花卉识别》《观赏树木栽培养护技术》《民俗概论》等十多部教材，涵盖了农业种植、养殖、管理、旅游规划及管理、农村文化风俗等诸多方面的内容，它既是新兴专业的一次创作，也是新产业的一次归纳总结，更是推动城乡一体化的一个教育工程，同时也是适合培养一批新的观光农业工作者或管理者的成套专业教材。

　　带着诸多的问题和期望，《观光农业系列教材》展现给大家，无论该书的深度和广度都会显示作者探索中的不安的情感。与此同时，作者在面对新兴产业专业知识尚存在着不足和局限性。在国内出版观光农业的系列教材尚属首次，无论是从专业的系统性还是从知识的传递性都会存在很多不足，加之各地农业状况、风土人情各异及作者专业知识的局限性，肯定不能完全满足广大读者的需求，期望学者、专家、教师、学生、农业工作者、旅游工作者、农民、城市居民和一切期待了解观光农业、关心农村发展的人给予谅解，我们会在大家的关爱下完善此套教材。

　　丛书编委会再次感谢编著者，感谢你们的辛勤工作，你们是新兴产业的总结、归纳和指导者，你们也是一个新的专业领域丛书的首创者，你们辛苦了。

　　由于编著者和组织者的水平有限，多有不足，望得到广大师生和读者的谅解。

　　本套丛书在出版过程中得到了气象出版社方益民同志的大力支持，在此表示感谢。

《观光农业系列教材》编委会

2009 年 4 月 26 日

《观光农业系列教材》编委会

前　言

　　观光农业是指在农村范围内,利用农业自然环境、田园景观、农业生产、农业经营、农业设施、农耕文化、农家生活等旅游资源,通过科学规划和开发设计,为游客提供观光、休闲、度假、体验、娱乐、健身等多项需求的旅游经营活动。有农村景区、科技园区、观光农园、休闲农园、生态农园、市民农园、农家乐等形态。广义的观光农业包括观光林业、观光渔业、观光牧业等。

　　观光农业以促进农民就业增收和社会主义新农村建设为重要目标,横跨农村一、二、三产业,融合生产、生态与生活功能,紧密连结农业、农产品加工业和服务业,是新型的农业产业形态;观光农业是农业功能的拓展与延伸,是现代农业的重要组成部分;观光农业链接城市与乡村、链接市民与农民、链接历史与未来,是促进农民就业增收、推进农村产业结构调整、推动现代农业建设、促进城乡统筹发展的有效途径。观光农业是现代农业的重要组成部分,是转变农业与农村经济发展方式、调整农村产业结构的重要途径,是建设社会主义新农村、促进农民就业增收的重要切入点与渠道,是推动统筹城乡发展的重要抓手。

　　2009 年,观光农业在全国各地蓬勃发展,产生出科技园、农业园、采摘园、观光园、农业休闲度假园区、市民农园、民俗村、农家乐等丰富形式,全国观光农业特色农业园(农家乐)已发展至 150 多万家,具有一定规模的观光农业园区发展至 12 000 多家,直接从业人员近 300 万人,年接待游客 7 亿人次,年经营收入达 900 亿元左右,成为我国农业和农村经济发展的亮点之一。观光农业的功效主要体现在以下几个方面:

　　一是推动了传统农业向现代农业的转变。现代农业具有食品保障、原料供给、就业增收、生态保护、观光休闲、文化传承等功能,是集生产、生态和生活"三生"于一体的复合产业。观光农业的蓬勃发展,进一步挖掘了农业在塑造良好乡村风貌、保护农村生态环境、改善农民生活水平等方面的作用,诠释和丰富了现代农业的内涵,开辟了现代农业发展的新途径,加快了现代农业的建设步伐。

　　二是促进了农业与农村产业结构调整。观光农业的发展带动了无公害、绿色、有机农业的发展和农业标准化生产,成为展示现代农业科技、先进农业设施、农业生物技术等的重要平台;观光农业加快了农村三次产业的协调与融合发展。观光农业是农业和旅游业相结合、相交叉的新兴产业,打破了产业界限,融三次产业于一体,有效地促进了农业结构调整和产业链条延长,提高了特色农业知名度和农业综合效益,促进了农村三产发展,带动了当地农产品生产、加工、储藏、运输、住宿、餐饮、娱乐、购物等产业的兴旺发达,开辟了农民就业新路,推进了农民自主创业,实现了农民就地转移,推动了城乡互动交流。

三是促进了农民就业和增收。在实现了粮食安全及主要农产品有效供给的基础上,促进农民就业与增收已经成为我国农业与农村经济工作面临的主要任务。发展观光农业可以非常有效地促进农民就地就近转移就业和增加收入。在农村,观光农业每增加1个就业机会,就可带动整个产业链增加5个就业机会。一个年接待10万人次的休闲农庄,可实现营业收入1000万元,直接和间接安置300名农民就业,可带动1000户农民家庭增收。观光农业已成为农民"四季不断"的重要产业与收入来源。

四是推动了社会主义新农村建设。新农村建设需要产业发展的支撑及农村文明水平的提高,观光农业有效地配置了农村各种资源,使农业与农村成为市民走进自然、认识农业、怡情生活的新天地,引导了人才、技术与资金等生产要素回流农村,带动农村基础设施建设和生产发展,改善了农村发展环境和村容村貌。同时,观光农业的发展,引导广大农民主动学习和掌握现代农业科技知识、经营管理知识和先进文化,培养了一大批有文化、懂经营、会管理的新型农民,整体带动了农业生产水平和农村文明水平的提高,推进了社会主义新农村的建设。

五是促进了城乡经济社会统筹发展。当前,我国总体上已进入以工促农、以城带乡的发展阶段,观光农业适应了居民消费结构升级的需要,实现了"大农业"和"大旅游"的有机结合,使得城乡互为资源,互为市场,互为环境,带动了城市信息、资金和技术等资源向农村流动,加快了城乡经济文化融合和三次产业的联动发展,缩短了农村生活与现代文明生活方式间的距离,丰富了我国城乡一体化的实践内涵,有力地推动了城乡经济社会统筹发展的历史进程。

观光农业在我国的兴起与发展,已使我国农村成为中国休闲旅游业最大的客源市场,农业功能得以拓展,促进了我国农业与农村的转型,农产品附加值不断提升,农业与农村文化得以保存与利用,带动了农村教育、卫生、交通的发展,推动了现代农业经济体系建设,促进了城乡一体化的和谐发展。

本教材是一本内容、理念与方法全新的教材,在编写过程中,编写人员查阅了大量的国内外书刊资料,参考了相关专业教材与最新研究成果。在长期的研究中,编写人员考察了北京、上海、天津、河北、江苏、湖北、四川、海南、银川、浙江、黑龙江、新疆、台湾等多个地区的观光农业发展实践,并亲身规划设计了20余个观光农业项目(园区),为观光农业营销教材的编写奠定了坚实的基础。

本教材系统地介绍了观光农业的概念、内涵、国内外发展概况、观光农业类型与赢利方法、观光农业项目规划、观光农业项目设计、观光农业消费者行为分析、观光农业产品发展策略、观光农业产品定价策略、观光农业促销策略、观光农业政策与法规，最后介绍了不同类型的观光农业园区的建设。全书共分十四章，是集国内外最新文献资料与编写人员多年的实践探索汇聚而成，适合观光农业专业和旅游管理专业本、专科使用，也可供相关行业的从业者参考。

本教材由北京农学院都市农业研究所所长、中国农学会都市农业与休闲农业分会常务理事、副秘书长史亚军主编，副主编为北京农学院都市农业研究所黄映晖博士、北京市昌平职业学校崔忠民老师。各章执笔人如下：导论、第一章、第三章、第四章、第五章、第六章、第七章、第八章、第十二章、第十三章由史亚军编写；第二章由黄映晖编写；第十章由崔忠民编写；第九章、第十一章由北京农学院园林学院教师马亮编写；第十一章由北京市昌平职业学校教师王志芳编写；北京农学院经济管理学院硕士研究生李立伟、邱佳等做了大量的工作。史亚军负责全书的汇总工作。

在本教材的编写过程中，编写人员认真负责，精诚合作，共同研讨，相互切磋，体现了科学与合作的精神。编写过程历经一年多的时间，在编写过程中，我国的观光农业发展日新月异，典型不断涌现，研究不断深入，作者还承担了我国第一个《休闲农业"十二五"发展规划》的制定工作。虽编写人员力求完善，但由于编撰者水平与时间所限，书中定有不少遗憾与瑕疵，敬请广大同仁与读者批评指正。

史亚军

2010 年 10 月 16 日

目　录

导　论

第一节　观光农业的起源与发展

一、观光农业的起源

　　观光农业是 20 世纪末的时尚。它在世界范围的真正兴起为 20 世纪中后期,在我国则从 20 世纪 90 年代开始。意大利在 1865 年就成立了"农业旅游全国协会",专门介绍城市居民到农村去体味农田野趣,距今已有 100 多年的历史。然而,就把农业引入园林这一简单形式看,我们也可以从园林的最初形态上找到观光农业的雏形。

　　在古希腊园林形成的初期,实用性很强,形式也比较简单,多将土地修正为规则式园圃。种植则以经济作物为主,栽培果树、蔬菜及生产香料和各种调味品。这是当时比较主要的表现形式。

　　在古罗马园林中,基本继承了古希腊园林规则式的特点,并对其进行了发展和丰富。在种植方面,花园占了较大的比重,园林中的葡萄园、稻田则不再具有强烈的功利性。

　　在"黑暗的中世纪",园林以实用为主,城堡内的园林中设有规则的药圃和菜地。

　　在我国园林的雏形——周朝的苑、圃中,也栽有大量的桃、梅、木瓜等农作物,这从《周礼》上"园圃树之果瓜,时敛而收之"、《说文》上"园,树果;圃,树菜也"(树即栽培之意)、《诗经》上"桃之夭夭,其华灼灼"等诗句中可以看出。

　　随着历史的发展,农作物在园林中应用也逐渐减少,到文艺复兴时期,当时最大的园林理论家阿尔伯蒂(Leon Battista Alberti)的设计思路就摒弃了纯实用的观点,认为果树不应种植在园林里……

从中外园林的最初形态上我们都能看到很多农业的影子，而今天，农业观光、农业旅游又成为新一轮的热点，这也说明人类对农业的认识已经历了一个否定之否定的过程，人们的认识已经上了一个新台阶。

二、观光农业的发展

1. 观光农业的背景与意义

观光农业集农业和旅游业的特点，是农业发展的新途径，也是旅游业发展的新领域。观光农业的发展与国民经济的发展、生活水平的提高以及生活方式的改变有着密切关系，特别是在城市化迅速发展的今天，城市高楼林立，街道纵横，交通拥堵，绿地减少，环境污染，人口增加，生活节奏紧张繁忙，人们生活空间日趋缩小。假日里有限的城市公园和风景区，由于人满为患，已经不能满足人们对休闲和旅游的心理需求，迫切需要到郊外农村寻求新的旅游空间，去欣赏田园风光、享受乡村情趣，实现回归大自然、陶冶情操、休养健身的愿望。

与城市相比，农村天地广阔，空气新鲜，自然环境优美，山村野趣浓厚，绿色食品多样，农事活动新奇，乡土文化丰富，对城市居民来说，是一种别具情趣的享受，具有极大的吸引力。发展观光农业可以为城市人扩大观光旅游领域、学习和丰富农业知识、体验农民生活、促进城乡文化交流创造条件。农村优美的自然环境及新异的农业景观和城市人扩大休闲旅游的强烈愿望相结合，就形成了观光农业发展的客观背景。

为适应旅游业发展的客观要求，充分开发利用农业资源，加快观光农业的发展，具有重要的现实意义。主要表现在：

(1)可以充分有效地开发利用农业资源，调整和优化农业结构，促进农业和旅游业的合理结合，建立新的"农游合一"的农业发展模式。

(2)可以扩大旅游市场和农产品销售市场，同时还可以带动相关产业的发展，扩大劳动就业，增加经济收入，发展高效农业。

(3)可以保护和改善农业生态环境，塑造良好的乡村风貌，提高城市人的生活质量和环境质量，达到休憩健身的目的。

(4)可以让游客了解农业生产活动，体验农家生活气息，享受农业成果，普及农业基本知识，促进城乡文化交流。

(5)可以开拓新的农业旅游空间和领域，使部分游客走进"农业"这一大世界，以减轻某些观光地的人满为患压力，缓解假日里城市旅游地过分拥挤的现象。

2. 我国观光农业的发展

我国是个古老的农业国，有悠久的农业历史，孕育了丰富的农耕文化；中国地大物博,农业资源异常丰富,农业景观新奇多样,这些都是促进观光农业发展的内因。近年来,我国大陆实行改革开放,居民经济收入增加,生活水平显著提高,尤其是城市居民生活消费不再仅仅满足于衣食住行,而转向多样化、高层次的文化娱乐,由于城市人口增加,生活空间拥挤,工作节奏加快,人们产生了回归大自然、向往田园之乐的强烈愿望。因而,广阔的客源市场和旅游要求为观光农业的发展提供了强有力的外因。

近年来,随着农业、旅游业的发展,农村条件的日益改善,为观光农业的发展提供了可能。世界各国观光农业发展的成功经验,也触发了我国大陆观光农业的迅速发展。20世纪80年代后期,改革开放较早的深圳首先开办了荔枝节,主要目的是为了招商引资,随后又开办了采摘园,取得了较好的效益,于是各地纷纷仿效,开办了各具特色的观光农业项目。如浙江金华石门农场的花木公园、自摘自炒茶园,富阳县的农业公园;福建漳州的花卉、水果大观园,厦门华夏神农大观园,建阳县黄坨乡蛇园,东山县"海上新村"、"鲍鱼观尝村";云南西双版纳热带雨林、傣族的民舍;广西柳州水乡观光农业区;安徽黄山市休宁县凤凰山森林公园;山东枣庄石榴园;吉林净月坛人工林场;四川三台新鲁橄榄林公园;海南亚珠庄园;河南周口市"傻瓜农业园"、睢阳县的绿雕公园;上海浦东"孙桥现代农业开发区"等。这些农业观光基地大多项目独特,条件优越,既可观光游览,又可操作度假,还有许多农业节活动相辅,正在逐步形成具有中国特色的观光农业基地。

近年来,我国观光农业发展具有以下特点:

第一,观光农业以观光、休闲功能为主,主要包括观赏、品尝、购物、农作、文化娱乐、农业技艺学习、森林浴、乡土文化欣赏等。由于农业受气候条件的影响,因而观光农业的内容及时间也具有明显的季节性特点。

第二,观光农业与旅游业相结合,形成了具有"农游合一"的观光农业特点。观光农业区往往靠近旅游景区或景点,观光农业的项目是旅游业项目的组成部分,旅游者通过观光农业可以获得丰富的农作体验和田园风光的享受,达到游览风景名胜和观光农业的双重目的。这种农业和旅游业的结合,可以实现观光农业带动旅游业,旅游业促进观光农业的发展,在经济上获得农业和旅游业的综合效益。

第三,观光农业多分布在东部经济发达省区和大城市郊区以及旅游业比较发达和特色农业地区。东部地区经济发展比较快,居民经济收入增加,生活质量提高,旅游要求增强,这为当地发展观光农业提供了广阔的客源市场。同时农村经济的发展,农村条件的改善,也为发展观光农业提供了可能。所以,东部沿海省、市是观光农业发展较早、较快的地区,如广东、福建、海南、浙江、江苏、上海、山东、河北、天津、北京、辽宁等。内地云南、四川、河南、黑龙江、新疆等省、区,由于旅游业或特色农业(绿洲农业)发达,也发展了观光农业。今后其他省、区随着经济的发展,各具特点的观光农业将会逐步发展起来。

3. 观光农业发展前景

我国大陆具有发展观光农业的自然景观和农业景观,如既有南方的水乡农业景观,又有北方平原的旱作农业景观;既有沿海发达地区及大城市郊区的农业景观,又有西北干旱区的绿洲农业和草原牧业景观。同时,还有反映中国农村特色的农耕文化、民俗风情、田园生活、乡村风貌、农果品尝、文化娱乐等人为景观,这些都为发展观光旅游业提供了优越条件。

今后,随着城乡经济的发展和人民生活水平的提高,对改善农村环境、提高生活质量、发展观光旅游的需求日益增强,这为发展观光旅游业提供了较好的客源市场。由此可见,我国大陆发展观光农业的潜力很大,前景广阔。展望未来,观光农业将在中国大地上显示出它的勃勃生机,最终发展成为一项有生命力的新型产业。

第二节　观光农业产生的因素分析

一、综合因素分析

观光农业的产生与社会发展的水平是密切相关的,产生的综合因素主要有以下几个方面:

1. 高密度社会的出现

现代社会,由于都市中人口密度的提高,生存空间及绿地减少,噪音、空气等污染长期胁迫居民,使得人类对乡间田野式生活的向往与日俱增。

2. 消费结构的变化

现代社会由于个人所得及生活水平提高,使得人们消费结构发生变化,人们用于休闲娱乐的费用大大提高,使得人们旅游等活动增加。

3. 休闲时间增加

由于经济形态改变,人们的工作时间和休闲时间比例亦随之变化,昔日"日出而作,日落而息"的生活方式亦逐渐为工业社会的生活所取代,休闲时间增加的结果,使得人们有余暇从事户外活动。早在 20 世纪 60 年代,美国著名社会学家丹尼尔·贝尔就提出未来社会是闲暇社会,人类历史上将第一次面临闲暇时间的压力所产生的社会问题。美国著名经济学家凯恩斯也曾预言,人类将第一次面临真正的永久问题——如何度过闲暇,闲暇的增加正在改变着人们的价值观、生活和劳动意识。

4. 交通条件的改善

游憩旅游和交通关系密切，没有完善的交通条件，将大大减缓观光游憩的发展。特别是农业观光园，其位置与城市一般都有一定的距离，交通状况就显得尤为突出。

5. 农村结构的改变

由于经济起飞，传统农业形态面临许多冲击而产生各种问题，农业观光园的出现，可以解决一些相应问题。

基本上，观光农业的发展，是由于农业区域外在环境及内在环境的变迁所造成的。

二、我国观光农业的需求与供给因素

对我国而言，考虑需求、供给等方面的社会变迁因素，进行综合研究，可得到以下几个影响因素：

1. 需求方面

根据陈昭明（1981）的研究，影响游憩需求量和需求品质变动的因素包括许多，分别有外在大环境因素、中间因素、游乐区本身的因素。对于观光农业需求兴起的原因，在此参考有关的研究，整理归纳为以下因素：

（1）人口（总人口、年龄结构、地域分布、教育程度）趋势　我国人口数量一直呈稳定增长趋势。据 ORRRC（Outdoor Recleation Resouras Review Commission 户外休闲资源评估委员会）的研究指出，当人口增加时，则游乐需求量增加，并且当人口的其他因子改变时，亦会产生相互的影响。因此当总人口数增加，人口质量改变，如教育程度、健康、年龄结构等，使游憩需求在数量和品质上都有改变。

（2）城市化进程　新中国成立时，除台湾省外整个国家只有 132 个城市。此后，我国城市总数逐年增加，到 1996 年达 663 个。现在，我国正处于一个经济增长和城市发展都很迅速的时期。

由于经济的发展与城市化进程的加速，造成我国各地不同的城市化程度。城市化程度较高地区，因就业机会增加，人口大量涌入，收入也将提高，进而提高了游憩需求量；兼以城市化造成了环境污染，生活紧张、缺乏绿意的生活环境，使人们提高了"躲避"城市和"亲近大自然"的动机。

由于农业观光园多半位于都市边缘地区，以回归田园为号召，因此吸引了许多都市地区的游憩需求者。

（3）国民生产总值　国民生产总值决定人民收入水平。就经济理论而言，一般消费支出随国民生产总值的增加而增加，因此 GNP 增加亦会影响游憩需求。

（4）个人所得及可自由支配所有　对家庭或个人而言,游憩费用多半由其可自由支配所得部分支出,因此个人所得及可自由支配所得的变动,影响到从事游憩活动的经费。

（5）交通建设及车辆　交通建设中公路里程及状况、铁路里程及状况、大型车辆（客运车、游览车等）及小型车辆（轿车、出租车）的拥有程度,都会影响人们参与游憩活动的机动性和游憩意愿。

近年来,我国在基础设施建设方面做了很大的改善,无论是铁路还是高速公路的建设都取得了长足进展。随着我国 WTO 加入,轿车进入家庭也将愈发普遍。

（6）大众传播事业　大众传播事业,如电视、广播、报纸、杂志等的普及,提供了有关农业观光活动的信息,刺激了居民产生从事游憩活动的动机,尤其是在一些大中城市,居民们渴望"做一天农民"、"体验农村生活"。

（7）社会政治环境　2001 年 3 月,第九届全国人民代表大会第四次会议批准的《中华人民共和国国民经济和社会发展第十个五年计划纲要》中指出,要把结构调整作为主线,并把调整农业和农村经济结构放在经济结构调整的首位,在农业产业化经营上鼓励采取"公司加农户"、"订单农业"等多种形式。这表明国家支持多种农业结构与农业形式的存在。

（8）休闲时间　人类活动在时间上的分配,可以区分为生活必须时间、约束时间及自由时间三项（自由时间指由生活总时间减去上述两项时间后的剩余）。自由时间愈多,能从事游憩的时间也愈多。

我国自实行双休日制度以来,又增加了"五一"、"十一"、清明、中秋等法定休息日,这也为居民出游提供了一定的闲暇时间保障。

（9）休闲经验与观念　由于生活水平的提高,社会价值的转变,影响了人们对休闲时间运用的观念,从事户外旅游活动的利用方式愈来愈普遍,因此需求亦随之增加。而休闲经验是随着需求增加而增加,较丰富的休闲经验会使人们再度产生从事游憩活动的动机和意愿。因此休闲经验的增加,亦影响我国游憩的需求。

（10）偏好　由于社会变迁,都市化程度的提高,影响人们从事游憩活动的偏好。对于自然环境和乡间野味的偏好随着城市绿地的消失、生活空间的窄小、工作压力等因素而逐渐增加,于是观光农业形态的旅游活动成为都市地区人们的新宠。

（11）游乐费用　从事游乐活动所花费的费用,称为游乐费用,包括交通费、食宿费、入场费、装备费等。游乐花费的水平愈高,则需求愈低,反之亦然。观光农业的花费较低,属于平民化的旅游方式,因此其需求也较大。

由于受到上面所讨论的各因素影响,我国的游憩需求在数量和形态上都有所改变。

游憩需求量的增加:近年来,我国国内旅游收入和人数都在以较大幅度增加,城市和农村居民的旅游费用均有所提高,出游率逐年上升,据 1995 年国内旅游抽样综合调查报告显示,1995 年国内居民出游率为 52.4％,比 1994 年增加 8.7 个百分点,出游总人次数为 6.29 亿人次,比上年增加 20％。国内旅游线中,长线不热,短线急剧升温。其原因一是由于都市人长期处在时间与空间的限制下,回归自然已成为一种时尚,另一方面则是由国内游客的经济承受能力所决定的。

游憩形态的改变:据日本学者分析,随着社会的进步,游憩活动将具有以下倾向:

①大量化。游憩时间及游憩消费均有急速增加的趋势。

②多样化。近年来由于社会环境及劳动环境的反作用,使休闲活动趋向各色各样的变化,再加上游憩活动系以个人自由意愿为基础,在本质上即易产生多样化现象。

③大型化。游憩活动原属于上层阶层及有关阶层所独占的娱乐活动,但目前已渐趋向大众普遍化,因此游憩活动时间将趋向长期性,活动空间将趋向广域化。

④主动化。处于社会机械复杂状态下,常令人有精神和肉体僵化的感觉,因此个人需主动运用休闲活动以求得自律性恢复身心,由往日仅限于"看"或"参观"的活动,代以"亲自参加"活动的趋势。

⑤户外化。人口逐渐向都市集中,都市生活空间狭小,生活节奏紧张,使市民对大自然充满憧憬与向往,游憩活动有户外化的倾向。

由于游憩需求有上述的变化趋势,"观光农业"这种游憩形态的产生,也是为了满足逐渐增多的游憩需求,并符合游憩形态多样化、主动化、户外化的倾向。

2.供给方面

对于农业观光的供给面——农民、农业部门而言,因游憩需求而产生农业观光形态的经营方式,其原因可归纳出以下几点:

(1)农业目标的改变　农业发展的目标随着社会变迁而更动。目前,我国农业发展的目标在于增加农民收入,调整农业产业结构、缩小城乡差距等。

农业观光园对于农村建设、提高生活水平、农村闲暇劳动力的利用等方面都能产生正面影响,和我国现阶段的农业目标相一致,因而近年来在我国发展迅速。

(2)农业问题的刺激　提高农民收入的方案有许多渠道,如调整生产价格、降低生产成本、改善运销条件等。

据吕伟白(1979)的研究,观光农业带给农民的实质利益有:

①获得直接销售利益。一般农产品的市价与产地价格往往相差悬殊,这是因为农产品在运到市场的过程中,需加上大量的运销成本,如产地集货、分级、包装、加工、运输、贮藏等,如果再除去中间人的营利,则农民所能获得的利润更少。"观光农业"吸引游客直接向农民购买农产品,"使'去买'的农业成为'来买'的农业",减去了中间

环节,农民可获得更多的利润。

②获得促销利益。农民往往没有财力替自己的农产品做宣传,经营观光农业后,可借助游客游玩后的宣传,使产品知名度提高,拓展产品销售市场。

③获取其他游憩经营利益。农民还可获得门票收益及经营附属设施的利益。附属设施如民宿、特长店等。

观光农业所涉及的层面十分复杂,包括农村环境、游憩系统、土地资源等问题,并非仅农业经济或组织推广可以全部包括,目前这类问题也逐渐受到其他学术领域及政府各部门的重视。

在我国,观光农业尚属起步阶段,从事农业观光园及相关类型开发的主要还是政府行为,或者说是旅游开发商行为。真正的,像国外那样由农户直接经营的还属少数,在提高农民收益这方面还显得不够直接。

第三节　观光农业的内涵、外延与特征

一、观光农业的内涵

观光农业是一种依托农业和农村环境,适应现代都市居民"人与自然和谐,休闲与康乐互动"的休闲消费心理发展起来的休闲旅游形式。它不是毁"农"造景,而是以农为景;不是抛弃了农业原有的"生产价值",追求生态、社会和文化价值,而是在农业原有的"生产价值"基础上,再增加生态、社会和文化价值。因此,观光农业具有特定的和丰富的内涵。

1.具有农业和旅游业的产业兼容性

农业属于第一产业,旅游业属于第三产业,本来两者各有天地,互不相融。但观光农业的出现,无论是其项目设置、设施装备,或是环境条件、经营管理等方面,都是农业与旅游业的相互兼容,并以此而区别于一般的乡村农业。

2.具有田园风光和旅游景点的呼应性

一般农业所特有的田园风光虽然有其自然、开阔、壮观的景色,但毕竟较为粗放和单一。观光农业充分发挥一般农业田园风光的优势,因地制宜地加以艺术化改造,如绿化美化,地形改造,并适当设置雅致、简朴、自然的景点和实用、配套的设施,使田园风光得到点缀而增辉,旅游功能也因此而强化。

3.具有生产功能和旅游功能的耦合性

农业的主要功能是向社会提供物质产品,以满足人们物质生活的需要;旅游业的主要功能是向社会提供文化产品,以满足人们精神生活的需要。观光农业则是两种功能的耦合,既具有生产功能,又具有旅游功能,即在向社会提供物质产品的同时,以其特有的田园风光、民俗风情使人们感受到返璞归真、回归自然的乐趣,并达到体验生活、增长见识、陶冶情操的效果。

4.具有生产活动和旅游活动的统一性

农业是以种养业为主的物质生产活动,旅游业是以观光、休闲为主的精神文化活动。这两种活动过程在过去一般都是分别在不同的场所展开的。观光农业则是同时在同一场所使两种活动过程协调一致。

5.具有物质价值和文化价值的互补性

农业追求的是物质生产价值,旅游业追求的是精神文化价值,两者的效益是通过各自的价值得到体现的。但在一般的农业和旅游业的项目中,具有物质生产价值的未必同时具有精神文化价值;具有精神文化价值的也未必同时具有物质生产价值。因为,生产性和可观赏性并不完全一致。所以,在许多情况下,是难以两者兼备的,往往为了这种价值而不得不牺牲另一种价值。观光农业则可以实现两种价值的互补,一方面以其可观赏性和可参与性使农业的附加值得到提高;另一方面又以其生产性和文化性使旅游业价值获得支撑和延伸。

二、观光农业的外延

观光农业的外延是指观光农业特有属性所反映的那些对象和范围。即观光农业是指以农业旅游为主要内容,并具有一定产业功能和景观特色的农业。

1.以种植业为特色的观光农业

种植业,包括大田作物种植、经济作物种植和果树蔬菜种植等,其特色有多种多样的表达方式。以欣赏田园风光为特色的观光农业,一般因规模大而十分壮观。如沪宁高速公路沿线两侧的现代农业示范带、黑龙江的农垦旅游、内蒙古的草原旅游。还有因主导产品突出的农业节旅游,如北京大兴的西瓜节和通州的美食节;上海长兴岛的橘子节、南汇的桃花节;广东的荔枝节;连云港云台的樱桃节;无锡马山的杨梅节;河南洛阳的牡丹节。以及因田园风光特殊的农业观光,如广西的观光梯田。

2.以参与渔猎为特色的野趣农业

养殖业,包括水产业和畜牧业。以养殖业为特色的观光农业,一般具有很强的可参与性。各地普遍已有许多可供垂钓的娱乐场所,如江苏金坛的五叶休闲渔桑场、无锡马山的生态旅游农业园等。

3. 以生态环境为特色的生态农业

草、木既是农业的重要资源，也是农业生态的基本要素，草业和林业都是大农业中的重要产业。在人们崇尚绿色自然的今天，以草、木资源为特色的农业旅游，发展十分迅速。如云南西双版纳的生态旅游，黑龙江的大兴安岭、吉林的长白山和湖北的神农架森林旅游等。

4. 以设施化为特色的特技农业

设施栽培和设施养殖已在农业上广泛应用，近几年来我国的设施农业发展很快，日光温室、塑料大棚、玻璃温室等保护地的种养面积不断扩大，并已使我国农业工厂化初见端倪。设施农业不仅因农业生产条件与露地农业有很大差别和特殊作用，而且以反季节种养、无土栽培、组织培养等特殊技术赋予旅游价值。如北京的中以（以色列）示范农场、上海浦东的现代温室、南京农业大学的现代温室，都已逐渐成为旅游的新热点。

5. 以民俗风情为特色的自然农业

我国是一个多民族国家，由于历史、文化和自然条件等原因，所形成的各具特色的民俗风情十分丰富，尤其是内地山区和边远少数民族地区，这种民俗风情更具吸引力。如湖南的张家界、四川的九寨沟、云南的大理、广西的龙胜等。

6. 以提供休闲度假为特色的休闲农业

当今，由于城市人群集居、环境污染、交通拥挤、节奏紧张而给市民带来生理的和心理的诸多不适，随着经济条件的改善，人们向往空气清新、环境幽静、景色宜人的田园诗歌式生活。因此，可提供休闲度假和双休日活动的休闲农业应运而生。如深圳的青青世界、无锡马山的生态旅游农业园、江苏金坛的五叶休闲渔桑场等。

7. 以汇聚农业科技为特色的未来农业

提高农业科技含量是实现农业和农村经济增长方式根本转变的关键，农业和农村对农业科技的需求日趋迫切。随着农业科技示范园区的不断增加，以汇聚现代科技为主题的农业科技硅谷已经孕育。如正在投建的中新合资的苏州未来农林大世界、福建省煤炭总公司和福州城门镇合资投建的福州海峡旅游农业园——中华世纪园，是目前国内农业产业类型最多，农业科技含量最高，集农业生产、科技示范、技术贸易、观光休闲于一体的规模最大的综合性旅游农业园。

8. 以"菜篮子"工程和生物主题公园为主体的都市农业

为解决城市居民的副食品供给问题，各大中城市都已相应在城郊定点建设了一批"菜篮子"工程，因其设施化程度和农业科技含量高、交通便捷、环境清新而成为农贸旅游之地。各具特色的植物园、动物园和市民公园,融花草树木和艺术建筑小品于一园,更是都市居民观赏和休息的好去处。

三、观光农业的特征

由于观光农业具有农业和旅游业的双重属性,所以它具有以下特征:

1.生产性

具有农业生产的特点,可以提供绿色和特色农产品,满足人们物质需要。

2.观赏性

指具有观光功能的农作物、林草、花木和饲养动物等。通过观光活动,使游人获得绿色植物形、色、味等具有浓厚的大自然的意趣和丰富的观赏性。

3.参与性

让游人参与农业生产活动,让其在农业生产实践中,学习农业生产技术,体验农业生产的乐趣。

4.文化性

观光农业所涉及的动植物,均具有丰富的历史、经济、科学、精神、民俗、文学等文化内涵,利用这些有意义的文化知识,设计多种多样的观光农业游览项目,增加农业文化知识。

5.娱乐性

依赖某些作物或养殖动物区修建娱乐宫、游乐中心、表演场,供欣赏和取乐。

6.市场性

观光农业主要是为那些不了解、不熟悉农业和农村的城市人服务的,观光农业的目标市场在城市,观光农业经营者必须有针对性地、按季节特点开设观赏旅游项目,扩大游客来源。

第四节　观光农业的基本功能与定位

一、观光农业的基本功能

从世界各国与国内各地的发展历程来看,观光农业作为一种农业与旅游休闲服务业有机融合而生化出来的一种新型"产业",其所承载的基本功能如下:

1.生产功能

观光农业是融合第一产业和第三产业为一体的新型产业,因此其生产功能是第一位的。它不但生产农产品,同时也生产旅游产品;不但生产物质产品,更生产精神产品。观光农业的生产功能具体体现在它能为服务对象提供农产品、农副产品和通过休闲体验所激发的心灵愉悦与升华的精神产品。

2.游憩与保健功能

为人们提供自然清新的休闲场所从事有益的休闲活动,让远离泥土气息的城市居民领略大自然的情趣,品味返璞归真的愉悦,从而解除工作、学习及生活的压力,达到心情舒畅,修身养性的作用。

3.经济功能

改善农业和农村的产业结构,增加乡村居民的就业机会,拓宽农村经济的发展渠道,提高农业和农民的收入。

4.社会功能

加强城乡居民的交流,拓宽乡村居民的人际关系,推进城镇化进程,提升农村生活品质,缩小城乡差别,构建和谐社会。

5.教育功能

通过观光农业活动,人们可以认识农业和农耕文化,了解动、植物生长过程和农业科学知识,分享农业收获的喜悦,体验宁静朴实的乡村生活,激发人们热爱大自然、保护生态环境、造福子孙后代的环保意识和文明行动。

6.环保功能

在经过精心规划设计、建设改造和科学运行管理的观光农业景区环境的熏陶下,促使乡村居民改变不良的生活习惯和仅向大自然索取的生活态度,主动改善环境卫生,提升环境品质,树立维护自然生态平衡的理念,主动参与环境资源保护,达到自然生态环境可持续发展的目的。

7.文化传承功能

通过观光农业的建设与发展,使农村特有的农耕文化、生活文化、产业文化、民俗文化等具有特殊风格的乡村文化得以保留、升华和继承。观光农业着意表现的乡村景观,往往蕴涵着它特有的内涵,积淀着久远浑厚的历史和文化,使游人仿佛置身于一幅幅优美的山水写意画中,思古怀旧与诗情画意油然而生,令人心旷神怡。

二、观光农业的定位

1. 关于观光农业内涵定位的争论

作为一种新兴的经济发展态势,学术界对观光农业的概念至今还没有形成统一认识,存在着观光农业姓"农"还是姓"旅"的争论,这给观光农业的理论研究与实践带来了不利。根据对观光农业概念的研究侧重点不同,可将现行的观光农业概念分为两类:

(1)以"农"为主的观光农业概念　该概念持有者认为观光农业是一种兼具发展农业生产、提高农业经济附加值和保护乡村自然文化景观的农业开发形式。如有学者认为观光农业的本质在于强调农业生产与人、自然诸方面的和谐,是现代农业发展的高级形式。也有学者认为观光农业是一种以市场为导向,以区域优势为基础,以高新示范园区为桥梁,以产业化经营为主线,将直接效益与观赏效益、长远效益与社会效益融于一体的现代农业新体系。

(2)以"旅"为主的观光农业概念　该概念持有者认为观光农业是一种以旅游者为主体、满足旅游者对农业景观和农业产品需求的旅游活动形式。如有学者认为都市观光农业是都市农业生产与现代旅游业相结合而发展起来的,是以都市农业生产经营模式、农业生态环境、农业生产活动等来吸引游客实现旅游行为的新型旅游方式。也有学者将"观光农业"表述为经营者广泛利用农村野外空间的活动,其内容包括传统的农业生产经营活动、农村观光游览以及与之有关的旅游经营、旅游服务等。

现有观光农业的两类概念中,以"农"为主的观光农业概念比较强调观光农业的农业特性,而以"旅"为主的观光农业概念则比较强调观光农业的旅游产品特征。观光农业的概念和内涵提法很多,反映了不同学者从不同角度对观光农业的理解,这在一定程度上说明了其内涵的丰富性和复杂性。同时观光农业概念的模糊化和泛化,影响对观光农业正确深入地理解,以至在学术研究方面造成了一定的混乱。

2. 产业融合——观光农业的本质属性

对于任何事物的研究,把握其本质属性至关重要。观光农业的本质就是一种产业融合。

观光农业是农业和旅游业之间相互融合而成的产物,是以农村景观和农业活动等为吸引物,满足旅游者观光、休闲、求知等需求的一种新兴产业。之所以称为"观光农业",恰好反映了这种产业的双重特征:即既有旅游业的观光特征,又具有传统农业的常规功能。它既不属于传统农业,也不属于传统的旅游业,是农业与旅游业之间的产业边界被突破并在某种程度上融合的产物。观光农业的发展必须具备两个产业的一些共同特征和功能,同时也具备农业和旅游业各自不同的特征。

3.基于产业融合的观光农业产生过程

(1)产业融合理论　产业融合是以前各自独立、性质迥异的产业或同一产业内的不同行业在它们的边界处融会成具有共同特性的新型产业的过程。产业融合的本质是一种产业创新,即产业融合蕴涵着新产业的诞生,是一个新产业形成与发展的过程。

按照熊彼特(Schumpeter)的观点,所谓创新,就是"建立一种新的生产函数",即把从未有过的关于生产要素和生产条件的"新组合"引入经济体系。创新包括以下五种方式:①采用一种新的产品;②采用一种新的生产方法;③开辟一处新市场;④开辟一项新的供给来源;⑤实现一种新的产业组织。有"新熊彼特主义"之称的克里斯·弗里曼(Freeman,1997)在此基础上提出产业创新理论:"产业创新是一个系统的概念。包括全方位多层面的创新,涵盖了技术和技能创新、产品创新、业务和流程创新、管理创新和市场创新等多方面。"

产业融合在不同层次有着不同的融合内容和融合形式,这种不同层面上的融合(技术、产品、组织、市场融合)所激发出的各种形式的创新涵盖了费里曼提出的全方位的产业创新,即技术创新、产品创新、组织创新和市场创新。因此,产业融合过程的实质即是一种产业创新,是以产业之间的技术融合、产品融合为手段,以业务、组织融合为过程,以获得融合产品、新的市场和新的增长力为主要目标的一种产业创新。

(2)观光农业的融合过程

①技术融合。要求在发挥传统农业生产功能的同时,以旅游者的需求为导向,用旅游业的观念、技术来开发农业,将农业的生产要素如土地、劳动力、资本和知识、技术、文化、休闲产品与服务相结合,对农业进行加工和规划,使之成为适合发展观光农业的现代农业。主要包括以下技术融合途径:

1)田园生态景观化:即运用农业景观学、园林学、美学等理论作为指导,采取一系列的生物技术措施,对原有的农业自然景观、生态景观进行改造和规划,形成能够吸引游客前来观赏、品尝、体验、休闲的路相通、渠相连、林成网、水相映、四季常青的现代田园景观。

2)生产技术园艺化:即以现代农业科技示范园的形式,将农业与生物技术、基因工程、电子技术等多种现代科学技术相结合,在科技引导生产的同时,向游人展示现代科技的无穷魅力,以此为样板示范兼作旅游基地。

3)农业劳作休闲化:即把农业劳作开发成具有参与性的休闲活动。参与性就是让游客参与农业生产过程(如亲自参加种植、饲养、捕钓、采摘等活动),通过模仿、习作、体验使游客有成就感、满足感,使游人在农业生产实践中学习农业生产技术,在农业生产习作中体验农业生产的乐趣、增长农业知识。

　　4)农业产品旅游化：即对初级农产品及其加工品包装成旅游商品,满足游客的购物需求。

　　②产品融合。农业与旅游业融合过程中,获得了不同于农产品和传统旅游服务的新的融合产品,即观光农业具有农旅合一性:一方面具有常规性的农业生产功能,如生产粮、菜、果、药、花、肉、蛋、奶等农副产品,具有自身的产品价值;另一方面还具有为游客服务的旅游观光功能,包括提供观赏服务、品尝服务、购物服务、务农服务、娱乐服务、疗养服务、度假服务等,具有旅游业的基本属性。

　　根据不同的分类方法,产业融合具有不同的表现形式:

　　1)根据观光农业所依赖的农业资源不同:可以将观光农业分为观光种植业、观光林业、观光牧业、观光副业、观光渔业等。

　　2)根据开发形式不同:可以将观光农业分为观光农园、民宿农庄、农业主题公园、教育农园、民俗旅游。

第五节　观光农业的归属

一、观光农业与相关学科

　　随着人类文明的发展,社会经济水平的提高,人们对生活的质量问题提出了更高的要求。观光农业是顺应社会发展的产物,是一门园林与生态、农业、旅游、城规等相交叉的边缘学科。它是现代园林的一个方面,是现代游憩内容的组成部分。在此且从几个不同的角度进行分析。

1.从生态学的角度

　　生态学(Ecology)在传统科学与文献分类系统中属于生物科学大类下的一个分支学科,一般和形态学、生理学等并列。它是最先研究植物界的内容,包括个体、种群、群落和生态系统这几个层次。

　　在工业社会,工业文明带来环境的严重破坏,由于人类工业文明迅速发展,人口急剧膨胀,全球环境问题日趋严重,人类的生存开始遭到威胁。至1962年美国女作家兼海洋生物学家雷切尔·卡森的《寂静的春天》的发表,生态问题才开始受到全球关注,生态规划的思想就应运而生。一些学者开始愈来愈认识到人类应与自然和谐发展,城市与自然应该是一种和谐关系而不是对立关系。美国经济学家B·沃德及美国微生物学家R·杜博为1972年联合国人类环境会议提供背景材料的著作《只有一个地球》,为全人类对环境问题的认识起了推波助澜的作用,生态学科也得到进一步发展。如今,现代生态学早已不是一个生物科学分支下的小学科,而且其性质已超过生物科学,甚至也超越自然科学,成为名副其实的生态科学体系,并逐渐渗透到其他领域。

生态规划(Ecological Planning and Design Method)起源于 20 世纪 60 年代,杜能(Thunen)、韦伯(Weber)、曼福特(Mumford)等人的研究对其发展产生了重要作用。生态规划在早期偏重于土地规划,美国学者 I. L. 麦克哈格(Ian Lennox Mcharg)在《设计结合自然》中写到:"利用生态学理论而制定的符合生态要求的土地利用规划成为生态规划。"麦克哈格是第一个把生态学应用于城市设计上的,他认为"如果要创造一个善良的城市,而不是一个窒息人类灵性的城市,我们需同时选择城市和自然,不能缺一。两者虽然不同,但相互依赖;两者同时能提高人类生存的条件和意义。"

麦克哈格的思想在其著作《设计结合自然》当中阐述得非常详细,特别是在:前进一步——里士满林园大路选线方案研究;大城市地区内的自然——费城大城市地区开放空间和空气库的研究;流域——波托马克河流域的研究等章节中生动地展示了一个个生态规划的实例。在研究费城时,从自然演进的角度找出土地形态上的差别(按演进角度,把土地形态分为地表水、沼泽地、洪泛区、地下水回灌区、地下含水层、陡坡地、森林和林地、平地等),及各自的价值和限制(如地表水适合于必须临水位置的单位、农业、森林、游憩设施等;沼泽地用于游憩活动、某些类型的农业(像酸果蔓沼)及起到隔离城市建设的作用等);由此选出开放空间,进而提出大城市地区开放空间的布局和确切的建设用地布局。

今天,我们若能以生态规划的眼光,在大城市地区规划时,按土地形态的自然价值安排一些适于农业、森林和游憩活动的场所,也就是类似于本文所讨论的观光农业的场所,将不但能满足土地使用的要求,也能满足现代人回归自然的心理需求。

2. 从都市农业的角度

国际农业的发展经历了原始农业(游耕、游牧等)、传统农业和现代农业三个主要发展阶段。过去的农业生产始终在农业与工业对立、农村与城市对立中发展,农民的艰辛、农村的破败和农产品贸易地位的低下成为农业生产的一般图景。然而,由于人类科学技术的进步和社会结构的转变,世界农业生产在近 20 余年里正在发生着根本性的改观,其标志之一便是都市农业的迅速崛起。

一般认为,都市农业概念最早起源于日本。早在 1930 年《大阪府农会报》上就介绍了北中通村(现泉佐野市)的"都市农业"。1935 年,日本著名学者青鹿四郎在其《农业经济地理》一书中引用具体事例,分析了"都市农业"的涵义。20 世纪 60~70 年代是日本经济高速发展的时期,也是日本都市型现代农业发展最迅速的时期。

进入 20 世纪中后期,随着世界城市化的加剧,美国、荷兰、日本、韩国、新加坡等国家一些学者相继开始了一些"都市农业"的研究,并不断深化,逐渐被人们所接受。

在我国,都市农业的探索与实践始于 20 世纪 80 年代末,是由传统的城郊型农业发展转变而来的。长期以来,我国城市的发展格局一般是以城区为中心呈带状或环状向外扩张,城区内农业用地极少,农业生产仅分布于城市郊区,这属于城郊型农业。其主要功能定位是供应城市居民鲜活副食品和部分粮食,并能起到稳定物价、稳定居民生活和安定社会等作用。

进入 20 世纪 90 年代以来,一方面,大城市经济的快速发展使得人们的消费需求逐渐升级,对农业的发展也提出了新的要求,城郊农业越来越呈现出其发展的局限性,农业的功能也亟待进一步转变和拓展。另一方面,现代都市社会的高度发展使城乡关系发生了很大的变化,城区向农村的渗透以及农村城市化以后,原先的城郊界限越来越模糊,城乡对立分割的状态已逐渐被城乡间的协调和融合所代替,传统的城郊农业概念已经容纳不了现代都市区域农业的内涵。为此,学术界和各级政府都纷纷提出大城市农业要由传统的城郊型农业向都市农业转变,都市型现代农业应运而生。

我国都市型农业的理论探索已经走过了 20 余年的发展历程,2006 年 9 月中国农学会都市型农业分会成立大会上,国内主要学者根据近年来国内外相关研究对都市型农业的解释,对都市型农业的概念给予了重新阐释并在全国都市农业学术会议上达成共识:

都市型农业是社会经济发展到较高水平时,在整个城市区域范围及环城市经济圈形成的依托并服务于城市、促进城乡和谐发展、功能多样、业态丰富、产业融合的农业综合体系,是城市经济和城市生态系统的重要组成部分,是现代农业在城市的表现形式。

综合各家观点,可认为都市农业具有以下特点:

(1)都市农业是高效农业　都市农业一方面是高经济效益农业,另一方面是高社会效益农业。二者互相依赖与支持,其社会效益表现为生态环保功能、旅游观赏功能和示范体验功能。

(2)都市农业是高投入农业　首先是技术投入,其次是资金投入。可以说,没有超量的资金投入,就没有超量的技术投入,也就没有都市农业。

(3)都市农业是完全订单农业　因都市农业投入高、市场风险大,并且商品率达100%,为避免或防止市场风险,都市农业必成为完完全全、实实在在的订单农业。

(4)都市农业是城市规划农业　由于地处大城市边缘和近郊,都市农业便纳入城区发展总体规划的范围。

从目前的实践看,都市农业有三种基本类型。

(1)消费型都市农业　这是由城里居民直接耕种市内或郊区农地,以满足生活消费目的的农业类型。有人把这种类型的都市农业叫做体验农业。城里居民或者通过田间耕作体验农业乐趣,实现积极的休闲需要;或者以获取无污染的农产品为目的,直接满足消费需要。由于体验农业的目的和耕作面积所限,耕作者一般不可能采取现代化的生产手段,体验农业在我国尚处在萌芽状态。

(2)服务型都市农业　这主要是指城市远近郊农民利用农业的自然属性满足城市居民休闲、度假、观光等需要的农业生产类型。近几十年来,世界发达国家和发展中国家的一些发达地区出现了城市郊区化的发展趋势。对于没有迁出市区的城市人口,则出现热衷到郊区和乡村地区旅游观光的生活情趣,从而刺激郊区和乡村经济结构发生变化。为适应这个变化,农业经营者开发了休闲农业、观光农业等新的农业服务项目。服务型都市农业大都需要改良农业生产环境,优化农作物品种,使环境和农产品具有可观赏性。这种服务型都市农业在发达国家已经成为重要产业,在我国也有长足发展。

(3)产品型都市农业　现代化的、能满足城市居民新的农产品消费需求的郊区农业可以看作是产品型都市农业。郊区农民通过对农业生产环境的改良,借助各种生物农业技术,对传统农作物实施品质更新和功能改造,赋予农产品以新的性能,使之更好地满足人类健康生活的需要。具有新功能的农产品包括无污染农产品、医疗用农产品、观赏性农产品。

我国都市农业的发展始于 20 世纪 90 年代中后期,1994 年上海市政府提出建立与国际大都市相适应,具有世界一流水平的现代化都市型农业的构想。1994 年底,北京市朝阳区政府提出:都市农业是该区"农业发展战略的选择",把具有旅游、观赏、无公害等特点的都市农业列为朝阳区经济发展六大工程之首,开创出一种新型的农业模式。

从休闲、观光的角度出发,观光农业已几乎涵盖了都市农业的各种类型,所以观光农业属于都市农业范畴。观光农业是一种典型的现代农业模式,因其无污染且经济效益显著,被称为"绿色朝阳产业"。

3.从生态旅游的角度

(1)旅游业的发展　旅游业,由幼稚产业发展为主导产业并有可能成为 21 世纪全球最大的产业。据世界旅游组织(WTO,World Tourism Organization)统计,1950—1996 年的 46 年间,国际旅游人数从 2 500 万人次增到 59 200 万人次,增长了 23 倍,年平均增长 7.1%。同期,国际旅游收入从 21 亿美元增至 4 231 亿美元,增长了 200 倍,年平均增长 12.2%。国际旅游人数和旅游收入的增长均大大高于世界经济的年均增长速度,世界旅游业已成为世界上持续增长、经久不衰和最富有活力的经济部门。世界旅游也与石油、汽车工业成为世界的三大产业。世界旅游业的从业人员达 2.5 亿人,是世界上从业人员最多的行业。经济学家奈恩比曾经预言,旅游业的产值占全球 GNP 的 10%,消费者的支出有 11% 花在旅游上,因此,旅游可能成为 21 世纪的"产业金矿"。

作为一类经济产业,旅游业在我国被人们称之为"爆炸式"的发展。特别是改革开放以来,旅游业已逐步发展成我国国民经济新的增长点。目前我国绝大多数省、自治区、直辖市已将旅游业明确定位为当地经济发展的支柱产业、新兴产业、先导产业和第三产业中的主导产业。

国家统计局资料显示:1999 年我国旅游外汇收入为 125 亿美元,国内旅游总收入为 2 390 亿人民币。特别是国家旅游局将 1999 年确定为"生态旅游年"之后,生态旅游一直成为一个时髦话题,推动着各地一浪高过一浪的旅游开发建设。

(2)由传统观光型向休闲型和特色旅游转变 在相当长的历史阶段内,观光旅游是旅游者需求的主体。但发展到了现代,特别是 20 世纪 60～70 年代以来,随着经济的发展,工作节奏的紧张,生活空间的狭小,环境污染的严重,人们普遍产生利用假日休闲度假,回归大自然,消除身心疲劳的要求,而人们收入的增加,带薪假日的增多,交通工具的现代化,又使人们的这种要求成为可能。同时,由于旅游者文化素质的提高和旅游阅历的丰富,对旅游的形式,要求更个性化、多样化,对旅游业的文化内涵要求更浓厚。

此外,由于旅游者的构成越来越趋于年轻,对旅游更加注重知识性、趣味性和参与性。因此,休闲度假游、生态游、回归大自然游、专题性、特色性等旅游的发展非常迅速。

(3)生态旅游的崛起 生态旅游(ecotourism)是近 20 年来在国际上兴起的旅游,是由国际自然保护联盟(IUCN)特别顾问谢贝洛斯·拉斯喀瑞(Ceballas-Lascurain)于 1983 年首次提出的。当时就生态旅游给出了两个要点:其一是生态旅游的对象是自然景物;其二是生态旅游的对象不应受到损害。

在全球人类面临生存环境危机的背景下,随着人们环境意识的觉醒,绿色运动及绿色消费席卷全球,生态旅游作为绿色旅游消费,一经提出便在全球引起巨大反响。短短十几年后的今天,生态旅游的概念迅速普及到全球,其内涵也得到不断的充实。针对目前生存环境不断恶化的状况,旅游业从生态旅游要点之一出发,将生态旅游定义为"回归大自然游"和"绿色旅游";针对现在旅游业发展中出现的种种环境问题,旅游业从生态旅游要点之二出发,将生态旅游定义为"保护旅游"和"可持续发展旅游"。同时,世界各国根据各自的国情展开,形成各具特色的生态旅游。

进一步讲,生态旅游是以生态学原则为指针,以生态环境和自然资源为取向,所展开的一种既能获得社会效益,又能促进生态环境保护的边缘性生态工程和旅行活动。20 世纪 80 年代初,生态旅游在西方社会引起重视并获得迅猛发展,我国的生态旅游在 20 世纪 90 年代中期受到学术界关注,1995 年 1 月成立了中国旅游协会生态旅游分会,国家将 1999 年定为中国的生态旅游年。据世界旅游组织(WTO)估计,1993 年前的 5 年中,生态旅游增长 25％,是旅游业中增长最快的部分。

农业旅游是现代旅游业向传统旅游延伸的一种新尝试,是生态旅游的重要组成部分。在我国发达地区的一些大城市周边的观光农业旅游(或乡村旅游)已搞得红红火火,市民租地种菜、投资养殖、大集团涉足农业开发项目的旅游方式方兴未艾。因此,以生态旅游为特色,以农业观光为基调,不仅符合旅游业发展的趋势,而且投资小、见效快。

4. 从城市规划的角度

城市与园林是人类不同需求的反应。城市的发展体现了人类对经济、物质、效益的需求;园林的发展则体现了人类对自然、精神、环境的需求。城市与园林是人类的共同需要,至于是在城市中发展园林,还是在园林中建筑城市,则反映了不同历史阶段人类对环境的不同观点、不同认识。

20 世纪 70 年代以来,随着全球环境保护运动的日益扩大和深入,以追求人与自然和谐共处为目标的"绿色革命",正在世界范围内蓬勃展开;1992 年 6 月,在巴西里约热内卢召开的联合国环境与发展大会,便是这场"绿色革命"的又一个重要的里程碑。大会所通过的贯彻可持续发展战略的《21 世纪议程》,阐述了人类在环境保护与社会经济发展之间应做出明智抉择和行动方案,反映了关于环境与发展领域全球合作的共识和最高级别的政治承诺。目前,国际上不仅有"绿党"和"绿色和平组织"这样的政党与社会团体,而且掀起了一阵阵的"绿色浪潮"。一些国家纷纷推出了一系列以保护环境为主体的"绿色计划"。中国政府 1994 年 5 月发布了《中国 21 世纪议程——中国 21 世纪人口、环境与发展白皮书》,并确定它为制定国民经济和社会发展长期计划中的一个指导性文件。

(1)工业革命前城市的绿色理想　绿色,代表自然,象征生命。它能给城市和建筑带来舒适、优美、清新和充满生趣的环境。因此,千百年来人类一直在追求着城市生活中的绿色理想。

在古代,城市建筑与自然之间的矛盾,主要是通过营造园林来协调的。那些终日在宫廷城池里,离开了自然的帝王、贵族都不惜巨款为自己营建离宫别苑。在西方,有远古旧约时代的伊甸园、古埃及法老的庭院、古巴比伦甲布尼二世的空中花园、古希腊的神庙园林、古罗马的别墅庄园、欧洲中世纪前期的修道院回廊式庭院、中世纪后期的城堡庭园、伊斯兰国家的池庭花园、意大利文艺复兴的田园庄园和台地园、法国勒·诺懦特尔风格的平面图案式花园(如法国路易十四的凡尔赛宫苑)、英国早期的规则式庭园和晚期的风景式花园等。在东方,有中国的自然山水园、日本的池泉游园式庭园及禅宗寺庙的枯山水庭园等。所有这些园林,在当时或多或少都改善、调剂了人造建筑群体与自然环境之间的关系,成为人类身心"回归自然"本性的一种寄托以及精神与自然对话、交流的一种渠道。在现代大工业产生之前的年代,由于城市规模还比较小,环境污染问题不突出,所以用造园手段基本可以满足城市居民的"绿色理想"。

运用造园手段来寄托城市生活的绿色理想,是东西方园林文化得以发展的重要社会基础。这一历史传统至今仍在延续。

(2)近代关于"田园城市"的规划理论及其发展　在工业社会,随着科学技术的飞速发展,城市规模急剧扩大,自然资源紧缺,造成自然环境日益衰退,生态条件不断恶化,引发了很多城市问题,令人担忧。为解决城市与乡村、人造建筑空间与自然开敞空间之间的协调发展矛盾,近百年来,许多先哲提出了各种规划思想、学说和建设模式,进行了长期不懈的实践探索。试图为人类的生活环境提供理想的模式,其中较为著名的规划思想和理论为:

①"城市公园运动"。19世纪中叶,在美国开展的一场关于建造城市公园的大讨论。马尔(G. P. March)从认真的观察和研究中看到了自然、动物与植物之间相互依存的关系,主张人与自然要正确地合作。他的理论在美国得到了重视,许多城市中开展了保护自然、建设公园的运动。1870年,美国园林建筑师奥姆斯坦德(Olmsted)在他写的《公园与城市扩建》一书中,提出城市要有足够的呼吸空间,要为后人考虑,城市要不断更新和为全体居民服务。这一思想,对美国及欧洲近、现代城市公共绿地的规划与建设产生了很大的影响。

②"带形城市"。1882年,由西班牙工程师索利亚·伊·马塔(Aruturosoria Y Mata)提出一种用绿地夹着城市建筑用地并随之不断延伸的规划方法,使城市居民"回归自然中去"。有学者坚持认为马塔的"带形城市"应当称之为第一代花园城市(或田园城市)。

③"田园城市"。1898年,英国社会活动家霍华德(Ebnezer Howard)在他的著作《明日:一条通向真正改革的和平道路》中提出,建设城乡结合、环境优美的新型城市的基本构思。他在城市平面示意图上规划了很大的公共绿地,中心公园多达60 hm²。除外围森林公园带外,城市本身也充满了茂密的绿化,宽阔的林荫环道、住宅庭园、菜园和沿放射形街道布置的林间小径等等。他规划每个居民的公共绿地面积要超过35 m²,平均每栋房屋要有20 m²绿地。在霍华德的倡导下,1904年,在离伦敦35英里(56.33 km)的莱奇华斯(Lethworth)建设了第一个田园城市,面积1 514 hm²;1919年,在离伦敦很近的韦林(Welwyn)又建了第二个田园城市。霍华德的理论和实践,给20世纪的城市规划与建设历史写下了影响深远的崭新一页。

④"有机疏散"。芬兰建筑师E.沙里宁(Eeto Sarinen)在他1942年所写的《城市,它的生长、衰退和将来》一书对其做了系统地阐述。他主张把重工业、轻工业疏散

出去,腾出的大面积工业用地应用来开辟绿地。"有机疏散"理论追求的是现代城市社区最基本的目标:交往的效率与生活的安宁。1918 年,沙里宁按照有机疏散原则作了赫尔辛基规划方案。这一理论在 20 世纪 40 年代之后对欧美各国建设新城、改造旧城和大城市向城郊疏散扩展的过程有重要的影响。

⑤"卫星城镇"。卫星城镇理论是田园城市理论的发展。1922 年,霍华德的追随者雷蒙·恩温(Rqymond Unwen)出版了《卫星城镇建设》一书。1927 年,他在做大伦敦区域规划工作时,建议用一圈绿带把现有的城市地区圈住,不让其再往外发展,而把多余的人口和就业岗位疏散到一连串的"卫星城镇"中去。卫星城与"母城"之间保持一定的距离,一般以农田或绿带隔离,但有便捷的交通联系。

⑥"邻里单位"。是由 1929 年美国建筑师佩利(Clerance Perry)在编制纽约区域规划方案时,针对纽约等大城市人口密集、房屋拥挤、居住环境恶劣和交通事故严重的现实,发展了"邻里单位"的思想,以此作为组成居住区的"细胞"。

⑦"雷德伯恩体系和绿带城"。这是在美国社区活动影响下,由建筑师斯泰因(Clarence Stein)和规划师莱特(Henry Wright)按邻里单位理论于 1929 年在美国新泽西州规划的雷德伯恩(Radburn)新城,1933 年开始建设。其特点是绿地、住宅与人行步道有机地配置在一起,道路布置成曲线,人车分离,建筑密度低,住宅成组配置,构成口袋形。通往一组住宅的道路是尽端式的,相应配置公共建筑,把商业中心布置在住宅中间。这种规划布局模式被称为"雷德伯恩体系"。斯泰因又把它运用在 20世纪 30 年代美国的其他新城建设中,如森纳赛田园城(Sunnyside Garden City)以及位于马里兰、俄亥俄、威斯康星和新泽西州的 4 个绿带城。

⑧"广亩城市"。这是美国建筑师赖特(F. L. Wright)在 20 世纪 30 年代提出的城市规划思想,他在 1932 年发表的著作《正在消灭中的城市》以及随后发表的《广阔的田地》一书中做了阐述。他主张将城市分散到广阔的农村中去,每公顷土地的居住密度约 2.5 人。每个独户家庭周围有 1 英亩(约 4 047 m²)生产供自己消费的粮食和蔬菜;用汽车、飞机做交通工具,居住区之间有超级公路连接,公共设施沿公路布置。20 世纪 50～60 年代,在美国有些州的规划中,曾把赖特"广亩城市"的思想付诸实践。

(3)现代"绿色城市"的理论与实践探索　"绿色城市"(Green City)这个提法,最早是由现代建筑运动大师勒·柯布西耶(Le Corbusier)在 1930 年布鲁塞尔展出的"光明城"规划里做出的。他设计了一个有高层建筑的"绿色城市",房屋底层透空,屋顶设花园,地下通地铁,距地面 5 m 高的空间布置汽车运输干道和停车场。居住建筑相对于"阳光热轴线"的位置处理得当,形成宽敞、开阔的空间。他对自然美很有感情,竭力反对城市居民同自然环境割裂开的现象。但他激烈地批评"水平的花园城",每公顷土地的居住密度高达 5 000 人,并主张"城市应该修建成垂直的花园城市",希望在房屋之间能看到树木、天空和太阳。第二次世界大战后,他的思想在"马赛公寓"大楼的设计和建造中部分地得到体现。

绿色城市的理想,在第二次世界大战后苏联与东欧等城市的重建中才开始大规模地付诸实践;其中较为经典的实例是波兰的华沙、俄罗斯的莫斯科和朝鲜的平壤。

应当说,绿色城市的思想是以往的城市规划设计理念与城市生态学和风景园林学的结合。它的思想已在越来越多的城市规划上体现出来。1997 年 7 月,经国务院批准,我国在陕西杨凌建成了全国首家农科城。它是国家级的农业示范区,是建设新型农村产业结构体系和城乡结合的典范。广州市做的都市农业总体规划则在内圈发展设施化、园艺化和观赏性生态农业,在中圈发展都市"市民农业"、"教育农业"、"体验农业";在丘陵山区发展具有岭南特色的旅游农业、观光农业;在交通干道两侧发展林果带、现代生态农业示范区、市民观光带等之类的农业带。

随着观光农业在我国的进一步推广,我们又能想起霍华德的"田园城市"来,当然,这是更高意义上的回归。

20 世纪美国著名城市学者路易思·芒福德(Lewis Mumford)提出:"城市与乡村不能截然分开,城与乡同等重要,城与乡应该有机地结合在一起,如果问城市和乡村哪个重要的话,应当说自然环境比人工环境更重要。"

人类是自然的产物,我们的祖先是从森林中走出来的,从远古发展而来。人们在努力超越前人,创造新的文明,新的生活方式;同时,又本能地珍惜自己的历史,摆脱不了与生俱有的怀旧心理,越是依靠高科技来生产和生活的人们,越是向往原始与自然,但我们又不可能回到纯自然状态下,正如阿尔温·托夫勒(Alvin Toffler)所说的,第三次浪潮下的人们在寻求现代科技与农耕文明之间的理想模式。现代科技与农耕文明之间如何才能有机地结合,这只是过程问题,但可以确定这是一种趋势。

城市必须与田园结合,从这种结合中能够产生新的希望、新的生活、新的文明。这是霍华德的理想,也是我们的希望。

二、农业观光在观光游憩系统中的地位

观光农业以其"回归田园"的号召、平民的价格,适时打动了国内游憩人口,带动了农业观光的风气。近年来,更普遍受到游憩观光学界和政府单位的重视。其在现代游憩系统中已占有相当的地位,虽然为时仍短,虽然农业和游憩单位间的整合、共同规划农业观光远景的合作仍未开始,然而将农业观光游憩形态纳入观光游憩系统中,已是大势所趋,因此讨论农业观光在游憩系统中的地位,对于游憩系统的分类,因不同的需要和目的而有不同的划分原则。

现根据国内外已有的分类系统,分别研究农业观光所扮演的角色和地位。

1. 外国已发表的分类系统对农业观光的地位

（1）美国户外游乐局　1962 年的 ORRRC 美国户外游憩局于 1962 年提出 ORRRC(Outdoor Recreation Resources Review Commission)分类系统依经营目标的不同划分为：高密度游憩区；一般户外游憩区；自然环境区；特殊自然；原始地区；历史及文化遗址。农业观光在此分类系统中属一般户外游憩区级部分的自然环境区。

（2）克劳森（M. Clawson）及肯蒂什（J. L. Kentsh）的分类系统　M. Clawson 及 J. L. Kentsh 于 1966 年将游憩系统划分为近利用者型；中间型；资源型三类。农业观光则属于中间型及利用者型。

（3）达斯曼（Dasman）1973 年以环境保护的观点为 IUCN 提出的游憩系统　该系统分为：人类学价值保护区；历史或考古价值保护区；自然保护区；多目标利用区。在本分类系统中，农业观光属于多目标利用区。

（4）美国布朗（Brown）、德赖弗（Driver）等人 1979 年提出的 OROS 系统　该系统分为：原始地区；近原始地区，又可分为可利用机械或不可利用机械区；乡村地区；集中利用地区；现代都市化地区。农业观光在此分类系统中属于乡村地区及部分集中利用地区。

（5）日本洛克计划研究所的观点　他们把观光资源分为两大类：自然资源和人文资源。其中农业观光属于人文资源中的乡土景观。

2. 中国的游憩系统分类对农业观光的定位

中国学者的游憩系统主要有以下几种观点：

（1）台湾　1983 年"台湾地区观光游憩系统的研究"中，将游憩系统分成四大类：以观光游憩为主；以自然生态保护为主；以文化资源保护为主；以产量生产活动为主、观光游憩为辅的地区——即产业观光区，例如观光牧场、观光农场、观光果园、观光园艺区、观光菜园等。其中第四类属于农业观光形态。

（2）马勇、舒伯阳（1999 年）　在其《区域旅游规划》一书中对专项旅游的分析列了 13 种类型：疗养度假旅游、生态旅游、森林旅游、草原旅游、海洋旅游、河流旅游、沙漠旅游、修学旅游、体育探险旅游、综合娱乐旅游、观光农业旅游、文化旅游、都市旅游。农业观光属观光农业旅游。

（3）吴承照（1998 年）　在其《现代城市游憩规划设计理论与方法》一书中，对风景区的功能—秩序系统分析时，将风景区分为四大子系统：休疗养用地区、游赏用地区、保护用地区、农林园艺用地区。农业观光属农林园艺用地区。

第一章　观光农业的基础理论

第一节　休闲理论

休闲与人类的历史一样古老,唯此它成为思想史的一道话题。一直以来,休闲都是作为非主流活动存在于人类的历史中,然而,现代社会的发展,随着一种"非道德的冲动"带来了日常生活多元因素的爆发,"休闲"作为一种文化利益的现实表现,充分显示了现代社会中大众文化的发展和趋势。

一、关于休闲

何为休闲? 仁者见仁,智者见智。瑞典著名哲学家皮普尔说,休闲是一种精神态度;是一种为了使自己沉浸在"整个创造过程中的机会和能力"。美国学者凯利则说:休闲应被理解为一种"成为人"的过程,是一个完成个人于社会发展任务的主要存在空间,是人的一生中一个持久的重要的发展舞台。休闲是以存在与"成为"为目标的自由——为了自我,也为了社会。杰弗瑞·戈比说,休闲是从文化环境和物质环境的外在压力下解脱出来的一种相对自由的生活,它使个体能够以自己喜爱的、本能地感到有价值的方式,在内心之爱的驱动之下行动,为信仰提供一个基础。

这三个定义都是从社会的角度来看待休闲,将休闲放在宏观的前提下,并在个人与社会之间的关系中定义休闲所指的状态和体验。古希腊哲人亚里士多德这样谈论休闲:摆脱必然性是终身的事情,它不是远离工作或任何必需性事物的短暂间歇。在他的《政治学》一书中更是提出这样一个命题:"休闲才是一切事物环绕的中心。"。

在马克思眼中的休闲则来自于另一个角度。他认为"休闲"一是指"用于娱乐和休息的余暇时间";二是指"发展智力,在精神上掌握自由的时间"。一般地说,休闲是与工作相对立的时间概念,也是一种与工作相对立的活动。由于休闲是一种日常的活动,从感性层面上,我们可以把握休闲的演化和方式。

在西方,"休闲"一词意义的异化是基督教文明兴起之后,尤其是近代工业文明兴盛以后的事情。基督教会有关于"礼拜日"的规定,只有这一天,人们才停止劳作,得以休息和去祭奉上帝,由此开始了日常生活与休闲活动的分离。而宗教改革之后,新教伦理强调"工作伦理",休闲如同"浪费时间"一样,成为一个贬义词。而工业革命后出现的"经济崇拜"和"效率崇拜"浪潮,更强调了人们追求效率的念头,以至于人们也像利用各种资源一样去利用休闲时间,休闲时间要么是成为恢复体力与脑力疲乏,以便更有效地工作的手段;要么人们在休闲时间拼命地追求各种刺激和放纵自己,以至于空闲时间的利用也如同劳作一样地匆忙和紧张。这里的休闲等同于空闲,而且"休闲"成为没有意义的名词。现代意义上的休闲完全不同于以往,休闲成为人类精神生活的载体,反映了真正休闲的可能性。

我国休闲传统与休闲理论具有它自己的特色,与长期以来形成的西方休闲理论中将休闲与空闲等同起来,及将工作与休闲截然而分的传统不同,中国人的休闲观念其实是一种境界。真正的休闲境界可以说是一种与百物合一,消除了人我分别、内外分别的精神境界。我国古代的休闲主要是指古士大夫消磨闲暇时间的各种方式,如抚琴、下棋、吟诗、作画、书写、饮酒、放风筝、养花鸟以及游山玩水等,追求闲情逸致。虽然具有地位身份的限制,也形成了中国休闲的特点。这种休闲正符合了中国人一贯的含蓄和中和之道。

当下社会,休闲服、休闲鞋、休闲椅、"休闲一刻"(电台)、"都市闲情""休闲时光"(电视),大大小小报纸杂志的休闲专栏……从身上穿的,到居家用的;从用耳朵听的,到拿眼睛看的;从独自一个人享用的,到对"他人"(影视明星、社会名流)行为举止的窥视、模仿,"休闲"二字无不成了这个时代最时髦的大众话语,人们落入休闲的谷底。现代社会中科学技术的飞速发展,为社会经济的多元化提供了基石,日益丰富的生活状态展现在社会的各个方面,构成了现代意义上的休闲。现代人当中越来越多的部分从事脑力劳动,人们的工作时间大大缩短,空闲时间越来越多,休假时间也越来越多,这样休闲就成为人们重要的生活内容,休闲产业经济也随之出现,并呈现出越来越迅猛的发展势头。长期承受着工作负担和社会竞争的压力,人们需要在工作之余使身心得到解放。放松心情,回归自然,暂时忘却烦恼的休闲活动至少是通向理想彼岸的一个小岛或避风港。看电视、上网、购物、旅游、听音乐……现代社会为我们提供了最先进的休闲场所、休闲条件以及享受欲望。休闲产业呈现一片繁盛的场面,人们随之都参与了其中。

现代休闲的特殊性与现代社会的融合,使休闲成为现代性的新载体。

二、关于休闲文化

休闲的兴起必然带来休闲文化的出现,由于休闲包含的范围广,所以在一定程度上说,休闲文化就是现代社会文化。现代社会是一个消费社会,消费是这个社会的神话,也是休闲在现代社会的全权代表。休闲文化作为现代社会特别是消费社会中特有的生活方式与文化类型,具有特定的历史内涵。

后现代著名的消费文化理论家鲍德里亚认为:在消费社会里,休闲已成为文化记号和被消费的对象,休闲是不可抗拒的责任伦理。人们对自由时间的消费成了尽责伦理的一种。追求的是这一符号之下的象征性和理想性。文化不再是为了延续而被生产出来的,而是根据媒介自身,根据一些规则被制定出来的,休闲作为文化消费的一种,渗透了大众传媒的操纵性结果,因而在很大程度上成为伪事件和伪现象。休闲中,大众是休闲活动制造者所面对的解码者,制造者通过对编码解码程序的控制,向大众传播意识形态。大众传媒总是向个体宣扬和灌输普通个体要获得文化公民资格所必须拥有的一套公共文化,建构个体的文化身份应该消费哪些物品和服务,你该如何保养你的身体,如何养护你的温柔气质,作为一个有身份的体面的人,你至少应该到过哪些地方,以什么方式旅游,这样才能体现你的学识和品位。以什么样的方式休闲,如何休闲都是这个社会的公共文化规定的,人们之所以去休闲正是力求使自身获得身份的象征,唯恐自己的做法落伍,丢失了与他的地位和身份相匹配的符号性力量。这样的休闲已经脱离了事件本身,人们在休闲之时不过消费着它所代表的符号。人们通过消费、休闲来标识自己的身份,休闲已不再是享受物质和精神的舒适。

休闲文化虽然是社会意识形态控制的产物,但它来源于日常生活,是人们在自由时间所创造的文化,这个文化有其自身的特点。

首先是休闲文化的浅显性。现代人的劳动越来越脑力化,其紧张的类型也大多是属于精神上的紧张或心理上的压力。所以其缓解的方式经常恰恰表现为消耗体力,通过消耗体力达到放松精神的目的。现在的许多休闲活动,比如爬山、蹦迪、器械健身、做健美操等就是非常消耗体力的,有些甚至可以说是"花钱干体力活"。这种缓解精神紧张的需要就导致了现代的休闲文化趋向于感官化、图像化与平面化。休闲必须是轻松容易的,而不是深沉艰难的。为了逃避工作中的紧张和压力,现代人的休闲都选择简单的活动,至少不再运用很多的智慧。一句话,现代人的休闲是为了"否思"(不思考)。所以现代社会产生的休闲文化是简单的活动中所形成的神经释放,它是简单的,平面化的。

其次,现代休闲是被规划的,不自由的。现代社会中休闲被当做一项工作一样被列入议事日程,也就是说,你不能想什么时候休闲就什么时候休闲。现代许多人像执行一项工作一样去休闲,休闲就成了为了完成任务的活动。即使在休闲类型的选择上也是不自由的,你的休闲选择应该是大众认同的、符合自己身份和地位的、有品位的等等,这一系列的条件使你无法随心所欲地去休闲。布尔迪厄在其代表作《区分:鉴赏判断的社会批判》一书中努力要证明的一个中心观点是:人们在日常消费中的文化实践,从饮食、服饰、身体直至音乐、绘画、文学等的鉴赏趣味,都表现和证明了行动者在社会中所处的位置和等级。

最后是休闲文化的宽容性。休闲的确立,产生于对任何形式的一元性文化价值话语的突破,而把对日常生活的"当下性"占有和享受理解为多元因素构成的大众实践。日常生活中感性利益的现实实现成为被许许多多普通人所自我标榜的"神话"故事的中心,相形之下,主流文化的种种权威话语则一步一步地放逐出整个生活的中心立场,沦为生活的一个部门而非全部。在休闲中,不仅生活本身所必定包含的各种能够意识冲突、价值矛盾被缓和了,更重要的是由生活上升而来的文化建构活动中的大众与主流之间的直接矛盾和对立得以淡化,延迟。这一点,我们从眼下充斥电视屏幕的各式广告的诱惑性话语可以看得相当清楚。对主流文化的解构,大众文化的扩散,使休闲文化确立的界限很模糊,它其中包含了多种矛盾的统一体。

三、休闲经济

1. 休闲经济的内涵

(1)休闲经济的形成　休闲经济是指建立在休闲的大众化基础之上,由休闲消费需求和休闲产品供给构筑的经济,是人类社会发展到大众普遍拥有大量的闲暇时间和剩余财富的时代而产生的经济现象。休闲经济一方面体现着人们在闲暇时间的休闲消费活动;另一方面,也体现着休闲产业对于休闲消费品的生产活动。它主要研究的是人在休闲行为中的投入与产出、休闲行业所创造的价值、休闲经济的运行规律、休闲行为和经济的变量关系等。休闲经济的兴起是人类社会发展的必然,也是人类社会文明进步的标志,它是人类社会经济的高级形态,从本质上讲休闲经济是人类改造自身获得全面发展的需求而引起的一种经济现象。

休闲经济的形成至少需要以下六个条件:

①高度的物质文明。休闲经济是建立在物质文明基础之上的经济。伴随着生产力的发展,社会剩余产品不断增加,为人们休闲提供了物质基础。没有发达的第一、第二产业和第三产业,休闲经济不可能形成。

②完善的休闲供给。改善休闲供给条件,提高休闲供给效率,在短期内可以扩大需求,使休闲经济进一步高涨。

③充足的制度供给。

④休闲时间的增加。休闲时间是实现休闲消费的前提条件。

⑤大众休闲时代的来临。时至今日,休闲经济已经不是少数人组成的"有闲阶级"的经济,而是大众化的经济。而大众休闲时代的来临,正是休闲经济形成的社会基础。

⑥现代休闲消费观念的确立。确立现代休闲消费理念,是休闲经济所必备的条件。现代休闲消费观念要求消费者树立休闲和工作同等重要的理念,变封闭式消费观念为开放式消费观念,释放休闲消费潜能。

(2)休闲需求与休闲供给

①休闲需求。休闲需求是指当前休闲主体利用休闲对象的水平以及未来希望利用的数量,是个人的休闲活动以大众化的形式表现出来的。它不仅包括当前实际观察到的休闲活动,还包括未来的休闲行为需要。因此,休闲需求有一种行动趋向性,是反映潜在的行动倾向的概念,是进行休闲活动、利用休闲设施及空间的个人爱好或欲望倾向。

休闲需求的类型可分为三种:有效需求、延期需求和潜在需求。

有效需求是指实际参加或消费休闲服务的数量。有效需求取决于休闲时间、利用者年龄、是否拥有汽车以及其他社会经济背景等因素。延期需求是指有参加休闲活动的能力,但由于缺乏休闲信息或休闲设施等原因而没有实现的需求。潜在需求是指由于自身社会、经济、环境等原因无法参加休闲活动,但希望未来能参加的需求。所有的人都有潜在的休闲需求,但它没有反映在现实的休闲利用中。

休闲需求的决定因素有收入水平、教育水平、职业、性别、年龄、家庭生命周期等,这些因素通过对休闲消费的心理和行为的影响而表现出来。

②休闲供给。休闲供给是指在休闲现象中,满足休闲利用者休闲需求的休闲资源、休闲产业等的总和,它往往也包括促进休闲活动的教育、项目等的开发和提供。

休闲供给的组成要素有直接满足休闲需求的主要供给要素和间接满足休闲需求的次要供给要素。主要供给要素指的是特定的休闲空间及主要设施本身,而次要供给要素指的是辅助人们顺利使用主要供给要素的补充型休闲空间及设施等。

休闲供给的决定因素包括如下几方面:

1)休闲容量:指在不明显引起资源的生物性和物理性变化或者不严重影响休闲体验的前提下,休闲设施所能提供的休闲机会的数量。休闲容量是衡量休闲资源接待能力十分有用的工具。

2)可进入性:休闲供给的物理因素包括可进入性,可进入性是增加休闲资源利用率的重要变量。对于利用者导向型的休闲资源来说,可进入性是休闲供给的首要考虑因素。

3)资源管理:休闲资源管理是提高资源价值和供给质量的重要途径。资源的性质和类型对资源管理方式和内容有决定性影响。

4)活动项目:基于物理休闲资源所开展的活动项目能极大提高休闲供给质量,特别是当难以从休闲资源的物理方面来提高休闲供给质量的时候更是如此。休闲活动项目的类型主要有身体活动项目、知识性活动项目、艺术活动项目、社交活动项目、实习活动项目、特别项目等。

③休闲供求的影响因素

1)政治因素:政治和政策会极大影响国民的休闲活动。大部分现代国家为了提高国民的福利,从政策上积极努力地保护休闲空间、缩短劳动时间、实行带薪假期制度等。各国的休闲政策有显著的差异,发达国家主要致力于提高低收入层的福利,其基本理念是认定休闲是基本需要、体现机会均等。而发展中国家的享受者主要是中、低收入层,主要通过政府来健全休闲以提高生产效率,普及休闲理念。

2)经济因素:国家的整个经济状况在很大程度上影响国民休闲活动的数量、形式以及休闲意识。个人收入直接影响休闲支出的情况。如果经济发展增加家庭可支配收入,那么家庭消费能力也会提高。家庭可支配收入的增加自然会促进更高层次的文化生活的消费活动,而逐渐形成的新的休闲价值观也会进一步促进更加丰富多彩的文化休闲活动。

3)社会文化因素:影响休闲的社会文化因素是指社会、文化环境整体。

社会环境是指人口统计因素,包括人口规模、出生率、死亡率、人口密度、人口分布、人口增减、人口流动、结婚及离婚率等。影响休闲的人口统计因素主要有人口的增减、因老龄人口的增加而引起的人口结构的变化、家庭结构的变化等。具体可表现为因平均寿命的增加而引起的老龄人口的增加促进了"银发型"的休闲供给,家庭成员数量的减少促进了以家庭为单位的休闲空间。此外,女性进入社会、独身者的增加、高学历化等现象也引起休闲需求的变化。

文化环境包括个人意识、生活方式、价值观等。由于文化差异,不同群体具有不同的传统风俗、生活方式和价值观,其休闲空间、休闲设施及休闲形态、休闲内容也各不相同。

4)技术因素:技术的发展直接或间接地影响休闲。快速和舒适的交通手段不仅提高休闲空间和设施的可进入性,还能实现休闲活动空间的扩大;发达的媒体及通讯提供快捷又丰富的休闲信息,从而影响休闲供求。此外,应用尖端技术开发的新的休闲设施诱发新的休闲活动形式,导致休闲供给的增加和多样化。

5)生态因素:城市生活环境的破坏迫使城市人口进行野外娱乐和休闲旅游,而休闲空间和设施、生态系统的休闲容量超载,加速休闲资源的破坏和污染,最终导致环境破坏、休闲供需不均衡等问题。

2.休闲经济理论在观光农业中的应用与前瞻

经济学产生于一种发展不平衡状态,这种不平衡状态来源于可使用资源的稀缺性与人们需求无限性之间的矛盾。休闲、娱乐及旅游业与所有的经济领域一样，都存在着资源稀缺性的问题。从微观经济学角度看，对于一般性商品，当消费者收入增加时，会促使该商品消费需求的增加；社会的进步和科学技术的发展则会增加新的商品供给，同时降低现有产品的价格。由休闲经济理论可知，经济的发展和社会的进步是休闲经济产生及发展的前提条件。若把休闲产品及服务视为一种商品，当人们收入增加到一定程度时，会逐渐增加对休闲产品及服务的需求（当然，人们收入的增加是与闲暇时间的减少存在一定相关性的。但当经济发展到较高阶段时，人们将会以放弃部分收入为机会成本，去换取更多的闲暇时间，即可视为对休闲产品及服务的购买）；而休闲条件的改善、技术的进步又为休闲服务的增加提供了可能。近年来，随着我国经济的发展，越来越多的人们选择外出旅游作为一种休闲方式，"假日经济"现象即为有力的证明。

"假日经济"是休闲经济的特殊表现形式，是休闲产业的一个缩影。随着国民经济的发展，越来越多的人们选择旅游作为一种休闲方式，这在客观上为休闲农业的发展提供了巨大的客源市场。农事活动、农村文化、农情民俗等都是休闲农业重要的资源，尤其是在北京、上海等大都市，这种休闲资源的稀缺性表现得日益突出。如何有效利用有限的休闲农业资源，提供更多更好的休闲供给，满足居民对休闲农业日益增长的需求，值得深思。

此外，同其他大多数经济活动一样，休闲产业的发展也会在一定程度上受到政府的干预。在我国部分大城市，观光农业已成为繁荣农村经济的重要力量，各级政府部门也越来越重视休闲农业的发展，并在政策、资金、技术、信息等方面给予大力支持，为休闲农业的进一步发展创造了良好条件。因此，各地要顺应经济发展规律，抓住观光农业发展的有利时机，以市场的休闲需求为导向，充分发掘资源优势和政策优势，创新休闲产品，打造出各具特色的观光农业产业链条。

第二节　体验经济理论

近年来，随着我国社会经济的发展和居民收入的增加，社会价值观念的多元化，以及人们个性的舒展、对生活质量的更高要求、对个人感受重视程度的日益提高，使得"体验"一词的使用频率和范围迅速增加，人们的体验正在对我们社会生活的各个方面产生深远影响，尤其是对经济生活的影响日益凸显，致使人们越来越强烈地感受到体验经济踏着时代的脚步走来。关注体验经济、研究体验经济、发展体验经济，正在成为一种潮流。

一、体验经济概念的提出与理论发展

经济发展经历了农业经济、工业经济、服务经济等时代后,体验经济将是最新的发展浪潮。在农业经济时代,土地是最重要的资本;在工业经济时代,产品是企业获得利润的主要来源,服务会使产品卖得更好;在服务经济时代,产品是企业提供服务的平台,服务才是企业获得利润的主要来源;而体验经济则是服务经济的更高层次,是以创造个性化生活及商业体验获得利润的。因此,美国著名未来学家阿尔文·托夫勒 20 世纪 70 年代初在《未来的冲击》一书中指出:体验经济将逐渐成为继农业经济、工业经济、服务经济之后的一种经济形态,企业将靠提供体验服务取胜。这个观点长期以来一直未引起人们的重视,直到 20 世纪末,当社会经济环境的变化使人类"体验"对经济产生重大影响时,人们不能不佩服托夫勒的卓识远见。

1998 年,美国战略地平线 LLP 公司的创始人 B·约瑟夫·派恩和詹姆斯·H·吉尔摩在当年的《哈佛商业评论》7/8 号期刊上发表《欢迎进入体验经济》一文指出:经济价值演变过程可分为四个阶段:商品、货币、服务和体验。随着服务像它以前的货币一样越来越商品化,比如只有价格的长途电话服务,体验逐渐成为所谓的经济价值的下一步……欢迎来到体验经济时代。1999 年 4 月,他们两人合著的《体验经济》一书由哈佛商学院出版社出版,该书以轻松活泼、通俗易懂的语言,一方面勾画出 20 世纪西方发达国家(尤其是美国)的商业实践与工商管理理论内涵的演变与发展趋势,另一方面又不无洞察力地指出体验经济的内涵与深远意义,并附上大量的事例予以解读。《体验经济》作者这样描述体验经济的理想特征:在这里,消费是一个过程,消费者是这一过程的"产品",因为当过程结束的时候,记忆将长久地保存对过程的"体验"。消费者愿意为这类体验付费,因为它美好、难得、非我莫属、不可复制、不可转让、转瞬即逝,它的每一瞬间都是一个"唯一"。

虽然我们都知道马斯洛的"需求层次"理论,但是应当说,《体验经济》这本书第一次让我们看到,现实经济的发展已经进入了能够普遍地、大规模地满足马斯洛所说的最高需求层次——"自我实现"的阶段。在体验经济中,企业不再生产"商品",企业成为"舞台的提供者",在它们精心制作的舞台上,消费者开始自己的、唯一的、从而值得回忆的表演。在体验经济中,劳动不再是体力的简单支出,而是成为自我表现和创造体验的机会,例如许多人在时下风行的陶艺馆自己制作陶艺时,既能了解和掌握制作陶艺的基本知识和工艺流程,又需要充分发挥自己的想象力和艺术探索精神,于是陶艺制作便成了消费者自我表现和创造体验的机会。因此,体验经济是以商品为道具,以服务为舞台,以体验为经济提供品,以满足人们情感需要和自我实现需要为主要目标的一种经济形态。当"体验"在社会经济生活的众多领域成为"商品",而人们又愿意为"体验"付费时,体验经济时代便到来了。

二、体验经济的兴起是社会经济发展的必然趋势

体验经济的兴起不是偶然的,而是社会经济环境发生的深刻变化所引起的,究其原因,主要表现在以下几个方面:

1. 当代社会生产力发展水平的提高和人类需求层次的升级是体验经济产生的根本动力

任何社会经济时代的产生和发展,都是生产力发展和人类需求不断升级及其相互作用的产物。

农业经济时代,以农产品作为经济提供品就可以满足其生存需要。

工业经济时代,以工业产品作为主要经济提供品就可以满足人们的需要。

服务经济时代,社会生产力获得进一步发展,商品经济空前繁荣,人们的收入不断提高,对生活质量和人生价值的追求日益强烈,对服务的需求不断增加,对服务的品质日益挑剔。各企业开始系统地拓展和强化自己高效有序的服务体系,并把它作为企业核心竞争力的重要组成部分,以吸引和留住顾客。因此,在这个时代,人们的需求层次同以往时代相比有了很大发展和提高,从社会总体上看进入了较高的需求层次,对社会地位、友情、自尊、他尊的追求,使得高品质的服务成了满足人们需要的主要经济提供品。

服务经济发展到20世纪末,随着社会生产力水平、人们的收入水平的不断提高,人们的需求层次有了进一步的升华,产品和服务作为提供品已不能满足人们享受和发展的需要。从社会总体上看,人们的需求在满足了生理、安全、社交、尊重的需要之后,实现了历史性的跨越,进入了"自我实现"层次。因此,人们需要更加个性化、人性化的消费来实现自我,于是,体验就成了服务经济之后的主要经济提供品,从而将人类带入了体验经济时代。很显然,发达国家是体验经济的先行者。而且在他们看来,社会主要经济提供品这种演进过程,也就是人类社会经济价值的演进过程,并且这一演进过程具有明显的自然性,因为它越来越朝着满足人类需要的方向发展。正如我们在20世纪50年代从工业经济转向服务经济一样,现在,我们步入了体验经济时代。

2. 市场经济的不断发展和市场竞争的不断加剧推动了体验经济的产生

市场经济作为一种社会配置资源的方式和经济体制,在世界范围内不断发展和完善,形成了一套被广泛认可的游戏规则。从而构成了一个完整的经济运行机制,保证了资源的优化配置和竞争的自由、公平与公正。今天,买方市场的进一步发展和深化,使得卖方之间的竞争日趋激烈,因此,关注人们消费心理和消费行为的变化,把握人们需求层次的发展,充分满足顾客需求,为顾客创造更多的价值,提升顾客的满意

度和忠诚度,成为企业的共识。为了应对市场竞争和寻找市场突破口,在提供商品和服务已不能满足顾客需求的情况下,创造"顾客体验"便成了众多企业的共同追求。可以预见,市场竞争的需要将使企业越来越关心顾客在个性化需求、价值体现、心理感受、情感追求等方面的"体验",并设法为顾客提供获得"体验"的平台,从而把越来越多的行业带入到体验经济时代。

3. 现代信息技术、网络技术的发展和广泛应用,是推动体验经济崛起的重要因素

20 世纪末,新技术革命催生的新经济时代终于到来,这是以信息技术和网络技术为基础,以创新为核心,以全球化和信息化为特征,以新技术发展为动力而形成的可持续发展的经济。此时,信息技术和网络技术的发展已经开始渗透到社会生活的各个方面,在经济生活中电子商务和虚拟经济蓬勃发展,数字化生存已经不再是梦想。这一切为人们分享生活中的体验和设计体验的舞台提供了强有力的技术支持。可以说,信息技术和互联网在体验经济中扮演着重要的角色。因此,供应商为了生存,为了使自己的商品和服务区别于他人,就必须在自己提供的商品和服务中融入体验的元素,通过提供顾客需要的体验获得利润。为了创造体验,供应商必须清楚地知道顾客与它提供的商品和服务是如何互动的,从而必须利用信息技术和网络技术建立顾客关系管理系统,通过对顾客信息的收集、分析、集成、共享,了解顾客的真实需求,满足顾客的特定偏好,为顾客带来快乐的体验。

4. 人们闲暇时间的增多,为消费"体验"创造了必要条件,推动了体验经济的到来

现代科学技术的迅猛发展促进了社会劳动生产率的大幅度提高,为劳动者拥有更多闲暇创造了条件。现代企业对企业文化作用的重视和普遍推行的人本管理,给予员工身心健康越来越多的关注,使员工的休假时间增多。以美国为例,事实上,时下美国的休闲产业已成为位居首位的经济活动。统计显示,美国人有 1/3 时间用于休闲,有 2/3 的收入用于休闲,有 1/3 的土地面积用于休闲。而在休闲活动中,体验消费无疑是内涵最丰富、吸引力最强的一种消遣方式。在体验消费中,将会出现包括娱乐消费、情感消费、精神消费、文化消费等满足人们不同需求的消费方式。可见,人们闲暇时间的增多,为体验这种经济提供品带来了广阔的市场前景,推动了体验经济时代的到来。

上述四个方面的变化在经济发达国家和地区表现得十分明显,它们已率先进入体验经济时代。

三、体验经济时代的旅游消费特点

社会经济发展是旅游消费演变的主要动因,伴随着社会经济迅速发展必将带来旅游产业发展的深刻变化。随着人类从服务经济转向体验经济,旅游者的消费观念和消费方式发生了多方面的变化,并使旅游消费者需求的结构、内容、形式发生了显著变化,体验经济时代的旅游消费呈以下特点:

1. 从旅游消费者的需求结构看,情感需求的比重增加

旅游消费者在注重产品质量的同时,更加注重情感的需求,旅游消费者更关注旅游产品与自己关系的密切程度,偏好那些能与自我心理需求引起共鸣或者能实现自我价值的感性旅游产品。例如,中国饭店第七届金钥匙年会的时候,把晚宴安排在高尔夫球场,绿茵草地、烤牛的篝火、热带风情舞蹈、空旷山谷中的强劲迪斯科音乐让每一位来宾情不自禁地加入到跳舞的人群当中,在偌大的一片草坪上连成一条跳舞的"长龙",这就是情感的需要、体验的震撼。

2. 从旅游消费内容看,大众化旅游产品日渐失势,个性化产品和服务越来越受欢迎

随着旅游者的消费经验日趋丰富,对旅游产品更加挑剔,旅游者对大众旅游产品感到厌倦,开始追求一种彰显自己个性的旅游产品服务,非从众心理日益增强,使旅游者更加相信自己的感觉。近年旅游部门的调查表明:目前我国居民也已由单一组团观光旅游向形式多样的度假游、特色旅游项目扩展,这些项目都具有个性化、参与性强的特点。

3. 从价值目标看,旅游消费者从注重产品本身转移到注重接受产品时的感受

现代旅游者不仅仅关注得到什么样的产品,而且更加看重在哪里和如何得到这一产品,他们不再重视结果,而是重视过程。如宁波开元大酒店在 2003 年的年夜饭经营中,就精心安排了贵州民族歌舞互动表演,餐厅前设置击鼓许愿等项目,让消费者在吃年夜饭的同时,能参与传统的年文化活动中来,获得一种与众不同的体验。

4. 从接受旅游产品的方式看,旅游消费者由被动变为主动参与旅游产品的设计与制造

从近年来的消费实践看,旅游消费者从被动接受旅游产品发展到对旅游产品提出个性化需求,他们越来越希望和旅游企业一起,按照旅游消费者新的生活意识和消费需求开发能与他们产生共鸣的"生活共感型"旅游产品,开拓反映旅游消费者创造新的生活价值观和生活方式的"生活共创型"市场。在这一过程中,旅游消费将充分

发挥自己的想象力和创造力,积极参与旅游产品(物质产品和精神产品)的设计、制造和再加工,通过创造性消费来体现他们独特的个性与自身价值,获得更大的成就感,满意感。云南瑞丽推出的淘宝游,使鲜活的旅游活动给旅游消费者带来了美好的旅游体验,看到自己亲自淘出的宝石被加工成艺术品,旅游消费者的成就感油然而生。而旅游者亲身参与制作旅游纪念品,本身就是旅游经历的一部分,这种纪念品大多融入了旅游消费者的劳动和智慧,具有了更高的价值。

5. 旅游消费者对文化旅游产品的需求上升

长期的旅游实践表明,旅游消费者对体验文化旅游产品的需求正在迅速增加。由于旅游消费者文化修养的升格,传统的本土文化或异域文化都会影响消费者的旅游消费观念,导致他们自觉接近与文化相关的旅游产品和服务。例如,广东省梅州"雁南飞"茶田度假村,成功打造了"茶"文化旅游精品。度假村在茶叶包装、旅游纪念品的设计等方面都体现了茶文化的特色。通过以茶结缘、以茶传情、以茶赋诗等茶艺、茶诗赋等形式,将浓郁的"茶"文化内涵与客家文化结合起来,充分展示了度假村的创意和对"茶"文化内涵的追求,由此受到广大旅游消费者的喜爱。

6. 旅游消费者的公益环保意识增强,绿色旅游需求的呼声越来越高

随着人们物质生活水平的提高,旅游消费者公益意识不断加强,特别是近年来随着国际旅游市场国内化,国内旅游市场国际化,使人们更加意识到旅游业的天然环保性。许多旅游消费者比以往任何时候都珍惜我们生存的环境,重视生活质量,追求永续消费,表现在旅游消费中,希望通过自己消费绿色旅游产品来体现自己生态环保意识,成为绿色旅游消费者。

四、体验经济时代的旅游产品开发思路

体验经济的发展,使旅游业为消费者充分发挥想象力提供了巨大的舞台,体验经济是顾客经济,体验经济的运行始终是以顾客的自我实现为中心。体验经济对于旅游业而言,既是机遇,又是挑战,应积极开拓"感受旅游"新产品,对现有旅游产品进行重新组合,突出强调"感受"在产品中的位置,创造美好的旅游体验,使旅游消费者达到自我实现层次。鉴于此,旅游产品开发可考虑以下思路:

1. 在开发理念上,从满足消费者需要到满足消费者欲望和增加顾客体验

旅游产品是一种享受型的产品,应重视对顾客的精神和心理满足,体会顾客的要求与感受。迪斯尼乐园可以说是最早的体验旅游产品的经典之作,其成功是依据其目标顾客的欲望将其规划得富有想象力。为了使消费者在迪斯尼乐园有快乐的体验,乐园在产品创新上做足文章,为世人创造了一个童话般世界,让人们体验惊险与

快乐。迪斯尼乐园为旅游消费者提供了快乐的体验,消费者频频光顾乐园,使迪斯尼乐园成为主题公园中的巨无霸。在国内餐饮业,热带雨林餐厅以"请你开始探险"为卖点,因带给顾客永生难忘的体验而名声大噪。另外,在旅游行业,探险露营、峡谷漂流、空中冲浪等娱乐项目备受青睐,所有这一切都体现了体验式旅游产品的魅力与价值。

2.产品开发重视旅游消费者的个性化及情感需求

在体验经济消费时代,为达到产品的差异化、多样化及个性化,现代旅游业必须以消费者的心理特征、生活方式、生活态度和行为模式为基础去从事设计、销售紧扣人们的精神需求的旅游产品,使旅游产品和服务能引起消费者的遐想和共鸣。深圳国旅与深圳晚报联合主办的"深圳情旅",推出"旅游＋交友"全新模式。在游览秀美风光的轻松氛围中,通过"问候语""看家厨艺大赛""竹筏山歌对唱""榕树下面抛绣球"等让人兴致盎然的一连串活动,给他们创造交往契机。整个活动气氛热烈,取得良好的新闻效应与社会效应。"深圳情旅"的品牌形象随着"像神仙一样谈恋爱"的宣传口号进入千家万户。深圳国旅也通过这一准确定位,成功开发出单身旅游市场的新天地。事实证明,"量身打造"的个性化产品,可以给顾客带来与众不同的独特体验。

3.产品开发突出顾客参与性、互动性

在体验经济时代,旅游产品的开发不仅要强调旅游企业与顾客之间的互动,更要调动顾客与顾客互动。互动式旅游产品不仅可以建立企业与消费者之间的稳定关系,而且使消费者的"体验"意识得以增强,去"体验"企业真实的一面,培养顾客忠诚。在酒店服务中,可适当推出让宾客共同参与的项目,也就是互动项目的设置。如在情人节的当天,酒店西餐厅推出可让客人把自己的照片制作成红酒商标,自己动手制作巧克力,自己动手煎牛排,然后一对情侣一边品尝着自己制作的巧克力,一边欣赏着经典的爱情影片。消费者是这一过程的"产品",因为当过程结束的时候,记忆将长久保存对过程的"体验"。消费者愿意为这类体验付费,因为它美好、唯一、不可复制、不可转让。

4.体验主题化,强化体验的品牌形象

主题是体验的基础和灵魂。有诱惑力的主题可以调整旅游消费者对旅游产品的现实感受,主题鲜明的旅游产品能充分调动消费者的感觉器官,使之留下难忘的经历,强化旅游体验。体验主题化是指旅游业为消费者制作的"体验物"或"体验"系列以一条明确的主线串起来,并与旅游业的品牌定位融为一体,以带给消赞者整体感和统一性,产生感应与联想效应。体验经济要求旅游业推出的"体验物"内涵清晰,思路明确,对消费者的选择与接纳有启迪性、诱导性。这一要求必然使旅游产品的开发给

消费者以明确的主题,并使这一主题贯穿于整个旅游活动之中。如"寻源香格里拉",针对的是探险旅游市场,以回归都市人心中最美、最真、最和谐关爱的理想国度香格里拉为深层内涵,并以一句"深呼吸一次,足足回味一辈子"强力广告推介。

5.旅游产品开发应广泛采用现代科学技术

广泛采用高科技是近年旅游产品开发的普遍趋势,许多人认为旅游科技将对旅游业产生革命性的影响,如电子仿真技术模仿人们深海探险、丛林狩猎、都市观光、狂风、暴雨、飞禽走兽等。科技旅游产品带给旅游消费者的感觉器官和心灵以巨大的刺激,经久难忘,这些在国内外产生了重大的影响。由此可见,科技旅游产品的开发是旅游业适应体验经济的重要举措。

6.关注绿色消费,开发绿色旅游产品

绿色消费是一种可持续消费。由于进入体验经济时代,旅游消费者对绿色产品的追求和环保意识的加强,旅游业的产品开发应考虑与社会以及人类环境的协调,开发有益于自然与社会的可持续发展以及旅游消费者自身健康的产品,突出旅游产品的绿色文化内涵,追求永远绿色的旅游体验。如哈尔滨绿洲生态酒店,该酒店以经营无污染绿色健康食品和绿色装修著称,餐厅的南国风光使人宛如走进风景如画的热带丛林中,乐不思归,因而受到消费者的青睐。

7.拓展节日文化旅游产品

每个民族都有自己的传统,传统观念对人们的消费行为起着无形的影响。节日在丰富人们的精神文化生活、调节生活节奏的同时,还深刻影响着消费者消费行为的变化。旅游业应特别关注体验经济时代节日消费特点,充分挖掘节日文化内涵,精心构思,大胆创新,拓展体验式新型节日旅游文化产品。如青岛的啤酒节、深圳的荔枝节、西双版纳的泼水节等,因带给旅游消费者深刻的节日文化体验而受到欢迎。

五、充分认识体验经济对社会经济和企业发展带来的影响

1.体验经济对社会经济发展的影响

体验经济作为一种新的经济形态,在发达国家发展起来之后,已经显示出与原有经济不同的特点。首先,体验经济时代的到来,使体验逐渐取代商品和服务成为社会消费的主要经济提供品,体验消费和体验营销迅猛发展,与创造体验有关的产业,如休闲业、网络娱乐业、旅游业等在社会产业结构中所占的比例和产值不断增加;其次,体验经济作为一种新兴的、更加人性化和富有竞争力的经济形式,将促使社会按照市场经济的规则为"体验经济产业"配置更多的资源,从而又会推动体验经济的发展;第三,体验经济的发展使人们的参与意识和体验追求不断增强,这必将对社会政治、经

济、文化、科学技术以及生产方式和生活方式产生深远的影响,从而进一步促进社会经济环境和消费环境的变化。可见,体验经济为人类社会经济发展提供了一个崭新的思路,发展体验经济应成为一个国家和地区经济发展战略的重要组成部分。

2. 体验经济对消费者需求的影响

体验经济的形成和发展给消费者的消费观念和消费方式带来了多方面深刻的变化,并使消费需求的结构、内容、形式发生了显著变化,主要表现在:

第一,从消费结构看,情感需求的比重增加。消费者在注重产品和消费质量的同时,更加注重情感的愉悦和满足。人们更关注商品和服务与自己关系的密切程度,偏好那些能与自我心理需求引起共鸣或者能实现自我价值的感性商品。

第二,从消费走向看,大众化的标准产品日渐失势,对个性化产品和服务的需求越来越强烈。人们越来越追求那种能够促成自己个性化形象形成、彰显自己与众不同的消费体验。

第三,从价值标准看,消费者从注重产品本身转移到注重接受产品时的感受。现代人消费似乎不仅仅关注怎样得到产品,而是更加关注在哪种环境下如何得到这一产品。也就是说,现代人越来越注重消费过程给人带来的体验。因此,请消费者参与、与消费者互动的服务项目越来越受欢迎。

第四,从接受产品方式看,人们已不再满足于被动地接受企业的诱导和操纵,而是主动地参与产品的设计和制造。消费者越来越希望和企业一起,按照消费者新的生活理念和消费需求开发能与他们产生"情感共振"的产品,开拓反映消费者追求新的生活方式的美好生活的"共创型市场",通过创造性消费来体现他们独特的个性,使他们获得自我实现的新途径,从而获得更大的成就感和满足感。

第五,从消费的内容看,消费者对文化体验、人道奉献体验、传统寻源体验、猎奇虚幻体验、推崇时尚体验、展示地位体验、健康运动体验等方面的需求将迅猛增加,引起人类经济生活的巨大变革。

3. 体验经济对企业经营管理的影响

体验经济引起的社会经济环境和消费者需求的深刻变化,必然要求企业的经营管理发生变革。从目前的发展态势来看,这些变革主要有以下表现:

第一,企业的经营重点将从关注产品和服务转向为顾客提供体验。这一转变意味着创新将成为企业经营管理的核心。因为体验经济的特征之一,就是要求它的经济提供品必须给人们留下美好的回忆。而要达到这种效果,就必须有好的主题和创意,并把这种好的主题和创意转化为顾客的体验。

第二,企业的经营管理将出现顾客参与的局面。在体验经济中,顾客将参与企业价值的形成过程,此时企业的主要工作是为顾客提供体验的舞台,真正的体验要靠顾客来实现。顾客又会在实现体验的过程中,充分发挥自己的主动性和创造性,从而使体验品产生更大的价值。由于顾客的体验对于企业价值的形成和发展有很重要的影响,因此,在体验经济中吸引顾客参与企业管理将十分重要。

第三,企业经营管理将进一步推进和实现以顾客为中心的经营理念。在体验经济中,企业的经营思路将是首先考虑顾客体验消费的环境,然后考虑满足这种消费体验环境的产品和服务,从而使顾客获得更好的满足,真正体现了以顾客为中心的经营理念。

第四,品牌塑造和顾客忠诚将成为企业竞争的焦点,也是企业经营管理的重点。体验经济的提出在一定程度上反映了众多企业对非价格竞争的追求。在非价格竞争中,品牌塑造和赢得顾客忠诚是最主要的手段。体验经济把现代人追求的体验融入品牌,让品牌给顾客提供一种感觉、情愫、思想、地位、行动或亲近的美好体验,给顾客借助于品牌表现自我和实现自我的机会,从而吸引顾客,留住顾客,增加顾客的满意度和忠诚度。

第五,企业的传统营销方式将转向体验营销。体验营销站在消费者的感官、情感、思考、行动、关联五个方面,重新定义、设计营销的思考方式。这种思考方式突破传统营销“理性消费者”的假设,认为消费者的消费体验才是营销的关键。体验营销既是一种营销策略,又是一种全新的营销模式,它以向顾客提供有价值的体验为主旨,力图通过满足消费者的体验来实现赢得顾客忠诚和市场竞争的目的。体验营销使企业在经营管理中,从产品的制造者或服务的提供者转化为体验的策划者。

第三节　都市农业理论

一、都市农业的来源、概念及发展

1. 都市农业概述

(1)都市农业概念的提出及演化　“都市农业”一词最早见于1930年出版的大阪府农会报杂志上。1935年,日本学者青鹿四郎在《农业经济地理》一书中首次给出了都市农业的定义:分布在都市内的工商业区、住宅区等区域内,或者是分布在都市外围的特殊形态的农业。即在这些区域内的农业组织依附于都市经济,直接受都市经济势力的影响。这些农业组织主要经营奶、鱼、温室、观赏植物、蔬菜果树等生产,专业化生产程度较高,同时又包括水稻、麦、畜牧、水产等复合经营。1969年,日本矶村英一教授提出都市第三空间理论。他认为,现代都市除提供居住(第一空间)及各项产业活动(第二空间)的土地外,必须提供户外休闲场所(第三空间),供市民使用。空地大量开发为居住和产业用地的结果,将使个人的生活空间局限于住宅、车辆和办公大楼内,而与大自然隔绝,因此,为提高城市居民的生活质量,必须提供足够的第三空间,使市民享受阳光和绿地。1974 年,日本东京大学松尾孝领教授提出城市环境事业论。他认为在快速都市化地区,农业应由传统的粮食生产为目的,转化为环境安全和提供休闲为目的的产业。

20 世纪 50 年代,美国经济学者提出都市农业区域和都市农业生产方式的概念。直到 1977 年,美国农业经济学家艾伦尼斯才明确提出城市农业。"城市"在日语中称都市,我国都市农业的提法来自日本。从 20 世纪 80 年代起,随着日本、新加坡、荷兰、以色列、韩国以及我国台湾等国家和地区城市化的快速发展,这些国家和地区的农业科学家和城市地理学家相继开展了都市农业的研究,并不断完善其内涵,都市农业开始逐渐在世界范围内广泛受到重视。在都市化地区良好的生活环境是具有稀缺性的经济物品,其获得必须付出代价。都市农业具有外部性,应视为公共物品,市政当局应参与都市农业建设,并给予适当补助。

"都市农业"(Agriculture in city countryside)这一名词在英文的原意为都市圈中的农地作业,但随着城市社会生活的变革,都市农业的内涵不断拓展,都市农业的概念也不断发展。现在我们所谓的都市农业一般是指处在城市化地区及其周边地区,充分利用大城市提供的科技成果及现代化设备进行生产,并紧密服务于城市的现代化农业。从世界上看,都市农业是现代农业发展到一定历史阶段的必然产物。日本学者最早提出都市农业的概念,都市农业作为一种世界性的农业现象出现在第二次世界大战后。都市农业是依托大城市发展起来的,拥有先进的科学技术和现代化设施,并具有先进的管理科学技术,它的区位优势、市场优势、人才优势等决定了都市农业与其他地区农业相比,更具有其得天独厚的优越条件,都市农业被认为是当代最具活力的一种现代生产力。

我国都市农业的提出与实践探索始于 20 世纪 90 年代初期,其中以地处长江三角洲、珠江三角洲、环渤海湾地区的上海、深圳、北京等地开展较早。为适应建立国际经济中心城市的要求,1994 年,上海市政府就提出依托中心城市的辐射和自身的积累,加快城郊农业向都市农业的转变,建立一个与国际化大都市相配套,具有世界一流水准的现代化都市型农业,并成为我国第一个将都市农业列入"九五"计划和 2010 年远景目标的城市,已在设施农业、观光农业、庄园农业的发展方面取得显著成效。1995 年上海市和日本大阪府开展都市农业国际合作研究,并于 1996 年在上海召开了上海市/大阪府都市农业国际研讨会。

1998 年,在北京召开了首次全国都市农业研讨会,北京、上海、天津、深圳、厦门等地的代表出席了会议,都市农业在我国沿海发达地区受到广泛重视。北京市明确提出要以现代农业作为都市农业新的增长点,抢占科技制高点和市场制高点,强化其食品供应、生态屏障、科技示范和休闲观光功能,使京郊农业成为我国农业现代化的先导力量。深圳特区建立之初,主要是发展创汇农业,进而发展三高农业,适应建设国际化大都市的需要,发展现代都市农业成为特区再创辉煌的重要战略选择,为此深圳市就都市农业发展战略进行了深入研究,目前其观光农业、高科技农业建设正方兴未艾。中央"十一五"规划建议中强调,"要加快农业科技进步,加强农业设施建设,调整农业生产结构,转变农业增长方式,提高农业综合生产能力",都市农业的发展面临新的重要发展机遇期。

(2)都市农业的基本内涵　都市农业是一种与城市经济、文化、科学、技术密切相关的农业现象,是都市经济发展到较高水平时,农村与城市,农业与非农业等进一步融合过程中的一种发达的现代农业。都市农业反映了工业化和城市化高度发展后,人类对新时代农业的一种探索,同时表明现代化农业已经成为现代都市文明的内在需求。其基本内涵是:

①都市农业是在城市化过程中诞生出的一种以满足城市居民更高层次需求的新型农业形态。随着城市的不断扩大,城市经济的发展,城市居民收入的增加,城市居民需求层次不断提高,除基本需求以外,要求有更大的活动空间和更多的自然享受。为满足这些需求,要求建立一种专门服务于城市的农业。在地域分布上,都市农业不同于城郊农业或郊区农业。都市农业既存在于都市外部,也存在于都市内部,与城市的联系更紧密,是现代都市的有机组成部分。

②都市农业是城乡、工农差别逐步消失,传统城乡多元结构逐渐解体过程中产生的一种特殊形态的发达农业。都市农业直接为都市服务,从事于都市农业的组织在经济上紧紧依赖于都市经济,受到都市经济的强力支撑。因而都市农业拥有文化技术很高的劳动者,能应用现代化的生产设备和先进的生产技术于农业。在组织上实行高度专业分工与协作,因而都市农业与城郊农业或郊区农业相比,有更高的农业生产力。在产业特征上与大田农业相比,都市农业属于劳动密集、技术密集的精细型农业。

③都市农业是在可持续发展理论指导下建立起来的一种经济、社会、生态协调发展的多功能农业。都市农业的多功能性,被台湾学者表述为"三生农业",即生产性功能、生活性功能和生态性功能。"三生农业"的提出旨在区分都市农业与传统生产型农业的不同。都市农业的经济功能是为市民提供新鲜、优质、安全、洁净的农副产品;为工业提供各种合格的原材料;为工业和服务业的发展提供空间和劳动力,以此扩大农业就业机会,增加农民收入,壮大农村经济实力。都市农业的社会功能是增进都市居民与农村居民的接触,缩小工农差距、城乡差距,使城市居民了解农情、农俗、农知等传统农村文化,促进城乡文化交流。都市农业的生态功能强调生态屏障功能,强调

人与自然的协调发展以及城乡经济的可持续发展,使都市农业成为大都市市容的美容器、水和空气的过滤器和净化器,以此提高都市居民的生活质量,招徕客商,推动经济发展。与传统农业相比,都市农业不仅具有提供居民食品和提供工业原料等有形农副产品,还为居民提供绿色、阳光和空间等无形农业产品。因此都市农业特别强调环境保护和休闲功能。

④都市农业是现代都市的有机组成部分。以提供优美的环境等稀缺性经济物品为主,生产这种稀缺性经济物品会产生很高的成本,都市农业关于生态环境建设等功能和产品不能完全从市场交换中获得补偿,因此,对公共物品的生产者应给予一定的补助。

(3)都市农业的基本特征

①城乡一体化。自古以来,城乡分界可谓泾渭分明。随着世界各地城市化进程的加快,这一传统观念发生了动摇。一方面随着城市的扩展,在原先城市的同一新城区保留着不少农田,另一方面随着大城市群的出现,相互紧密联系的城市纵横交错,因而形成了城市渗透农村,农村渗透城市,城市和农村浑然一体,产生了许多农村中的城镇和工厂以及都市里的村庄、田野,传统的城乡布局被突破,城乡界线已日益模糊了,城乡的融合步伐加快,工业化、城镇化的加速发展促进都市农业发展、经济发展紧密结合,空间融合一体,都市农业发展又进一步加快了城乡一体化的进程。

②功能多样化。都市农业分布在城市化地区以及周边延伸地区,而非一般的农业地区,它是一种区域农业。都市农业的生产、流通和经营,农业形态和空间布局,都必须服从大城市的需要,为市民的生产、生活提供服务,在服务中获得经济效益。同时又由于城市及市民的需要是多方面的,这就决定了都市农业的形态、生产经营形式与功能的多样化。都市农业不仅要充分利用大都市提供的科技成果及现代化设施进行生产,为国外市场提供名、特、优、新农副产品,而且要具有为城市市民提供优美生态环境、绿化美化市容市貌、提供旅游观光场所、进行文化传统教育等诸多方面的功能。

③高度集约化。与其他地区农业相比,这一区域内的农业资源条件表现为资本、设施、科技和劳动力的高度密集性,同时由于都市农业与城市之间的密切关系,对其农业环境、投放要素、产业技术特性、结构及功能有一定的要求或限制,从而使这一地区的农业同其他地区的传统农业明显不同。随着都市农业区域内经济地租的上升,在经济利益的诱导下,都市农业转向资本、科技密集和土地节约型的发展道路,农业生产经营方式高度企业化、规模化、科技化、设施化、市场化,并实现产加销、贸工农一体化,为大城市提供所需的鲜活农副产品。

④市场一体化。都市农业依托大城市,可充分利用国际大城市发达的市场、信息和交通网络,跨越区域界限发展农产品生产和交易。尽管都市农业有较高的地域性,

但农产品的生产、加工、销售则以适应大都市市场和国际市场需求为出发点,农产品在市场上实现大流通是都市农业发展的动力和生命。都市农业是一种工业化、市场化农业。通过市场网络把千家万户的农民与市内国内甚至世界市场紧密地连结在一起,快速有效地根据市场需求状况,组织农业生产要素配置,通过市场化带动农业产业化,进而推进农业的专业化、基地化。都市农业是市场经济条件下的发达农业,它是以国内外市场需求为导向,在大市场、大流通环境下,经济、合理、有效地配置资源,充分利用都市经济、科技和服务体系,选择重点产业和主导产品,增强农业的服务和辐射能力。

第四节　景观农业理论

一、景观农业的概念及其理论基础

德国著名生物学家和地理学家特罗尔(C. Troll)被推举为景观生态学的创始人。他把景观定义为将底圈、生物圈和智能圈的人类建筑和制造物综合在一起,供人类生存的总体空间可见实体,认为景观代表生态系统之上的一种尺度单元,并代表一个区域整体。从景观定义出发,景观农业(Landscape Agriculture)是草地、耕地、林地、树篱及道路等多种景观斑块的镶嵌体,表现为物种生存于其中的各类破碎化栖息地的空间网格。从影响因素看,景观农业是人类为其生存通过较完善的生物和技术活动,对土地长期或周期性经营的结果。从系统角度出发,俄国生态学家 A. P. 谢尔巴科夫提出"景观农业是在农业景观中调节物质与能量的一种系统,它可以保证农业景观中资源的再生产能力,首先是提高土壤肥力和农作物产量"。也就是说,景观农业的本质是农业生态系统与自然生态系统在一定自然景观上的有机结合,它是按景观生态学原理规划的,具有自我调节能力、高稳定性和实现能量与物质平衡的一种新型农业。

该农业具有以下特征:

(1)保证人类合理地、生态上无危险地开发农业生态系统,最终实现农业高产、稳产持续发展的目标。

(2)在以农业生态系统为基质的景观中充分发挥自然生态系统斑块、廊道的高稳定性、自我调节能力,以维持和加强整个农业生态系统的稳定性和正常运转功能。

(3)正确估价地貌类型、要素对农业生产的影响,种植的作物品种,采取的土壤改良措施,耕作方法,土地利用强度,作物布局等要与地貌类型、要素相适宜。

(4)在确定农业景观中能流、物流动态基础上,尽量扩大利用可再生的生物能源,减少化石能源的投入,能流、物流的有效转化将为农业生产降低成本、增加收入创出一条途径。

(5)为人类展现良好的生态系统和优美的景观视野,可作为旅游资源进行开发,从而提高农业生产的经济效益。

(6)农业景观中的自然生态系统可建成微型自然保护区,保护农业生态系统中存留的生物基因、物种、生态系统和景观多样性,为建立人工与自然生态系统和谐统一的环境创立一种新的模式。

景观农业的理论基础来源于景观生态学的基本原理和系统论思想。任一农业景观都是一开放系统,该系统与外界环境,系统中各斑块、廊道间存在着物质与能量流动。而景观格局(斑块、廊道的形状、大小、数量、优势度、均匀性、相互关系等)直接影响与控制物流、能流的大小及流通,并以此与外界保持一定的关系。因此人类干扰活动形成的农业景观格局是景观内部、景观与外界环境间物质和能量迁移、转化和聚集的基础,直接或间接地影响农业生态的稳定性、农作物的收获量及农业生产的效益。

要保持农业生产的持续发展,离不开微观上农业技术的改进,其中包括作物品种的改良,农药、杀虫剂的换代,耕作措施的更新等,但更重要的是必须保持宏观上有一个稳定的生态环境。实施任何一项具体的农业措施,均应与宏观环境相衔接,其最终结果应是加强宏观生态环境的稳定性,而绝不是相反。国外学者提出了实施农业生产与满足景观农业要求的三项原则意见。①种植的作物要求有最大的生态适宜性,而不能只考虑经济利益;②人类对土壤、作物和环境的影响不应超越农业生态系统生产力保持稳定的限度,不应超越农业生产功能的稳定性;③提高农业系统生产力应同时改善其组成的各要素。

农业生产的持续发展最重要的是在生态平衡条件下实现,而实现生态平衡的基本原则是,农业生产在利用自然资源的过程中能保证并实现再生产和扩大再生产。在自然界中各自然组分均是有机地组合在一起,孤立地考虑一种组分的作用不能解决农业扩大再生产问题。这要求我们必须考虑环境的全部组分水、土壤、植物,动物的数量、质量状态,认真研究其相互之间的联系,应用区域综合体的思想来解决农业生产发展中所面临的各种问题。各生态系统相互联系、影响、组成统一景观的思想应是景观农业建设的基础。

二、景观农业理论在实际生产中的作用

景观农业理论的出现,为农业生产的发展注入了新的活力,随时间的推移日益显露出巨大的影响。

1. 景观农业与生态环境改善

自然生态系统与景观较之人工生态系统与景观具有更强的自我调节、高稳定性

和维持能量与物质平衡的能力。在农业生产发展的过程中,自然生态系统和景观逐渐向人工生态系统和景观转化,人为因素在农业景观中具有更为重要的意义。但此时人类的偏见往往过分夸大自己的作用,而忽视自然的作用,以至造成生态环境恶化的严重后果。

农业生产中重要的一环是土地配置,传统的土地配置,包括经济文化中心和作物布局、牧场轮换,防护林带、道路、水渠、人工湖的建设等,基本目的是为了发展当地的经济。这种思路的弱点是很少考虑这样一种景观结构是否能形成一个稳定的农业生态环境,是否能维持农业生态系统与外界环境有一个稳定的生态平衡联系,以至最终实现农业生产的持续发展。景观农业首先要求优化景观尺度上土地配置,然后按景观生态学提供的等级理论逐步解决不同尺度上的土地资源利用问题。景观农业的配置将自然生态系统、农业生态系统和人工建筑生态系统溶为一体,全面、统一考虑能量和物质流动,自然生态系统与农业生态系统的相互影响,以实现景观多样性和生态系统多样性的保护。这种先在高水准上优化农业景观配置,进而优化具体的土地结构和配比,形成的土地规划可为一个地区农业生物群落建立稳定的生态环境,有利于农业生产的持续发展。

2. 农业与旅游业的结合

传统农业在人们的心目中只是提供物质产品,为人类解决粮食、蔬菜和水果等方面的需要,而由于农业生产受气候影响,波动很大,加之工业产品与农业产品在价格上的剪刀差,农业产品价格低下。所以无论是发达国家还是发展中国家,农业生产均受到政府的价格补贴。景观农业在提供物质产品的同时,还为人类提供精神产品。不同的种植方式、耕作制度、作物搭配均是一个地区民族文化、传统习惯、地区风俗等的具体体现,具有很高的观赏价值,对其他地区的游人颇有吸引力,特别是不同颜色作物,按不同地貌单元配置,可在空间形成一幅优美的图画,这种人工形成的景色具有较高的美学价值,它可以陶冶人们的心灵,激发人们热爱大自然的情趣,是建设精神文明的物质基础。景观农业与旅游业的结合,同时也提高了农业生产的经济效益。我国台湾省和其他许多东南亚国家,大力倡导农业景观旅游,并将多处农业景观开辟为旅游观光基地,现已形成农业景观游览产业,为推动当地农业生产和旅游业的发展做出了重要贡献。

3. 景观农业与生物多样性保护

全球地表 11% 的面积为农地。由于人口的不断增长,对粮食需求的增加,农地面积还在继续扩大。对世界高于 90% 的农业生产统计结果表明,现代利用的农作物的物种数不超过 100 种。这意味着除了污染、人工干扰消灭物种外,农田面积的扩大同样会造成自然物种的大幅度消亡。保护生物多样性已成为当代国际社会最为关注的问题之一,景观农业的理论为解决农业区生物多样性的保护提供了思路。

哈伯(Haber)于 1971 年就指出,在高强度的农业用地范围内,至少要有 10％的地表面为自然或半自然生态系统所占据,10％急需原则是允许足够的野生动物与人类共存的一般管理战略。景观农业把对生物多样性的保护列入重要内容来考虑。在景观尺度上,人类干扰形成的农业景观破碎化为生物多样性保护提供了综合解决办法。景观农业要求在景观基质中充分发挥自然廊道、斑块的生态作用,尽可能为更多的生物物种繁衍提供适宜的栖息地,建立微型自然保护区,从景观、栖息地、生态位不同水准进行野生动物的管理,规划适宜野生动物繁衍与农田共存的景观生态格局,形成"天人合一"的景观农业生态系统。

三、景观农业的发展过程和趋势

我国景观农业的发展通常分为四个阶段,即农业前景观、原始景观农业、传统景观农业和现代景观农业。从根本上讲,农业前景观和原始景观农业是一个自给自足、自我维持的内稳定系统,人地矛盾不突出,人们未意识到合理利用土地的必要性,景观农业规划更无从说起;在传统景观农业时代,几十年的集约化经营方式造成生物栖息地多样性的降低和自然景观的破碎化,土地利用和土地覆盖方式的变化使得景观农业的美学和生态效益遭受严重损害。2007 年《中共中央国务院关于积极发展现代农业,扎实推进社会主义新农村建设的若干意见》和 2008 年《中共中央国务院关于切实加强农业基础建设进一步促进农业发展农民增收的若干意见》公布,提出农业发展要走中国特色农业现代化道路。与传统农业相比,现代农业突破了传统农业完全或主要从事初级农产品原料生产的局限性;远离城市或城乡界限明显的局限性;部门分割、管理交叉、服务落后的局限性;封闭低效、自给半自给的局限性。从景观农业的发展过程,我们得出传统景观农业仅仅体现了农村景观资源提供农产品的第一性生产的功能,而现代景观农业的发展除立足于农业生产功能外,更强调保护及维持生态环境平衡的功能,以及作为一种特殊的旅游观光资源的功能。因此,理想的景观农业规划应能体现出农业生产、环境维护和旅游开发三个层次的功能。

四、景观农业构建

1. 构建目标

景观农业既具有一般景观的基本特点,又突出地表现为人类和自然共同作用的结果,俄罗斯生态学家 W. L. 泰勒结合景观农业的特征,提出了实施农业生产与满足景观农业要求的三项原则意见。根据这三项原则意见我们提出,景观农业的构建应该追求以下目标:

（1）提高景观内各系统总体生产力　　正确估价各项农业要素，合理配置作物品种，规划控制土地利用强度，改良土壤和耕作方式，降低农业生产成本，提高能量与物资投入的效率。

（2）加强生态系统的稳定性　　扩大利用可再生的生物能源，控制肥料农药的使用，减少农业污染，实现农业高效、可持续地发展。

（3）发挥景观农业的综合价值　　保护和促进包括生物多样性在内的景观多样性，并为农业观光旅游开发提供资源保证，实现农业的多元化发展。因此，理想的景观农业应该追求经济价值（经济活力）、生态价值（环境优美）和社会价值（社会期望）三者的统一。

2.构建原则

（1）提高经济价值　　经济产出作为主导功能，要求整个景观农业具有较高的生产率以及容纳更大物质和能量流动的结构。景观农业的构建应该把农业产前、产中、产后相互联系在一起，延伸农业的产业链，调整农业结构，优化农业经济布局，发展和运用高新技术，学习和应用新的概念和模式，如生态农业、观光旅游农业、精细农业、循环农业等，以此来提高经济价值。具体表现在：①加强种养加、产供销、贸工农一体化生产，增强农工商的紧密结合；②提倡城乡经济社会一元化发展、城市中有农业、农村中有工业的协调布局，科学合理地进行资源的优势互补；③实现一个全方位、权责一致、上下贯通的管理和服务体系；④发挥资源优势和区位优势，实现农产品优势区域布局、农产品贸易国内外流通。坚持"多予、少取、放活"和"工业反哺农业，城市支持乡村"的方针，真正实现工农良性互动，城乡共同发展，从而使农村成为中国现代化的稳定器和蓄水池。

（2）维持生态价值　　生态平衡功能要求景观农业具备较好的稳定性、较高的物质和能量利用效率、较少的废弃物和多余能量排放，对人类环境具有正面的生态贡献。实现自然资源的永续利用、最小的环境负效冲击和较小的非农产品投入。同时，生态保护必须结合经济开发来进行，通过人类生产活动有目的地进行生态建设，比如土壤培肥工程、防护林营造、农业生产结构调整等。因此，生态价值的维持措施可以走"社会—经济—自然复合生态系统"的生态整合道路，按照自然系统是否合理、经济系统是否有利、社会系统是否有效的目标设计最优的土地利用格局和资源生产方式，规划土地优化利用的满意景观。具体可以执行以下措施：①建设高效人工生态系统，实行土地集约经营，保护集中的农田斑块；②控制建筑斑块盲目扩张，建设具有宜人景观的人居环境；③重建植被斑块，因地制宜地增加绿色廊道和分散的自然斑块，补偿恢复景观的生态功能；④在工程建设区要节约工程用地，重塑环境优美、与自然系统相协调的景观。只有按照景观生态学的原理，在宏观上设计出合理的景观格局，在微观上创造出合适的生态条件,才能促进农业资源的合理利用及农业的持续发展。

(3)提升社会价值 社会持续功能要求景观农业能综合考虑社会习惯、人口就业、景观美学和户外教育价值。国外景观农业的规划设计中就充分考虑到了人们"重返乡村"和"亲近自然"的情结,建造了一些富有特色的新型农业模式,如有机农业、生态农业、精细农业等构成的观光农业。根据景观生态学原理,任何形式的农业活动,包括观光农业都必须落实到具体的地域空间上,构成各类农业景观。近年来国内涌现出结合中国农村特色的观光农业——农家乐休闲旅游,通过建立和发展观光农业,对提高景观优美度,提升景观农业美学价值和社会价值进行了有效尝试。

农家乐休闲旅游是以农村自然环境、农业生产活动、农民生活方式为旅游吸引物,以"住农家屋、吃农家饭、干农家活、享农家乐"为核心内容的旅游经营项目。根据景观农业的特点和要求,发展农家乐休闲旅游应做好以下三个方面:①坚持科学发展观,在工作上做到六个结合。把促进"三农"全面发展与拓展旅游业发展空间有机结合;把发挥休闲旅游业优势与发展农业产业化有机结合;把建设休闲旅游设施与推进村庄整治建设和基础设施建设有机结合;把开发休闲旅游资源与保护生态环境和历史文化有机结合;把鼓励广大农民投资创业与吸引工商企业投资发展有机结合;把坚持市场运作与强化政府管理服务有机结合;②制定产业政策、行业标准,加强规范管理。通过设立农家乐休闲旅游研究中心、检测中心、认证中心、培训中心、数据中心等,正确引导这一新兴模式向着持续、有序、健康轨道前进;③建立公共信息服务平台和技术服务平台来整合资源。通过服务平台建立共享机制和管理秩序,包括市场信息、管理培训、企业推介、网上预订等,逐步做到资源的有效利用。

第二章　发展观光农业的基本条件

第一节　农业与观光农业

农业是指人们利用动植物的生长能力,采取人工培育和种养殖的办法,已取得产品的物质生产产业。从现代经济发展来看,农业具有狭义和广义之分。在我国,狭义的农业是指农作物种植业;广义的农业则包括农、林、牧、副、渔五业。随着农业的发展,林业生产部门已独立出来,形成了一个独立的生产部门,所以本书所要分析的农业是除林业以外的广义上的农业。

观光农业是指广泛利用城市郊区的空间、农业的自然资源和人文资源,以市场经济为主导,以现代科学为支撑,以金融资本为基础,通过合理规划、设计、施工,建立具有农业生产、生态、生活于一体的农业区域,在实现高科技、高效益、集约化、市场化的现代经营活动的同时,实现美化景观,保护环境,提供观光旅游并可持续发展的新型农业,是农业的重要组成部分。观光农业并不包括以名胜古迹为主的旅游业。观光农业是以农业活动为基础、农业和旅游业相结合的一种新型的交叉性产业,是以农业生产为依托,与现代旅游业相结合的一种高效农业。观光农业实现了农业生产方式、经营方式以及人们消费方式的创新,是世界农业未来发展的一种新思路、新模式,也是我国现代农业中一项具有发展前途的特色产业。

我国的观光农业兴起缘于20世纪80年代居住在城市的居民对郊野景色的欣赏和果品的采摘活动,最后引发了全国范围内农业和农村对观光农业的全方位建设与开发。

观光农业以充分开发具有观光、旅游价值的农业资源和农业产品为前提,以规划、设计、修建农业景观与设施为手段,以输出观光、休闲、采摘、购物、品尝、农事活动体验等旅游功能为目的,既不同于单纯的农业,也不同于单纯的旅游业,具有集旅游观光、农业高效生产、优化生态环境、生活体验和提升社会文化功能于一体的显著特点。

观光农业一方面以农业生产为依托,使旅游业获得更大的发展空间,丰富了传统的旅游业的内容;另一方面,观光农业以旅游经营为手段,使农业取得更高的经济效益,实现农业功能的多元化。它赋予了农业、旅游业新的文化内涵,既符合现代生态旅游的主题,又适应现代农业发展的新方向,突出了农业和生态环境对于城市及社会发展的重要性,是社会主义新农村建设与发展的重要手段。

观光农业的基本性质归纳起来主要有以下几个方面:

第一,农业与旅游两个产业的有机结合使观光农业具有农业和旅游业的双重产业属性,二者互为依托,相得益彰,体现了农业发展的新方向。

第二,观光农业的产业发展以农业的现代化生产和经营为基础,产业规划以旅游市场的农游需求为导向,是按照市场规律运行和发展。

第三,观光农业的产业形成中的农游产业交叉渗透使其内含的农业生产效益和旅游经营效益具有互动性和叠加性,展示了行业间的相互依存。

第四,观光农业的产业开发以农业生态景观为资源条件,具有明显的地域性和季节性,强调了基础条件的重要性。

第五,观光农业的产业开发对当地土地资源的利用采用多维方式,具有较强的可持续性发展特性,为未来的农业发展进一步的提升奠定了基础。

第二节　观光农业发展基础与条件

一、发展观光农业要有较丰厚的农业资源基础

农业资源条件主要是指当地的农业自然资源、自然景观和乡村民俗等社会文化的可展示性。自然条件对观光农业的影响主要表现在其所在区域的地貌、气候、水文、土壤等因素上。地貌因素决定观光农业区地表形态,从而影响到观光农业区的可进入性和景观的丰富程度,气候因素影响观光农业区所在区域的生物种类和分布,从而在一种程度上决定了观光农业区的景观及其季节演替。一般来说,丘陵和平原相间的地貌,茂盛的林地,温暖湿润的气候,地下水充沛、地表水丰富、水质优良的水文,肥沃的土壤等对观光农业的开发是十分有利的。城里人厌倦了"钢筋水泥丛林"的喧器,其休闲方式也渐渐转变——远离都市,遁迹山野。顺应这股"上山下乡"的潮流,一种新兴的朝阳产业——观光农业满足了人们回归自然的需求。北京市怀柔区雁栖

镇依托山水优势,巧借自然,面向城市游客,打造了北京著名的观光农业旅游点——"山吧",集旅游、住宿、餐饮、农事体验于一体,有品位、有价值,吸引了大批城市游客成群结队而来,在这里观山景、游古长城、采摘果品、垂钓烧烤虹鳟鱼,被城市游客称为拥有遐想的地方,现已成为京郊观光农业的时尚地,是北京人必去的几个著名的郊区景点,每年经济效益十分可观。

观光农业具有强烈的地域性,区域的农业基础对观光农业的开发的影响也很重要。一般来说,观光农业园区所在地区的综合自然条件在一定程度上确定了观光农业的开发类型和方向,巧借资源发展观光农业成为重要的方式,即使当地没有资源也要善于借助周边的资源。

案例一:北京市昌平区长陵镇麻峪房村在 1998 年还是一个比较贫困的小山村,村民人均年收入不足 800 元。1998 年在区委、区政府的大力支持下,依靠临近旅游资源和山区自然生态环境的优势,搞起了农家游。刚开始,由于认识水平不高再加之经济比较困难,多数村民不愿意去做这件事情,针对这种情况,区政府从财政拿出了一部分扶持资金,区旅游局又制订了农家游的有关设施和服务标准,首先帮助一部分村民搞起了农家旅游,并对外挂起了长陵镇麻峪房子民俗旅游度假村的牌子。农家旅游开展仅 4 个月,全村旅游收入就达 46 万元,收入最高户达 3～4 万元,最低的也达 3～5 千元。当年麻峪房子村就由全区倒数第二的贫困村一跃成为全区的富裕村,彻底甩掉了贫困的帽子,原来人均收入不足 800 元,村集体收入不足 22 万元的村子到如今人均收入 10 000 多元,集体收入 200 多万元,现在全村近 60 户人家,有 50 多家搞起了农家旅游接待,被誉为农家旅游"京郊第一村"。

麻峪房村农家旅游的最主要的特点就是巧借邻村的旅游资源,离村 3 千米有著名的虎峪风景区,过去村民眼看着旅游的车一辆接一辆,就是不在本村停,自然钱也挣不到。村领导明白了借势这个道理后,致富路越走越宽。山还是那座山,梁还是那道梁,果树没有多栽一棵,土地没有增加一亩,但是自从搞起了观光农业,钱可是挣的一年比一年多。其次,这里自然生态环境优越,发展农家游也迎合了北京市民远离城市的喧嚣,到大山里呼吸新鲜空气和回归大自然的心理需要;另外,当地政府的指导和大力扶持,使农民找到了致富的路子;旅游行政管理部门的规范化管理,从农家接待设施和服务标准上,有比较严格的要求,使农家游逐渐走上规范化道路。

眼下这个小山村已是北京昌平区的富裕村和民俗游样板村,成功地接待了十多万中外游客,连续多年被评为民俗旅游先进单位,游人在这里感受着民俗游的暖日和风。

通过发展观光农业脱贫,观光农业发展又使环境、景观进一步得到保护;观光旅游使庄户人素质不断提高,使小山村进一步成为独具魅力的景区。这一切的一切不仅使麻峪房村人笑得甜美,也给八方游客留下了许多值得借鉴的东西。在民俗旅游的暖日和风下,小山村将展开一幅更完美的民俗风情画卷。

此外,农作物的种类、产量、商品率等对观光农业的开发都呈正相关关系。比如,在城市郊区,种植果树与种植玉米的观光采摘效果明显的前者高于后者;而在果树种植中,种植樱桃与种植苹果的采摘效益和观光效益比较,前者可能是后者的10~20倍。因此,开发者在规划观光农业项目之前,应对依托地区的农业基础进行仔细的分析和研究,结合自然条件,确定观光农业区开发与经营的主要方向。

二、发展观光农业要有较丰富的旅游资源

观光农业的开发与本地区内旅游发展的基础密切相关。有良好的旅游发展条件的地区,其旅游业的发展带来大量的游客,才会有较多的机会去发展观光农业。在分析区域旅游发展基础时,应着重考虑旅游资源的类型、特色、资源组合、资源分布及其提供的旅游功能,同时注意外围旅游资源的状况。

案例二:农村人文景观和传统文化对发展观光农业起着越来越重要的主导作用。一个历史名人故居加上一部《康熙王朝》的拍摄,就做活了一个被群山环绕人口不足千人的偏僻小山村——山西的晋城市阳城县北留镇皇城村。

人少地贫的皇城村人,也曾"以粮为纲",靠天吃饭,全村坡地连在一起最大的地块不过一二亩,最窄的不足一米,终日耕种仍填不饱肚子。在改革中,这个村的党支部书记一段颇见深度的话,被视为皇城村发展道路的注解:虽然农民天生顶着一个"农"字,但绝不等同于必须从事农业,农民增收的思路不应局限于农业本身,根据市场需要,充分整合资源优势,皇城人增收不应放弃任何一个产业。

于是,传说中300年前在清代朝廷做过大官的陈廷敬留下的大片破衰古堡进入他们的视线。

陈廷敬既是康熙皇帝的老师,又是重臣,从政50多年间做遍了清廷除兵部外几乎所有要职,康熙皇帝六次南巡中有两次曾专门到皇城村小驻。陈廷敬去世后,康熙皇帝不仅连续3次赐文哀悼,还派自己的三阿哥允祉亲临祭奠,足可见其蒙受倚重非同寻常。也正因如此,陈廷敬在世时修建的宰相府无论整体布局还是细微处都彰显着陈家当时的显赫地位和财力,具有深厚历史文化底蕴,村里意识到了这里有商机,极具开发价值。

面对在身边冷落了300年的皇城古城堡,皇城人开始了从第一产业和第二产业向第三产业全面挺进的第二次创业。此举被称做皇城村发展史上"背水一战的悲壮之举",具有"凤凰涅槃般的新生意义"。

经过大量的思想工作,居住在内城的24户村民全部迁出,来自全国各地的建筑队成了皇城村一支庞大的流动人口,修复相府与建设住宅小区同步进行。1999年,皇城相府景区接待游客3万人次,门票收入40万元。但是真正将这座

藏在深山300多年少为人知的古城堡推向全国乃至世界是在电视连续剧《康熙王朝》热播之后。

1999年底,村里获悉根据二月河的历史小说《康熙大帝》改编的电视连续剧《康熙王朝》开拍。他们敏锐地意识到,此剧有可能为开门迎客不久的皇城相府提供一个千载难逢的宣传机会。不久后的北京大兴县《康熙王朝》拍摄现场,村里的人随身携带的大量陈廷敬史料让剧组制片人和导演大为震撼,双方最终达成协议,将陈廷敬作为这部电视剧中的主要人物推出,篇幅不少于15集,力争20集,把皇城村作为部分外景地,鸣谢单位把皇城排在第一位。这一切,皇城村需支付280万元赞助费。当时导演在说出这个价位时以为能给村里人吓回去,但没想到村领导有备而来,坚决地签订了协议。

《康熙王朝》摄制组开进皇城村。后该剧在央视播出,剧中康熙皇帝以庄重亲切的口气吩咐随驾臣子:"阳城县北留镇皇城村是户部尚书陈廷敬的老家,朕就在这里下榻吧!"每集终了,鸣谢单位中"皇城相府旅游公司"字样在屏幕上方缓缓飘下。与此同时,周边省份的媒体接连出现"看《康熙王朝》,游皇城相府!"的广告,使得各地游客纷至沓来。2002年,皇城景区门票收入达700万元。2003年10月1日,皇城人又完成了一个大手笔,他们经多方协调,在距皇城相府景区不到3千米的晋阳高速公路上,开一个出口,从郑州机场到皇城相府只用2小时。继《康熙王朝》之后,又有多部影视剧在皇城相府拍摄,剧组包房已成为皇城村一些家庭旅店的重要收入来源。如今景区门票收入增至1 200万元,全村旅游综合收益超过4 000万元。

相府后人,在来自四面八方游客的赞叹声中体会着作为乡村都市人的优越与幸福。

"愿以皇城举古今,谁言农家不养人。"皇城人说:走上了多业发展的道路,俺们现在比城里人还城里人!

三、发展观光农业要有较明确的目标市场定位

这里所说的目标市场定位主要指的是客源市场或是产品市场。观光农业是按市场运作追求回报率的,任何观光农业产品都应该具有市场卖点。因此,观光农业产品的选择要找好自己的"支点",是面对城市居民,还是出口创汇,都是在发展观光农业时需要认真考虑的。

从我国当前发展来看,观光农业主要客源是对农业及农村生活不太熟悉、又对其非常感兴趣的居民。因此,观光农业首先应当作为城市居民休闲的"后花园",即市民利用双休日、假期进行短途、短期、低价和重复旅游,作为休闲和调剂的途径。对观光农业的开发首先应该从客源市场分析开始,根据市场需求来规划设计观光农业产品。

主要内容包括：确定现时市场特点、预测潜在市场，并进行市场细分；从客人的需要和偏爱与基础设施（规模、数量、质量）两方面来对市场进行评估；从季节因素、其他旅游点及当地同行的存在（是否临近、竞争性经营、互补性经营）两方面来分析客源市场的限制因素；根据逗留目的（娱乐、公务、保健等）、地理来源、社会经济水平、人们的旅游嗜好等来确定客源市场。

四、发展观光农业要有明确的区位选择

区位因素与游客数量具有正相关联系。区位可分为宏观区位和微观区位。所谓宏观区位是指观光农业区所依托的城市的区位条件，微观区位是指观光农业与所依托的城市的联系。微观区位一般有几种含义，一是与城市的距离；二是交通的通达性；三是所处区域的景观、环境、经济条件等，作为兼有旅游功能的农业开发项目，一般要求布局在城市与农村的接触带上。首先是大城市周边的农业地带，然后再向交通便利、农业基础好的地带延伸。就目前我国旅游观光农业发展的状况来看，由于其主要客源为大中城市居民，因此应位于市区1～2个小时的驾车距离范围内。北京市农业管理部门已做出明确要求，凡是在具备一定旅游资源区域内、在主要交通道路两侧的果园，都要满足市民观光采摘的需要，即开车能进去，下车能摘果，结果果农的种植效益大增，整个北京郊区的观光果园也发展到600多个，并充分发挥了观光果园的生态、经济、休闲、科普的功能，成功地组织了多次"北京市百万市民观光果园采摘之旅"活动。

此外，要综合考虑观光农业园的客源、经营、旅游项目等特点，成功的观光农业园应该选择以下4种区位：

1. 城市化发达地带

具备观光农业发展最基本的客源市场——城市游客，成功的几率比较大。

2. 特色农业基地

农业基础比较好，有丰富的生产经验，特色鲜明，容易吸引游人。

3. 优秀旅游景区的附近

可以利用景区的客源市场，吸引一部分游客，或者直接将观光农园作为一个景点向游人开放。

4. 度假区周围或度假区内

作为度假区的一部分，开展农业度假形式。

五、发展观光农业要有一定的社会经济条件

社会、经济条件对观光农业的开发影响深远,观光农业的开发必须对其所依托地区的社会、经济条件进行细致而深入的分析。这也是观光农业进行宏观区位选择的一个参考。分析的内容主要包括 7 个方面:①区域总体发展水平;②本地区的开放意识与社会承受力;③项目的开发资金及其来源;④区域城镇依托及劳动力保证;⑤区域水、电、能源、交通、通讯等基础设施情况;⑥本地区的物产和物质供应情况;⑦观光农业建设用地条件是否满足等等。

第三章　发展观光农业的作用与意义

第一节　观光农业发展的作用

一、增加农民收入,扩大就业

　　发展观光农业包括发展新农园和扩大现有农园规模。这些都意味着劳动力的增加。不论是扩大农园生产面积还是增加经营品种,都需要增加人手;即便不从社会上雇佣劳工,也增加了自己或家人的劳动量。因此发展观光农业,不仅可以增加农民收入,还能以此推动当地经济的发展。具体作用如下:

　　1.农业观光生态旅游所倡导的关爱自然、保护自然、利用自然、享受自然的主题,充分反映了当今旅游业发展的方向,具有强大的生命力。农村的农耕文化、乡土文化、民俗文化,也将通过农业观光生态旅游这种形式得到有效的开发和利用。

　　2.农业观光生态旅游能较好地满足旅游者的个性化需求,将成为都市人周末度假休闲的主要方式。

　　3.农业观光生态旅游具有很强的市场竞争力。农业观光生态旅游收费低,对城市工薪阶层有很大的吸引力,游客可以避免长途奔波劳顿之苦,充分享受蓝天碧水、袅袅炊烟和鸡鸣犬吠,对厌倦了水泥森林的都市人极富吸引力。

　　4.增加了农民收入,解决农村一部分劳动力就业,确保农村社会秩序的稳定。

　　5.实施当地生产的无公害蔬菜就地消费,从而带动本地蔬菜生产,推动蔬菜产业发展进程。

　　6.促进绿色食品示范村建设步伐,实行科学栽培,提高了农民应用先进栽培管理方式生产无公害蔬菜的意识,农业科技意识深入人心。

7.村民人人有事做,有效降低赌博、打架斗殴、封建迷信等陋习现象的发生。

二、能为市民提供休闲场所,拓展市民生活空间

长期以来,我国的旅游业以自然资源、文化资源的开发为主体,上下五千年的人类文明史和多民族文化以及水美山奇、地广物博的自然条件是我国旅游业的发展基础。观光农业的出现,是农业与旅游业相结合的产物,其开发的基础是农业生产文化与农业生态景观的有机结合,这是旅游资源开发的新形式,无疑为传统的中国旅游业发展增添了新的动力。特别是它能满足城市居民追求"返璞归真",摆脱城市喧闹、工作紧张、生活繁杂等带来的心理压力,为身处闹市、整天忙于工作的市民提供一片宁静的休闲空间。在空闲时只要购买一张门票,便可以在农园里自由自在地观光,既可以观赏到争奇斗艳、芳香四溢的鲜花,又可以目睹生机勃勃的蔬菜,还可以亲自采摘和品尝各种鲜嫩的水果甚至带些水果回家。人们通过这些活动能够消除工作上的疲劳或思想上的烦劳,尽快恢复体力与朝气,以及弥补城市文化"缺陷"的特点,更直接为中国的假日旅游、休闲旅游、教育旅游、生态旅游、观光农业等等的发展开阔了新天地。

三、能为市民尤其是学生提供体验农业的机会

市民农园一般都比较注重参与性。在农园里,市民通过参加各种田间劳动,不仅可以亲自体验农耕文化,享受到劳动所带来的乐趣,而且可以从中学习农作技术,了解植物生长习性,从而达到接受自然、休身养性的目的。如在日本,虽然水稻种植和收割早已实现了机械化,但学校方面却为学生安排了到农园参加农业生产活动的必修课。在学童农园里,经常可以看到中学和小学学生或插秧或割稻等活动。学校这样做的目的是为了让学生们都有亲自体验农作的机会,以便更好地掌握科学知识和增进对农艺的了解。

四、为市民提供"绿色食品"

发展观光农业可以在短期内为市民提供既安全又新鲜的蔬菜与水果等农副产品。这种农园一般利用各类现代化生产设施和先进技术(温室栽培和无土栽培等),在较短时间内生产各种短期绿叶菜供应市场,以满足市民的需求。

五、提高农村的土地利用率

发展观光农业不仅可以消除我国农村某些地区所出现的土地抛荒与水域闲置现

象,而且可以提高土地利用率,增加农产品附加值,促进了农村土地资源向土地资本转化。在城市周围的一些地方,把土地经营权作为资本吸引公司、企业、城市居民共同开发,发展观光农业、休闲农业和特种种养业,已形成了一定的规模。这样实现了农业投资主体多元化,弥补了国家、集体涉农资金不足的问题。

六、有助于吸引资金推动经济发展

发展观光农业既可以使一些具有创业精神的人由此获得自己的实验场地,又可以使那些学有所成而无用武之地的人大显身手,发挥所学专长,由此带动相关产业和部门的发展,从而推动当地经济的发展。

由此可见,发展观光农业具有多方面的作用,不仅符合社会发展规律,而且是一大为民、利民工程。随着改革的深入和城市化进程的加快,人们的思想与工作压力越来越大。亲近自然,返璞归真已经成了许多都市人的心愿。因此,适应时代发展潮流,发展观光农业大有可为。

七、保护和改善农业生态环境

走可持续发展道路是现代经济发展和资源优化配置的必然要求,旅游观光农业是对具有观赏性、可参与性等特点的农业资源的保护性开发,从其主要形式如旅游观光种植业、旅游观光林果业和旅游观光生态农业等开发经营的对象与过程来看,都在很大程度上有利于农业生态环境的保护和改善。比如旅游观光种植业通过现代先进农业技术手段,开发与维护具有较高经济价值和观赏价值的农作物园地;旅游观光林果业则是通过有计划地开发与维护具有观赏、休闲和参与性功能的自然林地、人工林地、经济林地、果园或"森林公园",从而起到保护与改善农业生态环境的作用;旅游观光生态农业基地则按生态学原理建立起融生产性、生态性、知识性、趣味性和观赏性于一体的达到自然环境物质和能量良性循环的良性生态型综合体。而化学农业由于主要依靠化肥和农药来提高产量,破坏了土壤肥力,也污染了水土环境。

第二节　发展观光农业的意义

发展观光农业是贯彻落实党和国家战略决策的重要任务。党的十六届五中全会指出,建设社会主义新农村是我国现代化进程中的重大历史任务,事关全面建设小康社会、构建社会主义和谐社会和社会主义现代化建设的大局。胡锦涛同志强调,要把解决好"三农"问题作为全党工作的重中之重。旅游是关系带动性强、拉动内需明显的新兴产业。因此,充分依托和利用"三农"资源发展农村旅游,是旅游行业积极贯彻落实党和国家重大工作部署的必然要求。

观光农业旅游使广大农民向非农领域转移，加快了农民脱贫致富的步伐；旅游业成为农村经济新的增长点，使传统农业增添了附加值，农村生产力得到了进一步发展；观光农业旅游推动了现代农业经济体系建设，农村产业结构得到优化和调整；农村旅游带动了农村基础设施建设加速，使农村环境卫生和村容村貌得到明显改善，农民思想观念和文明程度明显提高。

一、有利于提高农业的比较利益

传统农业是一种弱质产业，其比较利益相对偏低。发展观光农业不仅能通过扩大农产品销售市场，增加农产品销售量，提高农产品商品率，而且能把农业的生态效益和民俗文化等无形产品转化为合理的经济收入，提高了农产品的附加值，从而大大提高农业的经济效益，促进农民增收。

观光农业的发展将给传统农业发展注入新的活力，使农业的经营不再拘泥于传统的生产经营方式。在有条件的地区，利用现代科技进步，开发出新型的农业经营方式，既具有现代农业生产的教育、示范作用，又对新特品种的引进、培养，新技术的开发、推广起到了重要作用。

二、有利于调整和优化产业结构

观光农业具有很强的产业带动性，它打破了一、二、三产业的界线，能够扩大交通运输业、商业、工艺制作业、食品加工业、饮食服务业等产业的市场需求，进而促进和带动相关产业的发展，有助于形成供产销、旅工农、科工贸的产业化生产体系，从而带动整个地区产业结构的调整和优化。

三、有利于农村剩余劳动力资源的利用(提高劳动力、土地等资源利用效率)

观光农业属于劳动密集型产业，发展观光农业需要一整套的服务设施，不仅需要导游、管理人员、服务人员，还需要住宿、饮食、商场、交通、文化等行业，能吸收利用大量劳动力就业。理论上，旅游业每创造一个直接就业机会，将产生另外三个间接就业机会。因此，发展观光农业将在一定程度上解决农村剩余劳动力问题，提高农民的收入水平。

传统农业生产的土地利用模式以平面结构为主，而以现代农业为特征的观光农业，在现代生产技术的支持下，其土地利用模式则以立体结构为主，这可以极大提高土地生产效益，并可使农业生产突破传统方式受制于土地自然供给的局限，开发土地经济供给的无限性。

例如,毗邻广州市中心区的番禺化龙农业大观园,是一个典型的观光农业开发区,其土地的利用从水面—塘基—田面—坡地—山岭形成了一个完整的立面生产系统,即形成了鱼、鸭—猪、蕉—农作物—果园、园艺圃—林木、茶树的农业生产结构体系,土地的生产性功能得到了较充分的开发,农业生产的经济组合也得到了最佳的体现。

四、有利于提高劳动者素质和缩小城乡差别

观光农业的发展除了需要农业生产者以外,更不可或缺的是需要一批农业生产的管理者、规划者,以及一批从事旅游服务的接待者与经营管理者。因此,植根于本土本乡的观光农业发展将有利于培育高素质的劳动力。观光农业对农业生产和经营管理提出了更高的要求,既需要掌握农业科技的工程技术人员,更需要高层次、复合型的管理人才。这些高素质人才的带动及与都市游客的接触、交流、学习,促进了新知识、新观念及现代意识的传播,可以提高农村劳动者素质,造就一代高素质的新型农民。同时,通过其示范和推广作用,能够带动整个观光农业区的农业和农村经济发展,缩小城乡差别。

五、有利于促进农村城镇化进程

目前,我国总体上已进入以工促农、以城带乡的发展阶段。发展农业观光旅游适应居民消费结构生机的需要,实现了"大农业"和"大旅游"的有效结合,加快了城乡融合和三次产业的联动发展,不仅扩大了城镇居民在农村地区的消费,还加快了城市信息、资金和技术等资源向农村的流动。

观光农业在经营开发中,解决旅游者的吃、住、行问题是非常关键的,这直接影响了观光农业开发区的可进入性。因此,随着观光农业的开发,基础设施建设势必要不断增强,交通、商业、旅游服务业也会随之而上,这就客观上为乡村的城镇化发展提供了物质基础。

六、有利于保护和改善区域生态环境

观光农业的发展保护和改善了局部地区的生态环境,塑造了良好的乡村风貌,也提高了人们的生活质量和环境质量,提高农村整体环境的改善。

发展观光农业有利于解决农业的生态、社会效益高与自身经济效益低的矛盾。农业是人类生存的基础,它以动、植物为生产对象,不仅给我们提供粮食和其他生活资料,而且给我们提供清新的空气和优美的环境,其社会效益和生态效益是其他产业

　　无法比拟的。而农业又是天然的弱质产业，其生产周期长，季节性强，受自然条件变化影响大，且多数农产品易腐烂，供求价格弹性小。而我国农业技术还相对落后，农业经营规模小，抗风险能力差。这使得我国农业风险大而相对利益低。

　　观光农业不仅以农业生产方式、多种参与活动、民俗文化吸引游客，而且以优美的环境给游客带来美的享受。由于开发观光农业而投资的公共设施，美化、清洁等条件的改善，可促使农村环境获得改善，在客观上起到了环境保护的作用，特别在水土流失严重的地区，其意义更大。通过直接出售新鲜或加工过的农产品，加快了市场流通，提高了农产品的商品量；通过合理的门票收入和其他服务收入，把农业的生态效益、社会效益转化成了合理的经济收入，从而提高了农业的经济效益。

七、可以促进旅游业形成新的经济增长点

　　长期以来，我国的旅游业以自然资源、文化资源的开发为主体，上下五千年的人类文明史和多民族文化以及水美山奇、地广物博的自然条件是我国旅游业的发展基础。观光农业的出现，是农业与旅游业相结合的产物，其开发的基础是农业生产文化与农业生态景观的有机结合，这是旅游资源开发的新形式，无疑为传统的中国旅游业发展增添了新的动力。特别是它能满足城市居民追求"返璞归真"，摆脱城市喧闹、工作紧张、生活繁杂等带来的心理压力，以及弥补城市文化"缺陷"的特点，更直接为中国的假日旅游、休闲旅游、教育旅游、生态旅游、观光农业等的发展开阔了新天地。

　　观光农业旅游实现和潜在的消费需求都非常旺盛，不仅符合城镇居民回归自然的消费心理，而且有利于开拓农民眼界，增强广大农民的出游实力，成为中国旅游最大的客源市场。农村地区是旅游资源丰富集区，农村旅游业的发展极大丰富了旅游产业的攻击体系，将成为中国旅游产业的主要支撑。发展农村旅游是推动旅游业成为国民经济重要产业的主要力量。

　　除此之外，加快我国观光农业的发展，还有利于保护和改善农业生态环境，塑造良好的乡村风貌，提高居民的生活质量和环境质量；也有利于开拓新的旅游空间和领域，减轻和缓解城市旅游地（特别是"十一"等节假日）过分拥挤的现象。

第三节　　观光农业的发展具有客观必然性

　　观光农业的发展具有历史发展的必然性，它是社会与经济发展的产物。

一、城镇居民对去郊区农村旅游观光有强烈的需求

　　城市化是经济和社会发展的必然趋势，也是一个国家和地区经济实力和现代化

水平的重要标志。随着城市人口密度的增大，人们生活在钢筋混凝土建筑的狭小空间里，天天面对大同小异的人造景观，逐渐失去了与自然的和谐相依，特别是城市工业和城市生活产生的废气、废水、废物和噪声污染，人口集聚，交通拥挤，住宅匮乏的"城市综合征"让人头痛和无奈，紧张、烦燥压迫着现代人的神经。促使人们把目光转向郊区，转向距离城市较远的农村地区。这便形成了对于农村观光旅游业的强烈需求。另一方面，城镇居民空闲时间的增加，也为这种需求的实现提供了保障。观光农业的发展是与人们日益增多的休闲时间相伴而生的，工业化时代为人们提供了休闲的可能；工业的快速发展，必要劳动时间的减少，剩余劳动时间的增加为休闲提供了时间可能。北京市 2004 年的调查显示，95％的北京市民希望到郊区旅游、观光和度假，近三分之一的市民愿意将双休日用于郊区旅游。城市群崛起的地方，也是我国经济发达的地区，为观光农业区保证了足够的有闲人士资源。2000 年全国人口普查结果显示，我国现有城市 600 多座，城镇人口比重为 36％，城市人口总数达 4.68 亿。这将为我国观光农业提供一个非常巨大的市场。

二、经济发展和居民收入水平的显著提高，是推动观光农业发展的动力

改革开放 20 多年来，我国国民经济持续增长，财富的不断积累，中产阶级或中等收入群体的扩大，我国将有 2 亿人口进入"中产阶层"消费群。所谓中产阶级是指拥有稳定的收入，有能力自己买车买房，能够将收入用于旅游、教育等消费的群体。我国居民的消费已从温饱型升级为小康型，消费的对象与热点已从解决温饱问题的生存资料为主，演进为提高生活质量的小康型生活资料为主。居民收入水平大大提高，消费总支出越来越多。根据一般经济规律，收入水平越高，消费者越倾向于包括旅游观光、休闲度假在内的高层次消费。随着家庭购车逐步增多，周末到郊区游览已成为家庭活动的常项，也是提高城市居民家庭生活质量的重要内容之一。根据我国统计公报，20 世纪 90 年代初至 90 年代中期，我国经济一直以 10％以上的速度高速增长。90 年代中期至今，基本保持 7％～8％的持续增长速度，这为观光农业的发展培育了广阔的市场空间。

三、城市郊区聚集的一定数量和质量的人力资本，是观光农业兴起的重要条件

相对于传统农业来说，观光农业所具有的高科技、科学化管理的性质，对人力资本有很高的要求。在经济发展不平衡的情况下，农业生产领域高水平的人力资本首先在大城市郊区聚集，再加上大城市郊区具有的其他优势，观光农业便率先在大城市的郊区兴起。

案例三: 北京朝来农艺园于 1997 年 6 月正式运营开放。占地面积 30 hm²,总投资 1 亿元。坐落在京城东北五环路北侧的朝阳区来广营乡。

农艺园环境秀美优雅,充分展示了高科技成果的特色、现代农业的风采、美丽的乡村田园风光,为城市居民、游人提供了一个旅游观光、休闲娱乐、科普学习、体验乡情农趣、回归大自然的良好场所。

园内有占地 4 hm² 的大型连栋智能玻璃温室,电脑操作,计算机管理,全自动化生产,新增设了水帘、排风扇和外遮阳网。以种植特菜、花卉和高科技示范为目的,吸引了大批来自各地的参观游览者。

园区北侧建有 48 栋高标准日光温室,引种了荷兰、以色列等国家和地区的 100 多种名特优新品种蔬菜,如:七彩甜椒、荷兰乳黄瓜、樱桃番茄、圣女番茄、观赏葫芦、观赏南瓜等特果特菜,供游客观光和采摘。温室内还引进了先进的滴灌、测土配方施肥、有机生态无土栽培技术等 20 余项科技成果。日光温室生产的彩色大椒还曾于 1999 年 5 月获得昆明世博会大奖。

在这个农业园区内可以进行观光、采摘、休闲、娱乐。朝来农艺园被北京市旅游局作为定点旅游景点,园内空气新鲜、绿树成荫、鸟语花香,可以体验到乡情农趣。游客伴着悦耳动听的音乐,体验采摘的乐趣以及丰收的喜悦。

这个农业园区的游乐项目还有:摸鱼、垂钓、摇辘轳打水、推碾子磨面、坐小驴车、野炊、吃农家饭、观赏非洲鸵鸟、孔雀、梅花鹿、小白兔等各种珍禽异兽,过去曾经远离郊区的农家生活重现农业园区内,农家生活的质朴感油然而生。

经过多年的建设,这个都市庄园中已拥有设备齐全的餐厅、三星级客房、传统的四合院、大小会议室、KTV 包间、歌舞厅、洗浴桑拿、保健、美容美发等,为休闲度假、中小型会议等提供良好的场所。

目前农艺园已被北京市旅游局定为青少年教育实践基地。园区西南的农业回顾展以文字说明、实物、模型、图片展示我国农业生产发展的历史。位于园区中央的科技馆内有动手制作室、生化实验室、科技放映室、展览大厅等现代化设施,对市民、青少年中小学生具有较强的教育意义。

园区生产的蔬菜农副产品也有了统一的品牌、包装,实现了绿色、无公害蔬菜农副产品上市的产、供、销一体化运做,供应市场 300 多种蔬菜农副产品、5 个档次的礼品箱菜,定点供应几十家超市、宾馆和饭店。

朝来农艺园的建设和对外开放引起了社会广泛的关注,党和国家领导人多次莅临视察朝来农艺园,给予了高度评价,是北京郊区观光农业的先河。

可以肯定的是,随着国民经济的进一步发展,各地的经济发展水平将会趋于平衡,观光农业将进一步从大城市郊区向乡村扩展。

四、观光农业的本质决定了它是现代农业的高级形式之一

观光农业的本质在于强调农业生产与人、自然诸方面的和谐。城市郊区的观光农业因其地理优势，也因都市的特殊需求，有可能率先取得农业生产与人、都市和自然诸方面的和谐。现代农业已不再仅仅是提供农产品。由于与其他各个行业的相互渗透，现代农业的功能也越来越多，其中田间劳作的欢乐、自然景观的欣赏等功能越来越引起人们的极大关注。从长远发展趋势看，即便是纯粹的农民，对这些功能也有极大的需求。因而，应该把观光农业看作农业发展的高级形式之一。北京市已经计划将观光农业发展纳入到农业的生产与评价体系中，并作为郊区农业转型增效的主要推动力之一。

五、观光农业是农民增收致富的重要途径

虽然我国农村经济在近 20 余年获得了巨大发展，但最近几年出现了农民收入增加缓慢，人多地少的矛盾日益尖锐，大宗农产品相对过剩，农村剩余劳动力隐性失业增加等问题，使得农业发展陷入困境，而发展观光农业成功的案例证明，观光农业的利润和效益是普通种养业的 5～10 倍。在我国现代工业化已迈入中期阶段之时，农业也不应仍是封闭或半封闭的自我循环系统，而应成为日益开放的系统。一些企业也把目光转向农业，涉足农业，建立现代化农业生产基地，提高单位生产力与高附加值，以获得更高的经济效益。

观光农业已经成为市民休闲、农民增收的重要手段。

案例四：平谷区金海湖镇将军关村充分借助新农村建设的机遇，利用新民居发展观光农业进行自主创业获得显著的效益。

平谷区金海湖镇将军关村以前是经济比较落后山村，在市区政府的大力支持下，以旧村改造为契机，兴建农民新型住宅小区，调整农业产业结构，大力发展观光旅游农业，乡村面貌发生了巨变，农民收入有了很大提高。

首先，农民利用新民居，走自主创业之路。玻璃台村的旧村改造历时一年多，一期 86 栋已经竣工，农民已全部入住并于 2005 年 9 月初开始进行民俗旅游接待。新村建设的主体工程为两层砖混结构，户内有上下水、宽带、电话入户，并采用太阳能供暖技术，农民住进了 148～203 m² 的小楼，其中 67 户利用新民居从事观光农业和旅游接待。农民新村的建设，改变了农民世代居住的条件，也为搞观光农业和民俗旅游接待提供了必要条件，农民自主创业积极性高，农民收入明显提高。

其次，充分利用当地农业和旅游资源，利用山区、半山区优质林果生长的自然条件，积极发展林果业、观光农业，为发展民俗旅游业开拓旅游资源。将军关村投资筹

建了 500 亩*的樱桃采摘园,对发展观光农业、林果业进行了统筹规划建设,重点建设"四园三带"观光采摘园。民俗旅游接待离不开特色的景观,将军关村依托风景如画的金海湖、将军关古长城和三泉寺开展旅游接待,玻璃台村则是依托独特的山川生态资源。民俗旅游业的发展,带动了当地农产品的销售,提升了农产品的价值。金海湖镇将平蓟路两侧 1 000 亩果园进行了统一规划,打造了特色观光采摘带,仅采摘一项,果农直接收入每年就达到 1 000 多万元,平均每户果农年收入 4 万元。由于农民从事民俗旅游人数的不断增加,农民的现金收入也明显增加。2005 年"十一"黄金周期间,将军关村观光农业及民俗旅游接待户的户均纯收入就达 2 000 余元。

此外,发展观光农业也提高了农民从业素质。政府积极引导农民自主创业,并加强对农民进行知识、技能培训,提高村民从业素质,吸引了北京周边地区近万名游客来金海湖地区进行观光采摘,2005 年实现餐饮、住宿、采摘等各项纯收入 420 万元,户均纯收入达到 3 万元。

---

* 1 亩≈666.67 m²,下同。

第四章　国内外观光农业现状

第一节　国内观光农业发展

20 世纪 80 年代以来我国许多大中城市如北京、上海、广州、深圳、武汉、珠海、苏州等地已相继开展了观光休闲活动,并取得了显著效益,展示了观光农业的强大生命力。我国观光农业多分布在东部经济发达省区和大城市郊区以及特色农业地区,目前全国比较有名的观光农园有北京的锦绣大地、蟹岛生态度假村和小汤山农业科技园区,上海的孙桥现代农业开发区,珠海的农业科技园,苏州的农林大世界,无锡的马山观光农业园,扬州的高冥寺观光农业园,北戴河的集发农业科技园等。观光农业从最初的发展一直到今天全球范围内兴起的建设热潮,其建设理念、服务功能及生态效益得以全方位的突破,成为真正意义上的人与自然的结合点。而且,观光农业旅游开发是国家宏观经济调整时期社会资金寻求新投资领域的必然选择,直接受到国家投资政策的倾斜优惠,并将成为新的经济增长点。

从国内观光农业的客源市场结构来看,中、低收入阶层的城市居民是观光农业的主体客源。从我国观光农业游客活动的动机看,许多游客还主要着眼于低廉的接待费用,体验乡俗民情的成分较低;采摘旅游中,相当数量的游客对果实的数量和质量在乎程度超过参与收获过程的心理感受。

一、各地发展现状

我国观光农业发展模式可以分为四类:一类是在农业生产充分发展的农区发展起来的观光农业,如珠江三角洲的观光农庄、生态农业园、农业大观园等;二类是大中城市郊区发展起来的观光农园,如北京郊区的观光农园、休闲度假村等;三类是农业基础较差的农区发展起来的观光农园;四类为在荒山荒地上发展起来的观光农园。

1. 北京

北京郊区观光农业始于 20 世纪 80 年代后期,自昌平区十三陵旅游区率先建立观光采摘果园以来,京郊各区、县观光农业有了较快的发展,开发和形成了一些观光农业项目和景点,也取得了一定的经济效益。目前,北京市现有农业观光园区 2 000多个,220 多个民俗旅游村,2 万多民俗旅游户,从事民俗旅游和观光农业的农民近10 万人,观光农业收入超过 30 亿元。观光农业现在已成为城郊农民增收致富的重要途径,巨大的市场需求为发展民俗旅游和农业观光创造了发展空间,成为农民离土不离乡和就业增收的重要方式。

(1)北京观光农业的类型　　目前,北京观光农业主要有以下几种类型:

①农园观光型。以展示种植业的栽培技术或园艺、农产品及其生产过程等为主,建立了教育农园、农业公园、市民农园或租赁农园等。

②农园采摘型。利用开放成熟期的果园、菜园、瓜园、花圃等,供游客入园观景、赏花、摘果,从中体验自摘、自食、自取的果(花)农生活和享受田园风光。

③森林旅游型。以森林区优美的环境、洁净的空气来吸引居民体验回归大自然的情趣和进行休闲、度假、森林考察、避暑疗养等健身活动。

④渔场垂钓型。利用水库、池塘、鱼池等水体进行垂钓、驾船、滑艇、食水鲜和水上娱乐等内容的水域旅游活动,全市拥有专门垂钓的渔场面积已达万亩以上,可供四季全天垂钓的大型垂钓园约有 50 多个,经营垂钓的单位共 400 多家。

⑤畜牧观赏狩猎型。利用牧场、养殖场、狩猎场、跑马场等,给游人提供观光、娱乐、参与牧业生活的风情和乐趣。

⑥乡村民俗文化型。利用农村特色地域文化或风俗习惯、民俗活动或民族特色的村庄和农场,开设农家旅舍,建立乡村休闲民俗农庄,让游客住农家房,吃农家饭,干农家活,享农家乐,充分享受农村浓郁的乡村风情和民俗文化。

⑦综合观光型。在观光农业景区内设置多种项目,如北京昌平县下庄乡开展山区特色旅游项目——“亲情旅游到下庄”,既观农园寻田园风光,又乐民俗享乡野风情,同时还利用大杨山自然风景区搞红果采摘活动。

(2)北京观光农业的区划　　根据北京市郊区资源、环境、区位及农业生产特点,北京郊区的观光农业发展区域布局可以划分为四个圈层、八个地带(区)。

①四个圈层

1)城市发展圈:主要是四个城区和部分近郊区,重点发展以城市绿地、园林景观、楼宇居室美化等为主要内容的景观农业。

2）近郊圈：主要是六环路以内的城市近郊区，包括朝阳、海淀、丰台、石景山等区。这里交通方便，具有离城市近的区位优势，以直接为城市消费服务为目标，最接近城市消费群体，重点发展体验农业、科普农业、园区农业和精品农业，为市民提供调节城市生活节奏的休闲生活空间。

3）中郊平原圈：包括大兴、通县、顺义、昌平四个区。这里是首都粮、菜及畜禽水产品生产基地，主要河流穿行其间，农业资源丰富，景观特征明显，应以观光休闲、农耕体验、农业教育为主。

4）远郊山区圈：主要市郊区北部、西部和西南部山区，包括房山、门头沟、延庆、怀柔、密云、平谷六个山区县、区。这里自然景观优美，森林资源丰富，要积极挖掘山区独有的资源潜力，大力发展山区民俗旅游、特色唯一性农产品生产、生态观光游、农村文化体验、自然风景观光等内容。

②八个地带（区）

1）潮白河沿岸观光农业带：本地带位于北京市东北部，包括通州、顺义、怀柔、密云四县、区。这里是全市的粮食、蔬菜、畜牧生产基地，农业发达，水面宽广，发展观光农业潜力大，可以逐步发展成为瓜果采摘、农业观摩、民俗采风、农家生活体验、自然风景游览等功能多样化的大型观光农业基地。

2）永定河下游观光农业带：本地带位于北京市南部，包括大兴、房山二县、区。这里平原广阔，沿河沙地面积大，是全市的粮食、蔬菜、瓜果重要产地。西瓜种植、生态农业发展具有明显优势，可以逐步发展成为瓜果观赏采摘、森林旅游、野生动物观赏及农家生活体验等多种功能的综合性观光基地。

3）小汤山观光农业区：本区位于昌平县中部。由于地热资源的独特优势，特种菜种植及特种水产养殖规模较大，水平较高，而且温泉疗养及垂钓对城市居民颇具吸引力，观光农业的发展已初具规模，可以逐步发展成为多种观光农业项目密集区。

4）八达岭十三陵观光农业区：本区位于昌平县北部和延庆县南部交界地区，紧靠八达岭长城和十三陵名胜旅游区，游客流量大，森林、草场、果树资源丰富，发展森林旅游和果品采摘观光具有得天独厚的优势，民俗旅游也具有一定的基础。可以发展成为以旅游为主，旅游业与农业相结合的观光农业区。

5）慕田峪、云蒙山：本区位于怀柔县中部。该地区森林资源和果树资源丰富，干果种植和虹鳟鱼养殖规模大，重点发展森林旅游、果品采摘、民俗旅游、虹鳟鱼垂钓等项目，可以逐步发展为具有民俗观光、森林浴健身、科考、避暑、度假和垂钓、品尝等多种功能的综合观光农业区。

6）金海湖观光农业区：本区位于平谷县东部，湖水面大，森林资源丰富，生态环境良好，大桃生产独具特色，可以逐步发展成为水上旅游、观光桃园、桃果采摘、桃花欣赏等观光农业区。

　　7)十渡观光农业区：本区位于房山区西部，包括具有北方"桂林"的十渡风景区和称之为"北京小西藏"的蒲洼山区。这里山水资源丰富，自然景观优美，流水养殖有一定规模，可以逐步发展成为流水养鱼垂钓、乡土民俗旅游、果品采摘、山区狩猎、野生动物观赏等观光农业区。

　　8)灵山、百花山、妙峰山观光农业区：本区位于门头沟区，这里灵山有全市独一的草甸景观，百花山花木种类繁多，妙峰山玫瑰花种植历史久、规模大，可以逐步发展成为灵山牧场旅游、百花山观花旅游、妙峰山玫瑰观光、采摘旅游等观光农业区。

　　(3)北京观光农业市场结构分析　　以下数据出自北京市观光休闲农业行业协会委托北京大学旅游与规划中心、北京农学院都市农业研究所进行的北京郊区观光农业调研，调研日期为 2005 年 5 月 1 日—6 月 1 日。

　　主要采取实地问卷式调查，共调查了 70 个市级民俗旅游村、30 个市级农业科技园、相应规模的旅游者和城市居民。以下图表中的数字及其他内容不再赘述。

　　①关于到郊区观光游客的学历结构。从调查发现，到郊区旅游的市民主要是本科学历群体，其次是包括博士、硕士在内的研究生学历群体。专科和高中、中专学历人群所占份额相近，高中中专教育水平以下群体的游客比例最小(图 4-1)。

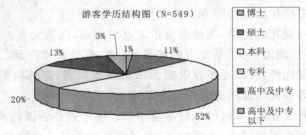

图 4-1　游客学历结构图

　　②关于到郊区观光游客的性别与年龄结构。据调查发现，近一年中约有 37.5% 的市民到过郊区旅游。在这些曾到过郊区旅游的人中，16 岁以下年龄段的有 6 人，所占比例 1.8%；17～26 岁年龄段的有 109 人，所占比例为 31.9%；27～40 岁年龄段的有 114 人，所占比例为 33.3%；41～60 岁年龄段的有 103 人，所占比例为 30.1%；60 岁以上年龄段的有 9 人，所占比例为 2.6%(图 4-2)。

　　③游客出行的选择

　　1)家庭度假者：全家出游是近年来观光农业旅游市场中一种主要的郊游方式。家庭旅游消费者群体范围较宽，几乎包括所有的在职人员。其中，中年人(35～44 岁)比例较大。这部分人上有老人，下有小孩，平时忙于工作，收入水平较高，一旦有假期，就尽量带上家人同游，共享天伦之乐。

　　家庭郊游这在选择观光旅游目的地时，喜欢选择有一定名气的地方，不太选择那些不方便散客旅游的地方。特色观光农业对家庭休闲度假有很强的吸引力,为让孩子开阔眼界,增长知识,家长喜欢选择文化底蕴厚重、体验性强的观光农业旅游。在决定去哪出游时,孩子的意见往往起到更大的作用。

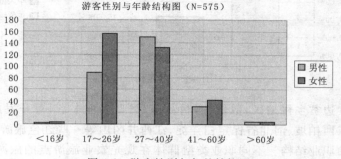

图 4-2　游客性别与年龄结构图

　　家庭外出旅游时,不喜欢跑马观花,行程匆匆。不喜欢参与大型旅游团,有时是几个熟悉的家庭合组一个团,有经验的旅游者多采用自主旅游。另外,家庭郊游度假市场,一个新起的细分群体是 DINK 家庭(中文简称丁克家庭),据最新统计,我国城市中双方都有工作的年轻夫妇达到 60 多万对。丁克家庭消费者更具备出游的条件。

　　2)团体组织旅游者:在观光农业旅游市场中,团体组织旅游也是一种重要形式。团体组织旅游包括福利性休假、奖励旅游、商务会议旅游、红色旅游等。

　　通常情况是福利性休假旅游以中短线为主,目的地是单位或本系统的,住宿设备是选择目的地的一个重要条件。河北秦皇岛北戴河海滨的主要路段上分布着 100 多家中直机关的培训中心和疗养院,形成全国最大的培训疗养地区。团体郊游一般停留一周左右,就近游览。

　　奖励旅游是一个高消费的细分市场,奖励旅游者在异地的消费往往是一般观赏旅游者的数倍,由于单位承担了交通、住宿、餐饮等费用,游客有条件更多地从事购物、娱乐等项目消费。会议旅游是一个大的流量、专业化细分市场,使用宾馆饭店的比率较高。一般会议都会在会后考察或旅游,会议期间安排有城市游览、晚间娱乐活动等。

　　通常来说,福利型旅游多数在暑假,考察、交流、会议没有时间限制段,而团体组织旅游的时间一般不会选择在出游高峰时期,如黄金周,也很少通过旅行社,一般是单位自己安排行程事宜。

　　3)个人旅游:对于依托重点风景区的农业观光旅游和一些在全国内地特色鲜明、知名度较高的农业观光旅游地,一般是以散客为主(图 4-3)。

　　另外,还有一种团体组织旅游,是各单位组织革命传统教育或爱国主义教育。每年"五四""七一""八一"前后,是红色教育旅游高峰期。红色教育旅游资源的分布主

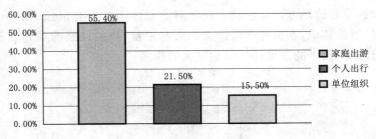

图 4-3　游客构成

要集中在老少边贫乡村地区,数量大,精品多,类型多样丰富,可开发旅游的潜力巨大。如河北省西柏坡、河北省保定白洋淀、江西井冈山等一些红色旅游区。

④游客的职业结构。不同职业类型群体在观光农业旅游点的旅游比例不同,所占比例较高是幼儿园、学生、技术人员和文教工作者,所占的人数比例分别为28.5%、15.3%、11.9%和10.7%,其他职业类型在出游人数中所占的比例分别为:管理者占7.7%,服务业从业人员占9.8%,政府机关工作人员占5.2%,个体户占4.2%,退休人员占3.1%,医务人员占2.7%,待业人员占0.6%。观光旅游的游客一般以职员、学生为主,他们时间充足,而且他们一般倾向于消费不太高的观光农业旅游。青少年通过参观农业活动,可以学习农业文化、体验农村生活(图 4-4)。

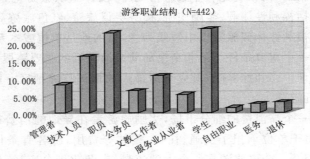

游客职业结构（N=442）

图 4-4　游客职业结构

⑤游客的出行时间选择。观光农业旅游的时间一般偏向于中短假期,周末、"五一""十一"黄金周,其中选择在"五一"七天假期出游的游客占33%,选择在"十一"假期出游的占28%,其次是选择周末的占19%,而选择暑假和寒假出游的就比较少,分别占13%和7%(图 4-5)。

⑥游客的收入结构。不同收入群体在观光农业旅游比例情况如下:中收入游客占55%,低收入游客占39%,而高收入游客仅占6%。具体分析一下不同收入水平游客选择出游情况。中收入游客在财力和时间上相对比较充裕,低收入游客他们时

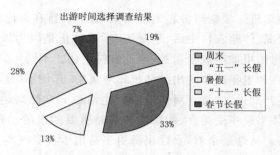

图 4-5 出游时间选择调查结果

间充裕,在选择出游情况下,他们会首选消费相对低的农业观光旅游,而高收入游客他们闲暇时间一般很少(图 4-6)。

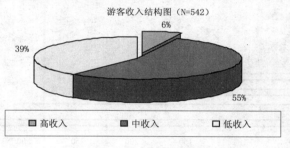

图 4-6 游客收入结构图

⑦游客的出行方式。随着收入的提高,人们在中短假期到郊区旅游出行方式一般首选私家车,一家人驾车到郊区享受田园生活既方便又快捷。从受教育水平来看,以私家车作为交通工具的比例随着受教育程度的增加而增大。从职业结构来看,私家车是企业管理者、文化教育工作者、政府机关工作人员最主要的交通工具。以公交车为出游交通工具座占比重较高的职业类型是个体经营者和学生。从收入水平来看,收入越高的群体,选择私家车作为出行工具的比例越高(图 4-7)。

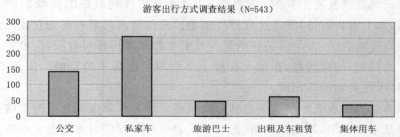

图 4-7 游客出行方式调查结果

⑧游客的出游动机。根据对游客出游动机的调查,排在首位的是欣赏农村景观,其次是调整身心状况、体验农村生活、享受美食等,这正是因为城市人们厌烦钢筋水泥等现代化生活,想忙里抽闲放松精神,享受农村生活。不同年龄阶段出游动机大致相似,但是少年儿童和老年群体的出游动机相对集中,其他年龄段人群的出游动机多元化趋势稍微明显。此外,中青年对体验农村生活也非常感兴趣。一个有意思的现象是,对中老年群体来说享受美食、购买农产品是重要的出游动机之一,但他们的饮食消费比重却不高。从性别来看,女性出游更多是出于自身兴趣爱好,而男性则出于工作、社交或身体休息需要。从教育水平来看,不同学历人群的出游动机基本一致(图 4-8)。

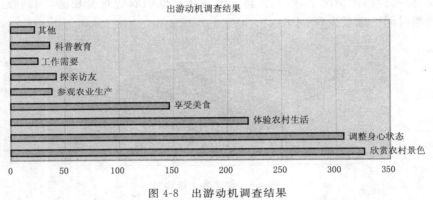

图 4-8　出游动机调查结果

⑨郊区观光游的季节分布。北京观光农业呈现明显的季节性特征,每年从 5 月份持续到 10 月份是观光农业旅游的旺季,而 11 月到来年的 4 月是经营的淡季。淡旺季之间差别很大,而且两者的衔接上具有跳跃性,并不是一个渐变的过程。如图 4-9 所示,5 月和 10 月是两个经营的高峰期,但 5 月过后 6 月又有稍微的回落,然后再逐渐达到 10 月这一年中的第二个高峰期。观光农业的经营季节性特征与所依赖的农作物成熟期是紧密相关的。5 月到 10 月正是农作物成熟的高峰期,气候宜人,植物茂盛,加上农耕时节,非常适宜野外郊游。农作物成熟期和观光农业经营的旺季整体上是高度吻合的,但值得关注的是 5 月农作物成熟得相对有限,但经营上却突然迎来一个高峰期,毋庸置疑,在很大程度上是假期制度带来的影响。由于 6 月、7 月天气炎热,因此影响游客出游。

⑩游客到郊区观光地游览信息获得的渠道。游客到郊区观光地游览信息获得的渠道主要是亲友介绍,其次是网络、报刊。这表明口碑宣传对观光农业旅游点争取客源的作用十分巨大。从年龄来看,不同年龄段从网络获取信息的比重相差较大,27～40 岁年龄段是从网络获取信息的主要群体。从受教育程度来看,高学历人群倾向于

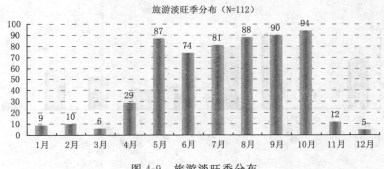

图 4-9　旅游淡旺季分布

从网络获取旅游信息。从职业来看,退休人员对亲友介绍这一信息渠道来源明显超过其他群体。从收入状况来看,高收入群体比其他群体更喜欢从网络获取旅游信息。游客可获得游览信息的渠道趋势逐渐转向网络,观光农业旅游景点提高信誉度、做好宣传是非常重要的(图 4-10)。

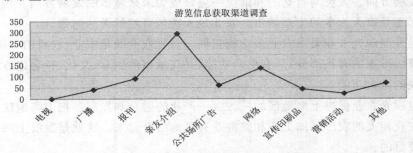

图 4-10　游览信息获取渠道调查

⑪郊区观光农业营销手段评价。观光农业旅游经营者采用的营销手段包括电视、广播、报刊等传统媒体,以及网络营销、营销活动、宣传印刷品、公共关系营销等等。经过调查发现,最多(72.03%)的被调查者认可电视、广播和报刊这些媒体;其次是口碑宣传,59.32%的被调查者认为它是最有效的;网络营销的急速增长,网络营销将愈发成为不可缺少的营销手段,有 50% 的被调查者认为其是最有效的手段之一(图 4-11)。

2.上海

作为文化产业的上海观光农业兴起于 20 世纪 90 年代,如今在郊区已初步形成一定规模,这些景点大多融观光、休闲、教育和旅游于一体,同时又各具特色。

(1)上海观光农业的发展方向和目标　上海发展观光农业的理由有以下几个方面:

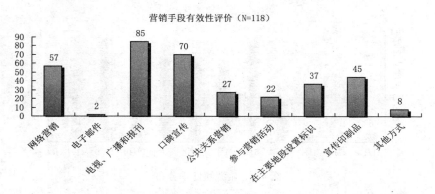

图 4-11　营销手段有效评价

　　一是国际大都市要求打破孤立、封闭的传统农业形态。人类的城市经过商业中心、工业中心、国际经济中心为标志的三个阶段之后，现在出现了第四代城市，即生态城市的发展方向。人类与自然的和谐统一应该成为未来城市的发展方向。现代城市的最高形态是以人为本的生态城市。农业是人类与自然的天然纽带。

　　二是发展观光农业要求农业多功能拓展。观光农业既是农业、农村的一部分，又是城市高级形态的有机部分，具有生产功能，并在城市的生态、文化、社会诸方面具有不可忽视的巨大功能。

　　通过观光农业促进上海地区的一、二、三产业的融合和发展。把上海地区的农业以及与农业相关的农产品加工业和旅游业有机地结合起来。这就是发展上海观光农业的主要目的。

　　（2）上海观光农业的内容及类型　未来的休闲农业将是一种依托农业的"寄生"产业，因此，不是毁"农"造景，而是以农为景；不是抛弃了农业原有的"生产价值"，追求生态、社会和文化价值，而是在农业原有的"生产价值"基础上，再增加生态、社会和文化价值。为此，这一产业的内容将包括：以农户为主的农家乐，主要以农户为经营单位组织旅游，游客可以在农户家中"做客"，也可以来农户家"度假"，体验乡土民俗；以农业生产过程和产业化项目为对象的农事旅游，以农业产供销全过程为休闲农业的对象，根据游客的需要可以是参观型的，也可以是操作型的；以农业的自然和人文资源为对象的乡村宾馆、会议中心和农业主题公园等等。

　　上海郊区目前已经初步形成了一批各具特色的现代观光农业项目。

　　①体现农业生产与农民对丰收期盼的南汇"桃花节"。南汇地处东海之滨、杭州湾畔，有近5万亩桃林。种植面积之大，品种之多，为华东之最，有"桃花源"的美誉。从1991年起，南汇每年3—4月间都要举办桃花节。旖旎的海滨水乡风光与绚丽的桃花美景交相辉映，成为桃花节吸引大批城里人纷至沓来的美丽景致。每当草长莺

飞、春暖花开的时节,在蓝天碧海的映衬下,泛舟而行,只见岸上百里桃花争奇斗艳、云蒸霞蔚;舍舟登岸,走进桃源深处,徜徉于花海之中,游客自己也成了一道人面桃花相映红的风景。品尝农家的荠菜馄饨、南瓜饼、香瓜塌饼、三黄鸡、新鲜鱼虾,观赏乡间的舞龙舞狮、桃花篮、江南丝竹、锣鼓书、荡湖船,游客可以与村民一样感受到对丰收的渴望。游客还可以认养桃树,十年里认养者每年踏青赏花之余,可自愿当一回果农,整地、施肥、修枝、除虫、摘果、品桃,享受一番春华秋实、回归自然的乐趣,并加深对未来丰收的期盼。

②体现农村风俗风情的"农家乐"。上海农家乐的典型有松江洞泾镇的花桥村和南汇彭镇彭六村。这里小桥流水,景色优美,美丽的自然景观与淳朴的乡情民风水乳交融。游客漫步在田埂小径间,休憩于鸟语花丛中,既可垂钓,也可品尝乡野趣味,还可以纺纱织布、喂养家兔、井中提水、采摘果蔬、棚中采瓜、土灶烹调。游客将完全远离都市的喧嚣和闹市的纷扰,融入农家生活。一家2~3人只需200~300元,就可享受田园乐趣,感受传统魅力,体验农家生活。

③科普与教育相结合的"现代农业园区游"。浦东孙桥现代农业园区、东海"中荷农业部园艺培训中心"都是主要景点,其中浦东孙桥全国闻名,被中国科学技术协会命名为"全国科普教育基地""全国青少年科技教育基地",已有近200万国内外参观者到这里参观游览,旅游经营收入超过1个亿。这里既有荷兰自控玻璃温室、法国自动充气双层薄膜温室等国外温室,也有国产化智能温室、食用菌工厂化生产车,还有成套种子加工、食用菌生产和产品真空包装、蔬菜育苗等自动化流水线。这里普遍采用无土栽培、营养液配方施肥、喷灌滴灌,电脑对温、湿、气、肥诸生产要素自动调控等先进技术。即使是深冬,这里仍然是"春天":宽敞明亮的玻璃温室里,生菜、芹菜、黄瓜青翠欲滴,芳香四溢;彩色的甜椒、白色的蛋茄、飞碟形南瓜、樱桃西红柿等奇异瓜果挂满枝头;奇妙的立体栽种,高低错落,层层叠叠;自育的"熊蜂"飞舞温室忙于授粉。游客结合参观特种水产养殖基地、园艺培训、参观无公害蔬菜生产示范基地等多种旅游活动,可以领悟都市农业的理念、现代农业的魅力,看到中国农业现代化的美好明天。

④与实用艺术结合在一起的"美的农业"。金山美阳农园展示"三美"农业,提倡味觉艺术与视觉艺术结合在一起,主张未来农业要同时美形、美艳、美味。农园内各色艺术农产品琳琅满目,美不胜收,使游客惊叹不已。这里的蔬菜瓜果不仅味道鲜美,而且形状婀娜多姿,仅南瓜而言,就有摩登女、抽象画、虎头、京剧脸谱、皮影戏、丑娃、日本仕女少女、钟馗等各种造型,可谓观光农业一绝。

⑤与亲和自然、提高素质结合在一起的生态农业。崇明国家森林公园位于有"东海明珠"之称的崇明岛中北部,全园总面积为3.55 km²,是目前华东地区最大的平原人工森林,也是上海最大规模的森林公园。园内森林繁茂、湖水澄碧、野趣浓郁、环境

优美,以幽、静、秀、野为特色,置身其中使人流连忘返。公园内的主要旅游服务设施有森林沙滩浴场、水上游乐园、青少年野营基地、鹿香场、跑马场、帐篷、森林别墅、森林迷宫、风车等。特色项目有森林浴、狩猎、彩弹射击、骑马、卡丁车、攀岩等。崇明国家森林公园集森林观光、会议旅游、康复疗养、休闲度假、参与性娱乐等多功能为一体,成为海内外旅游人士"回归大自然"的胜地。

⑥农业主题公园。上海农业领域主题公园建设工作已经展开。2006年,上海在南郊滨海地区筹建一处"蔬菜公园",并作为上海主题公园建设的一部分。"蔬菜公园"选址在上海南郊奉贤区"五四"农场之内,占地50 hm² 左右。公园内有成片的温室系统,既种植常见的蔬菜品种,也种植不常见的奇菜异果。还将设立一个蔬菜博物馆。公园建成后将主要为中小学生服务,让他们了解更多的自然知识。"番茄、黄瓜是怎么结果的? 青菜、白菜是怎么长成的? 花生、土豆是长在哪里的? 所有这些在公园里将会一目了然"。

上海农业领域主题公园建设工作已经展开。在杭州湾畔新建的一处"上海鲜花港",占地200多 hm²,已成为上海市民赏花出游的主要去处。每到5月前后,直接由荷兰引种的各色郁金香花朵正艳,游客最为集中。

农业类的主题公园是农业与二、三产业结合的一个新形态。现代农业应形成一套成熟的集成配套系统,让农业有更多的产业生长点。主题公园的建设,发挥了农业的生态旅游功能。同时在这些公园的周边,又形成了较大规模的工业化农业生产园区。"上海鲜花港"已扩展成花卉种源基地,正在筹建中的"蔬菜公园"周边是上海主要的出口蔬菜基地。

上海的观光农业效应显著。上海的观光农业已经全速起跑,它的社会效应和经济效应非常显著。首先是农民增收、耕地和环境资源得到保护。发展休闲农业必须让广大农民得益,这是所有原则的前提。此外,要保护好耕地和环境资源。这是休闲农业的基础资源,破坏了耕地和环境,休闲农业便失去了存在的依据。其次,可以充分挖掘自然、文化和历史资源。农业不仅仅是一种产业,而且是一种具有深远历史意义的文化。文化是休闲农业的内核,发展休闲农业必须重视挖掘与此相关的人文资源。第三,休闲农业与农业生产、农业产业化可以实现互动。未来上海郊区一、二、三产业的融合是有机和互动式的。农业的生产、生态、社会和文化功能也是相互促进的。第四,公共资源让公众受益。郊区的环境资源是公共资源,要为公众共享,不能被少数富有者独占。为此,休闲农业将兼顾不同收入者的利益。

3. 江苏

从20世纪90年代中期开始,江苏农业观光旅游由南向北在各市、县逐步兴起。"吃农家饭、住农家屋、做农家活、看农家景"成为城郊农村的一道亮丽的风景线。在

2004年底国家旅游局公布的203个农业旅游景点中,江苏有16个农业旅游景点榜上有名,其中南京江心洲的葡萄园、无锡的太湖花卉园、苏州农林大世界等名列前茅。江苏省共有各类农业观光园近80个,有各级各类休闲农业景点项目近100个,每年举办的农事节庆、节会达50个,休闲观光农业正蓬勃兴起。走在江苏省前列的南京市着力培育5个农业主题公园,完善提高5个农家乐旅游专业村,打出了南京"农业生态游""乡土风情游""农业科技游""农家美食游""观乐购物游"等品牌。

观光农业园发展势头良好。近年来,全省观光农业园建设方兴未艾,尤其是苏南经济发达地区形势喜人。如以展示农业高科技为主题的苏州农林大世界、苏州西山现代农业示范园区、镇江市南山高科技农业示范园区、江都市花木示范园区等以农业科技示范园区建设为基础,以现代新颖的设施、五彩缤纷的品种、独特的生产方式、丰富多姿的产品吸引了各方观光客。

休闲农业发展各具特色。江苏省尤其是苏南各市近郊及山水资源富集区初步形成了各具地方特色的休闲农业主题园(景点)。不仅有观光果园、生态、有机茶园、主题花卉园,而且有各具特色的休闲景点,如以传承历史、弘扬中华文化为载体的溧阳天目湖、仪征登月湖茶文化休闲旅游,吴江以镜湖公园为载体的水上游乐、垂钓,南京八挂洲以沙滩风情为载体的沙滩风情体验等,江苏省目前已有各类休闲农业景点、项目近100个,年接待游客500多万人次,接待游客收入8亿多元。

农业节会带动地方经济。农事节庆、节会,宣传了地方特色农产品,搭建了招商引资平台,提升了地方知名度,带动了地方经济发展。盱眙中国龙虾节自2000年开办以来,已经把具有独特风味的休闲食品"盱眙十三香龙虾"打造成唱响全国的旅游文化品牌,做活做大了"小龙虾"推动经济发展的大文章,仅2002年办节期间,就赢得了48个签约项目在当地落户,合同引资额达3.29亿元。无锡阳山桃花节探索出一条成功的农业旅游、科技、经济相结合之路,催生了能带动周边经济的阳山水蜜桃特色产业,搭起了农民增收之桥。

4.广东

(1)广东观光农业发展的阶段划分　广东的观光农业旅游起步较早,至今已经历了三个阶段:第一阶段"农家乐"型,即20世纪80年代城里人到田园风光优美的农村参观浏览,与农民同吃、同住、同劳动;第二阶段"农业娱乐"型,即20世纪90年代城里人到各类农业观光园采摘水果、钓鱼、种菜、野餐、学习园艺;第三阶段"乡村度假"型,即将观光、度假、娱乐参与等旅游活动有机结合起来,以到乡村度假为主要目的。据不完全统计,目前广东全省包括在建的农业观光景点已有40多个,其中大部分集中在广州、深圳、珠海、中山、佛山等地。

(2)广东观光农业发展的类型　广东现有的观光农业旅游景点按内容不同,可分为以下几种类型：

①综合农科知识类。如珠海农科奇观、东莞绿色世界等。

②花卉观赏类。如陈村花卉世界、三水荷花世界等。

③水果品尝类。如高州望荔亭、广州水果世界等。

④茶艺欣赏类。如梅州雁南飞茶田、英德茶叶世界等。

⑤特色农耕生态展示类。如顺德生态乐园、番禺生态旅游农庄、中山岭南水乡游览区等。

⑥种养产业示范观光类。如深圳光明农场、虎门马金山珍珠场等。

（3）广东观光农业发展的优势　广东观光农业的发展具有独特的优势，主要表现在：

①广东旅游观光农业具有客源优势。广东是旅游大省，旅游活动兴旺。广东城乡居民经济收入和消费均居全国前列，广东人思想开放，旅游的观念和意识强，这些都是广东游客源的优势。观光农业旅游一般是在经济发达、城市化程度高、人多地少的地区先发展起来的。广东尤其是珠江三角洲正符合这种趋势。

②广东旅游观光农业景点基础条件好、潜力大。广东省已建成的珠江三角洲十大农业现代化示范区和正准备建设的另外十个农业现代化示范区以及 50 多个农业龙头企业，都有很好的农业旅游资源或潜在的旅游资源可供开发，粤东、粤西、粤北具有不同特色的农业产业和传统农村文化，为农业观光旅游产业更进一步的发展提供了广阔的空间。广东地处热带、亚热带，农作物和可观赏物种多，终年温暖，使观光活动不受季节限制，所有这些都成为广东发展旅游观光农业的有利条件。

（4）广东观光农业发展的不足　虽然广东观光农业发展迅速，景点数量多、规模大，但总体上看，其地域分布较不平衡，珠江三角洲有 30 个以上，占绝大多数，每 745 km² 或者每 65 万人就有一个农业观光园。而粤东、粤西、粤北这些农业资源较丰富的地区分布少。当然，这与珠江三角洲经济繁荣、城镇化人口多有关，随着东、西两翼经济崛起和山区脱贫，这些地区的发展潜力不容忽视。而且，目前广东的观光农业景点大部分是由地方政府或非旅游企业投资兴建和管理的，客源的组织以当地散客和中小学生为主，与旅游组织主体——旅行社关系不密切，从资料来看，广东各大旅行社在省内游的线路中，只有为数不多的景点推介。

5. 浙江

浙江省观光农业由于自然资源、人文资源、农业资源和经济状况的差异，各地观光农业发展类型与模式表现为多样性。

浙江省观光农业的探索最早起步于奉化市滕头村。1965 年滕头村开始有计划地进行农田和村庄建设。在改土造田的同时还在田头四旁种植了 3 000 余株橘树，以后又在护村河和灌溉渠边搭起了葡萄架。不仅实现了粮食经济的双丰收,也为以后的生态村建设奠定了基础。1979 年滕头村开始有计划有步骤地进行社会主义新农村建设。至 1989 年 70% 的农民拆了旧房住进了统一规划设计的农民新居。随着 20 世纪 80 年代全球生态热的到来,滕头村不失时机地加快了保护山林、优化农田、绿化村居的生态建设。1989 年该村获得全国村镇建设文明村称号,1993 年获联合国"全球 500 佳"荣誉称号。此后前来参观学习的城乡干部络绎不绝,滕头村也加大了观光农业的建设力度,至 2003 年全村仅旅游收入就高达 1 900 万元,每公顷耕地的旅游收入平均为 36 万元。2002 年 4 月,浙江省投资规模最大的浙江省农业高新示范园区传化大地建成投产,标志着该省观光农业的发展达到了一个新的阶段,该园区 2003 年旅游收入达到了 1 300 多万元,园区第一期建成的面积为 3.3 km^2,每公顷平均旅游收入也达 39 万元;种子种苗及花卉、瓜果、蔬菜的销售额为 1 700 多万元,实现了第一产业与第三产业的有机融合。

浙江省观光农业的发展可分为如下几个类型:

(1)农园型观光农业　这类观光农业区域基本上以原有的现代农业园区为基础,由生产型转向生产与休闲观光结合型发展,同时提供种子种苗及其他农业产品和旅游服务产品。旅游服务产品包括观光、休闲度假、农业高科技和传统农业文化展示等,其中以杭州传化大地、宁波洪塘农业科技示范园区、慈溪长河蔬菜实业总公司、嘉兴东进种子业公司等较为典型。

(2)村镇型观光农业　这种类型的观光农业的显著特点是在村或镇的范围内将现代农业、新农村建设、生态环境建设融为一体,从而使整个村、镇域具有很高的观光价值。除了奉化滕头村,还有萧山区的山一村、宁波市郊的上李家村及绍兴的夏履镇等,尤以这 4 个村镇最为著名,均获得了"全球 500 佳"的荣誉称号。

(3)开发区级生态园类型的观光农业　开发区型的观光农业目前具有较大规模的首推义乌农业开发区。义乌农业开发区位于义乌市城北,占地 800 hm^2,共有 18 家企业建设庄园式的观光农园。比较著名的有农艺山庄、百姓农庄、东太养殖公司等。据统计,18 家农业开发企业累计投入 2 亿多元。农艺山庄以花卉盆景生产为主,占地 26.7 余 hm^2,分为花卉盆景种植区、芦荟等特种经济作物种植区、梅花鹿和孔雀养殖等珍禽异兽区及垂钓休闲区。整个山庄依据丘陵山区地形进行公园式的规划设计,特别是道路设计和行道树选择等以及各功能区的布局,充分考虑了游客的观赏需求和丘陵山地的水土保持。百姓农庄等还种植了大量的早园笋竹,既可以在早春季节为市民提供大量的食用笋,又美化了园区的环境,保持了水土。义乌农业开发区建成 5 年多时间以来,已产生了有目共睹的经济、社会和生态效益,依托其国际性小商品城的建设,不仅吸引了一批又一批的国内游客,也吸引了不少国外的商人前来休闲度假。

从观光内容、观光对象和活动项目综合考察,可以分为以下六种主要类型:

(1)农庄经济型　其主要依托自然优美的乡野风景、舒适怡人的清新气候、环保生态的绿色空间,在原有现代农业园区、高效生态农业基地等基础上,兴建一些休闲、娱乐设施,为游客特别是城市居民提供独家、观光等服务。

(2)园区农业型　这是兼顾农业生产、科技示范与科普教育功能的休闲观光农业形态,主要向人们宣传、示范、推广现代农业的风采。

(3)特色产业型　以绿色、生态、自然的产业带动和农业资源为载体,为游客提供休闲观光项目,使人们回归大自然。

(4)自然人文景观型　通过挖掘当地人文资源,再与自然景观相结合开发观光农业项目,丰富旅游内容。

(5)农家乐型　以家庭为单位,利用自然资源、农事活动及特色风俗,以农业、农村、农事为载体的一种观光农业项目。

(6)农业贸易型　是以各种农副产品集散市场、商务会展中心等把农业生产与农产品贸易结合在一起,为游客提供观光农业、农产品采购等一系列活动的形式。

此外,随着浙江省生态省建设的不断发展,各地以原有的果园或其他林场等为基础的生态园建设也成为观光农业的新模式。例如位于萧山所前镇的杭州生态园,由园区入口广场、花溪景观带、四季花果带、中心接待区、水上游乐区、青少年生态教育基地、萧山植物园等功能区块构成,主导农产品是杨梅,每年 6 月份的萧山杜家杨梅节是该生态园游客最多的季节,仅生态园中的山地酒店旅游高峰期日营业额就超过10 万元,对园区内及周边农民的杨梅、茶叶等农产品的销售起到了十分重要的消化作用。

6. 江西

江西省发展观光农业具有得天独厚的优势:

(1)自然条件优越,资源丰富　农业生产具有多样性的特点,农产品极为丰富,为开展丰富多样的观光农业旅游提供了良好的条件。

(2)文化资源丰富　赣南的采茶戏、围屋、山歌等具有特色的客家文化,抚州等地区的民间傩舞,以井冈山为代表的红色文化(红色戏剧、红色歌谣等),以龙虎山为代表的道教文化,以景德镇为代表的瓷文化,以流坑为代表的古村落文化等等,为江西发展观光农业旅游提供了良好的文化资源条件。

(3)风景名胜众多　江西有列为世界文化遗产的庐山、国家地质公园龙虎山、革命摇篮井冈山、香江源头三百山以及中国最大的淡水湖——鄱阳湖等众多风景名胜区,依托名胜区的美誉度开发旅游产品,可成为江西观光农业发展的重要途径。如庐山可以借云雾茶、桃花源等开发观光农业产品,井冈山可借"红米饭,南瓜汤"打出特色,三百山以赣南脐橙、沙田柚等为特色的采摘园,都可对游客产生浓厚的兴趣。

(4)交通网络完善　江西水、陆、空立体交叉的交通网络已经形成。京九铁路贯穿赣地南北,浙赣铁路横跨江西东西,"天"字型高速公路连结邻省快速通道,以及赣江水运等等,都为旅客进入江西提供了便利的交通条件。

然而,受主客观因素的影响,其观光农业发展仍受到许多方面的限制:

第一,资金限制。江西是一个农业大省,但农业却是江西的一个薄弱环节。农村的水利工程建设滞后,农业科技发展乏力,红壤土的改良缓慢,鄱阳湖区农田涝渍严重,因农药和化肥的过量使用导致农村生态环境恶化等问题如得不到解决,观光旅游的发展就会失去根基。而这些农业基础设施的建设需要大量的资金,以目前江西的发展水平,靠农村自己解决是不现实的。如果依靠开发商投资,以利润最大化的市场经济客观规律,他们会将资金用在观光农业旅游所必需的房舍、道路、游乐设施等建设项目上,很难将资金投向农业基础设施。这样不仅无法保证观光农业的可持续性,反而会因观光旅游的发展带来更多的生态环境问题。

第二,认识限制。受我国城市化进程和江西经济发展水平的影响,人们对观光农业的认识不足。无论在城市或农村,对农业的多种用途并未加以考虑,忽视农业的观光旅游功能。穷怕了的江西人都希望出外打工,形成了众多的"老少村",在他们眼里,能在城里混口饭吃都比待在农村好,对农村观光旅游缺乏认识。因此,他们不太可能将人力、财力和物力投入到观光农业建设当中,导致江西的农业观光旅游发展滞后。

第三,缺乏规划和协调。观光农业旅游是农业和旅游业交叉形成的一种新型产业,它涉及农业、旅游以及规划等众多部门,但目前各部门之间缺少相互的联系和协调,导致观光农业旅游资源得不到有效的利用和开发,很多地区的观光农业规划不合理或没有规划。在这种情况下,容易造成功能设计简单、重复,缺乏特色和吸引力,旅游形式单一,甚至出现依赖非自然农业技术手段,大兴土木,建成一个旅游小城镇,使原本独具特色的旅游项目变成"四不像"。这种没有特色的项目自然得不到游客的认同,最后的结果便是既破坏了原有景观,投入了大量建设资金又没有得到旅游收入,严重挫伤了投资者和经营者的积极性。

第四,客源市场的限制。观光农业的客源市场主要依赖于城镇居民,欧美发达国家城镇化水平均达到80%左右,因此客源市场潜力巨大。从我国观光农业发展区域来看,主要集中在沿海发达地区,这主要因为这些地区城镇化水平较高,能够形成足够的客源市场。江西是一个传统的农业大省,具有典型的二元经济结构,城乡差别很大,城镇化水平仅为30%,城镇中的这些人,又有不少人其祖辈或本人就来自农村,乡村生活对他们来说缺乏足够的新鲜感和吸引力。因此江西在发展观光农业旅游时,应充分考虑市场定位,不能盲目上马。

7. 宁夏

近年来,宁夏充分利用其独有的农业优势开发具有地区特色的旅游资源,以优势产业为基础,以市场需求为导向,以经济效益为中心,突出重点,讲求特色,深度开发,合理布局,发展具有宁夏特色的观光农业。重点突出灌溉农业和特色农业及治沙生态农业,结合生态环境治理,加强旅游景点建设,加快开发沿黄河旅游带,推出了具有干旱区绿洲农业特点的宁夏观光农业旅游精品,取得了良好的经济效益和社会效益。

宁夏在全国属于小省区,但在发展观光农业方面却有较独特的优势。从历史上讲,西夏历史和文化在国际上有一定影响;从自然条件上看,地处干旱少雨、风大沙多的半荒漠地区的宁夏却拥有美丽的引黄灌区,有"塞上江南"的美称。利用其自然条件独特、农业景观多样性的特点,发展观光农业大有前途。

8. 湖南

20 世纪 90 年代,长沙、益阳两市率先出现了以钓鱼休闲、吃农家菜、住农家房、观农家景、干农家活为主要内容的"农家乐"旅游,这就是湖南省休闲农业的发端。经过十多年的发展,休闲农业整体档次得到一定程度的提升。在满足游客吃住的基础上,休闲农业越来越注重为游客提供更多的自然休闲方式、农家生活与农事体验等休闲旅游产品。据不完全统计,2005 年,湖南省具备一定规模的休闲农庄达到 5 000 多家,全年经济收入超过 30 亿元,接待休闲旅游人数 2 000 多万人次,分别比 2004 年增长 30%以上。仅长沙市就有一定规模的休闲农庄 900 多家,其中长沙县、开福区、望城县、浏阳市等已逐步形成了点片相连的休闲农业产业群。早在 2003 年,该省就有部分市、县在全国率先成立了休闲农业协会。2006 年,湖南省休闲协会在永州市成立,在规范发展、完善服务等方面,推出系列举措,这标志着湖南省休闲农业与现代旅游业相结合的高效农业已成为农村经济的新亮点。这是继北京市、陕西省之后,全国率先成立休闲农业协会的省市之一。

长沙市金星生态休闲园依山傍水,就着山势巧妙构筑长达 5 000 多米的风雨长廊,连接全园所有登山通道,登山者雨不湿衣,行不湿鞋。目前,该园已逐步开发成具有登山、垂钓、餐饮、住宿、文化娱乐、体育健身、休闲观光等综合服务功能的现代生态休闲园。新宁县大力发展客栈式休闲农庄 200 多家,床位达到 2 500 张,占全县旅馆、酒店床位的半壁江山。

休闲农业市场潜力巨大,发展休闲农业,湖南省具有不可替代的优势,市场潜力巨大。2005 年,湖南省休闲农业总收入超过 30 亿元,接待休闲旅游人数 2 000 多万人次,分别比 2004 年增长 30%以上。湖南省休闲农业近年得到长足发展,上规模企业已从 2003 年 1 000 家,发展到目前 4 000 家,直接从业人员 10 万人左右,年接待游客近 3 000 万人次,年经营收入过 30 亿元。2007 年 5 月 19—20 日,全国休闲农业发展研讨会在长沙举行,会上农业部推广了湖南省发展休闲农业的经验。

休闲农业以其亲近自然、返璞归真的特色,刷新了城里人休闲娱乐的习惯。浏阳浩博农庄,种植从日本、台湾引进的特种蔬菜,并向周边农户传授技术,逐步扩大种植规模,除用于招待休闲客人外,还统一品牌销售,形成产业化;长沙大隐生态休闲园,种植中药材数百亩,用传统方法饲养生猪,猪粪进入沼气池,有机肥培育中药材,生态观光农业别有风味;衡阳珠晖区花果山庄,以周边大中专青年学生休闲和农事体验为市场主体,开办了农家传统工艺房、摘果、种菜、烧烤、捉鱼等参与性强的项目,吸引了众多青少年。

独特的自然生态环境,成就了休闲农业。湖南省森林覆盖率达 55%,森林景观季节变化明显。湖南省水系以湘、资、沅、澧四水为骨干,以洞庭湖为汇聚中心,长度在 5 km 以上的河流达 5 341 条,且径流丰富,水位季节变化相对较小,河湖水体四季丰盈,共同构成了山水风光长轴画卷。

湖南省委、省政府大力扶持休闲农业,在全国率先出台《关于加快发展休闲农业产业的通知》,明确乡镇企业系统作为主管部门,将休闲农业纳入新农村建设范围,享受税费优惠,并在项目建设和资金安排上给予倾斜。

湖南省还在全国最早开展休闲农业企业星级评定。省政府规定,五星级休闲农业企业享受省级农业产业化龙头企业待遇。农业部有关领导称,湖南省扶持休闲农业的做法,对全国发展休闲农业具有借鉴意义。

9. 河北

河北观光农业起步较晚。20 世纪 90 年代中期以来,石家庄高邑县、唐山乐亭县、保定顺平县、秦皇岛、北戴河等地相继开发了一些项目,如特种蔬菜观光园、名优果品观光园、桃花节、生态农业观光园等。但从其开发规模、功能等方面看,仍处于起始阶段。

(1)观光农业发展的资源优势 河北农业在长期发展过程中孕育了丰富的农耕文化,区域农业景观各具特色,成为发展观光农业的丰厚基础。

①优越的地缘区位、便捷的交通条件。河北紧邻首都北京,东与天津市毗连,周边与内蒙古、辽宁、山东、河南、山西五省区接壤。地处渤海湾中心地带,与日本、韩国隔海相望,地理位置十分优越。河北还是东北地区入关的必经之路,京广、京九铁路、107 国道、京津高速公路纵横省区,构成四通八达的交通网络。石家庄大型民用机场通航为游客提供了空中桥梁。

②富饶的农业资源。小麦、玉米是河北种植面积最大的粮食作物。林业资源丰富、分布面广且不平衡,主要集中在承德、张家口、唐山、秦皇岛等市。牧业品种多、饲养量大,分布区域差异明显,养猪集中在平原地区,养羊主要集中在承德、张家口两

市。石家庄的无极、藁城，廊坊的三河、大厂，唐山滦南已成为国家级养牛示范县（市）。张北坝上地区则以盛产"张北马"著名。渔业由海洋渔业和淡水渔业两部分构成。海洋渔业主要分布在东南沿海地带，特别是唐山、沧州海洋捕捞及海水养殖最发达。淡水渔业全省各地均有分布，尤以唐山、保定最多。

③多姿多彩的自然景观和人文景观。河北幅员辽阔、地貌多样、丘陵逶迤、高原起伏、盆地成串、平原广阔、草原碧绿，构成多姿多彩的自然景观。

④充足的客源市场。随着我国对外开放步伐的加快，加入 WTO，特别是北京申奥成功，来华旅游观光的外国游客与日俱增，临近京、津两市的优越位置，使河北能够占有广阔的海内外、省内外现实和潜在的旅游客源市场。

（2）河北观光农业发展的主要途径、经营模式及市场定位

①主要途径

1）利用现代农业科学技术，开发具有较高观赏价值的作物园地，或利用现代农业栽培技术手段，发展具有观光旅游功能的现代种植业，向游客展示农业最新成果。

2）在山区丘陵、坝上地区，开发利用人工林、自然林、经济林，发展多种旅游和观光功能的人工林场、天然林地、绿色造型公园等观光林业，为旅游观光、野营、探险、科考、避暑提供空间场所。

3）积极发展具有观光功能的牧场、养殖场、森林动物园等观光牧业，为游人提供观光和参与牧业生活的乐趣。

4）充分利用滩涂、湖面、水库、池塘等水域，开展具有观光、参与功能的旅游项目，发展观光渔业。

5）把一些与农业相关的具有地方特色的工艺品及其加工制作过程，作为观光副业项目进行开发。

6）建立农、林、牧、渔、土地综合利用的生态农业，强化生产过程的生态性、趣味性、艺术性，生产丰富多彩的绿色保洁食品，为游人提供观光和研究良好生产环境的场所，形成林果粮间作、农林牧结合的生态农业景观。

②主要经营模式

1）农业公园：即按照公园的经营思路，把农业生产场所、产品消费场所和休闲旅游场所结合于一体。在功能上，可建立粮油、果品、花卉等专业性农业公园，也可建立粮油区、水果区、花卉区、服务区等区域兼具的综合农业公园。在经营上，既可由政府经营，免费（或收取门票）为社会大众提供便利，也可由法人组织投资经营。在利用方式上，可在园内将某一农作物的观赏、采摘、制品及其有关的品评、写作、绘画和摄影等活动融为一体，提高公园的经营效率，丰富游览乐趣，增加农民收入。

2）观光农园：开放成熟的果园、菜园、瓜园、花圃等，让游客入内观景、摘果、拔菜、赏花，从中体验自摘、自食、自取的果（花）农生活和享受田园乐趣。

3)市民农园:是由农民提供土地,让市民参与劳作的园地。

4)休闲农园:是一种综合性的休闲农园区。游客不仅可以观光、采摘、体验农作、了解农民生活、享受乡土情趣,而且可以住宿、度假和游乐。

5)科技农园:是一种展现农业科学技术、把高科技引入农业并与旅游业相结合的新型农园。经营单位可以与农业科研部门和农业院校合作,这样既为科研工作提供了必要的研究场所,又把农业科技新成果展示在农园内,体现科技农园特点。

6)民俗文化园:利用农村特色地域文化和风俗习惯、活动或民族特色的村庄、农场,开设农家旅舍,建立乡村休闲民俗农庄,让游人住农民屋、吃农家饭、干农家活,充分享受农村浓郁的乡村风情和民俗文化。如通过参观农村民俗文化馆、乡村博物馆、农艺品生产作坊和乡村居民建筑,参加游春、歌会、赛马等乡土文化活动,考察民俗古迹、地方人文历史,体验农业生产与农家生活的变迁过程。

河北省观光农业发展较为突出的当属秦皇岛市的集发农业集发观光园。集发公司的前身是1983年农村经济体制改革后成立的集周蔬菜联合体,当时只有24户农民,3辆马车,5间房子和76亩地,不曾想经过了20多年的拼搏,如今已成为有着3 000多名员工,经营着包括农业观光、花卉生产、蔬菜配送、绿色饭庄、城市绿化以及房产开发等多项业务的实体。公司的3 000多名员工除了部分是外聘的外,大多是集发在扩大过程中征地后留下的农民。这种"集体发财"的模式与河南省著名的南街村相似。

进入观光园除了可以观赏各种各样的花果蔬菜外,还能玩上普通游乐园的大多数娱乐设备,因此可以说是观光、吃喝、玩乐和采摘选购样样俱全,游人到此,完全可以在里面待上一整天。

河北省高邑县的观光农业独树一帜。高邑县是一个平原农业县,平原县能否搞大旅游?高邑人从自己的劣势中看到了优势,那就是自己在发展生态观光农业方面所具备的良好基础。首先,全县成方连片的日光温室、大中小棚蔬菜达到10万亩,各类花木达到8 000亩,名优林果达到3万亩,这是一笔宝贵的旅游资源。没有资源可以借,缺少资金可以引。该县抓住农业种植结构调整的机遇,把生态农业作为主攻方向,大力推进农业结构调整向高效生态观光农业迈进。狠抓蔬菜、花卉、林果等六大产业,实现由量到质的转变。

现在,当走进占地600亩的北方花卉科技园区内,只见展销区内200余种花卉姹紫嫣红,令人目不暇接;生活区内,两座古香古色的宾馆相对而立,楼前池塘碧波荡漾,游鱼嬉戏;生产区内,各种珍奇水果任人采摘。游客在这里可观花、采果、摘菜,还可以吃、住、垂钓、娱乐,真是优哉游哉。目前,像这样的生态观光农业园区在高邑县已经有7处。

巧借、巧引,充分显示了高邑人的精明。为了发展生态观光农业,高邑县实行谁投资、谁开发、谁经营、谁受益的原则,无论何种所有制形式,只要符合条件,能对产业发展产生带动作用都给予大力支持。

优惠的政策和优良的环境,引来十几家大企业到高邑投资观光农业,累计引进资金2.2亿元,建成集农业开发、旅游观光为一体的7个现代化农业高科技园区。

高邑县还租下了毗邻嶂石岩风景区临城县和赞皇县的两座山搞开发旅游。1998年5月,高邑县以12.6万元的价格买断临城县金銮山景区的开发经营权,又于去年以15万元价格租赁赞皇县嶂石岩乡黄庄景区,先后投资400余万元,修建了盘山公路和宾馆等设施,把这里开发成了以神、野、静、凉和奇松、奇岩、峡谷、民居为特色的自然风光旅游地。

目前,这两个风景区已经与该县境内生态观光农业区连在一起,形成了凤城生态农业与金銮山森林游等五条旅游线路。这种独特的生态旅游,已经吸引了大量游客,并且成为京广公路线上的一个亮点。

第二节　我国台湾地区观光(休闲)农业发展

一、台湾观光农业发展历程

20世纪60年代初,台湾农业开始萎缩,人均所得不足200美元,农业部门便积极致力于农业结构调整,出台新的农业形态,于是农业和旅游业相结合的思想应运而生。20世纪70年代末,台湾农业出现了通过开放农园供品尝、购买农产品的观光园,人均所得上升到2 500美元左右,20世纪80年代末则增至6 800美元。观光农业的发展解决了台湾农业萎缩、农产品过剩、外国产品向台倾销等一系列问题,并且随着人们生活水平的提高,人们具备了追求高层次文化娱乐享受的经济前提。在台湾,观光农业早期的发展是1980年台北市在木栅区指南山上组织了53户茶农,建立了"木栅观光茶园",开启了观光农业的先河。1983年,台湾农政部门制定了"发展观光农业示范计划",使观光农业的发展逐渐走向正规化和程序化。台湾"农委会"为促进观光农业的发展,于1989年4月举办了"发展休闲农业研讨会",这次会议对休闲农业概念基本形成共识,即休闲农业是利用农村设备和空间、农业生产场所、农产品、农业经营活动、自然生态、农业自然环境、农村人文资源等,经过规划设计,以发展农业与农村的休闲旅游功能,增进大众对农村与农业的体验,提升旅游品质,并增加农民受益,促进农村发展的一种新兴产业。在1990年和1994年,"农委会"分别制定"发展休闲农业计划"和"发展都市农业先驱计划",从技术、补助、辅导、宣传等各方面加大了对休闲农业支持的力度,积极辅导各地发展休闲体验型市民农庄。1996年,通过了"休闲农业辅导办法",受到基层农会及农场主的欢迎。当前,观光休闲农场在台湾已非常普及,拥有 8 000 多个观光农园(场),年接待游客 580 多万人次,生意十分兴隆。到 20 世纪末,台湾已经把发展观光农业作为应对加入 WTO 的一项举措。

二、台湾观光农业发展类型

台湾的休闲农业形式主要以观光果园、市民农园、休闲农场、假日花市、观光渔园、农业公园等为主。

1. 观光农园

具有农业特产的地区,通过规划建设使其具有观光休闲与教育价值。

2. 休闲农场

农场原以生产蔬菜、茶或其他农场为主,且具有生产多样化的特点;且休闲农场具有多种自然资源,如远山、水塘、多样化的景观、特有动物及昆虫等,因此休闲农场可发展的活动项目较其他类型的观光农业更具多样性。主要有农园体验、自然教室、乡土民俗活动等。

3. 市民农园

在城市地区与近郊农地之间,经营者将其农地划分为若干小块供市民承租耕种,以自给为目的,同时市民也享受了农耕乐趣,体验了田园生活。

三、台湾观光农业发展特点

台湾观光农业的特点是观光与产品选购结合,进行农产品的展销活动;观光与农业科技普及相结合,开展各种知识性宣传;观光与娱乐相结合,利用节假日在园内举办各种文艺表演,吸引游客。

台湾自然条件的多样性和整合良好的地理环境为各类观光农园的发展提供了良好的条件。这种观光农园既保留了原有农业生产性质功能,又增加了旅游业的性质功能,从而适应了社会经济和旅游业发展的需要。台湾观光农园有民营和公营两种类型,民营比公营多,且近年来这些农园在旅游业务上还发展连锁经营、联手造势,从而使各单位农园在品质水准上都相互接近,形成一个联合体,发展成一个行业。

台湾观光农园建设类型多元化,其共性是发展农业生产,差异则是在发展自己农业生产特色与优势。多数农园以生产花卉及水果为主,所以观光多集中在春季和夏季,品尝旅游多集中在秋季,也有些农园农牧兼备,即使不逢产季,也可欣赏牧场风光或观赏极富趣味的畜牧活动。如宜兰县的头城和北关观光农园突出传统农村生活情境旅游,雪霸观光农园突出观赏各种花卉和森林自然生态景观旅游,嘉义县嘉义农园植物繁多而展示蜜蜂生态的旅游乐趣,桃园县味全埔心观光牧场开展以骏马、乳牛及乳业展示馆为主要内容的观光旅游等等。总之,每个观光农园均有自己的品种品牌特色,以生态主题为发展趋势,通过包装推销,以农业生产项目的每个过程的观赏、参与、体验、品尝、购物为重要旅游内容,使农业旅游全年均可进行,减少季节性限制。

此外,台湾还很注意发挥公营观光农园的示范性作用,重点建设若干个综合性、多功能、规模大、示范性的公营观光农园,同时也对民营观光农园的建设加强指引。如南投县清境农园将农园的自然景观和农业生产过程相结合以发展休闲农业,设置了多个景区,并在其中设有多个服务中心,配有住宿、交通、导游、会议、饮食、购物等功能和活动。观光农业使农业生产与休闲旅游形成发展链,利用农业项目生产的每个过程,通过提供旅游等活动消费,获取和积累农场进一步发展资金,从而更好地投资农园建设,提升农业生产质量和水平,进而更高质量地发展休闲农业。

又如台湾知名的走马濑农场,它位于台南县玉井、大内两乡交界处,为曾文溪本流与两大支流——大埔溪及后堀溪交汇处,昔日因溪水丰沛,形成的水濑势如万马奔走而得名,1988 年由台南县农会开发经营,是台湾第一个休闲农业主题游乐园。它以专业种草起家,再转型升级为观光休闲农场,并且第一批获颁合法风景游乐区标章,连续 11 年被评为优等及特优考核园区。2004 年 11 月,荣获台湾农委会委托台湾休闲农业协会评鉴的优级休闲农业标章。农场面积近 120 hm²,南北长 900 m,东西宽 1 650 m,可说是融草原、山林、河川之景观于一体的乐园。农场有丰富的生态资源,野生动物多达 150 多种,其中还包含有 6 种保护鸟类、3 种保护两栖类、1 种保护哺乳类和 1 种保护类昆虫等共 11 种“野生动物保育法”列名的动物;在不同的季节、不同的风貌、不同的生态产生了不同的林相。农场分成一般游憩、果园游憩、牧场游憩三大系统,设有管理中心、餐厅、农舍、滑草场、亲子欢乐广场、体能训练场、高尔夫迷你推杆场、跑马场及露营烤肉区等,规划完善。除此之外,农场还设有一处古农具区,可让年长的游客从中回忆往昔的农村生活,从水车、风谷、石磨到古亭畚等农村用具,让游客了解 20 世纪 40～50 年代农村耕具及生活。

四、台湾观光农业发展的动力

近年来,海峡两岸农业交流日益增多,台湾地区的休闲农业发展给内地农业带来了直接的借鉴。台湾休闲农业协会秘书长段兆麟教授认为:台湾休闲农业的发展来源于农业内部与外部市场的推力和拉力。

1. 农业内部的力量包括

(1)因社会环境巨变不利于农业生产,农业结构急需调整,由一级产业跨入三级产业。

(2)农民追求经济利益,经营休闲农业收入较多。

(3)农业科技进步,提供游客观赏体验的内容更丰富。

(4)农村环境改善,能为游客提供较优越的空间场所。

(5)政府政策支持,民间团体提供休闲农业的宣传并办理人力培训。

2.市场力包括

(1)收入提高,台湾人均所得已达到 15 000 美元,都会区更高,故为主要的旅游市场。

(2)城市环境恶化,"城市病"增多,导致市民寻求解压解劳、自然清静的农村生活。

(3)民众知识水准提高,使追求知识的自然生态旅游人口增多。

(4)乡村道路改善,交通比以前便利。

(5)旅游业亟需扩张版图,延伸到自然生态旅游的范畴。

台湾的休闲农场建设现在正值兴盛期,发展势头十分强劲,很多农场都有自己独特的农产品和优良的服务。台湾的观光农业目前已经由观光农业提升到休闲农业的理念和层次,并专门成立了"台湾休闲农业协会",定期出版《台湾休闲农业会讯》。台湾的业内人士称,休闲农业更包括了体验的内涵,比观光的内容更加丰富,延长了产业链。可以说无论从开展形式上,还是从客源市场的结构上来看,台湾休闲农业都表现出与国外观光农业发展同步的趋势。

第三节　国外观光农业现状

观光农业在国外已有 100 多年的历史。早在 1865 年,意大利就成立了"农业旅游全国协会",专门介绍城市居民到乡村体验农田野趣。20 世纪 60 年代以后,观光农业逐渐遍布欧美等发达国家。当前在欧美等发达国家,观光农业已经发展成为一种举足轻重的旅游产业部门,其收入份额已接近整个旅游收入的 20%。从国外观光农业客源市场结构特征看,客源主体是受教育水平较高且经济条件较好的人群。观光农业已经成为一种较高层次的旅游行为。他们选择观光农业这种旅游方式,不是因为其收费低廉,而是为了寻找在城市失去了的净化空间和尚存的自然文化氛围。他们参与农业劳动追求的主要是精神享受而不是物质享受。

根据农业旅游的性质、定位、经营等方面的特点,国外观光农业发展模式主要有三种:

(1)**传统观光型农业旅游**　主要以不为都市人所熟悉的农业生产过程为卖点。在城市近郊或风景区附近开辟特色果园、菜园、茶园、花圃等,让游客入内摘果、拔菜、赏花、采茶,享尽田园乐趣。这种方式游客的参与性比较强,除了一般的观光、品尝活动以外,还包括与农民一起参加各种农事活动。如法国农村的葡萄园和酿酒作坊,游客不仅可以参观和参与酿造葡萄酒的全过程,而且还可以在作坊里品尝,并可以将自己酿好的酒带走,向亲朋好友炫耀,其乐趣当然与在商场购买酒不一样。美国和日本也有一些类似的农业旅游模式。

(2)都市科技型农业旅游　以高科技为重要特征,在城内小区和郊区建立小型的农、林、牧生产基地,既可以为城市提供部分时鲜农产品,又可以取得一部分观光收入,兼顾了农业生产与科普教育功能。如新加坡的农业科技公园。

(3)休闲度假型农业旅游　主要是利用不同的农业资源,如森林、牧场、果园等吸引游客前去度假,开展农业体验、自然生态领略、垂钓、野味品尝、住宿、游乐等各种观光、休闲度假旅游活动。游客从城市来到乡村,住在农民家里,吃着农民自产自制的新鲜食品,闲暇时观赏乡间的自然风景和民俗风情。这种观光农业方式在芬兰、匈牙利、斯洛文尼亚以及希腊、澳大利亚等国比较盛行。

一、欧洲国家

1. 法国

随着经济的发展,农业产值在法国国内生产总值中所占的比重越来越小,但是农业在整个国民经济中仍然处于非常重要的地位。法国现有农场101.7万个,其中大于50 hm² 的农场数量有17.2万个,占农场总量的17%;50 hm² 以下的中小型农场有84.5万个,占农场总量的83%,其中20～50 hm² 的农场有28.8万个。中小型农场占很大比重,国家支持中等规模农场发展。法国农场可分为三大类型:美食品尝、休闲、住宿。每一类型又可细分为几种不同的属性,包括农场客栈、点心农场、农产品农场、骑马农场、教学农场、探索农场、狩猎农场、暂住农场、露营农场。

法国居民素有以种植蔬菜为乐的习惯。自20世纪70年代以来,随着5天工作制的实行,许多农民投城市居民所好,在自家农场开辟"工人菜园",为城市居民提供休闲场所,这种"工人菜园"在北部工业区比比皆是。至目前,全国已有1.6万多户农家建立家庭旅馆,推出农庄旅游项目,其中3 000多家农户还组织了一个联合经营组织,取名"欢迎您到农庄来"。不少农民还去补习英语,以便更好地同国外游客交流。游客在农庄可以欣赏田园风光,品尝当地特产,有兴趣还可以亲自干农家活。观光农业每年可给法国农民带来700亿法郎的收益,相当于法国全年旅游业收入的1/4。

1988年,法国农会常设委员会(APCA)设立了农业及旅游接续服务处,结合其他农业专业组织,设计研发了"欢迎莅临农场"组织网络,为农场规划明确定位,并为其提供观光农业的促销策略。"欢迎莅临农场"明确规范了每个系列农场接待客人的规模、服务人力,对餐饮类农场——"农场客栈"还规定,餐饮必须使用当地生产的农产品,使用当地烹调法,以呈现出本地乡土美食的特色,如使用的不是自产产品,则需标示出产地。此外,它还规定客栈的外观建筑特性必须按照当地的风格来设计,以强化农场的淳朴风格。

2. 意大利

意大利是南欧重要的农业国,拥有农业生产及农产品加工企业 200 多万家,农业部门年实现附加值约 300 亿欧元。

意大利早在 1865 年就开始注重观光农业的发展,专门介绍城市居民到农村去体味农业野趣,与农民同吃、同住、同劳作。截止 1996 年初全国 20 个行政大区,就已全部开展观光农业活动,仅托斯卡那大区每年接待的国内外农业旅游者就达 20 万人次。目前,全国大约有 1.15 万家专门从事"绿色农业旅游"的经营企业,平均每年约有 120 万本国旅游者和 20 万外国游客到各地的"绿色农业旅游区"休闲度假。意大利专供"绿色旅游"者饮食起居的农庄已有 6 500 座。

意大利的观光农业现已成为该国第三产业中一支新型的生力军,农业旅游与现代化的都市、多姿多彩的民风民俗、新型的田园生态环境相融合,有效地促进了农业资源综合开发和利用,改善了城乡关系。随着意大利人民休闲观念的进一步变化,观光农业将加速发展。

3. 西班牙

西班牙从 20 世纪 60 年代开始大力推出观光农业,政府出资修建观光农业社区,为游客提供徒步、骑马、滑翔、登山、漂流等多种休闲活动。85% 的游客利用周末驾车前往 100~150 km 以内的农场,开展观光农业活动。

此外,其他许多欧洲国家都纷纷开展观光农业。荷兰的观光农业主要体现在农场的露营,以及与骑自行车游、徒步游、骑马游沿途活动相关的各种农场服务。英国伦敦城郊沿绿化带建有一大批公园和野餐地,供市民游憩。在德国,观光农业开展得也很有广度和深度,从法兰克福到慕尼黑一带的观光农业精品线路,已经成为德国旅游产品中的一张王牌。

二、亚洲国家

1. 日本

20 世纪 60 年代,随着经济的飞速发展,日本出现了农村人口向大城市集中的情况:一面是城市人口的高度集中,另一面则是农村人口的过于稀少。在此背景下,日本农村地区(包括山村)从 20 世纪 70 年代左右开始出现了"观光化"(即向旅游方向发展)现象,当时被称为"农村观光"。进入 20 世纪 80 年代后,日本正处于"泡沫"经济时期,到处出现了利用民间资本大规模开发休养地(度假村)和进行旅游开发的热潮。自 20 世纪 80 年代至 90 年代初,北海道的"综合休养地"、长崎县的主题公园——"荷兰村"和三重县志摩的"西班牙村"等相继建成。

日本观光农业的发展,从借鉴法国、德国、丹麦等欧洲国家先进经验开始,经营水平不断提高,发展至今已迈上了新的台阶。1991 年制定了"市民农园整备促进法",同时由于都市绿地的丧失及人性的回复导向等诸多因素的互动,使得市民农园的数量增加,规模扩大,客源增加,设施也更加完善。观光农业经营者们成立了协会,各地农场结合生产独辟蹊径,用富有诗情画意的田园风光和各种具有特色的服务设施,吸引了大批国内外游客。

(1)日本观光农业的形式

①观光农园。观光农园是城市居民非日常性的休闲场所,在日本许多地方都有。归纳起来主要有两种:一是东京郊外松户和市川与多摩川沿岸及登户周边的梨园;二是汤河原、伊东、稻取、西伊豆等地的蜜柑园,伊豆长冈、久能山的草莓园和山梨县的葡萄园,长野县的苹果园,南伊豆、南房总的花卉栽培农园。前者是由于城市化的进程加快导致城郊地区日益成为住宅地,以致靠近大都市的农园业主们将经营方向转移到观光农业方面了;后者是由于大都市周边地区日益成为观光旅游胜地而处在旅游线路上,并进而被"观光化"了。在主要产地,有的农园本身便成了人们的观光目的地。

从果园分布情况来看,69%集中在关东、甲信越地区(其中神奈川、山梨、静冈三县占 48.6%)。果园经营业主共有 1 942 家。其中 88.5%为个人经营,其次是农协、共同经营、市町村经营,总数为 11 家。从经营类别看,既有专营某一种类的,也有实行两种或多种兼营的,大多根据自身的经济实力和技术条件等情况而定。例如石和的小松农园,在面积约 66 万 m² 的农园当中,有一半用于种植葡萄,另一半则被辟为游园地、休养中心。

这些农园都根据经营特点依季节对市民实行开放,而且来客甚多。从经营状况来看,大型农园由于资金雄厚、技术先进,前景普遍看好;而有些中小型农园由于资金不足,又没有停放观光巴士的停车场,加上宣传力度不够,以致客人稀少、经营状况不理想。此外,有些农园因为缺乏经营经验和必要的技巧,导致其经营惨淡;有的则能及时转变经营理念,采取联合经营或连锁经营的方式以求得生存和扩大生产规模。

为使观光农园的经营走上正轨和创造更好的经济效益,各地采取了不同的措施,主要有如下几点:a. 力图延长农园使用年限,如埼玉县荒川村"农园村公所";b. 通过提供饮食和从产地直接销售土特产品及商品指南等方式以增加附加值,如山形县寒河江市"樱桃园";c. 建立共同宣传与共同洽谈的体制,如青森县青森市的"青森观光苹果园"等;d. 与周边地区的观光胜地和住宿行业开展合作,如秋田县鹿角市"观光苹果园";e. 以近距离旅游市场的"一日游"客人为主要客源,向他们提供能使其快乐度过半天至一天的空间和必要设施,如埼玉县横濑町"足洼果树公园村"。这些做法都取得了较好的效果。

②市民农园。与观光农园相对,市民农园是由城市市民利用平时业余时间经营的,不以营利为目的,比较注重参与性。园地是市民从农民手里租来的(在日本,只要支付一点土地使用费,便可租到一定面积的土地),市民承租园地后主要靠自己从事农业生产活动,如刨土、施肥、选种购苗、种菜(树)、浇水等,并尝试进行农田管理。农协还专门派农艺师到现场进行专业指导。一方面,市民通过参加各种田间劳动,可以亲自体验农耕文化,并从中学习农作技术,了解植物生长习性,从而达到接受自然、休身养性的目的。另一方面,农民将土地出租收取租金,平日可帮助忙于工作的市民照顾农田,收入要远高于自己种田,因而这是一项委托方和受托方皆受益的事。

日本主要大城市都有市民农园,且随着人们需求的扩展,农园不断增多。如东京练马区便设有市民农园,供市民利用节假日种植蔬菜、水果和花卉等。据统计,东京地区每年到农园参加劳作、体验农业乐趣的市民约达 3.8 万人次。不少地方除拥有综合性的农园外,还依据农园承租使用对象的不同分别建立了一些专业性较强的农园。如针对老年人设立了老年人农园,为儿童设立了学童农园。在学童农园里经常可以见到或插秧或割稻的中学生和小学生身影。尽管日本水稻种植和收割已全部实现了机械化,但学校为了让学生更好地掌握科学知识和增进对农艺的了解,特地开设了此类必修课,以便使学生们都有亲自体验农业的机会。

③农业公园。从 1980 年前后起,日本农业公园开始不断增加,其面积日益扩大。就其内部设施而言,农业公园大多拥有温室、植物园、样本园和游园地等;从运作情况来看,一般具有农业生产与加工功能、农业实习与进修功能、研究与技术开发功能、展览与参观学习功能、休闲功能、农产品销售以及饮食和住宿功能等。因此,可以说它是一种具有多功能的复合性或综合性场所。

日本的农业公园一般建在城郊地区或位于交通沿线,但其风格各不相同。有的因地势不同而种植不同种类的作物(如大阪府利用山坡发展山间葡萄),有的则采用先进的玻璃温室、营养液栽培等技术(如周年葡萄农业公园、多层悬挂式番茄、草莓栽培、采摘蔬菜等),有的甚至发展了加工业,将自己生产的农产品加工成食品、饮料和化妆品等,供前来观光旅游的市民选购或上市出售。从其内容来看,有些农园里搞得特别丰富,既有花卉又有果树,还有各种蔬菜等。从种类看,主要有葡萄类、柑橘类、草莓类、芋芳类、柿子类、生梨类以及垂钓类等。今后,这些农业公园将日益走向专业化,经营一些特定产品,如青森县的苹果、鸟取县的梨、新潟县的稻米等,都是当地的特色产品。如果以某种特定物种为主题进行经营,将出现城市中主题公园性质的农业主题公园。

在诸多农业公园当中,神户市的农业公园和果树与花卉公园最为突出,无论其规模还是内容都很引人注目。前者拥有葡萄酒酿造设施、葡萄园、体验农场、实习馆、饭店和西餐馆等;后者设有果树与花卉馆、园艺科技馆、果树园与广场等。对于农产品的生产与加工,来客可以观看、学习、体验、品尝、购买,享受到多种乐趣。公园周围是良田美景,里面则拥有美观、清洁而又舒适的设施与空间。人们在空闲时只要购买一张门票,便可以在农园里自由自在地观光,既可以观赏到争奇斗艳、芳香四溢的鲜花,又可以目睹生机勃勃的蔬菜,还可以亲自采摘和品尝各种鲜嫩的水果。

从观光农业园所处的位置来看,大多建在城市周边地区和铁路、公路沿线等交通便利地区,具有相对较好的区位优势。

(2)日本观光农业的类型　从观光和农业的关系上看,主要有以下几种类型:

①农村空间提供型。即利用农村优美的空间环境,为使游客能在那里做短暂或长期逗留而提供场所之类型。这种类型大致可细分为以下三种类型:a. 风景观光型。主要是将美景作为旅游资源加以开发,并对道路及观景地区进行必要的整修,以便将景色完美地展现给游客;b. 农村公园型。这种类型主要是针对到农村旅游的"一日游"客人而开发的。其中包括观光农园(如葡萄园、苹果园、草莓园等)、观光牧场和市民农园等。所不同的是,观光农园和观光牧场皆以一般游客为对象,而市民农园则是以想亲身体验农作的人为对象,因而其设施也不一样;c. 农村度假(休养)型。这种类型主要是通过对环境、设施的配套建设与服务等措施招揽客人。主要形式有自然休养村(家乡休闲村)、民宿村和别墅村等。前者因为获得了政府有关部门的扶持或指导而向度假村方面发展;而后者(民间的别墅村和特定的俱乐部等)则依靠自身的力量进行建设,以建立"理想之乡"为目标。

②体验交流型。从日本的实际情况来看,有些地方虽然没有对游客所使用的空间和设施进行整修,但是通过多种形式的体验和交流活动同样实现了观光农业。通过农村举办的活动,既扩大了农民与城市居民的交流,又使城里的孩子亲身体验了农业和农村生活,加深了他们对农业及农村的了解。这种类型是力图通过有组织的行为促进体验与交流活动,主要是通过实行"家乡会员制度"的形式来实现的,主要针对来自大城市的游客,举办地多为偏远的农村以及没有兴建特别设施的农村等。这种类型又可细分成以下三种类型:a. 乡村活动型。农村地区每年都要举行插秧节和祈祷庄稼丰收的农业节(如葡萄节)等活动以及某些具有传统性的季节活动(如樱花节、夏季神社祭祀);b. 农业体验型。近几年来,日本全国各地都开展"山村留学"。去农村进行"体验修学旅行"(吃住在农村,并帮助干农活)之风也很盛行。其背景是人们对农村的环境和生活等重要要素的认识提高了。另一方面,以体验农业为目的的体验农场也纷纷在各地建立起来。不过,这些活动虽称为观光,但其社会教育的色彩更

为浓厚;c."家乡会员型"。日本全国各地都推行"家乡会员制""主人制度"(如森林的主人、日本牛的主人)和"特别町(镇)民制度"(三岛镇)。采取这种形式的大多数地区能够通过募集"家乡会员",获得入会费,并每年向会员邮寄数次"家乡包装袋"和"家乡商品"。对成为"家乡会员"的人来说,除获得这些物品外,一般还能享受免费使用当地设施等方面的优惠。

③农产品提供型。即直接向游客提供本地农产品的类型。这种类型大致可分为销售物产与提供饮食两类。前者主要是位于果树栽种地带、道路沿线的直销店、市镇村和农协等销售本地农产品和特产品的物产馆以及早市和露天市场等;后者主要为乡村餐馆和农场西餐馆,如荞麦产地的荞麦店、奶酪地区(牧场)的牛奶西餐馆和牛肉产地的牛排西餐馆等。

有的地方只能提供单一旅游产品,有些地方提供复合型产品(如爱知县足助镇除拥有风景秀丽的香岚溪外,还有供游人进行多种体验的"三州足助屋敷"以及多种住宿设施);有的地方以这种见长,有的地方那种更有特色。由于各地条件不同,其观光类型及其特征也不一样。

2. 韩国

韩国在20世纪60年代迅速推进了国家的工业化和城市化,工农业发展严重失衡,农村地区人口减少、老龄化趋势严重、年轻劳动力流失等问题十分突出,产生了农村的社会萧条、就业机会不足、农产品价格低廉等现象,引发了农村家庭收入的不稳定性。为了改变这种状况,韩国政府决定把发展绿色观光农业作为促进农村地区经济发展的新方案,以便激活农村的基础产业。为了推动观光农业的发展,韩国政府付出了不懈的努力。目前韩国的观光农业区,所有的基础设施如道路、电缆等均由政府出资建设,而所有的娱乐设施则吸引企业前来投资,同时银行提供低息贷款为当地农民建立建设观光农业项目提供了便利条件。

韩国观光农业目前主要有如下类型:

(1)自然学习型 基础设施+动植物园、民俗资料馆、食堂、校园等。

(2)周末农园型 基础设施+周末农园、农器具仓库、住宿设施、食堂、特产品销售处、钓鱼、游乐场等。

(3)身心修炼型 基础设施+野营场、民俗资料馆、运动场、游泳馆、其他等。

(4)农村修养型 基础设施+住宿设施、食堂、野营场、休息所、特产售货地、其他等。

韩国的观光农业产生了以下良好的效应:

经济效应表现在以下几方面:增加税收;开发地域产业;维持企业盈利;增加消费支出;提供工作机会;促进生产等。

　　文化、社会效应表现在以下几方面：学术、教育水准提高；信息发送（知名度增加、形象提升）；市民的生活水平和福利设施得到改善；地区的环境得到整顿；促进了全球化；服务意识增强；促进了人与物、信息之间的交流；居民的意识革新等。

　　此外，新加坡、马来西亚、泰国等其他亚洲国家观光农业也正在蓬勃发展。如马来西亚在吉隆坡城郊外建立了农林旅游区，并举行国家农业节活动。新加坡自建国以来，政府就大力倡导花园城市运动，20世纪80年代政府又创立十大农业科技园，经过30多年的建设，新加坡现已成为享誉全球的花园城市、东方旅游王国。泰国、菲律宾、印度尼西亚则充分利用热带农业资源优势，开发热带观光农业，吸引大批各国游客，促进了产业结构调整和外汇收入增长。

三、美洲国家

1. 美国

　　美国是世界上城市化程度最高的国家之一，城市人口占全国总人口的75%以上，农村地广人稀。美国自然资源丰富，发展农业有得天独厚的条件。全国耕地面积为18 817万 hm^2，约占国土总面积的20%，人均接近0.8 hm^2。且土地肥沃，海拔500 m以下的平原占国土面积的55%，有利于农业机械化耕作和规模化经营。随着工业的发展，农业在美国经济中的比重逐渐下降，但政府对农业采取了支持和保护政策，使农业成为美国在世界上最具有竞争力的产业。

　　1941年，美国的观光农业开始发展。1962年以后，由于政府政策上的鼓励，以度假农场和观光牧场为主的观光农业迅速成长。20世纪70年代后，美国更加注重农业景观的保护，乡村景观逐渐发展。美国农村地多人少，开办观光农场不仅缓解了劳力短缺问题，还能就地推销农副产品。对于观光农业，政府在资金和政策上给予了大力扶持，同时也制定了严格的管理法规，如要求农场必须设立流动厕所和饮用水源，露天场所则需提供消毒水。各农场除提供游客自采新鲜瓜果蔬菜的项目外，还推出不少特色节目，如绿色食品展、榨果菜汁、乡村音乐会、破冰垂钓比赛，有的农场则把饲养的小动物放到果园里，欢迎小朋友去亲近、喂食等。美国的观光农场是集观光旅游和推广科普知识于一体的农场，全国现基本上每年有2 000万人左右前往观光农场度假。目前，仅东部地区就有观光农场1 500多家，大大促进了农业综合开发和旅游经济的发展。在夏威夷，全州有5 500座农场从事观光农业，全州农业旅游产值达到2 600万美元，其中1/3来自农产品的直接销售。华盛顿开辟了十多处大型郊游区，供游钓、野营、骑马等郊游活动。如今，美国已有30个州有明确针对农村区域的旅游政策，其中14个州在它们的旅游总体发展规划中包含了观光农业。

2. 加拿大的阿尔伯塔

阿尔伯塔的农业风光不胜枚举。阿尔伯塔的绚丽农业风光吸引了无数人前去游览。加拿大旅游局曾对 33％的加拿大人就农业旅游做过一项调查显示,阿尔伯塔获得了 43％的高支持率。

当地人认为观光农业是一项活动、一处景点,或者说只是一项服务,就像手工艺店一样,农民出售各种自制罐装果酱等农产品。坚信观光农业的定义远非如此,还有更多含义,仍有未开发的巨大互动式娱乐农场市场。

在班夫镇、路易斯湖镇、杰士伯镇和沃特顿镇上的顶级餐馆,都能找到"落基山烹饪食品"(一种用传统蔬菜和当地饲养的小牛和野味制成的新鲜农产品)。在一些乡村或农场度假地,能很轻易吃到乡下风味和农场风格的易煮食品,但最为丰盛的佳肴只用于重要宴会、牛仔竞技比赛和产业旅游中。在艾尔伯塔,游客可以参观曼达尔的香肠厂,马鹿的新宁(桑尼布鲁克)谷物农场,Fahler 的大型养蜂场,或者参观哈特派族居住地。

在阿尔伯塔,最为典型的农业旅游体验是寄宿在农场里,特别是那些答应游客自由活动的农场。从乡村小屋、自助简陋屋,到豪华旅馆,寄宿农场类别很多。其中一些还是历史古迹,比如有 100 多年历史的红鹿河农场,那里有用原木建的房屋,内部的设施从上世纪 30 代到现代豪华设施一应俱全,有热水浴盆和烧烤炉等,能满足游客各种需要。亚当农场等少数几个农场为游客提供充分的自主权,牛仔崇拜者可以从早到晚参加牧牛活动,其他人可以钓鱼或远足,乘皮划艇逐浪,乘坐喷水推进艇游览,观察野马,或者乘坐越野车游玩。

3. 阿根廷

阿根廷政府从 2000 年开始制定和推行了观光农业发展计划,推出了"马背上的阿根廷"、"南美土著部落"、"农庄生活"、"乡村手工制作"、"乡村美食"以及"乡村节日之旅"等旅游项目,向从事观光农业的个人和团体提供优惠贷款和补贴,向全国的农牧业生产者提供观光农业知识培训;还成立了"阿根廷观光农业网",鼓励所有农牧业生产者加盟。

第五章　观光农业发展趋势

第一节　我国观光农业发展机遇与问题

一、我国观光农业发展机遇

1. 自然条件得天独厚

我国幅员辽阔,发展农业的条件多种多样。

(1)地形复杂,气候类型多样　我国疆域辽阔,南北包括热带至寒温带等6个热量带;东西共有湿润区、干旱区等4种水分区。各种地形如山地、高原、丘陵、盆地、平原等各类齐全,多样的气候类型结合复杂的地形条件,非常有利于农、林、牧、副、渔全面发展,也使世界上大部分植物和农作物可在我国找到合适的栽培地点。

(2)光热条件充足,寒温带、温带、亚热带、热带等温度带齐全　我国多处于北纬20°~50°之间,因此,广大地区气候温暖,热量充分,有利于发展丰富多彩的农业活动。

(3)水分条件　全国平均年降水量大于600 mm,而且雨热同期,有利于农作物生长。

(4)土壤类型多样　在多样的地形与复杂的气候条件以及长期生产方式的影响下,形成了我国特色各异的土壤类型,从而为发展多种农业类型提供了雄厚的物质基础。

(5)生物资源丰富　我国广阔的领土,复杂的生态环境,悠久的自然历史,形成了丰富多彩的生物资源。我国野生生物资源各类种类繁多,种子植物达3万多种,拥有世界上59%的木本种子植物种属。植被类型从热带雨林到寒温带针叶林,北半球所有的自然植被类型在我国几乎都有。动物共有2 091种,占世界动物总种数的

9.8％。我国在几千年的农业发展过程中,还培育、改良了很多栽培作物和饲养动物。

所以说,我国发展农业的自然条件极其多样,为农业资源的丰富多彩提供了良好的条件,同时也为发展我国的农业旅游奠定了基础。

2. 民俗文化异彩纷呈

农村地区民俗文化丰富。我国不但农业旅游自然资源丰富,地区差异大,而且农业生产历史悠久,孕育了我国农业地区丰富的文化内涵、丰富的民俗风情,这无疑为我们开发农业旅游资源锦上添花。

我国是世界上最大的农作物原产地。据考证,我们的祖先早在旧石器时代,就已懂得采摘野生果子来充饥;旧石器时代晚期出现了捕捞业;新石器时代开始种植水稻和水果,并且已是六畜俱备。

漫长的历史、不同的地理环境、不同的生产力发展水平,逐渐形成了各具特色的农作文化和传统习俗,表现在各种生产生活的节律、器皿工具、房屋建筑、屋内陈设、礼仪、假日、饮食、服饰及婚恋庆典、舞蹈、语言等方面,这种有其历史根源、流传过程、空间地域和群众基础的民俗文化主要存在于农村地区,具有浓郁的地方特色,给人以亲切、真实、纯朴的感受。具体为:

(1)不同的农业产业有不同的文化。从事渔业生产的渔民也有自己的习俗,从事林业生产、从事种植业等等都具有自己独特的劳作形式、生活习俗、农事节气等。

(2)即使同一劳作形式在不同地区、不同民族也有不同的文化习俗。如同样的茶农,就会有截然不同的茶叶生产、加工以及泡茶、饮茶习俗等。

(3)由于历史的变迁,各农村地区社会进化程度不同,有的地区还保持着古老、传统的文化习俗,有的则有所演化、变迁,有的则已赋予了时代新的内涵,而导致了更加丰富多彩的农村地区的文化习俗。

(4)我国是一个多民族的大国,除汉族外还有50多个少数民族,不同的民族也有不同的文化习俗,他们的风土人情各有特点。如盛行于我国乡村的传统节日,汉族有元宵节、端午节、重阳节等;藏族有浴佛节、雪顿节;苗族有"赶秋";壮族有"歌墟";傣族有泼水节等等,五彩纷呈。此外,还有很多流行于民间的乡村民情风俗。

(5)充满情趣的乡土文化艺术。如我国各地的舞龙灯、舞狮子,还有各地民间的工艺品,如天津杨柳青年画、贵州蜡染、东阳黄杨木雕等,无不受人青睐。

(6)各具特色的烹食风味。如四川的麻辣豆腐、湖南的臭豆腐、绍兴的霉干菜、内蒙古的涮羊肉、北方的水饺、南方的早茶等。

(7)风格迥异的乡村民居建筑,由于受地形、气候、建筑材料、历史、文化、社会、经济等诸多因素的影响,我国乡村民居可谓千姿百态,形式独特。不同风格的民居,可以给游人不同的感受。

二、我国观光农业发展的问题

我国观光农业发展迅速,势头良好,但从总体上把握,我国的观光农业应处于采摘型向体验型的过渡阶段,在发展或经营中,也存在一些带有共性的问题,归纳起来有以下几个方面:

1. 部分观光农业项目不注重生态环境建设,人工化倾向明显,个别的甚至破坏了当地的生态环境,这是一种典型的短视行为

首先,求大、求洋是目前认识上的误区,这主要是官办或集体办的观光农业易犯的主要错误与特征。其次,过分依赖非自然的技术手段,大兴土木,城市化、人工化痕迹明显,包括农舍贴瓷砖、园区路面水泥化,建筑现代化,片面追求短期的经济利益,不顾对环境造成的污染和破坏,破坏了自然生态系统的平衡,这是与观光农业的可持续发展道路背道而驰的。在台湾目前的观光农业园区建设中,明文要求在整个园区建设中,不用一两水泥、一根钉子,要用自然的物品与材料,要求尽可能地贴近大自然,这一点非常值得借鉴。

2. 在城乡一体化的发展道路中,郊区与城区的发展建设思路与方法趋同,观光农业项目所提供的服务与居民的需求存在着明显偏差

各地在观光农业发展中,普遍存在一种误区,认为农村的发展就是要盖楼,要现代化,要满足城里人的要求,土炕不要了,原住房屋拆了,取而代之的是一片现代建筑,一派“新气象”:重建的古代城门是红砖的——大煞风景,新建的房屋是贴了瓷砖的——不伦不类,睡觉也用上了席梦思——找不着感觉⋯⋯结果是事与愿违,游客越来越少,农民与经营者也是百思不得其解。其实道理很简单,越是传统的、越是民俗的越有吸引力。

3. 郊区观光农业发展缺乏历史、文化内涵建设

大部分观光农业项目和民俗旅游村基本上就是“三上文化”,即主要活动集中在饭桌上、土炕上、果树上,观光的内容少。从现在发展起来的观光农业和民俗游看,经营者主要还是以产品销售和餐饮、住宿为主,游客的活动范围相对较小,对挖掘当地文化、民俗、历史重视不够,“借牌”意识不强,从本质上讲,就是还没有建立一种“大”的资源和环境利用意识。

4. 观光休闲农业发展技术体系不健全

大多数观光园功能不配套,档次偏低,农业观光特色不突出;一些项目未能与旅游有机结合;观光农业的发展与可持续发展的相互协调也未充分兼顾。

5. 以农业为主的观光农业受环境和气候限制,经营时间短,经营季节性强

观光农业的季节性很强,存在着明显的淡旺季差别,近一半项目为季节性开放,一些项目开放时间才几个月,有些仅在特产节日开放,其季节性已成为园区发展的瓶颈。往往是旺季车水马龙,淡季门庭冷落,造成了资源的浪费。

6. 从业者多为妇女,且文化素质、经营素质较低,制约了观光农业的深化

7. 从整体上讲,大多数城市郊区的观光农业还是缺乏整体的规划

在融资建设的前提下,一批所谓观光休闲农业项目破坏了郊区优美的景观,城市郊区已经出现了无序和滥建的苗头,城区不成功的建设经历正在向郊区发展和蔓延,另一种形式的"摊大饼"将在部分城市郊区显现雏形。

无论是在城市还是在农村,对农业的多种用途和功能未能加以考虑,忽视了农业的旅游观光功能。在旅游业和农业的决策层中,对开发农业的旅游资源漠然置之,导致旅游观光农业投资严重不足;农业与旅游业部门缺乏必要的联系,各自为政,未能形成统一协调的整体,也不利于观光农业的发展。

园区对自身角色定位不准确,未做充分的资源评价与规划,投巨资建成科技含量较高的观光园,导致投入过大,资金回收周期长,且经济效益又不好,很多旅游设施只能闲置。

8. 项目单一,观光农业的产业链过短,未达到效益的最大化

规划不够合理,项目功能、活动内容单一,难以满足游客的多种旅游需求,吸引力不够。因而游客逗留时间短,经济效益低下。

9. 产业规模狭小

观光农业范围广,类型多,但总体规模小,缺乏综合性的观光休闲农业场所,缺乏文化氛围,经营者素质不高,管理不够规范。功能单一,聚类效应差。观光农业建设中"小、散、浅"的现象也比较严重。小,是指观光农业景区的规模小,从实践中看,规模在 33 hm² 以下的观光农业景区,很难获得可观的经济效益。散,一方面是指各种特色、各种功能的观光农业项目太分散,无法连在一起,不能让观光者"一气呵成"地"有层次"地欣赏、体味,另一方面观光农业在其经营管理上太散,还没有按照产业化的理念把观光农业与科研机构、旅游公司、运输公司等作为一个产业链进行一体化经营,大多数观光农业景区是"单打独斗",既加大了消费者的费用,也增加了观光农业的经营成本。浅,主要是指目前观光农业建设大多停留在外延扩大上,还没有更多地注重观光农业的文化内涵和科技内涵的扩大,譬如对观光者进行农业古文化教育,进

行农业高科技或未来农业展示的观光农业景点太少。

10. 模式雷同,缺乏特色

很多投资者缺乏制定周密的发展规划和市场调研,设置旅游景点往往不相协调,多数重复、雷同,缺乏特色,造成区域内项目间的恶性竞争。有的地区没有把观光农业看作是建立在农业经营基础上的农业与旅游业有机结合的产业,特别是很多当地居民,当他们认识到身边的环境资源能作为"摇钱树"的时候,便按照自己的理解单纯模仿别人的模式盲目、仓促上项目,忽略了资源评估。

全国的观光农园中,观光果园、垂钓园、观光林场开发比较多,设计的一些旅游活动大多雷同,集中于观光、采摘、垂钓等活动。旅游项目缺乏特色,难以有很强的吸引力,招不来"回头客"。

11. 管理体制不健全

缺乏政府有关部门的正确引导和大力支持。观光农业在我国可以说是一个新兴产业,对于这一产业,目前还没有专门的政策体系和扶持手段。正因为如此,许多地方名义上的观光农业,只是靠门票而不是靠农产品和旅游服务实现效益。此外,许多地方认为只要增加投入,改善旅游基础设施,就能带来好的经济效益,却没有明显的投资主体和投资机制。

12. 缺乏科学统一的发展规划和有效的宏观管理

目前大多数地方市级及区县级都没有制定观光农业的总体规划,也没有明确的管理机构和管理办法,园区布局不尽合理。虽然有些地区的建设、农林、水利和旅游部门都制定了一些相应的标准来评定景区建设,但都有各自出台的管理办法,往往又导致多头管理,各自做规划,缺乏宏观的控制和指导,加上投资者自身的局限性,导致投资决策的明显随意性和开发的盲目性。

13. 客源市场挖掘不足,对信息传播与市场营销不够重视

把目标锁定城市成年居民市场的开发,忽视对青年人以及农村客源市场是目前观光农园经营策略上的通病。事实上观光农园因其体验性和展示性而在青年人和农村中具有很大的市场。

14. 忽视主体筛选,经营档次低

从资源管理的角度讲,具有观光价值的农业资源应由政府在社会上公开筛选管理主体,如果该资源权属是集体,也应由政府购买后从全社会竞争选拔管理主体进行资源开发和管理。而目前,我国政府对农业资源的开发和利用,远没有像非农业资源(如金矿、煤矿)那样的管理,因此,参与观光农业开发的主体非常随意,往往是在谁的地盘上谁开发,谁投资谁开发,而没有吸引高等院校、科研单位参与的优惠政策。因

此,我国观光农业建设从总体上看缺乏文化品位和高科技实力、高管理水平的参与主体。

第二节　观光农业发展阶段分析与预测

一、观光农业发展阶段分析

当代美国经济学家兼经济史学家罗斯托从世界经济发展的角度提出了经济成长阶段论,认为一个国家的经济发展要经过六个阶段:传统社会阶段、为"起飞"创造前提阶段、"起飞"阶段、向成熟推进阶段、群众性高消费阶段和追求生活质量阶段,并认为各个阶段都有相应的主导产业。从罗斯托的经济发展阶段理论反映社会的发展趋势看,人类社会的未来发展趋势是在物质生活发展到一定程度后,开始追求生活质量。在这个阶段,人们对于文化娱乐旅游休闲的需求将大大增加。

从国际间的发展历程来看,观光农业的发展可分为四个阶段。

第一个阶段:萌芽阶段(意大利在 1865 年就成立了"农业与旅游全国协会")。

第二个阶段:观光采摘阶段(人均 GDP 3 000 美元)。

第三个阶段:操作体验度假阶段(人均 GDP7 000 美元)。

第四个阶段:租赁阶段(人均 GDP13 000 美元)。

目前在欧洲、日本以及我国台湾等地都有观光农业的最高形式即租赁形式的存在。从总体上分析,我国大部分观光农业尚处于观光采摘阶段,但在发达的大城市及周边,操作体验阶段和租赁阶段的内容都已不同程度地出现了。

观光农业作为新兴的休闲旅游项目,主要起源于大中城市周边地带,它在发展过程中(1990—1997 年)被马勇、舒伯阳两位著名学者划分为自发式、自主式、开发式三个阶段及相应模式(表 5-1)。

表 5-1　我国观光农业发展的阶段模式分析

阶段模式	发展阶段	旅游主题	主导者	市　场	市场消费强度 (交通除外)
自发式	早期旅游阶段	不明确,仅作为休闲调剂	自发形式的个人或群体	供求关系模糊,个人市场需求导向	每人每天少于 30 元
自主式	初期经营阶段	有一定的主体和活动安排	中、小旅行社主动参与经营	以盈利为目的产品导向	每人每天少于 60~120 元
开发式	成熟经营阶段	有明确的主体和系列活动策划	大型企业开发集团开发与经营管理	以长期投资收益项目为投资导向	每人每天 120 元以上

观光农业经历着三个阶段模式发展后,逐渐向休闲农业方向发展。当传统农业不再适合社会需求时,具有很强参与性和体验型的观光农业很快赢得人们的认同和青睐。观光农业型是由单一化发展为多元化、特色化和参与化逐步演变发展。观光农业市场消费强度也逐渐增加。

观光农业发展形势看好的同时,我们更应深入研究观光农业发展的基础和条件,以便扬长补短,利用现有资源发展农业旅游。

二、观光农业发展预测

进入 21 世纪,人们的旅游需求更趋向于在自然生态环境中的休闲享受。我国深厚的历史文化积淀、优美的自然风光和丰富的农业物产资源,伴着各地农业产业结构发展的加快和旅游业的兴旺,使得观光农业面临广阔的市场前景。

1. 观光农业发展的主题化和休闲化

传统观光农业以"吃农家菜、住农家屋、干农家活、购农家物、享农家乐和果品采摘"为主,大都缺乏生动的主题,形式单一。今后主题化的发展是普遍适用的,如四川成都"五朵金花",以花文化为主题,形成五个特色村,鲜明的主题有助于在市场形成比较突出的形象。而人们的休闲需求也将推动观光农业的休闲化发展,无论是吃、住,还是娱乐和购物,都更富于精神享受的特质。

2. 资源得到综合利用

资源是休闲农业发展的基础条件。观光农业主要资源是生物资源,其中的植物资源对环境保护和美化极为有利。目前我国的自然保护区和园林风景名胜区的面积在不断扩大,为观光农业的进一步发展提供了越来越丰富的基础条件。观光农业的区域性特点是由资源的地区差别决定的,不同地区有不同的资源条件,决定了观光农业有着不同的活动内容,从而形成各自不同的产品特色和观光特色。我国南方与北方、东部与西部的观光农业,由于气候、风土、生物、人文的不同,因此景观、风情、格调也各不相同。

3. 观光农业发展的生态化与人文化

生态因素、文化因素本来就是观光农业得以兴起的根基。国外发展观光农业并不是全靠渔场、农场等来吸引游客,而是靠他们的奇异想法吸引众多游客。我国各地具有不同的文化特色,应把这些内容蕴含在观光农业中,尽可能多地向游客展示当地的民俗节目、工艺美术、民间建筑、音乐舞蹈、婚俗禁忌、趣事传说等,使游客在休闲中丰富不同的民俗风情。不仅如此,还要利用特有的地理、生物等资源,大胆借鉴国外农业和生活开发模式。观光农业不能只停留在观赏、采摘的表象繁荣,必须走与生态旅游、文化旅游相结合的道路,营造良好的生态环境,挖掘乡村文化中的丰富内涵,才能持久而兴旺地发展下去。这就要求我们在产品项目的设计和开发中,要挖掘地域文化的内涵,设计旅游精品,充分体现民族历史性和地域性,使产品富有高文化品味和高艺术格调。

4. 观光农业产品的科技化

当今时代是知识经济的时代,高科技化和信息化扑面而来,以电子计算机为代表的微电子技术、生物工程新材料也广泛应用到农业上,引起了农业的知识化革命向知识化农业时代迈进。同时,旅游业自身也从人文自然景观型旅游经人造景观型旅游迈入科技参与型旅游。我国观光农业的发展将更加重视运用现代科技手段,提高其科技内涵,创造千姿百态的观光农业产品,营造千奇百怪的农业自然景观,使游客能从中领略现代化农业的气息。如在农业劳作与工艺操作上使用最新的科学技术,在农作物及生物品种的选育上培养出最优良的新品种,在管理、加工、保鲜上保持最现代化的工艺水平。

第三节　我国观光农业发展趋势

一、生态化的发展趋势

发展生态型观光农业的关键就是如何同时将生态环境保护、民俗文化传承和发展与农业旅游产业效益三者紧密结合。而要做到三者统一,在当前观光农业的建设中应注意以下几点:一是科学规划愈加重要;二是自然生态与人文生态的保护将得到加强;三是注重特色的形成。

二、乡村文化的参与和体验趋势

实际上,我国作为一个具有几千年历史的传统农业文明古国,农业生产历史悠久,孕育了丰富的农业文化内涵和民俗风情、独特的生产方式和习俗。如果进行合理科学的开发设计,都可能成为丰富的参与和体验旅游资源,这对于希望全面了解中国传统文化的境内外游客具有巨大的吸引力。所以,观光农业中参与和体验旅游产品的开发设计势在必行。但必须注意两个指导原则:一是独特性原则;二是文化性原则。

三、观光农业发展将由追求数量向追求质量、再向追求特色的方向发展

发展观光农业应以农业活动为基础,突出本地特色,求新、求异、不求全,坚持循

序渐进和可持续发展的原则,不仅要开发好自然资源,而且要将民风民俗融入其中,重点发展参与性较强的农业旅游项目。观光农业要定位在城市居民的"后花园",为城市居民提供一个自然、传统、休闲的场所。要突出农村生活风貌和丰富的乡土文化内涵,切忌建造过多的人文景观,盲目追求大投资、大规模、高档次、高消费,使环境和设施过于人工化、商业化。旅游和农业部门要在深入搞好调查研究的基础上,认真做好开发观光农业的科学规划与合理布局。规划时要与全市农业和旅游的总体发展布局相结合,立足于现有基础,充分考虑区位、交通条件,特别要依托现有旅游资源,突出发展一批重点项目。比如聊城市阳谷县阿城镇针对景阳岗景区建设的万亩樱桃园项目,既延长了客人逗留的时间,提升了旅游业的集约化程度,又提高了投资旅游业的资金回报率。充分利用无公害蔬菜瓜果基地、林果和花卉基地等现有优势,带动交通便利、农业基础较好的区域发展观光农业,形成农业生态观光旅游带。

四、农业与旅游业结合更加紧密,推动了观光农业的规范化发展

规范管理,提高质量。坚持不懈地通过科学管理,促进农业旅游再上新台阶。

一是规划先行、整合资源。依据旅游发展规划和都市农业建设规划,农业与旅游业在今后将更加融合,从而保证农业旅游健康发展。农业、林业、水利、旅游、建设、环保、交通等有关部门的衔接沟通,尽可能地整合配置新农村建设、生态村建设、"村庄整治工程""乡村公路通达工程"等资源优势,确保休闲观光农业旅游项目科学有序开发,实现农业与旅游业良性互动。

二是加强扶持提高质量。为进一步健全农业旅游建设的标准规范,促进项目建设和产业发展出精品、上档次、上水平。投资业主和经营单位趋向扩大规模,提高质量,调动质量,调动社会力量投资发展农业旅游的积极性。

三是不断完善行业自我服务和约束管理机制。培育和发展"农家乐"旅游协会或游客接待中心等中介服务组织,加强对经营人员相关旅游知识和服务规范的培训,提高农业旅游经营单位服务水平和休闲观光农业旅游结合农业生产,发动农民参与,挖掘民俗风情,推出一些游客参与性强的农事活动,让游客的休闲旅游活动和农业生产及农户的日常生活融为一体,突出休闲性,增强参与性,以丰富内涵,提高品位,引导农业旅游经营单位,尤其是开展"农家乐"旅游的乡镇(村)或农户家庭,加强基础设施等硬件建设和接待服务等软环境的建设。政府有关职能部门对观光农业旅游点的食品卫生、明码标价、环保消防、设施安全等将逐渐加强指导和依法监督工作,切实维护消费者的权益。

第四节　国外观光农业发展趋势

自 19 世纪 70 年代以来,观光农业在发达国家农村地区增长迅速,对部分萧条农村地区的发展起到了非常重要的作用。在许多国家,观光农业被认为是一种阻止农业衰退和增加农村收入的有效手段,是农村地区经济发展和经济多样化的动力。

当前,国外观光农业发展面临的挑战主要有:缺少支持、缺少训练、旅游设施和旅游吸引物缺乏、淡旺季明显、利用率不高、营销效率低下等几个方面。为了解决观光农业面临的问题,发达国家采取积极对策,从而使观光农业呈现出新的发展态势。

一、把发展观光农业纳入解决农村问题、推动农村持续全面进步的战略范畴,从政策层面进行有效推动

以英国为例,100 年前,许多农村家庭为摆脱贫困迁移到城市,而目前人口开始向农村地区流动,农村地区人口的增长水平是全国平均增长数的 2 倍,其中以年老的有钱人居多。英国农村人口占全国人口总数的 1/5,约 1 100 万。但是与增加了的人口不协调的是农村落后的社区基础服务,加之“疯牛病”的影响,以及欧盟《共同农业政策》调整和改革,逐步减少对农业的补贴,农村社区人口的基本生活保障问题、农业和农民收入下降问题、农村的贫困问题、农村环境问题凸显出来。1/5 人口的问题如不很好解决,无疑将是个严重的社会和政治问题。为了直接应对并解决上述特殊问题,英国在 2001 年大选后将原农业、渔业及食品部(MAFF)改为环境、食品和农村事务部(DEFRA)。原农业、渔业及食品部名称变化后,增加了“环境”与“农村事务”,这一改动正是针对英国农村振兴所面临的问题而为,其有的放矢已经初见成效。

为发挥乡村休闲农作和生态旅游一举多得的优势,“农村事务”采取了更加具有竞争性、灵活性、对环境更加负责的政策。全面推行如下几项计划:农村管理方案——提供给农场主和土地管理者费用开展管理活动,以此来改善和保持农村风光、野生动植物及生活环境;有机耕作计划——通过资助农场主从传统的耕作方法向有机方法的转变,激励有机农业生产的扩张;农村经济多样化——吸引适应当地环境的新商业,并为当地所有人提供机遇和工作岗位,提高收入水平。政府每年投入约 5 亿英镑改善农村基础设施。为了继续提高对农村事务的支持水平,到 2007 年政府预计拨付 16 亿英镑来支持英国农村发展计划。

英国为应对《共同农业政策》改革而出台的新政策不但符合 WTO 的规范,也能创造新的工作机会。同时,也可一改过去因生产补贴所造成的环境污染,使得田庄生态景观得到改善,作为观光农业、生态旅游的支撑面,可以说是一举数得。英国环保

人士巴彻勒说:旅游业是英国最大的产业,截至目前,到英国乡村休闲农作和生态旅游的人数已经超过了 10 亿人。

二、突出强调保持乡村自然人文环境的原真性

近年来,以保持乡土民风为主的观光农业在发达国家很受欢迎。休假期间,人们更愿意一家人其乐融融地在大自然中享受既无喧嚣又无污染的田园诗般的乡村生活,这为观光农业的发展提供了广阔的市场前景。

案例五:芬兰的伊洛拉农场占地 90 hm²,是芬兰一处普通的观光农业场所。农场有十几座红白相间的木制农舍掩映在树林中,桑拿木屋飘散出青烟,花白的奶牛和枣红色的大马在牧场里悠闲地吃草,远处是大片的农田和森林,一派典型的芬兰乡村景象。

伊洛拉农场一年四季对游客开放。每逢周末或节日,会有许多家庭来到农场享受宁静生活。游客还可以租用农场的夏季别墅在湖边度假。夏日,人们白天可以在湖边垂钓、划船和游泳,或到林中采浆果,并自己动手烧烤香肠和面包;晚上,在桑拿浴木屋痛快地享受一次地道的烟熏桑拿,会感到全身轻松舒适。秋季,游客可以在向导的陪同下,在森林里远足、采蘑菇。冬天,游客或在冰上钓鱼,或在森林雪道上滑雪,或乘坐马拉雪橇在雪野中驰骋。

每年 5 月,伊洛拉农场会安排附近幼儿园和小学的孩子们到农场观看田间耕作和奶牛饲养,并让孩子们喂养家畜,练习骑马和在林中远足。农场每年举办 2～5 天的骑术培训班,喜欢骑马的人可以在农场练习骑术,熟练的骑手则可在农场的遛马场练习跨栏。此外,儿童可乘坐矮种马马车在农场游览。新婚夫妇可租用老式马车到教堂举行婚礼,并在农场度过一个充满美好回忆的蜜月。

在芬兰,像伊洛拉农场这样的观光农业场所有几百处。芬兰政府的旅游部门对它们实行质量管理,主要内容是旅游环境和旅游内容是否体现芬兰传统乡村文化及设施完备性,重点强调保持乡村自然人文环境的原真性。

三、观光农业朝选择的多样化和方式的自助化方向发展

与目前我国观光农业有相似之处,发达国家观光农业在 20 世纪 70 年代以前,一般限于乡村度假和体验农村生活为主,品种相对单一。

随着观光农业的迅速普及化,旅游者对观光农业品种多样性、内容丰富性和体验差异性的要求越来越高。越来越多的旅游者不再满足于一些成熟的观光农业点和较固定的旅游项目,自主开辟新的旅游点,提出新的旅游要求。观光农业目的地和旅游内容有不断泛化的趋势。

与观光农业选择多样性相仿,发达国家的旅游者愿意选择更加自助的方式开展观光农业。自助的方式包括交通出行的自助化,自驾车、自行车或徒步出行,很少依赖旅行社团队旅行;旅行事务的自助化,订房、订票、订餐的自助化等;不再满足于一般的观光农业服务,更加愿意选择利用乡村环境和资源开展自娱自乐活动。

四、观光农业客源从区域性向跨区域、国际化方向转化

观光农业在起步阶段,一般以近郊旅游为主,客源为附近城市居民,区域很狭窄。随着观光农业产业规模的扩大,主要的观光农业目的地,日益注重品牌建设,加大宣传促销的力度。观光农业目的地的客源构成趋向多元,一些知名的观光农业目的地吸引了中、远程的国内游客以及境外旅游客源。随着全球化进程的加快,观光农业的国际化也随之加快。

第六章　观光农业类型与赢利方法

第一节　观光农业类型

一、观光农业分类概述

随着观光农业的蓬勃发展,国内外涌现出许多规模不一、形态各异的观光农业企业。由于自然资源、人文资源、农业资源和经济状况的差异,各地观光农业发展类型与模式表现为多样性。从不同角度可有不同的分类方法,常见的有如下 7 种:

1.按开发模式分类

有基地改建型、项目建设型、文化挖掘型、设施改造型、旅游带动型。

2.按资源分类

有自然资源特色型、文化资源特色型。

3.按地理区位分类

有景区边缘地区型、城市近郊地区型、老少边穷地区型。

4.按农业结构分类

有种植业主导型、水产养殖业主导型、畜牧养殖业主导型、综合开发利用型等。

5.按功能分类

有观光型、度假休闲型、体验型、教育型、节庆型、综合型等。

6.按经营模式分类

有农庄经济型、园区经济型、特色产业型、自然人文景观型、农家乐型、农业贸易型等。

7.按主题定位分类

有观光采摘园、教育农园、高科技农业示范园、农家乐（渔家乐）、生态农业园、市民农园、森林公园、度假休闲农庄、民俗观光村等。

二、观光农业主要类型

下面重点介绍按经营模式分类和按主题定位分类方法的主要类型。

1.按经营模式分类

（1）农庄经济型　特点主要是依托自然优美的乡野风景、舒适怡人的清新气候和环保生态的绿色空间。一般依托原有农业园区、高效生态农业基地等，兴建一些休闲、娱乐设施，为旅游者特别是城市居民提供度假、休憩、游乐、就餐、住宿等服务内容，满足旅游者回归自然、享受宁静安逸的田园生活的需求。例如浙江德清雷甸的杨墩农庄、福建龙佳生态农庄、台湾走马濑农场、海南琼海伊甸园等。

（2）园区经济型　一般是指新开辟的观光农业园区，经过科学的规划设计，集农业生产、科技示范、科普教育和观光休憩娱乐等功能为一体的观光农业形态。通过先进的现代农业设施、农艺技术和农耕文化的宣传、展示、示范，把现代农业高新技术与生产、示范、观光、教育等紧密结合起来。园区内设有农业生产区、高新农业技术与设施示范园、各种主题公园、生态教室、环保长廊、居民博物馆、农耕文化广场、农耕器具展示馆、园区特色景观、乡村市场、乡间别墅等丰富多彩的景区景点和休闲娱乐场所。以多产业多视角综合性的大手笔，展现现代观光农业的风采风韵。例如浙江玉环漩门湾农业观光园、广东侨新农业生态园、北京朝来农艺园等。

（3）特色产业型　以新、奇、特农业品种或项目为主题，以绿色、生态、自然的农业产业带和农业资源为载体，为游客提供观光、体验、娱乐、教育等内容，使人们领略到生态农业的大自然情趣，主题通常比较单一。例如台湾省台南县的九品莲花生态教育园区、浙江省上虞市的盖北葡萄休闲观光园和绍兴县王坛镇的十里香雪梅海生态观光农业园、广东省珠海农科奇观和番禺百万葵园、福建漳州的天福茶博物院等。

（4）自然人文景观型　自然人文景观型的特点是通过充分挖掘当地丰富的人文资源，有效利用自然景观，开发探幽、访古、赏景等休闲项目，为游客提供休闲活动内容。充分利用观光旅游来提升传统农业产业，带动周边农业产业结构合理调整，使观光农业成为农业产业区域化布局、产业化发展的助推器。例如浙江德清的下渚湖湿地风景区、上虞的员外山庄和绍兴县的富盛生态史林,以及广西南宁的伊岭岩、福建南靖的土家寨、江苏苏州的周庄等。

（5）农家乐型　是以农民家庭为基本接待单位,以利用自然生态与环境资源、农村活动及农民生活资源、体验生活为特色,以农业、农村、农事为载体,以"吃农家饭,住农家屋,干农家活,享农家乐"为主要内容,以旅游经营为目的的观光农业形态。其特点主要是凭借其富有地域特色的生态环境或独树一帜的特色农产品,以绿色、安全、新鲜见长,通过提供自产的蔬菜、家禽、水产品等,让游客品尝原汁原味的农家菜,体验淳朴的农家风情,陶醉在久违的泥土芳香中……例如浙江安吉石岭村的农家乐、杭州西湖区梅家坞的农家乐、台湾丰原情人谷休闲农场、江苏镇江欢乐农家等。

（6）农业贸易型　特点为利用各类大中型农副产品集散市场、商务会展中心及农产品加工园等把休闲观光内容与农业经贸活动有机地结合起来,是一种为游客提供休闲观光、优质农副产品采购等服务活动的观光农业发展模式。例如浙江桐庐蜂之语蜜蜂王国生态园采用的就是"寓销于游,游中促销";浙江杭州萧山的中国花木城、福建漳州的百花村和花卉走廊、江苏南通如城 6.67 万 hm^2 花木园区等,都是依托商贸活动中丰富的花木品种形成的优美景观,让游客或购花者在如画的美景中流连忘返,充分体会现代农业与农业技术发展的奥妙,并为市民提供采购花木盆景及配套器具的场所。

2.按主题定位分类

（1）观光采摘园　指在城市近郊或风景点附近开发特色果园、菜园、花圃、茶园等,让游客入内参与摘果、切花、采茶等活动,亲身体验和享受收获季节的田园乐趣。观光采摘园是我国观光农业发展的最早形式,也是外国观光农业最普遍的一种形式。观光采摘园主要的服务对象是久居城市、经济基础良好、对产品品质要求较高、有回归田园体验农事劳作愿望的城市居民。

观光采摘园的基本特征为:

①距离城市较近,交通便捷,一般位于城市近郊或风景点附近,乘公交车可以方便到达。

②规模不求大,但要求集中连片,可新建也可利用原有的种植地改造而成。

③具备旅游景区的基础条件（路网通畅）和基本旅游设施（例如停车场、观景平台、凉亭、座椅等）。

④物产丰富,四季皆有收获。依据观光采摘季节不同,观光采摘园通常配置丰富多样的作物品种（例如水果、蔬菜、瓜果、茶叶、花卉、五谷杂粮等）供游人采摘购买。

⑤采摘园中的基础设施（例如道路等）和栽培管理技术（例如果树矮化、果园清洁、无公害、病虫防治技术等）都应保证游客参与农事活动时安全、便捷等;观光采摘

园除了让游客自助采摘果实外,各个农耕季节,四季变换的农业景象,都是观光的好去处。

⑥园区名称突出主题特色,一般命名为观光采摘果园、观光采摘菜园、观光采摘竹园、观光采摘茶园、观光采摘草莓园、观光番薯园、观光花生园、观光玉米园、蘑菇采摘园等。

与普通农田、果园、菜园等相比,最显著的区别是观光采摘园出售优质无公害并可亲自收获的农产品和良好的基础条件及新颖的旅游设施。观光采摘的范畴可以引申扩大到观光渔业和观光畜牧业。

北京香山御香观光采摘园、深圳荔枝世界观光园、海南绿枫农庄等是这一类型观光农业的代表。

(2)教育农园　教育农园(场)又称认知农园、教育农场、学童公园、自然生态教室等。是利用农林业生产、自然生态、动植物、农村生活文化等资源,设计体验活动以达到教育的目的,让旅游者在体验中学习农业及相关领域的知识。教育农园(场)属于观光农业的范畴,但有别于单纯的休闲观光,它是基于寓教于乐的理念,突出知识的传播和体验,兼顾有关技能的传授,让旅游者在轻松愉悦的场景中获取农业科学知识和农耕历史文化体验,在休闲中达到生态和环保教育的目的。

教育农园以展现农业科学知识(例如动植物种类和品种及其生长过程)、农耕历史文化、生物多样性、生态、环保等自然知识和设计动手生产、制作等体验活动为主题元素。主要以儿童、青少年学生及对农业知识、自然科学知识感兴趣的旅游者为主要服务对象,兼备了知识传播和观光休闲娱乐双重功能,是21世纪观光农业的发展趋势;许多观光农业园区中都设置教育农园景区。典型的教育农园,如台湾的台一生态教育休闲农场、北京朝来农艺园、深圳青青世界、苏州农林大世界、海南兴隆热带植物园、海南热带植物园、海南椰子大观园等。

(3)高科技农业示范园　又称农业科技园。它是指在一定的地域范围内,以当地的自然资源、社会资源为基础,以农业生产、科技教育、技术推广等单位为依托,充分发挥农业科技进步优势,广泛应用国内外先进实用的高新技术,综合开发利用自然资源和社会资源,合理地配置各种生产要素,由农业研究部门和各级行政管理部门共同筹建的,以高新技术的集约化投入和有效转化为特征,以企业化管理为手段,集农业生产,农业科技研究、示范、推广等活动为一体的农业新类型,具有科学实验、产业孵化、推广示范、普及教育等功能。

高科技农业示范园是随着现代农业时代的到来而悄然兴起的。国外的农业科技园区主要有"示范农场"和"假日农场"。我国的高科技农业示范园从1993年开始出现,2001年国家农业科技园区的建立标志着我国高科技农业示范园走上了规范发展的道路。

高科技示范园是农业旅游与科技旅游相结合的产物，它将农业与多种先进技术（生物技术、基因工程、电子智能化技术）紧密结合，在科技引领生产的同时，向游人展示现代科技的无穷魅力，为大面积生产推广做样板示范。

高科技农业示范园的主要特征是：①园区内高新技术和人才高度密集；②产出的是高、新、精、尖和高附加值的农业产品或技术；③园区内的行政、企业管理及经济运作方式有别于一般开发区，更为自助灵活，具备良好的产业孵化功能；④示范园区环境优美，田园风光和城市景观协调融合，科技示范设施先进，科研试验条件优越，生活和休憩服务设施完善。

根据园区的投资主体、带动方式、产业类型，高科技农业示范园可分为以下几种类型：

①按投资主体分为政府主办型、政府搭台企业运营型、企业主办型。

②按运作方式分为科技带动型、龙头企业带动型、开放带动型。

③按产业类型分为专业型、综合型。

高科技农业示范园区的主要服务对象是中小学生和对高科技农业技术及农业新产品知识感兴趣的人群，其主要构成元素是：现代高科技农业技术和设施、农业新品种等。具有代表性的高科技农业示范园区有上海孙桥农业开发区、珠海农科奇观、杭州传化高科技农业园区等。

（4）农家乐　　如前所述，农家乐是以农民家庭为基本接待单位，以利用自然生态与环境资源、农村活动及农民生活资源，体验生活为特色；以农业、农村、农事为载体，以"吃农家饭，住农家屋，干农家活，享农家乐"为主要内容，以旅游经营为目的的观光农业项目。一般是在原有的农田、果园、牧场、养殖场的基础上，将环境略加美化和修饰，以淳朴的农家风光吸引城市居民前来观光游览。农家乐定位于休闲类旅游，既无涉水之险，也无爬山之累，在林荫庭院中，或依山傍水，或竹林幽幽；或花果飘香，清香幽静，小桥流水，绿野成片；或打牌、下棋、饮茶畅谈，给人一种心旷神怡、身心舒畅之感，犹如置身世外桃源，让游客真正享受清净与悠闲。此外，农家乐具有很强的参与性，能让每个游客亲自动手，在轻松、愉快的参与过程中获得返璞归真的感受。

农家乐源于欧洲的西班牙。20世纪60年代初，有些西班牙农场主把自家房屋改造装修为旅馆，用以留宿过往客人，并为客人提供徒步旅游、骑马、滑翔、登山、漂流、参加农事活动等项目，从而开创了世界"农家乐"旅游的先河。此后，农家乐在美国、法国、意大利、波兰、日本、马来西亚、韩国等国家得到倡导和大发展。我国真正意义上的"农家乐"始于20世纪90年代，以其浓厚的乡土、田园文化气息，逐渐发展成为旅游产品类型中一个新的亮点，满足了当前我国城市居民回归自然的心理需求，吸引了许多城市游客的眼光。许多地方涌现出"农家乐"旅游的热潮，在浙江、湖南、湖北、陕西、四川、上海等省市"农家乐"已形成产业链，极大地促进了当地的经济发展。

农家乐有以下特点：

①游客以中、低收入层次的城市居民为主，观光农园一般费用都比较便宜，旅游消费实惠，颇受都市游客的青睐。

②具有观光农业最基本的乡土性，游客可以直接贴近大自然，可以直接参加农家所进行的各种农事活动，还可以品尝没有见过或很少见过的农产品，或者品尝自己付出劳动而得到的劳动果实。

③观光项目受到农业生产季节性的限制，往往淡季、旺季差别十分明显。通常，生产管理季节是观光旅游的淡季，游客寥寥无几，旅游收入很少；而收获季节游客较多，应接不暇。

农家乐可以分为农家园林型、花果观赏型、景区旅舍型、花园客栈型 4 种类型，其主要服务对象为中、低收入层次且对农村及农业活动有兴趣的城市居民，主要构成元素为农村风光、农舍民情、农家餐饮、农事活动等。

（5）生态农业园　主要是指以在园区内建立农、林、牧、副、渔综合利用的生态模式，形成林果粮间作、农林牧结合、桑基鱼塘等农业生态景观为主的观光农业类型。这种观光农业类型既可为游客提供观光、休闲的良好环境，又为游客提供多种参与农业生产的机会，强调农业生产过程的生态性、艺术性和趣味性，具有良好的生态效益和社会效益，但一般占地面积较大，通常应与其他观光农业类型相结合，才能发挥其良好的经济效益。北戴河集发生态农业观光园是我国生态观光园的典型代表。

生态农业园区的主要服务对象为具有较高科学文化知识、较强生态环保意识的居民和学生。园区的主要构成元素是以生态农业模式、生态农业知识宣讲载体、生态农业观赏地、生态农业休养地为主。

（6）市民农园　是由农民提供土地，让市民参与耕作的园地。一般是将位于都市或近郊的农地集中规划为若干小区，分别出租给城市居民，用以种植花草、蔬菜、果树或经营家庭农艺，其主要目的是让市民体验农业生产过程，享受耕作乐趣。市民农园以休闲体验为主，多数租用者只能利用节假日到农园作业，平时交由农地提供者代管。德国是世界上较早发展市民农园的国家，在 19 世纪初就出现了市民农园的雏形，确立了市民农园现在的模式。

在我国，市民农园中的农地多由各种类型观光农园提供，农地平时由农园中的专业人员代为管理，租用者在空闲时间才来管理。观光农园对租种农地者一般会在一定的时间段内免除门票，这也在一定程度上增加了观光农园的收入和游客量。市民农园依照使用对象的不同，又可分为家庭农园、儿童农园、银发族农园、残疾人农园（例如盲人农园等）。尽管有此分类，但市民农园一般都包含在其他观光农园类型中，较少独立存在。例如在广东番禺的祈福农庄、深圳的青青世界及荔枝世界观光园等观光农园中都设有市民农园。

（7）森林公园　伴随着回归自然浪潮的兴起，森林旅游热在世界范围内方兴未艾。森林公园和风景区大多具有多变的地形、辽阔的林立、优美的林相以及山谷、奇石、溪流，公园提供的游憩设施有森林浴步道、森林小屋、体能训练场等。这些森林公园成为人们回归自然、避暑、科学考察和进行森林浴的理想场所。森林公园在我国南方森林资源丰富的地区较为常见，例如张家界国家森林公园、圭峰山国家森林公园、鼎湖山国家森林保护区、台湾阿里山森林公园等。

森林公园常见的有山岳森林景观、野生动植物观赏型；森林环保、科普教育型；沙海探险、山水旅游型；避暑度假、民俗风情型 4 种类型。

（8）度假休闲农庄　是一种综合性的休闲农业园区，是伴随着近年来都市生活水平和城市化程度提高而出现的集科技示范、观光采摘、休闲度假于一体的、农庄式的综合农业园区。游客在园区内不仅可以观光、采果、体验农作，了解农民生活，享受乡土情趣，而且还可以住宿、游乐、度假等。农庄内提供的休闲活动包括田园景观观赏、农业体验、童玩活动、垂钓、野味品尝等。台湾宜兰县香格里拉休闲农场、台湾青境卢森堡休闲农庄、福建招宝"刘老根休闲农庄"、海南亿特山庄、广东深圳青青世界等是此类型观光农业的代表。

休闲农庄最早起始于欧洲，至今已有 100 多年的历史。早在 1855 年，法国巴黎市的贵族就组织到郊区乡村度假旅游。1865 年，意大利成立了"农业与旅游全国协会"。20 世纪 60 年代初，西班牙积极发展休闲农业，把农场、庄园进行规划建设，提供徒步旅游、骑马、滑翔、登山、漂流、参加农事活动等多种休闲项目，并举办各种形式的务农学校、自然学习班、培训班等，从而开创了休闲农庄的先河。此后，休闲农庄在德国、美国、波兰、日本、荷兰、澳大利亚、新加坡等国家得到倡导和发展。我国休闲农庄最早开始于 20 世纪 90 年代中后期，随着收入水平的提高，乡村旅游和生态旅游的兴起，度假休闲农庄迅速发展。

（9）民俗文化村　民俗旅游指选择具有地方或民族特色的地区，利用农村特有的民间文化、地方习俗和少数民族独有的民族传统作为观光农业活动的主要内容，让游客充分享受浓郁的乡土风情和乡土文化。例如农村民俗文物馆、农村文化活动、民俗古迹、地方人文历史、童玩技艺、民俗风情园、乡村博物馆等。民俗文化村一般以展现人类各民族的民间艺术、民俗风情和居民建筑为主体，少数还兼有非物质文化遗产保护功能。民俗文化村可以分为民间艺术展示、民俗风情展示、民居建筑风格展示及少数民族习俗文化展示 4 种类型。在我国，民俗文化村多以子项目的形式存在于其他观光农业园区中，也有单独以民俗文化村形式出现的观光农工业类型。例如江西省婺源县的晓起、李坑等 13 个民俗文化村，深圳的锦绣中华民俗村等。

三、观光农业发展的模式

观光农业发展的模式主要有以下几种：

1. 观赏型旅游模式

这种旅游模式以"眼观"为主，通过观赏达到旅游目的。通过参观一些具有当地特色的农业生产景观、农业生产经营模式、乡村民居建筑，由此了解当地风俗民情、传统文化和农业生产过程。

2. 实践型旅游模式

这种旅游模式以亲身体验为特点，包括以下几种形式：

（1）品尝型　即以亲自动手采摘尝鲜为主要目的。近年来，有的旅游景点让游客亲自到果园或瓜地采摘水果和瓜果。这种形式很受游客欢迎。

（2）操作型　让游客自己动手品尝自己的劳动成果。如有的景点（水库、湖泊等）为游客提供垂钓服务，并为游客提供加工条件，让游客自己动手；有的景点为游客提供烧烤野炊场所等。

（3）学习型　这种模式是让游客通过实践学习到一定的农业生产知识，体验农村生活，从中获得乐趣。如游客参加各种各样的农耕活动，学习农作物的种植技术、动物饲养技术、农产品加工技术以及农业经营管理等。

3. 综合型旅游模式

这种形式是把上述的某两种或几种模式结合起来，让游客进行全方位的旅游，体验"干农家活，吃农家饭，住农家房，赏农家景，享农家乐"的生活方式，以获得在城市中所体会不到的乐趣。

第二节　观光农业形象定位与市场营销策划

市场营销是联结产品或服务与市场的关键步骤和重要桥梁。利用营销技巧，精心包装观光农业项目，着力打造观光农业品牌，扩大媒介宣传，摸清消费者心理，把握目标市场，可以成功地把观光农业区推向市场，通过提高农产品销售收入、旅游产品收入、服务业收入来达到观光农业项目获利的目的。

一、形象定位

形象定位是观光农业市场开拓、实现成功营销的第一步。各地可依据当地特有的旅游资源、自然景观、历史文化传统、人文条件等，进行综合分析，通过深入挖掘其文化内涵,对观光农业项目进行准确的形象定位,精心设计、科学包装旅游产品,大力宣传、促销,必将对提高观光旅游农业的知名度和吸引力、开拓旅游客源市场产生显著的形象效应。

一个地区的主体旅游形象应依托本地的主要旅游资源,突出特有的区域个性或旅游者的市场利益点,同时还要根据旅游开发的程度对主题形象进行不断提升,以适应新的市场竞争形势。一般而言,主体旅游形象定位应遵循以下 5 个原则:

1.主题标志化原则

旅游主题的实质就是旅游区的独特性,每个旅游区都必须有一个或若干个鲜明的主题,并通过景观设计和建筑风格等将这些主题直观地表现出来,从而对游客形成强烈的视觉冲击。

2.设计生态化原则

生态旅游是现代旅游活动发展的必然趋势,观光农业区的旅游形象定位更应体现可持续发展的思想,即强调人与自然的和谐发展,在旅游标志、宣传口号上尽量突出生态旅游的主题。

3.功能多样化原则

对于旅游形象定位而言,功能多样化即要求主体旅游形象尽可能地突出旅游区所能满足游客的多样化需求。当然,旅游区的功能多样化最终要靠丰富多彩的旅游项目和优质的配套服务来支撑。

4.活动参与化原则

现代旅游活动正在向主题化、参与化方向发展,因而旅游区在设计旅游产品时,除了安排一般的娱乐设施外,应将自然景观、文化和活动有机地结合起来,以增强旅游产品的参与性。观光农业主体旅游形象定位也应体现活动参与化这一原则。

5.动态开发原则

在某个特定的时期内,观光农业区的旅游项目和活动应该力求丰富多彩,但又能突出共同的旅游主题。此外,主体旅游形象不是一成不变的,随着自然景观及旅游资源开发的逐步深入,有必要对其主题旅游产品进行重新设计。

主体旅游形象定位的常用方法有三种,即资源支撑法、利益指引法和综合描述法。观光农业发展较多地应用资源支撑法进行形象定位,以体现本地区的资源特色。这方面各地已有许多成功的案例:如山东省临沂市依托良好的生态环境,凭借丰富的山水资源,抢抓商机,设计、开发了"绿色旅游产品",树立"绿色沂蒙,休闲养生"形象,以适应旅游者回归自然、康体养生、休闲度假的旅游新时尚。临沂市以蒙山国家森林公园为重点,以开发生态旅游产品为主体,广开客源市场。同时,优越的水热等自然环境条件,使临沂成为山东乃至全国特色鲜明的农特产品生产基地。板栗、银杏、金银花、山楂、梨、桃、苹果、茶、杞柳、温室蔬菜等高效生态农业基地已形成规模效益。以此为基础,开发生态观光农业产品,也是塑造"绿色沂蒙,休闲养生圣地"形象的重要组成部分。

又如广州市新荔湾区凭借其丰富的文化资源,着力打造西关文化旅游品牌线路,把新荔湾的形象定位为"商贸文化旅游区"。荔湾有 2000 多年的历史积累,加上芳村"千年花香"和"岭南盆景胜地"的资源,把聚龙村、黄大仙祠、五眼桥、何香凝纪念馆等历史文化古迹串上,打造出岭南西关文化旅游的"新精品路线"。通过调整优化第一产业结构,使得第一产业由传统农业向都市农业、观光农业提升。同时大力发展循环经济,即建设资源节约型、环境友好型社会,引导形成健康文明、节约资源的消费模式。

二、形象设计

形象设计是观光农业项目成功的重要环节,形象设计的好坏对项目成败与否起着关键性作用。一般地说,形象设计应具有如下特点:识别性、系统性、统一性、形象性和时代性。旅游形象设计包括理念形象设计、视觉形象设计和行为形象设计。理念形象设计是核心,视觉形象设计和行为形象设计围绕理念思想展开。观光农园旅游区的视觉形象由农作物、建筑物景观,各种标牌、标识、员工穿着等构成;行为形象则通过员工的言语、行动予以表达,其传播途径主要有公众识别、广告传媒、市场促销、公关活动等。

观光休闲农业的形象设计可包括如下几个方面:

1. 旅游标志设计

主体旅游形象策划具体包括旅游标志物、旅游口号和旅游吉祥物的选择和设计。它具有综合性、稳定性、可塑性的特征。用鲜活、生动的口号,比如"城市上班族""假日做农夫""上山下乡""与自然紧密接触""工人小菜园"等来宣传园区。

2. 解说系统设计

在主要旅游景区设立旅游信息咨询中心,利用各种文字资料或音像制品向游客介绍观光农业区的旅游发展情况。通过设计完备的解说系统,提高主要旅游区的接待能力,保证为旅游者提供优质服务,加强社区居民的旅游意识教育,以形成良好的市场口碑。同时还要尽快健全相应的旅游基础设施。

3. 指示系统设计

包括旗帜、广告招牌、室内外指示牌、展示板、各区域看板等各种指示标志。

4.旅游宣传册设计

精心制作各类介绍观光旅游农业景区景点、风土人情及地方特产的宣传册,并出版发行有关主要景区景点的明信片、导游图、VCD等图文声像资料。

三、观光农业的市场营销策划

市场营销组合策略包括四大因素(4P):产品、分销地点、价格、促销。

1.产品策略

在进行产品设计时,应从产品属性、品牌策略、包装策略、标签策略和产品服务策略等方面进行。

(1)产品属性　观光农业的产品包括实物产品和服务两类。其中实物产品包括相关农林产品、旅游纪念产品等;服务产品包括旅游设施服务、餐饮服务、观光采摘、娱乐服务等。针对不同性质的产品,应采取不同的营销模式及策略。

产品策略是营销的核心,其他价格策略、促销策略等都是围绕产品来展开的。在开发观光农业时,可根据具体情况采用产品多样化、销售方式多元化(捆绑式销售、主题式销售、网络化营销)等方式。

(2)品牌策略　打造观光农业品牌,利用品牌优势努力扩大市场占有率。在产品的整体策略规划中,品牌需要置于第一位来考虑。作为营销策略的核心,品牌是新产品概念和市场定位的具体体现。完整的品牌结构,包括品牌组合、品牌个性、品牌形象等要素。

(3)包装策略　包装作为产品的外衣,在营销过程中发挥着重要的作用。它不但能保护产品,促进销售,更重要的是通过包装提高产品的附加值,增加利润。对观光农业的产品而言,可以采取相似包装和不组合包装两种策略。

(4)标签策略　在产品标签设计上,一定要构建一个完整的视觉体系,必须涵盖品牌名称、品牌诉求、品牌形象、产品利益点、产品配方等内容,使产品真正成为品牌的载体。另外,根据产品类型的不同,还可以考虑采取独特的附加装饰物来表现品牌个性。

(5)产品服务策略　服务人员在工作当中注意仪表、举止、言谈等,在实际工作中努力为顾客留下良好的印象。恪守承诺,搞好服务,让游客有宾至如归的感受,使旅游市场淡季不淡,增加旅游收入。

2.渠道策略

选准目标市场,对其进行准确的定位与预测,通过分析目标市场消费者情况、消费者消费意愿及目标市场竞争状况,选取适合的营销渠道。

市场细分和市场定位：规划观光农园旅游区，首先要考虑客源市场，针对不同的目标市场设计相应的观光农业产品，在确定观光农园旅游区的目标市场时，采取的方法是，根据现实的市场特点，调查旅游者的空间结构、时间结构、动机结构，研究旅游者的需求倾向，结合资源组合、基础设施状况与发展观光农园旅游所需条件的对比分析，确定规划区的优势条件，提供最具竞争实力的旅游产品，预测潜在的客源市场，对现在的目标市场进行细分，最后确定具体的目标市场。

3.价格策略

从当前国内观光农业发展状况看，其主体客源仍是中、低收入阶层的城市居民；从游客活动的动机看，许多游客还主要着眼于低廉的接待费用。因此，各地在发展观光农业时，应结合当地的实际情况，对目标市场进行有效分析，适当采取低价政策，以吸引更多的客源。

4.竞争策略

利用产品差别化、服务差别化、价格差别化等策略，提升本项目区产品及服务的竞争力。政府部门应加强园地规划，调节总量平衡；观光农业企业应根据自身的优势，准确进行市场地位，深化项目开发和增强竞争优势；观光农业产业应加强生态环境维护，提高自身管理和服务水平；观光农业旅游企业应走多元化经营，其他产业反哺观光旅游业的发展之路。

5.促销策略

要经常利用报刊杂志、电视电台等媒体，多渠道广泛宣传观光旅游农业的服务项目、景点、产品。

(1)积极参加由主要客源地组织的旅游展销会、交易会，精心布置展台，充分展示观光农业区的整体旅游形象。

(2)组织机关、企业或旅游景区景点目标客源市场召开旅游信息发布会，并邀请当地权威新闻媒体参加，以扩大旅游信息发布会在目标市场地的覆盖面，努力挖掘潜在消费者。

(3)利用网络在更大范围内宣传观光农业的各类项目，如滨海度假、运动休闲、自然景观和民俗风情等，并不断更新充实内容，以打造和持续提升项目区形象。

(4)多组织农业展览、观光旅游农业知识有奖竞赛、摄影比赛等，积极开拓客源市场，让更多的人更加认识旅游公司和旅游景点。

第三节 观光农业赢利方式与途径

当一个设施齐备、功能完善的观光农业园区建成后，经营者都希望它会带来滚滚财源。作为经营者,必须要考虑的是,能拉来多少游客,有什么产品出售,可以挣得多少利润。因此,当观光农业园区的"硬件条件"具备之后,剩下的就是如何科学地管理它、经营它。经营得当,你便能够轻松完成赢利的任务。

那么,一个观光农业园区的赢利方式都有哪些呢?应当说,赢利的方式是根据经营内容的不同而不同的,但主要有以下几种方式与途径:

一、门票收入

在观光农业的经营中,国内与国外都有部分经营者对游览者收取门票。收不收门票,收多少门票才合适,主要应根据园区内容的价值而定。一般来说,以观光为主的园区可以收取门票;以采摘小型、高档果品的果园必须收取门票;以新奇特内容为主的园区可以收取门票;以高新科技为主、有学习价值的园区可以收取门票。在此之外的农业园区等则不宜收取门票。

二、观光采摘收入

在城郊果业发展中,许多地方都把销售方式不断改进和提升,即由传统的市场批发、零售、就地销售转变为直接由顾客采摘。事实也证明,生产者自己摘着卖不值钱,而请观光客自己采摘,价格就会明显提升,因为这里包括了游客在采摘时所带来的心情愉悦和收获体验的价值。调查结果也表明,游客在采摘时,不管是个人消费或公款消费,心情都是十分愉快的,对果品价格高低关注较少,对果品的种类、颜色、风味、是否珍稀等则关注较多。

随着观光农业发展和观光果园的建立,各地的观光采摘收入显著增加。

在"北京市百万市民观光采摘活动"和各区县梨节、苹果节、柿子节等一系列旅游文化工程的推动下,2005年以来,京郊果园已接待游客577.4万人次,采摘直接收入达2.5亿元,同比分别增长16%和19%。郊区开放的观光果园数量已由2004年的414个增加到2005年441个,总面积27.7万亩,同比增长12.3%,采摘果品总量3 763.5万千克。同时,采摘带来的促销量高达4 141.2万千克,比2005年增长56.3%。

大连市甘井子区充分发挥地处城乡接合部、毗邻大连市中心的优势,把旅顺中路建设成为生态农业旅游观光带,在沿线村庄大力发展以"农家乐"为主的休闲农业,建成了千余亩果树自采园,经营休闲垂钓、果园自采、农家乐等特色旅游项目。凌水镇的刘家村以果树自采精品园赢得了"近郊大樱桃第一村"之美誉,每年吸引众多的游客前来旅游观光采摘。每年仅大樱桃自采收入就达30万元以上,同时带动村民庭院经济快速发展,每户居民庭院收入达5 000元以上。

三、度假休闲收入

度假休闲收入主要来自住宿、餐饮及休闲活动。

北京市小城镇建设试点之一——北京市丰台区王佐镇南宫村过去是个非常普通的村庄,在村级党委(2001 年由党总支改建)的带领下,采取"滚雪球"的方式,不断积累集体资金。加快经济发展,逐步走上了一条可持续发展的道路。

2001 年南宫村投资 1.8 亿元,建成了高效农业园、世界地热博览园、特种水产养殖中心、温泉垂钓中心、地热科普展览中心。2002 年,又建成了具有异国风情的"南宫温泉水世界",为市民提供了一个观光休闲的场所,经济收益十分显著,村民人均收入达到 1 2000 元。他们与北京农学院合作,精心打造北京最大的国际郊野休闲度假区,在 25.3 平方千米内依托山(极乐峰观光及佛教文化)、水(青龙湖垂钓及碧水山庄)、田(生态型田园种植)三种旅游资源,塑造"神山圣水绿色田园"的新农村形象,满足人们不断提升的观光休闲的需求。

北京蟹岛绿色生态度假村总占地 3 300 亩,集种植、养殖、旅游、度假、休闲、生态农业观光为一体。度假村以产销"绿色食品"为最大特色,以餐饮、娱乐、健身为载体,以让客人享受清新自然、远离污染的高品质生活为经营宗旨,是北京市朝阳区推动农业产业化结构调整的重点示范单位,2004 年园区的总收入达到了 2 亿元,真正实现了农业的高效。

蟹岛绿色生态度假村在台湾的知名度非常高,台湾的业内人士到北京后都点名要去蟹岛,两地的经验也相互借鉴。在春、夏、秋三季的周末去蟹岛,游客非常多。

四、场地出租收入

场地出租主要指的是本地或外地的市民或企业到郊区通过承包或合作经营的方式,租用一片山场或一块园地发展观光农业,包括度假村建设、餐饮投资等。

五、餐饮收入

享受美食大概也是人们生活中的一个喜好和追求,这一点也被一些有经营头脑的人引入到观光农业中。目前,在全国范围内兴起了生态餐厅热,人们大多已经厌倦了常规的餐饮场所和方式,纷纷利用农业生产和种植资源建起了融观光、餐饮、娱乐为一体的生态型餐厅。

案例六:红太阳是北京首家依托农业文化建造的自然养生与生态环境主题餐厅,餐厅占地面积 40 000 余平方米,营业面积为 15 000 平方米,推开生态餐厅的竹门,眼前立刻豁然开朗,一派绿意盎然的春天景象:小桥流水、热带植物,还有那一畦畦青翠的西芹、羽衣甘蓝、鲜嫩的紫背天葵以及娇艳的草莓、圣女果,清澈见底的池中鱼、虾游动。餐厅内分为别有洞天、碧水风荷、莺歌燕舞、明清木制包间、奇域水帘、独木成林、绿岛风情 7 个风格各异的就餐区域,每个餐桌都与菜地、鱼池相邻,可同时容纳 3 000 多人就餐,经营规模、就餐环境蔚为壮观。红太阳美食生态园的主体结构是引进荷兰的高科技智能温室玻璃材料构成,其玻璃钢结构不仅具有良好的透光效果,而且能使餐厅内保持四季恒温恒湿。为达到餐厅内最佳的生态效果,红太阳美食生态园还在餐厅内配备了从日本进口的智能喷雾制冷设备,造就四季常青的美好就餐环境。

农家乐、民俗游也是以农家为主的餐饮方式,目前多以经营当地的农家菜为主,诸如贴饼子、熬小鱼儿、山野菜等,特点是味儿浓、清爽、下饭,在现在算是真正的健康饮食了。

案例七:在北京市延庆县的民俗旅游中,井庄镇柳沟村的崛起最令人惊奇。柳沟村共有 396 户 1 020 口人,这个村一不靠山,二不邻水,人文景观也很有限。但就是这样一个普通的村庄,凭着祖辈们曾经取暖用过的火盆锅,竟然在短短的两年间,从无到有,从弱到强,迅速崛起成为延庆民俗旅游的领头羊。

据统计,柳沟的民俗接待户已由最初的 14 家,发展到了 2005 年的 46 家。2005年“五一”黄金周 7 天内,柳沟村 46 家民俗接待户共接待游客 12 655 人次,民俗旅游收入达 25.3 万元。其中“状元”户闫合花共接待游客 1643 人,最高一天收入 5 560元,7 天共赚了 32 860 元。

到底是什么原因使得柳沟村的民俗旅游这么火呢?那就是柳沟独特的“火盆锅、豆腐宴”!

2003 年 6 月,柳沟村推陈出新的火盆锅闪亮登场。柳沟村借助全县大力发展民俗旅游这一契机,在井庄镇党委、政府的大力支持下,开始了发展建设民俗旅游之路。经过 4 个月的精心准备,14 家民俗旅游接待户通过有关部门的检查验收,于 10 月 1日正式接待游客。

但是,柳沟村的民俗游第一炮并未打响。游客们对单纯到柳沟吃农家的炒菜没有兴趣,因为这些炒菜与大饭店的不能比,与其他地方的民俗饭也没有太大的区别。因此,柳沟村民俗户开业初期,前来就餐的游客寥寥可数。面对这种情况,井庄镇、柳沟村的干部们急了,他们深入民俗户家庭,集思广益,探讨打破僵局的办法。

突然,鲜嫩水灵的柳沟豆腐和祖辈们使用的火盆锅给了他们灵感。于是,他们尝试着推出了极具特色的“火盆锅、豆腐宴”。历史上柳沟的火盆原来是暖手的工具,后来柳沟人在火盆上架上铁锅圈,锅圈上再架上沙锅,沙锅里再放上豆腐、粉条、白菜、熏猪肉慢慢炖着。这本身就是一个大胆的创新。但是,由于生活变化太快,柳沟的火盆锅早已成了历史的陈迹。

于是,恢复火盆锅的使用就成了首要任务。过去的火盆锅只有二尺见方,是一户农家四五口人用的,吃的时候火盆锅放在炕上。这显然不符合现在接待游客的需要,于是民俗户们集思广益进行试验,终于制作出既可以放在炕上,又可以放在地上的每桌能坐 10 人的新火盆锅。隆冬季节,窗外雪花飘飘,屋内火盆里的果木炭烧得通红正旺,火盆上是放着豆腐、熏肉、粉条、白菜等菜的黑沙锅。品尝着沙锅里热腾腾的柳沟豆腐,再温上一壶烧酒,真是人生一大乐事。

"绿蚁新醅酒,红泥小火炉。晚来天欲雪,能饮一杯无?"这是白居易邀请朋友相聚时的诗句。柳沟村的"火盆锅、豆腐宴"则形象地展示了这一场景。民俗不怕俗,就怕没特色。极具民俗气息的"火盆锅、豆腐宴"推出不久很快就吸引了吃腻了大鱼大肉的城里人。一时间,到柳沟吃"火盆锅、豆腐宴"成了延庆人和许多北京人的时尚,一向寂静的柳沟村外停满了各式各样的小轿车。宾至归,讲诚信,70％是回头客。

柳沟村的民俗宴火了,可民俗户们并没有满足于这种程度上的成功,他们又推出了具有祛火清热功能的绿豆豆腐和补肾强体的黑豆豆腐,与传统的具有美容养颜功效的白豆腐搭配,形成了农家三色豆腐宴,同时献上炸豆腐、冻豆腐、拌豆腐等一系列的豆腐吃法,将"火盆锅、豆腐宴"不断推向新的阶段。

有人认为盛夏时节火盆锅没法儿吃,柳沟村的民俗户就在家里安上了空调。在不给游客增加成本的基础上,柳沟村夏季的火锅依然红火。柳沟村开展民俗旅游业两年来,接待游客近 15 万人次,据初步统计,其中回头客占到了 70％。2005 年"五一"黄金周期间,民俗户孙秋先家里 7 天接待的竟然都是回头客!来过柳沟村的客人还想着再来,除了"火盆锅、豆腐宴"特色的菜肴吸引他们外,柳沟村民俗户的热情质朴也是他们喜欢这里的主要原因。

"火盆锅、豆腐宴"包括一个主锅、三个辅锅、三个小碗、三个大盘、六个凉盘,主食有驴打滚、傀儡、三色豆渣窝窝等十几种。东西虽然很多,但每个人只收 15 元。无论每桌多少人,民俗接待户绝不会嫌麻烦,都按照这个标准上菜,只是根据人多人少上的分量不同,让每个人都吃饱吃好。

在柳沟村,经常可以看到这样的场景,一些从北京来的游客从村头一下汽车,就拿着报纸寻找报纸上刊登的那家民俗户。有的客人进门就问:"你家是上电视那家吗?"这无疑是宣传的功劳。就连北京电视台 2005 年元旦联欢晚会上也有柳沟村民俗户闫和花及她带去的三色豆腐的身影,如此大力度的宣传,早已使柳沟村的"火盆锅、豆腐宴"名声远播,所以才出现了游客按图索骥、纷至沓来的喜人情景。

柳沟村整洁宽敞的农家院、醇厚朴实的民俗情、红红火火的豆腐宴吸引了一批又一批城里人。2005 年 4 月,柳沟村成功注册了"柳沟"这一商标品牌,共涉及豆腐制品、腌制蔬菜等 11 项内容。有了法律的保护,柳沟村的民俗游更加名声远扬。"火盆锅、豆腐宴"给柳沟村的乡亲们带来了富裕。

柳沟村的"火盆锅、豆腐宴"具有浓厚的民俗特色,井庄镇、柳沟村两级政府为其提供了强有力的后勤保障,柳沟村民俗户创品牌、重宣传的意识及真挚热情的服务为其打开了宽阔的局面。拥有天时、地利、人和,"火盆锅、豆腐宴"怎能不红火! 截至2004年底,柳沟村共有"火盆锅"民俗户50户,一年来共接待游客6万人次,收入140万元,仅此一项就使民俗户直接获纯利近70万元。

"火盆锅"之所以红火了,不仅是依托了这个村"凤凰古城"的旅游资源,更是因它独到的特色和口味。他们在传统黄豆豆腐的基础上,相继研制出了具有祛火清热功能的绿豆豆腐和补肾强体的黑豆豆腐。美味三色豆腐配以农家泥制的大沙锅和土火盆,在京郊民俗菜肴中独树一帜。

六、当地农产品销售收入

观光农业的发展可以促进当地的农产品生产与销售。一种是提供的采摘型农产品,如瓜果类、蔬菜类;一种是经过加工后的农副产品。

案例八:济南市历城区结合调整农业结构,建设一批城郊特色型观光、休闲农业旅游项目和绿色观光农产品项目。历城有着独特的农业发展特点,南部山区桃、梨满山,北部平原荷叶遮天。随着农业结构的调整,农业的发展向城郊旅游观光农业和发展绿色观光农业产品方向发展。一是培植出了一批旅游观光农业。已建成标准化生产基地35万亩。唐王绿色农业发展中心蔬菜生产基地、张而草莓协会草莓基地、济南先行种业公司蔬菜生产基地等26处生产基地(小区)被确认为市级农业产业化标准化生产基地(小区),已形成独具特色的历城城郊农业观光旅游。近年在南部山区和北部平原推出的"桃花节""梨花节""荷花节",形成了一道靓丽的绿色生态观光农业旅游线。二是培植出了一批定位高、特色新、生命力强的绿色观光农产品。玄义玫瑰牌香酥煎饼、佳宝牌纯牛奶、高钙奶3个优质农产品通过了绿色食品质量认证,唐王牌番茄、黄瓜等22个优质农产品通过了国家级无公害农产品质量认证。三是一大批绿色观光农产品远销海内外。18个系列、60余种产品、520余种包装的绿色观光农产品全部打入济南的银座、家乐福、沃尔玛等大型超市;"九顶塔"牌系列产品等5大系列、40多个花色的农产品不仅占领了全省17个地市,而且远销东北三省和北京、上海、天津、南京、香港、广州。济南华鲁食品有限公司的系列产品出口德国、荷兰、日本等十几个国家和地区;济南杜氏食用菌有限公司生产的真姬菇系列产品,出口日本和部分东南亚国家,年销量50多万千克,探索出了一条以培植旅游观光农业、建设旅游观光、休闲农业旅游项目的路子。

七、地方特色工艺品开发及销售收入

随着观光农业的发展,人们已不满足于基本的吃住玩乐和当地的农副产品销售,而转向具有当地浓郁地方风情的地方工艺品开发,因为观光农业与旅游也紧密相关,文化是观光旅游的灵魂,观光旅游是文化外在价值的体现,必须依托文化产品为观光农业提质增效。因此开发并生产相关的地方特色工艺品是扩大观光农业收益的重要渠道。

案例九:地处沂蒙山腹地的蒙阴县有桃园之称,立足资源优势,着力开发旅游文化产品,这里所产蜜桃个大味美,驰名中外,其木质细腻,木体清香。桃木在我国民间文化和信仰上有极其重要的位置,几千年来,桃木就有镇灾避邪之说,被称为神木。辞源中有:"古代选桃木枝刻桃木人,立于户中以避邪。"汉时,刻桃木印挂于门户,称为桃印。后汉书仪志中"仲夏之月,万物方盛,日夏至阴气萌作,恐物不懋……"以桃印长六寸方三寸,五色书如法,以施门户。宋代刻桃符挂于门上意为压邪。现东南亚国家民间以桃木剑置于户中用于避邪。

蒙阴县根据观光需求,采用传统手工雕琢,生产出中华牌桃木宝剑,设计独具匠心,图案吉祥,雕刻精细,极具观赏和收藏价值。产品出口韩国、东南亚国家和台湾地区。还根据市场需求制作出几百种桃木工艺品,如人物(关公、观音、财神、寿星等)、动物(龙凤、鹿、象、十二生肖)风景、挂件(汽车挂件、生活用挂件)、摆件等,不仅满足了顾客的观光与购物需求,同时也为当地的桃木综合利用开辟出了新路。

第四节　观光农业大有"钱"途

观光农业由最初的小规模观光果园形式,发展到经科学规划的集观光、休闲、娱乐、教育为一体的有组织的观光农业园区、观光农业带,走向了多元化、多层次的规模经营,成为国际旅游业发展的重点。从理论意义上讲,观光农业改变了农业仅专注于土地本身耕作的单一经营思想,拓展为旅游业与农业结合的新型产业模式。就实践意义而言,观光农业在农业与旅游业的最佳结合点上做文章,既可促使我国高产、高质、高效"三高"农业和无污染绿色农业的发展,也顺应了 21 世纪世界生态旅游发展的趋势。

第二、三产业发达、农村工业化进展较快的城市地区,"重返农门"成为资本持有者热衷的投资方向。浙江省投资农业的工商企业达 3 000 多家,投资总额 130 亿元。而成都市郊乡村则以丘陵地貌区域以及种植特色水果来营造"花果山",每到 3—4 月份赏花踏青,7—8 月份摘果尝鲜,引来游人如织,热闹红火。重庆城郊农民自发兴办的农家乐旅游更是日趋火热,2002 年仅南岸区就接待游人 362 万人次,收入超过 2.8 亿元,对提高乡村农民收入起到了积极的推动作用。

一、观光农业的经济前景

1. 观光农业可提高农业的附加值

我国人多地少,农业一直在比较利益相对低下层次上运行,农业经济增长缓慢。观光农业则是把休闲旅游娱乐嫁接在农业这个根基上的一种复合型产业,可以使农业附加值得到提升。

2. 促进农业和农村经济的发展

观光农业的经营范畴已远远超出传统的农业产业,包括旅馆业、餐饮业、交通运输、旅行社等。在河南省西峡县,利用山上的野菜、野果、中药材、野生动物资源,开发绿色食品,如猕猴桃、板栗、山茱萸、蝎子、蜈蚣、黄羊、野猪等。在海拔较低的地段种植粮、棉、油、麻、甘蔗、烟、瓜果和饲养肉猪、肉牛、奶牛、肉禽;在风景游览区则发展为休闲观光服务的野生蔬菜、观赏蔬菜、食用花卉、禽蛋、奶品业,并饲养玩赏性动物,取得了良好的经济收益。在西峡县的风景游览区周边,有乡村集市、农家饭、农家别墅以及农田,有闲人士可以参与当地的农事活动。河北涞水县的野三坡,过去贫困落后,当地农民说"野三坡野三坡,山高坡陡石头多。哪年石头能换钱,野三坡变成金银窝"。如今他们利用山石资源开发休闲观光农业,成了全国闻名的富裕村落。贵阳市郊的镇山村,居住着 142 户布依族和苗族农家,那里房建在山坡上,人在水中行,山中有寨,水中有村,山清水秀,景色迷人。1993 年办起了"镇山民族文化保护村"发展休闲观光农业。

3. 吸引国内外资金投向农业

"农村是一个广阔天地,在那里可以大有作为的。"我国的农业和农村是最大的市场。在国家不断加大农业投入的同时,国内的发展商和众多的企业公司将不断增加对农业的投资。许多地方休闲农业的建立,无不是通过资金的引进来实现的,而且多是原来从事其他领域的大户投资农业项目。从事服装进出口业的江苏晨风集团,已于 1997 年初利用金坛市五叶镇 33 公顷多的浅滩,投资 1 200 万元建成一个休闲渔桑场。

4. 带动相关产业发展

观光农业带动了农村相关产业的发展,促进了农村商业、交通运输业、通信、餐饮、旅游纪念品的加工、工艺品制造等行业的发展,扩大了劳动就业,推进了社会主义新农村建设。同时也促进了农村生态环境保护、乡村景观建设及基础设施的建设。

二、观光农业的社会前景

1. 满足人们的休闲观光需求

休闲观光活动的普及和深化,也推动着休闲观光产品的不断更新。人们迫切需要寻求新的休闲空间。观光农业凭借浓厚的大自然,现代化的农业艺术和丰富的乡土文化品位及其组合优势,基本可以满足市民观光旅游的需求。观光农业具有使有闲人士深入体验乡村氛围和田园生活的功能,是体验经济的一种重要形式。

2. 扩大农村社会的开放度

尽管改革开放在我国已有 30 多年了,目前我国的广大农村还相对比较封闭。开发观光农业正是扩大农村开放度的有效途径。观光农业活动增加了农村地区与外界的信息交流,逐步改变农村落后、陈旧的思想观念,密切了城乡联系。

3. 推动经济结构的调整

农民通过文艺表演、旅游服务、生产旅游纪念品,直销农副产品、承包旅游娱乐设施等方式,使农村的经济结构得到调整。观光农业把传统农业从第一产业延伸到第三产业,使农业领域得以延伸。把第一、二、三产业连接起来,突破了传统农业的掠夺式生产模式,实现了生态效益、经济效益、社会效益的统一。

4. 带动周边地区的发展

观光农业作为一种开放性的产业,有着很强的辐射功能和显著的社会效应,能带动周边地区的发展。观光农业能够带动当地交通、通信、餐饮、宾馆、商贸、礼品、广告、信息、体育、文娱、图书、照相、电子、教育、企业、事业的发展。河北涞水县野三坡在不到 10 年的发展过程中,已辐射带动了周边 6 个乡 27 个村的发展。

5. 分流农村剩余劳动力

观光农业具有分流、消化农村剩余劳动力的作用。在加大农村产业与经济结构性调整和综合开发力度的过程中,适当发展有地方特色的休闲农业,对流转、消化农村的剩余劳动力有着显著的分流作用。北京昌平有 10％的农民是靠休闲农业服务业分流的,郑州森林公园一举消化了 500 多个农村剩余劳动力。

6. 提高农村文明程度

观光农业由于要求生产性和可观赏性的契合,需要重视新品种、新技术、新农业设备的引进,因此可以提高农业的科技含量,改变农业生产方式和农村经济增长方式。观光农业的有闲阶层包括城市的知识分子、文化人、机关职员、商界人士等,有利于消除农村不良的陈规陋习和转变农民的生活观念,增强农民的文明意识,有利于推动农村和谐社会的构建。

三、观光农业的生态前景

生态环境是观光农业赖以生存和发展的命根。观光农业把优化、美化生态环境作为项目建设的主题。

1. 资源得到综合利用

资源是观光农业发展的基础条件,观光农业的区域性特点是由资源的地区差别决定的,不同地区有不同的资源条件,决定了观光农业有着不同的活动内容,从而形成了各自不同的产品特色和观光特色。我国南方与北方、东部与西部的观光农业,由于气候、风土、生物的不同,因此景观、风情、格调也各不相同。例如郑州市利用市郊的水面开展垂钓等娱乐活动,带动岸边的其他服务收入、效益明显提高了。

2. 优化、美化环境

观光农业主要资源是生物资源,其中的植物资源对环境保护和美化极为有利。目前我国的自然保护区和园林风景名胜区的面积在不断扩大,为观光农业的进一步发展提供了越来越丰富的基础条件。尤其值得提出的是,各地观光农业园区重视发展有机农业,生产绿色食品,并在园区内创建"生态屋室"等。

3. 使经济与生态的关系得到协调

随着城市化和工业化的不断深入,人类生存和生活的空间日益钢筋混凝土化。市民已逐渐认识到新鲜的空气、安静的环境、成片的森林、空旷的田野等大自然景色对其身心的重要。而观光农业既符合农业持续发展的要求,又为有闲人士提供新的休闲产品。

纵观发展,人们不难发现,观光农业已成为旅游业中新的产业形态,观光农业作为一个新兴产业,其中所蕴涵的巨大商机已日益显现。

第七章 观光农业项目规划

第一节 观光农业立项原则及应注意的问题

一、观光农业立项原则

农业作为满足人类基本需求的初级产品,一直是人类社会不可或缺的生存依据。农业不在以生产农作物满足人类的饮食需求为主要目的,而是将整个农业生产的环境、过程与产物调整为以满足人们的休闲需求为主。这使得其运营的原则有别于传统的农业生产,而应视为农业与休闲相融合的第三产业。根据观光农业发展的基础和可供选择的类型要求,观光农业的布局与发展要充分考虑区域农业基础、交通、区位、市场等限制条件,科学确定发展原则。

1. 市场导向原则

观光农业必须要面向各类消费者,以不同的景观吸引不同的游客。在发展初期,重点放在一些有文化的中高收入者是可以的,因为他们在思想上对这种旅游项目较易接受,需求量大,而且经济条件也许可。但从整体上看,观光农业必须面向各类不同的消费者,要让大多数人享受到这种公共资源,为此观光农业设计时应兼顾不同收入者的利益,不能只建高档景点和设施为少数富有者服务。除了消费者要多样化之外,消费对象也要多样化,要善于挖掘潜伏在农业内部的各种人文资源,与农业相关的田间情趣、乡土风情以及人与自然、农业科技和教学、农业与美术等都是可以不断开发利用的农业旅游资源。

观光农业具有农业和旅游业双重性质,是农业和旅游业相结合的一种新型的交叉型产业,所以在选址时就必须考虑它所具备的生产功能和观光功能,以市场为导向充分考虑好生产销售市场与旅游客源市场,谨慎选址。

2.可持续发展的原则

观光农业是生态农业和生态旅游的有机结合,其发展的基础是运行良好的农业生态系统和具有生态意识的管理者、经营者和旅游者。实现观光农业的可持续发展,首先要进行合理规划,把观光农业的建设规划纳入区域的统一规划当中,合理布局居民点、道路和旅游用地,科学开发,整治土地,改善农村环境,处理好古老民俗、民居的保留同新建具有旅游观光农业特色的新农村的关系。其次对经营管理者进行培训,加强他们的生态意识,并把这种意识转化为保护生态环境的行动,从而对游客产生影响,保持农业效益的持久性和高效性,最终实现观光农业的可持续发展。

任何资源的开发、经济的增长都必须以生态环境的有效保护、资源的合理开发为前提。农业的可持续发展要求人们的农业生产经营活动以人与自然和谐共存为最高准则。目前,可持续农业成为当今世界农业发展的主要趋势之一。在我国可持续发展的总体战略中,农业与农村的可持续发展占有重要位置。在中共十五届三中全会上通过的《中共中央关于农业和农村工作若干问题的决定》的文件中,将农业的可持续发展确定为实现我国农业和农村跨世纪发展目标必须坚持的方针之一。

观光农业的开发既不是纯粹的农业开发,也不是传统的旅游项目开发,它的基础是生态合理性和体系内部功能的良性循环,因此在整体规划上必须按生态农业的要求,克服片面追求经济利益,利用非自然农业技术手段大兴土木,破坏自然系统平衡,保持农业的地域生态特点、地域文化特色,力求做到与自然景观相协调,开发时就选择生态效益型、可持续发展道路,注重保护和合理开发利用观光农业赖以生存发展的自然资源,如土地资源、水资源等,并不断提高资源质量和利用率,加强旅游农区的环境管理,尽量将游客对自然环境的破坏和污染程度减少到最小,注重经济、生态、社会三大效益紧密结合。只有这样才能使观光农业走上长期、稳定、持续增长和健康发展之路。

3.农业与景观协调发展原则

农业观光旅游的最大对象是农业和农村以及与农业相关的人文与自然资源,不能废农造景,而必须以农为景;不是抛弃农业原有的生产价值,追求生态、社会和文化价值,而是要在农业原有生产价值的基础上,充分尊重和利用土地的自然环境,强化整个环境的融合与渗透,再增加社会、生态和文化价值。在农业生产价值基础上,开拓农业生态、观光的新价值应该成为观光农业的主要途径。为此,要保护好耕地和环境资源,它们是观光农业存在的依据和基础。此外还应加大乡土文化资源和农业旅游资整合力度,同时力求达到自然景观、人文景观与园区景观的和谐统一。特别在初期更要注意这点。

4. 科学规划、统一布局原则

旅游业以其投资少、见效快、产业带动性强等特点日益引起各地政府的重视。如今的旅游业发展势头强劲。发展观光农业必须根据国情,不能盲目上马。首先应结合本地的特色,把内部发展经济的需求与外部对产品的需要结合起来,选准目标市场再进行开发。其次要进行科学规划,统一布局。在布局时要以保护资源、发展生产为主要目的,不能破坏田园风光、污染环境。在规划时,要根据当地的自然、经济、社会条件,考虑到市场需求状况,因地制宜,开展观光农业开发规划,各地在旅游地建设上,不能一哄而上、盲目重复建设,要建设具有当地特色的观光农业旅游基地。

5. 打造特色、突出重点的原则

农业生产离不开自然环境,而自然环境又具有多样性和时空性,观光农业资源开发具有强烈的地域差异。观光农业项目的开发要针对市场的需求,根据地域差异以及自然、人文环境特色确立主题,对开发项目精细加工、论证,不断创新,遵循奇趣性、参与性、多功能性的原则,尤其要注意景点的区域合理分布与特色的培养,以特色占领市场,避免重复建设造成资源浪费,这样才能组合开发出高质量、高品位的观光农业。随着服务性经济向体验性经济的转变,旅游功能的重心应向提供给旅游者直接参与的独特经历转变,这样才能形成项目开发的持续性、稳定性和常效性,形成共同繁荣的观光农业新局面。

6. 因地制宜、合理布局的原则

观光农业一般是在原有生产基地的条件上进一步开发而成,因此要根据基地的现状条件、地形地貌特征和气候条件,在种植、养殖基地的基础上,充分考虑其区位条件和交通条件,结合地方文化与人文景观,将生产与旅游综合考虑,因时、因地制宜,统筹安排,合理布局,科学规划。在规划手法上,要在考虑传统文化的基础上,运用现代造园手法,表现出时代风格,探索一条高效农业与旅游观光互为补充、相互促进、共同发展的新路子,建立最佳结构的观光农业模式。

7. 立足现有资源,发挥比较优势的原则

发挥优势,生态与文化相结合。国外发展观光农业,并不是全靠渔场、农场等来吸引游客,常是他们奇异的想法吸引众多游客。如在波兰,观光农业与生态旅游紧密结合,接待游客的农户都是生态专业户;在匈牙利,观光农业与文化旅游结合起来,使游人在领略田园风光的同时,还能体验这里悠久的民族文化;在美国,探险旅游与观光农业相结合,大大提高了游客的兴趣。而我国观光农业(特别是农村)仅处在起点阶段,节目内容很不充实,游客参与性也不强,而且内容形式重复较多。既然各地具

有不同的文化特色,就应该把这些内容蕴涵在观光农业中,尽可能多地向游客展示当地的民俗节目、工艺美术、民间建筑、音乐舞蹈、婚俗禁忌、趣事传说等。不仅如此,还要利用特有的地理、生物等资源,大胆借鉴国外农业和生活开发模式。

8.经济、社会、生态效益三者兼顾,协调发展的原则

在市场经济条件下,任何新产业的开发都必须遵循市场规律,以效益的实现为发展的根本目标。其中,经济效益的能否实现是观光农业发展是否成功的最直观表现,直接影响着地方经济开发的积极性和主动性。因此,观光农业发展必须以市场为导向,特别是各项农游项目的设计规划都要经过市场的分析论证方可实施。同时,观光农业所具备的参与性、文化性特征,又使之担负着传播农业文化的社会教育重任;其对农村经济结构的调整,对农村剩余劳动力的转移、乡村城镇化发展的作用等都深深地影响着产业开发的社会效益实现。更不容忽视的是,观光农业开发能否形成具有再生性的农业生态景观将直接影响着整个生态环境的良性循环,这是观光农业能否持续发展的根本保证。所以,经济、社会、生态三效益的结合是开发观光农业必须重视的原则。

二、发展观光农业应注意的问题

任何新产业的出现都是社会经济发展的必然结果,其在社会能否有效地广泛发展,需要作理论研究与实践应用的系统分析,尤其是对某些可以预见的不良效益的认识,将对现实工作具有指导作用,可以避免工作的盲目性。因此,在发展观光农业中,一些不可轻视的问题尤要注意防范。

1.切忌成为政府的政绩工程

观光农业作为新产业的开发,切忌成为地方政府部门工作的政绩"招牌",切忌不顾客观条件的"一窝蜂"地上,忽略了基础产业的发展,导致区域内的基础农业生产发展受影响。

2.没有专门的"灵丹妙药"

切忌将观光农业作为地方农业经济发展的"灵丹妙药",盲目上马,避免出现"无山造山,无景造景,无神造神"的现象。防止出现投资巨大但没有带来预期收益,还使地方经济发展背上沉重经济负担的现象。

3.切忌"贪大求全"

对于地方观光农业的开发切忌求全求大,不分经济发展水平,盲目追求"全面",追求"规模",使得各地开发规划雷同,而使市场缺乏吸引力和发展活力。从而误导地方农村经济的结构调整,导致农业生产开发的盲动性,影响农民从事新产业开发的积

极性和主动性。

4.切忌破坏环境与景观

观光农业的农业生产性特征使之对生态环境具有很强的依赖性,因此开发过程中切忌对具有开发性生态环境与景观的破坏,以免造成观光农业的持续发展受阻。

5.切忌追求豪华型

个别地方的观光农业园区建筑建得像别墅,豪华阔气,装修精美,俨然一幅城市宾馆的气派。游客到了景区就是为了感受乡下的气息,体会农村生活,享受田园的无限乐趣。他们并不是为了到农村去住"宾馆""豪华别墅",相反,乡村的"野(自然)""土(原生态)"正是他们渴求领略的目标。

6.切忌风格雷同、方法单一

有些地方发展观光农业追求整齐划一,即房屋造型一致、经营方式相同。这显然违背了观光农业发展讲究特色、与众不同的原则。发展观光农业要统一规划,不能乱建乱改,但也不能在风格上发生雷同。有些地区观光农业以发展农家乐为主,但一些农家乐只为游客提供吃喝,其他项目一概没有。游客到景区不只是为了吃喝,还为了"玩""乐"。玩不起来,乐不起来,农家乐也就不叫农家"乐"了。随着社会发展步伐的日益加快,现代游客更注重新潮、差异、新鲜。他们来农家乐既要吃好,突出"土特、野味",最好未曾见过,更要玩好。蹬蹬水车、打打糍粑、推推石磨,去田野、山林转转,去风景名胜逛逛……这样的田园生活才是他们的渴望与追求。

一家像一家,家家都一样,就缺乏对游客更大、更深层次的诱惑力。若村庄房屋造型各具特色,街道干净整洁,各家屋内摆设风格迥异,经营手段也不尽相同。这样,游客今日去了这一家,还想着明日去另一家,才能使全村家家受益。

7.切忌"单打独斗"

发展观光农业园区,不但要体现各园区的特色,更要联起手来,取长补短,共同发展。不少园区只是你发展你的,我发展我的,相互不往来,互不配合,互不支持。这样,势单力薄,势必造成单打独斗的不利局面。而相互配合、共同发展的最大好处是可以扬长避短,取得别人的支持,实现共赢。如来自家的游客太多,忙不过来,可以介绍到别家;同样别家的游客太多时,也可以介绍到你家。游客点的饭菜自家没有,可以去别家联系。在这家"吃喝"好了,可以去别家"玩乐",体现一条龙的服务等等。游客满意,家家受益,皆大欢喜。

8.切忌只顾眼前利益

有的地区发展观光农业不从长远利益考虑,只顾眼前利益,对游客的服务不热情、不周到,有的甚至出现"宰客"现象。原本比较便宜的饭菜,其价格随人就市。对熟人、本地人就低,对生人、外地人就高,有的还和游客发生矛盾纠纷等。这既影响自己的声誉,也阻碍了当地观光农业的进一步发展壮大。对待游客应一视同仁,充满笑脸,热情服务。因为游客是我们的"上帝"、"财神",没有他们的光顾,我们也就无法发展。

我国丰富多样的自然景观与农业景观为观光农业的发展提供了优越的条件,作为新兴产业的开发,我们既要看清各地区的发展条件、发展前景,又要充分认识研究与实践中不免出现的问题,把握观光农业开发布局与规划管理的原则,使之真正成为具有勃勃生机的新型产业。

第二节　观光农业发展对策

一、观光农业项目的论证需要从多角度入手

观光农业项目的开发具有不同于一般项目的特点,它需要从更广泛的角度去综合论证,至少应包括以下几个方面:

1. 本地区农业资源基础的分析

即农业、资源基础、自然景观系列、乡村民俗的可展示性。以广东省为例,其在发展观光农业方面在全国是比较快的,在投资建设观光农业旅游景点时也本着实事求是、因地制宜、与相邻旅游景点有机结合的原则,提出观光农业旅游景点要突出特色、见效快、风险小和旅游线路组合好,以充分利用旅游资源。如在粤北,将名山古迹、天然风光和少数民族的景点相结合;在粤东,将潮汕文化、客家文化景点共成一体;在粤西,将热带亚热带风光和海洋沙滩旅游连成一线。通过这些规划,使各景点相辅相成、相得益彰,充分利用旅游资源。

2. 市场定位分析

从目前我国观光农业的发展现状来看,观光农业首先是城市居民的"后花园",其目标市场应主要定位在大中城市的居民,为他们提供一个自然、传统、休闲的场所。因此,在短期内,我国的观光农业还无法成为国际性的旅游活动。

3. 区位选择分析

大中城市边缘区农业地带应为首选,这些区域有着独特的地域性和明显的发展优势。通过大中城市边缘区的发展,带动交通便利、农业基础较好的区域发展观光农业,是符合我国国情的发展战略。

4.目标市场、地区旅游业的发展分析

主要是分析目标市场是否成熟以致需要观光农业园区。以北京市为例,首先,观光农业的消费对象主要是城市居民,目前已有相当一部分的居民具有参与农业观光进行旅游的能力,随着经济的发展,这一消费群体将不断扩大,消费水平也将随之提高;其次,北京市农业资源基础较好;第三,北京市郊区名胜古迹众多,这些景点都可以与观光农业的旅游景点互为补充,共同发展。基于以上分析,可以断定,观光农业已经成为北京市人口新的消费热点之一,极具发展潜力。总之,观光农业应不唯"观光",农业才是根本,其特点应是生态性的,以保护生态平衡为前提;其产品应是民族性的,以弘扬民族传统文化为卖点,其经营定位应是服务性的,以游客需要定模式。

二、观光农业要走可持续发展之路

观光农业的基础是农业内部功能的良性循环和生态的合理性。因此,观光农业的发展要切实保证旅游与生态农业的协调。观光农业的"农业"内涵,应定位于旅游与生态农业相协调所体现的地域特点,即地域生态农业特色和地域农业文化特色。因而对植根于符合自然生态的生态农业和传统农村民俗文化必须加以保护并得到充分体现,开发时应选择生态效益型道路,具体做法如下:

1.必须立足现有基础进行开发,严格控制滥用耕地。

2.必须因地制宜,突出个性和特色。

3.避免对环境和景观的破坏,如在旅游景点内设立不当的建筑等。

4.控制"农业观光园"周边的工业以及城市化等对景点的不利影响。

5.适当控制进入农业观光园的人数,以保护园内的生态环境质量。只有符合可持续发展的战略,才可能体现出观光农业自然、传统、休闲、绿色的特点,获得农业、旅游、教育、生态、综合"五效益",达到发展观光农业的目的。

三、有效地进行宏观调控,理顺管理体制

1.统一对观光农业发展方向和目标的认识

通过长期的实践,一般来说,农业旅游区的方圆应为29.5平方千米,才可能发挥最佳经济效益。因为观光农业既不是纯粹的农业开发,也不是传统的旅游开发,它的发展必须兼顾农业和旅游的发展规律。目前,我国不宜过多地发展自行采摘、承租农地等体验型项目和休闲娱乐为主的观光农业项目。这是因为观光农业的发展有其三大目标,即直接效益目标、可持续发展目标和示范观赏性目标,三大目标是一个统一的整体,三者相互关联,相互促进。

2. 理顺管理体制，加强规划和创建管理、服务体系

在旅游开发区要防止出现管理体制混乱、政出多门的现象，要分清责任，各司其职。政府有关部门应做好观光农业发展规划的指导；建立一些咨询服务机构，加强对观光农业发展的调查研究与总结，以建立农业政策信息服务体系。此外，还应制定一些优惠扶持政策，如引资、税收优惠等。

3. 建立资金引入机制

应广开引资门路，把观光农业的资金引入计划纳入到旅游业和农业发展的计划中。创建新型的旅游农业投资体制，实现投资多元化，以不断加大市场开发的力度。

四、观光农业的发展要遵循社会主义市场经济规律

1. 建设旅游景点和组织旅游应放手由企业经营，政府进行宏观调控

计划经济时期，由于职责不分，管理不严，未能充分调动各方面的积极性，结果往往经济效益不高。现在实行社会主义市场经济体制，投资观光农业项目应按照现代企业制度的要求"产权清晰，责权明确，政企分开，管理科学"，以实现产业的高效益。

2. 按照社会主义市场经济体制的要求，所有制的实现形式可多种多样

在所有制形式上，建立有限责任公司、股份有限公司、合作公司、股份合作企业等。投资方可以是国有企业，也可以吸收集体或民营企业参与等。对于观光农业项目的投资者，不论是国有企业还是集体合作企业，也不论是农民还是外商投资企业，只要符合发展规划，发展前景好，都应大力发展，给予扶持。

3. 要有市场竞争意识，包括服务质量和价格竞争

旅游景点的成功与否或能否可持续发展，不但要看观光农业景点的特色和内容，即参观价值，还要看价格和服务质量。若景点规模大、成本高、门票贵，必然导致一些人望"门"却步，造成资源的浪费，形成开业之初兴旺、继而难以维持的局面。同时，服务和管理水平也应不断提高，尤其是在农业知识的内涵和景点的管理上应精益求精，项目安排上也应不断创新，让游客有一种"常新"的感受。

4. 一切活动要以获取社会效益、环境效益和经济效益为目标

体现效益可通过三种方式：一是门票收入方式，较高的门票、丰富的内容和免费的品尝或赠送纪念品；二是消费收入方式，低廉的门票或不收门票，通过丰富的内容（如购买纪念品或品尝特色农产品）刺激游客消费的欲望而获得经济收入；三是广告

效应方式,即旅游项目收入与开支基本持平即可,其效益体现在扩大知名度,带动产品的销售获利。可以说,观光农业的发展,只要在追求每一个项目的经济利益的同时充分考虑社会效益、环境效益,就可以在市场机制引导下,取得最佳的经济效益,促进我国观光农业的发展。

五、观光农业的发展注意在内容上要有特色

1. 观光农业采摘吸引游客首先要选好品种

采摘园单一的果品生产已经不能满足需求,要在果树品种上做到品种优化,提高科技含量。例如果园可引进维多利亚、美国黑提、无核红宝石等多种新品种葡萄,这样可以从 7 月就开始成熟接客,有效地延长采摘期,从而达到游客络绎不绝,实现果品高价值。

2. 特色是旅游观光采摘业发展的生命之所在

只有发展特色采摘,才能吸引大批游客涌入果香扑鼻的果园。观光果园的建设强调的是"人无我有,人有我优,人优我特",目前成功的例子都是在特色和满足市场需求上下功夫。如在北京市平谷区采摘不同品种的鲜桃、在大兴区采摘各种类型的西瓜、在昌平区采摘有品牌的苹果……北京市还在筹建果品主题公园,昌平的苹果主题公园建成后,游客在那里可了解到 800 多个品种的苹果常识。

3. 观光农业在文化中找出路

各地方找准果品文化特色,结合"中秋节""国庆节"等节庆卖点,把采摘和旅游观光、文化活动结合起来,办起丰富多彩的采摘节。素有"北京吐鲁番"之称的大兴区采育镇,有 2 万多亩葡萄,100 多个葡萄品种,年产葡萄 2 100 多万千克。为吸引游客到采育镇采摘,他们自 2001 年开始举办了葡萄文化节,至 2007 年共接待来自法国、美国等 20 多个国家和全国各地的 100 多万名游客到该镇观光、旅游、采摘。

4. 增加知名度,加大品牌宣传

品牌是任何产品与服务的生命力,凡是知名的企业和产品,无不与自身的品牌建设息息相关。任何企业与产品做到极致,必是向品牌化发展。

如大兴区北臧村镇果品果农通过各种形式宣传介绍他们的果园,并在报纸上介绍他们的成功经验,从而吸引很多人来该村品尝果品、取经和游玩,随着名气越大,其生意也越火。

第三节　观光农业规划的原则及发展规划

一、观光农业规划的原则

观光农业的布局要综合考虑城郊农业区划现状、产品结构、农业设施和用地条件,遵循以下原则:

1.充分结合现有农业资源优势,以城郊农业生产现状、产品结构、农业设施和用地条件等确定城郊观光农业的类型,以特色农业资源为依据构建观光农业的特色

观光农业旅游的开发,要以核心资源为基础。所谓核心资源,是指居于核心主导地位的、能形成核心吸引力和卖点的客观物质条件,如花乡旅游资源、渔乡旅游资源等。作为核心资源能有力地吸引着两部分人:一部分是投资商,吸引他们投资兴办旅游度假设施;另一部分是旅游者。只有充分利用核心资源,把其转化为核心引力,才能赢得市场。因此,发展观光农业旅游,不能一哄而起,搞"家家点火,村村冒烟",只能在具备核心资源的乡村里进行。

2.以农业生产经营为主,配合农业产销工作,适当导入游憩及服务设施

3.考虑游客需求为主的多样化游憩机会选择,将多样化的需求与多样化的开发形式相结合

4.与其他旅游景区和景点搭配结合,通过互补促动,开发新的类型

5.充分利用当地观光农业资源,拓展项目内容和开发形式

观光农业旅游不能处处雷同,应该突出一个主题,附之以魂,才能充满活力。通过主题来打造独特品牌,突出个性优势,才能在市场竞争中争得理想的份额。

6.各种设施建设要适中,尽可能结合村镇建设进行

设施及建筑物造型、体积、色泽应与乡村环境协调,并充分利用乡土素材、自然环境地形地貌,以求景观上的和谐与自然。观光农业旅游要保持传统乡村住户、乡村环境和乡村文化的本来面貌,才能成为吸引游客的内在力量的源泉。即通过传统农具和农家用具展示,游客吃住农家,和农民一起种地、锄草、采摘,以最"土"的方式,把原汁原味的乡村文化呈现于城里人面前。

7.体验和参与是观光农业旅游的基本方式

必须把农事活动安排得丰富多彩,使游客通过民居、民饰、民艺、民食、民事、民庆等诸多内容,和当地村民进行接触和交流,实现一种精神层面的感情诉求和亲合,使游客在体验与参与农事中,了解传统乡村习俗,学习传统文化知识,留下深刻和难忘的印象。感受村民感情的纯真,体验乡村的民俗风情,学习新知识。进行生理、心理、智力极限的考验和锻炼,从而使旅游过程集知识性、趣味性、游乐性于一体,收到启迪智慧、愉悦身心的效果。

二、观光农业的发展规划

对于不同发展模式的观光农业,应依照不同的原则进行规划。

1.农业主题公园

农业主题公园是以农业的某一领域为主题材,进行较大规模投资,以环境效益、社会效益为主要目的打造某一区域农业生态建设亮点的建设项目。例如东莞的"绿色世界"就是这一类型。此项目位于东莞市的农业开发区,占地约100亩,在园区中建有百果园、绿色长廊、丰收广场、家乡水、农业历史展览、现代农业展览、工厂农业等景点。各个景区错落有致、绿影婆娑,传统和现代融为一体,共同衬托出农业和绿色的主题。东莞"绿色世界"是广东旅游观光农业项目规划中的成功案例之一。

农业主题公园的规划应遵循如下开发原则:

(1)与城市的发展、绿化和美化相协调的原则　农业主题公园作为公园,它是城市功能设施的一部分,兼具有休闲娱乐、增加城市绿化、衬托城市文化品位的作用。

(2)以农为题,不以农业为主业的原则　在现代都市人中,不乏有恋农情结的群体。农业旅游对他们有特殊的吸引力,他们对农业历史、农业文化、农业环境、农事活动、农业产品都十分感兴趣,可以以农业为题打造一片为他们圆梦的绿洲。但是不能建成农业生产基地,尽量避免农业生产带来的脏、乱、臭等对环境美感的破坏。

(3)健康环保的原则　在农业主题公园的规划上要遵循健康环保的原则,要尽量避免对生态环境的破坏,为游人提供健康、安全、环保的游乐环境。

(4)农事活动寓于娱乐的原则　安排一些农事活动可增加景区的动感和游人的参与性,寓农事活动于娱乐之中,让游人在"过把瘾"的同时也享受到丰收的喜悦气氛。

2.农业科普教育基地

农业科普教育基地即兼顾生产、科技示范与科普教育功能的农业经营模式。农学是一个综合大学科,专业门类繁多,内容十分丰富。农业科普教育,不但对农业工作者有作用,对中小学生作为生物课教学、科学课教学的实习课,也有十分重要的意义。农业科普教育基地常在农业科研基地的基础上建设,利用科研设施作景点投资不大。例如著名的杨凌农科城,曾是我国古农业的发祥地,现在成了集农业生产、科技示范、科研教育为一体的新型科教农园。这里有国家级唯一的农业示范区、亚洲最大的昆虫博物馆、世界第二降雨厅——人工降雨模拟国家实验室、世界领先技术的克隆羊基地、世界最优羊种波尔羊养殖场、亚洲有名的划艇赛地水上运动中心、现代农业产业化新途径的工厂化高效农业设施和特种动物养殖场等,吸引了不少游客和一些学校在此开展课外活动、教授农业课程等,已成为全国有名的"青少年农业科技活动教育基地"和绿色教育园区,充分再现了昔日神农后稷"树艺五谷,教民稼穑"的辉煌。它在突出农业高新特色、挖掘示范观光资源方面取得了可喜成果。参观后宾客高兴地说,要了解中国的历史来陕西,要想知道中国农业的历史,想看中国现代化农业快来杨凌。

在农业科普教育基地的开发规划中,要遵循如下的原则:

(1)知识性原则　尽可能把基地的一草一木都变成知识的载体,并将其系统化、人性化,使参观者在这里得到全方位的农业知识和生物知识的熏陶。

(2)科技性原则　把农业科技、环境科技、生物科技等领域的新成果、新创意和新方法都表达出来,特别是表达和展示对当地农业生产有指导示范作用或对中小学生有教育意义的基础性科技、综合性科技知识。

(3)趣味性原则　寓学习科技知识于娱乐之中,通过看、听、摸、参(与),提高游人学习的兴趣,使科普教育与休闲娱乐有机地结合起来。

3. 大型农业生产基地

有先进生产水平的、较大规模的农业生产基地,本身隐含着较高的观光游览价值。广袤的田野、大群的牲畜、食品的生产流程等,都能让游人流连和兴奋。同时,观光旅游活动对农业企业的宣传、产品的推广也有帮助,相得益彰。例如深圳的光明农场,有数万亩人工草地翻滚着绿浪,让游人有身临绿海的感觉;有分布在数十个饲养点的上万头奶牛。再如亚洲最大的乳鸽场让游人联想起和平、信鸽和美味的红烧乳鸽;万亩荔枝园,春天让游人沐浴花香,夏天让游人品尝鲜果;驰名香港的晨光牌牛奶生产包装流水线,全封闭的厂房、全自动的生产线让人对该产品的卫生、安全性更加有信心。

大型农业生产基地确实具备旅游的价值,对其规划必须遵循如下原则:

(1)以农业生产为主的原则　以生产效益为主要目标,主要是利用现有的生产项目开展旅游,在旅游线路安排和景点设置上不影响生产,适当安排游客服务设施和辅助景点的建设,要使旅游和生产互相协调。

（2）旅游促进农业生产的原则　　在旅游取得直接效益的同时，要充分利用游客这一群体，对企业的产品进行宣传推广，可通过门票、导游图、游客用餐、纪念品等环节，宣传推广产品和企业理念等，获得促进生产的间接效益。

（3）提高农业机械化水平的原则　　要让游客感受到大型农业生产基地的机械化实施优势，体验现代农业的产业化、现代化水平。

4. 特色农业基地

所谓特色农业，即是以追求最佳效益为目的，依据地域特色、区域内整体资源优势及特点，围绕市场需求，相对集中地有效配置各种生产要素，以某一特定生产对象或生产目的为目标而形成的适度规模的农业生产方式。其基本点就是要以国内外市场为导向，以本地自然环境和农业资源优势为依托，以经济效益为中心，围绕"特"字，筛选农业项目和支柱产业，生产拳头产品，形成各具特色的区域农业或实现区域性的农业产业化目标。作为观光农业，就是要满足游人求"特"的要求。特色农业的资源十分丰富，包括地方特色、产业特色、文化特色等。例如位于广东西部的广宁县"竹海"，就是以竹为产业特色的农业旅游基地。广宁是著名的竹乡，素有"砍不尽的广宁竹"的说法。竹，对于每一个中国人都不陌生，因为中国就是竹的故乡，国宝大熊猫就是以竹叶为食的。全世界有1 200多种竹，有800多种在我国分布，目前我国是全世界竹林产量最大的国家。在广宁，当地的农民每个人都会竹编，每个人都能说出一些关于竹的故事，他们以竹为业，住竹楼、吃竹笋、用竹器，平时劳动的工具大部分是竹制成的，如竹箩筐、竹担挑、竹粪箕等。广宁"竹海"旅游区就是在这样的一个有浓郁产业特色的背景下建设起来的。当饱受都市烦嚣的游客登上观光竹楼，眺望着无边的竹海，在微风下婆婆的竹叶翻起滚滚绿浪，听着竹子摇动时那特有的"嘎吱"声，品尝着野生竹笋和竹筒饭时，一定会心旷神怡。

对特色农业旅游项目的规划要把握好如下原则：

（1）突出特色的原则　　特色农业旅游，追求的就是特色，只有把特色突显出来，景点才有魅力。产业特色项目，可以从产业的渊源、产业的发展、产业的知识等方面去规划；地方特色的项目，可以从特色的人文风情、特色的自然景观、特色的农业环境去规划；文化特色的项目，如少数民族农耕、农耕习俗等，则要多从该地方或民族的农耕文化、特殊农具、特殊农事、农业丰收庆典方式等方面去规划。

（2）延长产业链的原则　　要发挥特色农业的特色优势，使农业产业向第二、第三产业延伸，造就具有特色优势的第二、第三产业。

（3）安全原则　　特色农业旅游项目一般都在边远偏僻的地方，而且项目范围相对较大，甚至是没有边界的，游客和旅游设施的安全问题应作为重要因素在规划中加以考虑。

5.农家游

最经典的农家游是城市人到农村去与农民"三同"——同吃农家饭、同住农民屋、同干农业活。这是由农民提供或出租耕地,让市民参与耕作,种植花草、蔬菜、果树或参与经营家庭农业。其主要目的是让市民体验农业生产的全过程,享受由播种、管理到收获的农作乐趣,并得到一定的农业收入。近年来,农家游深受那些在"文革"期间上山下乡的知识青年和"五·七"干校的"老学员"的欢迎。他们回城后过上了好日子,想去回味一下过去的那段日子,别有一番意味。经过若干年的发展,农家游已成了许多都市人利用双休日去消除身心疲劳、逃避都市烦嚣的一个常设旅游项目。品尝田园美食、观赏田园风光,花费不多,既休闲又健康。投资不大,接待成本低,游客的花费较少。

农家游较少作专门的规划,一般都是根据各地的民俗,顺其自然,但也需符合如下原则:

(1)入乡随俗的原则　各地农村都有各自的劳作和居家生活特点,农家游是在一般家庭生活方式的前提下开展的,游客自觉或不自觉地按照当地农家习俗"生活",度过愉快的假期。

(2)纯朴真诚的原则　传统农民由于生活在封闭、保守的环境下,对新潮生活方式的接受相对滞后,自然地表达出纯朴与真诚,这也正是疲于紧张生活的都市人所向往的礼遇。

(3)绿色生活的原则　农家游的吸引力在于原生态的田野氛围和农家气息,绿色生产、绿色生活与和谐的社交环境等,食、住、行、游、购、娱,生产和生活都要维护绿色生活方式。

第四节　依靠政府职能作用发展观光农业

一、提高认识

应从观光农业对城市整体功能的调节和优化意义,从发展观光农业的经济、社会、生态环境效益及其对城市的农业经济结构调整、农业产业化推进等多视角来审视观光农业,从可持续发展的角度来提高对发展观光农业重要性的认识。

二、政策保证

应出台相应政策,明确观光农业在城市经济发展中的地位,在土地利用、税收、资金投入等方面予以倾斜，鼓励科技人员以科学技术入股，制定观光农业发展总体规划，用政策保证观光农业的健康发展。

三、培植精品

国外成功经验表明，观光农业的发展壮大过程是一个培植精品、凭借精品开拓市场、打出品牌、依托精品及系列产品占领市场的过程。对于观光农业来说，培植精品是培育形成有典型代表性和广泛影响力，能够集中展示当地观光农业内在魅力和特色旅游产品的过程。这一过程实际上就是发挥当地优势、形成产品特色、营造主题形象的过程。精品就是整个观光农业园区的龙头和名片，通过在旅游市场中推出特色精品，将有效地打造园区的鲜明形象。

四、加大投入

观光农业一般从传统农业转向发展而来，要使这一转化顺利实行，需要进行道路、电力、管网、绿地等配套基础设施建设和观光农业项目的修建。加大投入是为观光农业发展创造良好的外部条件，扶持有市场潜力的精品观光农业项目，培植观光农业获得自我发展的能力，是为了后期的减小投入或者不投入。在投入渠道上，可随着观光农业的发展和农民收入的稳步增加，逐步引导农民成为投资主体。

第五节　科学研究应支持观光农业发展

根据城市郊区农业旅游资源、城市未来发展和居民消费需求的特点，理念创新，准确定位，多种类型、多种模式地有序发展及合理布局观光农业与高科技农业、构建观光休闲农业技术支撑体系是目前亟待解决的关键问题。

一、农业科学研究应支撑观光农业农产品唯一性和特色化的发展需求

开展如观光农产品的外观、品质、功能等方面的研究，发展适宜观光农业发展的种植、养殖品种。

二、发挥优势，加强观光农业个性化建设

在共性中寻求个性发展是观光农业可持续发展的前提。发展观光农业要同时兼顾观光农业的三大功能：观光休闲功能，农业生产功能，绿化、美化和改善环境功能。

三、对项目所在地区的资源进行评价,以便准确定位,合理利用资源

对所在区域进行资源评价研究的目的,主要是科学地认识当地适宜发展观光农业的各种资源,并对其进行梳理分类,为合理开发、利用提供依据。

四、加强项目的科学规划与设计工作

项目的科学规划,主要应体现两点:一是实事求是,坚持以资源开发、利用为主,打造具有本地特色的观光农业形态;二是坚持科学创新,广泛吸取各地发展经验,准确把握当地市场,建立新型观光农业形态。

五、建立观光休闲农业技术支撑体系

观光休闲农业的技术体系是建立在传统农业技术基础上,与旅游、市场、景观等多学科相互融合并升华后形成的新的科学体系,是景观学、农业经济学、栽培学、育种学、旅游学等学科的综合集成。

1. 在栽培技术方面

观光休闲农业的栽培技术,既要考虑产量、品质,更要考虑田间植物的观赏性和游人的参与性。

2. 在生活功能拓展方面

重点开展具有观光、采摘等功能的科学研究。

3. 在生态功能方面

重点开展植被保护、抗逆树物育种、生态与环境保护、生态与环境修复等领域的研究。

4. 在病虫害防治方面

重点开展生物防治等方面的研究。

5. 在整体环境方面

重点开展城市郊区观光休闲农业的环境容量研究。

第八章　观光农业项目设计

第一节　观光农业项目设计资源基础

资源是任何一种经营活动的基础,它泛指在一定条件下,能产生价值,提高当前和未来福利的一切因素的综合。只有比较透彻地了解观光农业的资源,才能把项目的规划、开发与经营管理好。

观光农业跨越农业与旅游业,所以应从农业与旅游业两个方面同时入手,特别要把握两个行业交融的共享资源。观光农业资源具有农业资源和旅游资源的核心、属性,既能生产农产品,又对旅游者具有吸引力。按属性可分为观光农业自然资源、观光农业经济资源和观光农业社会资源。

一、观光农业自然资源

观光农业自然资源是由地貌、土壤、气候、水文、生物等要素有机组合而成的自然综合体,是区域景观的基底,是观光农业核心景观特征。

1. 地貌资源

地貌反映地理环境的基本结构和形态。地貌是观光农业景观的基本构成要素之一。在观光农业景观中,地貌的作用有以下几个方面:

(1)地貌影响着一种立地所接受的太阳辐射、水、营养、污染物和其他物质的数量,从而影响到整个生态环境。

(2)地貌条件影响到物质的流动和生物的流动。

(3)地貌条件可以影响到各种干扰发生的频率、强度和空间格局,地貌过程发生的干扰更受地貌本身的影响。

我国位于欧亚大陆的东南部,东南濒临太平洋,西北深入中亚细亚,西南与南亚次大陆接壤,疆域辽阔,地貌类型丰富多彩。按宏观地面的高度和形态可将地貌格局划分为山地、高原、盆地、丘陵、平原五大类型。我国的山地约占陆地面积的33%,高原约占26%,盆地约占19%,平原约占12%,丘陵约占10%。也可按内、外营力综合作用产生的构造格架划分为构造地貌、河流地貌、岩溶地貌、红层地貌、花岗岩地貌、泥石流、海岸地貌、岛屿等。特别是山岳和水景,更是观光农业的重要自然资源条件。

我国自古以来就有"五岳"之称,即东岳泰山(山东)、南岳衡山(湖南)、西岳华山(陕西)、北岳恒山(河北)和中岳嵩山(河南)。除了"五岳"之外,我国的名山还有:北京的百花山、山西的五台山、吉林的长白山、黑龙江的五大连池火山群、山东的泰山、江苏的栖霞山、浙江的普陀山、安徽的黄山、河南的鸡公山、江西的庐山、福建的武夷山、湖北的神农架、重庆的金佛山、广西的大瑶山、四川的峨眉山、贵州的黔灵山、西藏的喜马拉雅山、陕西的华山、新疆的天山、台湾的阿里山、海南的五指山等。

2.土壤资源

土壤是一个国家最重要的自然资源,它对土地利用有重要的影响,也是农业发展的物质基础。土壤是具有一定肥力、能够生长植物的疏松表层,能供给植物以生长空间、矿质元素和水分,是生态系统中物质与能量交换的场所。没有土壤就没有农业,也就没有人们赖以生存的衣、食等基本原料。由于人口不断增加,人类对食物的需求越来越大,土壤在人类生活中的作用也越来越大。人们必须更深入地了解土壤,利用和保护土壤。在我国东部沿海地区,自南向北,随着热量逐渐减少,依次分布着砖红壤—砖红壤性红壤—红壤和黄壤—棕壤—漂灰土的土壤景观。我国温带地区,自东向西,随着远离海洋,气候渐去御寒,依次分布着棕壤—黑土—白浆土—黑钙土—栗钙土—棕钙土—灰漠土—灰棕漠土的大陆性土壤系列;而在暖湿带地区,自东向西,依次分布着棕壤—褐土—黑垆土—灰钙土—棕漠土等土壤类型。

(1)水稻土　各种田质的土壤,经人工垦种水稻,通过水耕熟化作用,发育成具有特殊剖面性态的水稻土。

(2)黄绵土　主要分布在山西省雁北、忻州、吕梁、临汾等地区的黄土丘陵沟壑区。该土种土体深厚,质地适中,因母质抗蚀力弱,植被生长稀疏,水土流失严重,土壤干旱,养分低。改良利用上应结合小流域治理,与工程措施、生物措施相结合,草灌先行,林草结合,发展林、牧业生产,增加地面覆盖,控制水土流失。

(3)砂姜黑土　分布在河北省丰润县和玉田县的扇缘洼地。土壤保水保肥性能较好。主要问题是土壤结构差,紧实,质地偏黏,地势低洼,雨季易受涝,砂姜层出现部位较浅,这些对植物生长均有一定影响。

（4）褐土　分布在甘肃省陇南、天水两地（市）的石质山地及山麓洪积扇中上部。该土种土体薄，坡陡，水土流失严重，森林长势差。应加强管理，保护好现有林木，有计划地封山育林，更新残败林木，人工栽植优良树种，进一步发展林业。

（5）红壤　分布在湖南省武陵山、雪峰山、罗霄山区深涧沟壑两侧、坡脊或断层陡坡地带。植被以杉树为主，有继木、蕨类、茅草共生。

3. 气候资源

气候不仅是农业的重要资源条件，也是旅游业的重要资源条件。首先它影响到各种生物的生命过程，生物所需的维持生命的能量和水分主要来自气候；其次气候影响土壤过程，土壤除供给植物水分以外，还是养分的储存和供给者，而土壤水分和养分的各种循环途径均要受到气候的控制。

构成气候资源的要素很多，主要有光、温和水三个方面的综合作用。我国幅员辽阔、地形复杂，形成了多种多样的气候资源类型。从观光农业的角度来看，气候资源是决定动植物分布、土地类型、耕作制度及民居类型的重要因素。

（1）光能资源　光能资源主要是太阳辐射和日照时数两个方面。可以根据我国光能资源的地理分布和季节分配，合理进行观光农业的布局，开展日光浴和欣赏对日照时间反应、对光照强度反应差异的植物或花卉，特别是观赏与光能资源有关的特殊景观，如泰山的旭日东升、杭州的雷峰夕照、蓬莱的海市蜃楼、青海湖的下现蜃景、峨眉山的佛光返照等。

（2）热量资源　我国的热量资源丰富多样，由此而开发的最著名的海滨避暑胜地有大连、北戴河、青岛、厦门、北海等。在北方可以开展冬猎健身、滑雪、滑冰、造冰雕等特色休闲活动。特别是可以组织有意义的研修、考察观光活动，如长白山的林海雪原、庐山的云海雾凇、黄山的奇松冰凌、海南的天涯海角、珠峰的猎奇探险和九寨沟的采集考察等。

（3）水分资源　我国的水分资源主要是降水。很多休闲活动与水分资源配置有关，如冲浪、观潮、漂流和滑水。即使是游览漓江，也应选择丰水期才能观赏到两岸"山青、水秀、洞奇、石美"的佳景，以及"流水晶莹、奇峰秀景"的百里长廊。

4. 水资源

（1）水资源的主要类型

①水景。大陆江河如网、湖泊棋布、名泉众多，都是休闲的胜地。

②河流。从水文方面可分为常年性河流和间歇性河流。前者多分布在湿润区，或者在干旱、半干旱地区。我国的名川大江很多，主要有长江、黄河、淮河、松花江、钱塘江、湘江、赣河、闽江、漓江、金沙江、雅鲁藏布江等。北起辽宁的鸭绿江口，南至广西的北仑河口，大陆海岸线长 18 340 千米，包括辽宁、河北、天津、山东、江苏、上海、

浙江、福建、广东、广西、海南等 11 个沿海省（区、市）的 220 个县，我国著名的海滩有河北秦皇岛市的北戴河、辽宁大连市的星海和老虎滩、山东青岛市的海滨、福建厦门市的鹭江海滨、海南三亚市的天涯海角、广西北海市的银滩等。

③湖泊。它是较封闭的天然水与景观，是湖盆与运动水体积水中物质互为作用的综合体。如我国的湖光水色胜地中，湖潭是水色的重要组成部分。著名的有北京市的北海和昆明湖、河北的白洋淀、吉林的松花湖、黑龙江的五大连池、江苏南京市的玄武湖、无锡市的太湖、扬州市的瘦西湖、浙江杭州市的西湖、江西的鄱阳湖、山东济南市的大明湖、湖北武汉市的东湖、湖南的洞庭湖、广东肇庆市的星湖、云南昆明市的滇池、台湾的日月潭等。

④冰川。是由于积雪变质成冰，冰能够自行成固体移动的水体，广泛分布于我国西南、西北的高山地带。冰川水是我国西北内陆干旱区河流的主要水源，如塔里木河、叶尔羌河等，它是绿洲农业的主要水源。

⑤沼泽。它是一种典型的湿地景观，其上主要生长着湿地植物或沼泽植物，如我国大小兴安岭的沟谷和三江平原、长江中下游、东北、华北等地。

(2)水资源形成不同水景观　如泉溪、瀑布、温泉等，从而为观光农业创造良好的自然景观。

①泉溪。我国有五大名泉，即江苏镇江市的金山冷泉、无锡市的惠山泉、苏州市的虎丘泉、浙江杭州市的虎跑泉、山东济南市的趵突泉。我国六大奇泉分别是江西于都县的双味泉、四川广元市的含羞泉、贵州平坝县的喜客泉、安徽寿县的喊泉、河南睢县的香水泉和陕西西安市蓝田县的冰泉。

②瀑布。我国著名的瀑布有黑龙江镜泊湖的吊水楼瀑布，吉林长白山的长白瀑布，山东青岛市崂山的潮音瀑布，山西附泉县的娘子关瀑布，吉县的黄河壶口瀑布，江苏苏州市的秦坡飞瀑、雁荡山的三折瀑、大龙湫瀑布，安徽黄山的人字瀑、九龙瀑，江西庐山的开光瀑、王家坡双瀑，台湾台北市阳明山的阳明瀑、泓龙瀑、蛟龙瀑，广东从化县的香粉瀑，广西隆林县的冷水山瀑布，贵州镇宁市的黄果树瀑布，四川南坪县的九寨沟瀑布等。其中最为壮观的是黄果树大瀑布，湍急的河水从 60 多米的悬崖上直泻而下，落入犀牛潭中，水珠飞溅、雾气弥漫，为我国最大的瀑布。

③温泉。我国温泉超过 2 500 处，多以热泉、沸泉、汽泉和喷泉的形式，可分为单纯泉、硫黄泉、食盐泉、碱泉和放射性泉等多种类型。我国著名的温泉有：北京市的小汤山温泉、长白山的长白温泉、吉林白头山的天池温泉、广东从化县的从化温泉、广西的龙胜温泉、台湾大屯温泉和屏东温泉、云南昆明市的安宁温泉、西藏的斑戈湖温泉和唐古拉温泉。

④溪涧。我国的溪涧众多，著名的并不多见，但值得一提的有天津市蓟县雁荡山的鸣玉溪、福建崇安县武夷山的九曲溪和周宁县的鳗鱼溪、广西龙胜县的花坪花溪、

四川峨眉山的宝砚溪以及贵州贵阳市的花溪等。

二、观光农业的社会资源

社会资源是以非物质形式作用于人类生产活动过程的资源,包括知识、文化、技术、信息、劳动力、政治法律等。观光农业的社会资源一经人类物化,就变成观光农业的经济资源。

观光农园要充分挖掘景点文化内涵,丰富休闲活动的具体内容。文化是指人们的物质和精神力量所达到的程度、方式和成果,是旅游资源中最具价值,也最具持久生命力的一个要素,按其存在形式通常可以分为有形文化和无形文化两类。任何园区单凭农业景观很难吸引有闲人士、延长逗留时间并提高重游率。文化内涵是观光农业活动的特色,缺少文化内涵的观光农业产品就如同没有灵魂,失去了生命力。观光农业所涉及的动植物和人文意义的民风民俗等节事活动,都具有丰富的历史、经济、科学、精神、民俗、文学等文化内涵,这些素材和有形无形的物质载体是策划、配置观光农业游览项目的资料库,只要善于挖掘和利用这些要素更多的文化内容,充分展示这些要素的内涵,就会增强观光农业项目的吸引力,从而产生相应的经济效益。文化是观光农业的灵魂,各地在观光农业建设中,应当突出地方的文化特色和文化品位,提高农业的休闲价值。目前观光农业建设大多停留在外延的扩大上和硬件的建设上,还没有更多地注重其文化内涵的挖掘。

1. 农耕及民间文化

(1)传统农耕文化　农耕是华夏文明之母,是中华民族五千年灿烂文化之源。伴随农耕经济的形成和发展,农耕文化在弯弯曲曲的粗沟里,在熊熊烈火的陶窑中,在墟场的喧哗声中,在新米饭的芳香中。这种原始的"日出而作,日落而息"的生活模式如今在广大农村仍然普遍存在,对现代都市人有着无尽的吸引力。如湖北随州郊外的炎帝神农故里,成群的有闲人士在参观炎帝神农遗迹的过程中,扶犁耕作、推磨碾米、踩水车灌农田;湖南的农耕文化景观有洞庭湖的大水面养殖和捕捞,大面积的粮、棉、桑、麻种植;以及大型农业机械操作等现代化农业文化景观;湘西、湘南和湘东的山地立体农业以及筒车吸水、石碾加工粮食等传统农业文化景观;湘中河谷平原和丘陵盆地,特别是大中城市郊区的精耕细作农业文化景观。又如日本岩水县小井农场农具展览馆,陈设有各式各样新奇古怪的农用机械,有的是现在使用的,有的是已被淘汰的,人们可以藉此了解农业发展历史和农机具知识。农场旁边,是由废机车改装成的列车旅馆,深受怀古思旧和青年人的欢迎。

(2)田园诗歌　王维的《渭川田家》就是一首十分有名的田园诗:

斜阳照墟落,穷巷牛羊归。

野老念牧童,倚杖候荆扉。

雉雊麦苗秀,蚕眠桑叶稀。

田夫荷锄至,相见语依依。

即此羡闲逸,怅然吟式微。

诗的大意是:斜阳照在村墟篱落,放牧的牛羊回到了深深的小巷。村中一位老叟,拄着拐杖倚靠在柴门前,等候放牧归晚的牧童。吐穗华发的麦地里,传来野鸡阵阵鸣叫声。桑树上桑叶稀疏,蚕儿就要吐丝。从田里归来的农夫扛着锄头,相见时打着招呼絮语依依。

宋代诗人范成大是写田园诗的高手,其《田家》诗流传最广:

昼出耘田夜绩麻,村庄儿女各当家。

童孙未解供耕织,也傍桑阴学种瓜。

新筑场泥镜面平,家家打稻趁天晴。

笑歌声里轻雷动,一夜连枷响天明。

又如清代乾隆皇帝写的《初游潭柘岫云寺作》:

约行二十里,乃至鲁家滩。

川原渐开豁,梯山种春田。

茅屋凡数家,槎芽古树攒。

大意是:大约走了二十里路,于是来到了鲁家滩村。田野逐渐地开阔了,山上的梯田种着庄稼。草屋共有若干家,旁边上堆放着砍来的柴。通过此段诗文,200多年前的鲁家滩村什么样已跃然纸上。

这些词歌都描绘了美丽的田园景观。我国农村面积辽阔,田园景观丰富。如湖南的农村田园景观有远捕归航、烟寺晚钟、渔村夕照等;潇湘八景、桃花源、浏阳河、桃花江、韶山冲、花明楼、龙窖山、千家洞等田园风光胜地;湘北洞庭鱼米乡;湘西少数民族村寨;湘南藏于岩溶和丹霞地貌区域中的山水窖宅;湘东客家村寨等。

(3)现代农业生产　随着科学和生产力的发展,农业生产方式在不断进步,嫁接、扦插、克隆、转基因、组织培养、杂交育种等高科技的应用,轮作、套种、间作、地膜覆盖种植、大棚栽种、无土栽培、立体种植、反季节种植、工厂化养殖等,使得现代农业呈现五彩斑斓的景象。针对旅游者的需求,让有闲人士了解农业生物资源如动植物名称、特征、分类、生活习性,如何播种、育苗、浇水、施肥、除草、灭虫等,了解农业生产的类型、季节性、周期性、各类农业生产的基本条件、农业生产的地区特点、生产过程等;除此之外,有闲人士还可以亲自参加农业实践,如耕种、收割、打场、采摘果蔬、修剪果树、栽桑养蚕、垂钓、捕捞、养殖等。

(4)民间乡土工艺　在民间有各色各样具有地方特色的手工艺术,如石雕、木雕、竹雕、皮雕、藤编、芒麻编、月桃叶编、织布、刺绣、蜡染、贴饰、陶艺、泥塑、豆画等。

(5)民风民俗　我国地域辽阔,民族众多,各地农村的习俗、民间文化丰富多彩。农村的饮食、服饰、节庆、婚嫁、房舍建筑、传说、民间故事、民歌民谣、童趣活动等乡土文化都充满浓郁的地方色彩。如畲族民歌是畲族人民在生产、生活中创作的,是畲族传统文化的重要组成部分,多数民歌储存于畲民头脑之中,通过口头代代相传,部分民歌以汉字畲语记录的手抄本流传民间。目前仍在畲乡广泛流传的民歌有二十四节气歌、十二时辰歌、种田歌、勤耕歌、采茶歌等。

(6)民间美食　具有地方特色的餐饮料理,如四川的麻辣豆腐,西藏的青稞酒、酥油茶,湖南的臭豆腐,绍兴的霉干菜,内蒙古的涮羊肉,新疆的羊肉串,广东的早茶,还有竹筒饭、酒酿、各种糕饼、乡间腊肉、小米酒……以及与之相应的烹饪文化。这些也都是发展观光农业极为宝贵的资源。

(7)村聚落景观　例如湖南张谷英古村落、凤凰沱江古镇、中方荆坪、永顺王村、吉首苗家矮寨、通道皇都侗文化村、宁远瑶族牛哑寨等,曾国藩、谭嗣同、左宗棠、刘少奇、彭德怀、齐白石、沈从文等名人故里。

(8)乡村建筑景观　例如湖南湘西凤凰南长城,凤凰黄丝桥古兵营,永顺王村的青石街、吊脚楼,通道侗寨的鼓楼、花桥、寨门,永州上甘棠的千年古村。

2.宗教、民俗节日

(1)宗教　宗教是一种社会意识形态,是对客观世界的一种虚幻的反映。我国的宗教主要有佛教、伊斯兰教、道教、天主教和基督教等。其中佛教源远流长,她本身就是一座瑰丽而丰富的文化艺术殿堂。名山胜水和寺庙都结下不解之缘,各个朝代都留下丛林、道场、古刹、寺院、石窟、寺塔等珍贵的遗产。我国佛教的四大名山是峨眉山、九华山、普陀山和五台山,此外还有佛教圣地之称的湖南的衡山、湖北的玉泉山、江西的庐山、辽宁的千山、陕西的终南山、江苏的虎丘山、浙江的天台山和天童山、福建的鼓山,亦是风景独秀,驰名遐迩的旅游胜地。

(2)民俗节日　我国各地一年中的节日主要有:

正月　初一:春节。初二:犬日,布依族蚂蝴节(蝗)。初三:猪日,普米族吃虫头(虫)。初四:羊日。初五:牛日。初六:马日。初八:谷日。十五:元宵节,汉族炸麻虫(虫)、苗族偷菜节(蚕)。立春前一日:汉族立春节,有鞭春(牛)、迎春(燕蝶)、咬春(萝卜、春饼)。

二月　初一:太阳生日,瑶族歌鸟节(虫)。初八:彝族插花节,将马樱草花插在田头地边,或绑在牛、羊的额角上,预祝六畜兴旺、五谷丰登。十二:百花生日(花朝)。

三月　清明前后:汉族龙蚕会、轧蚕花、送百虫。十五至十八:苗族姐妹节。

四月　初八:浴佛节——放生节;壮族牛王节。廿八:神农诞辰。

五月　初五:端午节。廿四至廿五:苗族龙船节。

六月 十八:闹鱼节。廿四:荷花生日。

七月 二十:棉花生日。

八月 十五:中秋节。庄稼成熟日"秋"。二十:水稻生日。

九月 初九:重阳节。

十月 十六:瑶族倒稿节(斗牛等)。

十二月 初八:腊八节。

3. 文化特色浓厚的植物

长期以来,植物与人类形成了密切的关系,"自然的人化"现象非常明显,把爱、憎等情感寄托在植物上,如古诗中曾有"宁可食无肉,不可居无竹"的说法。松、竹、梅被称为岁寒三友;菊、兰、水仙、菖蒲被称为"花中四雅"。不少的植物被赋予了特定的意义:

一些树形奇特的树被称为鸳鸯树、姻缘树等。

红豆代表相思的情意;桃树被认为与运气和避邪有关。

牡丹代表富贵华丽;荷花表示出污泥而不染。

木棉树又被称为英雄树。

松、柏象征崇高、坚贞不屈、伟大,在一些纪念物周围常有种植。

桫椤被称为月宫神树,牡丹被称为花王,菊被称为花中隐士。

有些植物,如莲花、菩提树、银杏等,被认为与佛教有密切联系而在寺庙周围大量栽植。一部分古树名木由于悠久的历史和奇特的风姿被赋予了神话色彩。

描写青草的诗词很多,如"离离原上草,一岁一枯荣"。《青青河边草》歌中唱道:"青青河边草,悠悠天不老,野火烧不尽,风雨吹不到;青青河边草,绵绵到海角,海角路不进,相思情未了。无论春夏与秋冬,一样青翠一样好;无论南北与西东,但愿相随终到老……"

柳树枝条纤细,婀娜多姿,古人常用来比喻女子。春回大地,万木复苏之时,柳树早早地将那点点嫩芽抽成万缕绿丝,在春风中荡漾。若再添上几声嘀嘀莺语和几剪娇倩燕影,无疑如诗情画意,令人驻足品赏,迷恋陶醉。依依曲曲柳,诱人无限情。柳,以它那独特的魅力,自古以来得到千万人的喜爱。历代文人墨客,以柳为题,吟咏出了不少富有诗情画意的名篇佳作。春日"翠条金穗舞娉婷",夏日"柳渐成荫万缕斜",秋日"叶叶含烟树树垂",冬日"袅袅千丝带雪飞"。

用柳比喻长的漂亮的女子很多,比如眉毛是"柳叶眉",行走姿态好看是"风摆柳",形容女子的身材时说"杨柳腰",形容女子的容貌时则用"柳弱花娇"、"柳夭桃艳"。

4.出自花草树木的成语

中国文字历史悠久,词汇极为丰富。数千年来所使用的文字衍生出许多脍炙人口的成语。这些成语经过历代文人和百姓的试验,已成为中华文化的重要组成部分。在语言和文字的表达过程中,适当地引用成语,可使文字形象生动,并收到言简意赅的效果。古人以其所处的生态环境、特殊植物形态、植物名称语言、植物散发的气味及植物功能等,用于表达人们心中的意念,从而从植物中提炼出许多成语。

豆蔻:如豆蔻年华。出自于杜牧《赠别》:"娉娉袅袅十三余,豆蔻梢头二月初。春风十里扬州路,卷上珠帘总不如。"

芙蓉:如出水芙蓉、初发芙蓉、面似莲花、藕断丝连、柳腰莲脸。出水芙蓉形容女子容貌清丽或诗文风格清新。面似莲花用于形容男子貌美。

瓜:如瓜熟蒂落、顺藤摸瓜、种瓜得瓜。秦始皇著名的"焚书坑儒"事件就是利用种瓜制造的:秦始皇冬天在骊山山谷温暖的地方种瓜,利用冬天产瓜的奇异现象把国内的儒生都吸引来参观,趁机把他们活埋了。

荆:如负荆请罪、披荆斩棘、荆天棘地、荆钗布裙。

李:如投桃报李、桃李满天下、凡桃俗李。白居易《春和令公绿野堂种花》中有:"令公桃李满天下,何用堂前更种花。"

柳:如柳暗花明、柳巷花街、寻花问柳、眠花宿柳、败柳残花、傍花随柳、柳下借荫。寻花问柳出自元朝谷子敬《城南柳》:"只等得红雨散,绿云收,我那期间寻花问柳,重到岳阳楼。"

茅:如初出茅庐、茅塞顿开、茅次土阶。茅塞顿开出自于《三国演义》第三十八回:"先生之言,顿开茅塞,使备如拨云雾而睹青天。"初出茅庐出自于《三国演义》第三十九回:"直须惊破曹公胆,初出茅庐第一功。"原意指诸葛亮大败曹兵,立下首功。

梅:如青梅竹马、望梅止渴、青梅煮酒。

桑:如指桑骂槐、沧海桑田。指桑骂槐出自于《红楼梦》第十六回:"咱们家所有这些奶奶,那一个是好缠的? 错一点儿他们就笑话打趣,偏一点儿他们就指桑骂槐地抱怨。"

桃:如人面桃花、世外桃源。人面桃花出自于唐朝崔护的《游城南》:"去年今日此门中,人面桃花相映红。人面不知何处去,桃花依旧笑春风。"

杏:如杏脸桃腮、杏林春满。杏脸桃腮出自于元朝王实甫的《西厢记》:"杏脸桃腮,乘着月色,娇滴滴愈显得红白。"清明节前后下雨,杏花飘落,就成了杏花雨。元朝陈元观就有"沾衣欲湿杏花雨,吹面不寒杨柳风"。

杨:如百步穿杨、水性杨花、枯杨生华。

竹:如胸有成竹、磬竹难书、竹报平安、竹篮打水。竹篮打水出自于《金瓶梅》第九十一回："闪得我树倒无荫,竹篮打水。"

5. 山歌

原生态的山歌不是因为原生态才美,也没有撩人的旋律,而是因为是发自内心唱出的歌。"原生态"是一切在自然状况下生存下来的东西,也就是没有经过艺术加工的音乐形态,一种原汁原味的状态。如我国的羌族多声部民歌,主要分布于四川松潘、黑水以及茂县部分羌族聚居地区。

三、观光农业的经济资源

经济资源是以自然资源为对象经人类劳动后的产物,如原材料、设备、能源、交通等,它们都是可以货币度量的物质形态。经济资源是观光农业发展的基础,它分为农具、农业机械、有机肥、农药、种苗等。

第二节　观光农业项目设计目标

本节主要讲的是在观光农业的规划中必须做的工作,可视为一个观光农业项目的可行性研究报告的主要内容与要求。

一、规划的指导思想与原则

1. 以市场需求为导向
2. 总体规划、分步实施、量力而行
3. 突出重点、注重实效、便于操作
4. 依托现有资源,因地制宜、发挥比较优势
5. 兼顾经济效益、生态效益和社会效益,实现可持续发展

二、总体目标

1. 促进传统农业向观光农业转型
2. 拓展农业多功能性
3. 保护并改善生态环境
4. 增加农民收入、带动农民就业
5. 改善现有的旅游条件
6. 加强基础设施建设

7. 推动城乡融合与互动

第三节　项目规划的总体流程与步骤

一、与规划方沟通，初步了解对方需求

二、对拟规划地区基本情况进行分析

主要从地区和项目区两个层面进行如下分析：

1. 自然资源与环境条件

2. 社会经济条件

3. 交通区位条件

4. 农业及农村发展状况

5. 政府政策及发展规划

三、现场调研，双方面谈

通过调研，分析项目区发展现状及其优劣势。

1. 现状

(1)农业主导产业及农业产业结构

(2)农业生产基地

(3)科技示范园区

(4)旅游产业发展状况

2. 优劣势分析：SWOT 分析

SWOT 分析法是一个综合分析事物内部的优势与劣势，外部环境的机会与威胁的定性分析方法，S：优势（Strength），W：劣势（Weakness），O：机会（Opportunity），T：威胁（Threat）。

(1)优势　可包括项目区的交通区位、基础设施、生态环境、科技实力、品牌资源等各方面条件。

(2)劣势　可从项目区一产对三产带动能力、产业结构、资金支撑能力、农业从业人员素质、农业市场化程度等方面分析。如人均耕地面积少，用地矛盾突出和自然灾害发生；乡村旅游资源不够扎实，文化内涵不够深厚，季节性强，所以客源不够牢固；

缺乏科学的经营手段和专业人员、基础设施薄弱、环境问题突出等。

（3）机遇　可包括政府的政策扶持、产品的市场需求等各方面环境条件。如人们生活水平的提高、闲暇时间的增多，使越来越多的人趋向休闲娱乐消费；各级政府对第三产业的重视和政策扶持为观光农业的发展提供了良好机遇等。

（4）挑战　可从同类农产品的市场冲击、城市化压缩农业发展空间等角度分析。如越来越多的农业观光项目的竞争，使产品单一、市场认识度较低的农业园区面临考验等。

SWOT 分析表明，客观分析观光农业园区的前景，总的来说是机遇与挑战并存。要发展好观光农业园区旅游，需要及时抓住休闲市场逐渐扩张的机遇，善于迎接同类旅游项目的挑战。在发展过程中，对于外来的因素只能是顺应它、利用它，而园区自身对观光农业的重视程度和实际支持力度，其中政府对发展的态度和决心是关键的关键。

四、市场分析

1.客源市场

（1）国际市场

（2）国内大中城市居民

2.产品市场

（1）旅游产品目标市场定位分析

（2）农副产品目标市场定位分析

3.机会市场（指除核心市场以外的其他市场）

五、确定项目规划方案

1.项目建设之前对项目所在地区的资源进行评价，以便准确定位，合理利用资源

2.目的规划、设计工作，是观光农业必不可少的一项工作，必须引起高度重视，并切实实行

3.观光休闲农业技术体系是传统农业技术与相关技术的融合与升华

观光休闲农业的技术体系是建立在传统农业技术基础上，与旅游、市场、景观等多学科相互融合并升华后形成的新的科学体系。相比传统农业技术体系，既有一些共性之处，但更突出的特点是表现出更加复杂和综合的技术体系。可以运用地理学的综合分区法、景观学的格局分析法、农业经济学的技术经济分析法结合农业新技

术、新品种、高效栽培技术综合集成,构建观光休闲农业技术体系。

4.注意景观学与农业的结合,用农业自然景观营造出园林景观的效果

在观光农业中,人为造景只作为一种点缀,起到"画龙点睛"的作用。

5.搞好旅游业与农业的结合

6.做好观光休闲农业的环境容量研究,一方面为游客提供良好的游玩空间,另一方面保持生态平衡

7.做好 CI 策划(企业形象策划)和实施

8.对观光休闲农业消费主体(客源市场)进行全面的调查分析,根据自身优势,正确设置项目活动内容,吸引消费主流群体

9.观光休闲农业的经营客体,必须为游客提供高品质的产品和高质量的服务

10.相关社会因素的分析

社会、经济条件对观光休闲农业的开发影响深远,观光休闲农业的开发必须对其依托地区的社会、经济条件进行细致的分析。主要包括:区域总体发展水平;开放意识与社会承受力;开发资金;区域城镇依托;区域水、电、能源、交通和通信等基础设施情况;区域劳动力保证;物产和物质供应情况;建设用地条件。

11.综合型园区的发展

六、方案实施

七、项目实施效果评估及总结

第四节　项目区功能定位及建设内容

一、建设原则

1.农业与旅游业相结合

2.引导与示范结合

3.总体规划与资源利用结合

4.农业生产与当地传统文化结合

5.便于生态农业模式的实施与基础设施投资的节约

6.农业作业活动与游客体验活动不产生严重冲突

7.方便与区外交通等其他项目设施的结合

8.三维景观空间符合美学原理

9.有利于生态环境保护

10.有利于园区管理

二、各区类别

1.人文生态景区

2.休闲度假区

3.观光采摘区

4.乡土文化园

5.高新科技示范区

三、各区功能定位

1.观光农业展现

2.农业新品种展示与销售

3.郊野休闲度假

4.观光采摘

5.农业科普教育

四、项目区建设内容

1.农业科普展示类

2.农业文化展示类

3.农业休闲度假类

4.观光采摘类

5.特种作物示范类

6.农业生产体验类

五、项目策划

1.观光农园

主要有果园、菜园、花圃、苗圃、综合型农场等,游客可以品果、观菜、赏花,享受田间情趣。这种农游形式对农民来说,节省了采摘运销费用,使农产品价格具有竞争力;对游客来说,自采自收优质、新鲜的蔬菜、果品,买得放心,还达到了休闲的效果。观光农园包括观光农牧场、观光果园、观光花园、观光菜园、观光茶园、观光渔村等,可让旅游者进入参观、采摘、品尝、购买及实际参与生产、耕作等劳动体验。

2. 少儿农庄

这是农业生产与儿童教育紧密结合的农业经营形式。通过栽植各种农作物、饲养牲畜、配备极具教育内涵的农艺设施,向生活在城市的少年、儿童展示农作物的种植、管理、收获整个过程,让他们了解农业传统生产工具的特征和正确使用以及先进的栽培、管理技术。

3. 教育农场

这是以农业生产为主,兼具农业知识、生态环境教育功能的观光农业形态,如温室栽培、水耕栽培、阳光农园、自然教室、生态保育地等,通过向人们、尤其是市民输导农业知识,加深他们对农业、环保等知识的理解,培养他们热爱劳动、珍惜粮食、自觉保护生态环境的良好习惯。

4. 高科技农园

运用农业高新科技手段,组织培养和杂交育种等,突出各种无公害的珍稀蔬菜、果品和观赏花卉,是融农业生产、农艺奇观、旅游和科普教育功能为一体的现代化农艺园。

5. 体验农园

这是由农民提供农地,让城镇居民参与耕作的园地。城郊农地可集中规划为若干个小区,分租给城镇居民,用来种植花草、蔬菜、果树或经营家庭农艺,让城镇居民体验农业生产整个过程,享受其间乐趣。城镇居民可利用节假日到农园作业,时间不限。农产品可自己享用,但不以盈利为目的。

6. 休闲度假农园

这是利用农牧场设施或乡村民宅为游客提供休闲度假的场所,游客可食宿于农家或仅在农家用餐而不留宿。农场可进行的活动丰富多彩,除各种农事体验外,还可游泳、打球、垂钓、骑马、划船、打猎等。目前各地兴起的"农家乐"类似于此。

7. 生态农业示范园

这是以区域农、林、牧、副、渔土地综合利用的生态模式为基础,提供观赏和体验生态农业生产的场所。

8.乡土民俗文化农园

利用乡村特色地域文化或风俗习惯、节庆活动或民族特色的村庄和农场,开设农家旅舍,建立乡村休闲民俗农庄,借助原始的自然生态和人文生态景观,构成一个个特色浓郁、带有极强的文化与生态色彩的观光农业旅游基地。

9.公园农庄

公园农庄是把农业生产场所、农产品消费场所和休闲旅游场所结合于一体的综合性庄园。设有种植区、养殖区、观赏区(花卉区、果园区、草场区、森林区)、娱乐活动区、服务区等,集观赏、采摘、品尝、写生、绘画、摄影、书法、竞赛于一体。这种形式多适合中、高收入阶层市民集体郊游。

另外,还要考虑各区规划面积及建设地点。

第五节　　观光农业旅游线路设计

一、设计原则

1.坚持市场导向

2.经济效益最佳

3.主题特色鲜明

4.布局优化合理

5.注重可进入性

二、设计流程

1.游程合理

(1)旅游线路的性质和等级　根据旅游吸引物确定景点,以一定的交通方式将其串连起来,合理规划,组成旅游线路。

(2)选择和配置相关旅游专用设施　住宿、餐饮、交通车辆、旅游购物商店以及娱乐场所等。

2.价格合理

通过市场调查确定目标市场,并对其进行细分,对不同的游客群体设计不同的旅游线路。

三、观光农业游内容安排

1. 观光园区游
2. 休闲采摘游
3. 农业科普游
4. 生产体验游
5. 新型农家游
6. 乡土文化游

四、项目的主体形象设计

观光农业特点在于体验,但体验中仅仅依靠散落的活动还远远不能够达到长久发展经营,在项目规划中更要以主题为中心,以体验活动为主体,运用情景规划,为游客设计体验"舞台"和"场景"。

1. 项目主体形象设计的作用

(1)富有吸引力的园区形象能给游客留下良好的印象、深刻的直接感知形象。

(2)有效降低游客的旅游决策心里风险,增加游客获取对园区信息的渠道。

(3)突出乡土性、观光化特征,增加识别度,引起游客的注意和兴趣。

(4)提高宣传度、认可度,打造独特品牌。

(5)使政府及管理者对园区资源和发展方向有更深的认识,提高服务人员的道德意识,提高服务质量。

2. 项目主体形象设计的内容

(1)园区定位以乡村意象为核心。

(2)简明易记、琅琅上口的园区口号是乡村意象的提炼和语言表达。

(3)形象要素设计是营造乡村意象的内部途径。

(4)通过各种形式的形象宣传营造乡村意象的外部途径。

第六节　项目的整体效益评价

一、项目经营活动的财务管理

1.观光农业经营活动财务管理的主要任务

观光农业组织的经营活动体现两个流程：一是实物流，二是资金流。实物是经营活动的表象，而资金流是经营活动的实质。观光农业经营组织的财务管理，主要是根据国家有关法规制度，按照财务管理的基本原则，处理财务关系的一项综合性经营管理工作。其主要任务是：

(1)参与筹资决策，组织资金供应　参与筹资决策是财务管理的首要任务。财务管理人员通过对经营过程中资金需求的充分预测和严密计划，参与筹资决策；通过对筹资的方式和渠道、筹措的时间和数量、资金的结构与成本以及筹资风险等进行通盘考虑和综合分析，以保证资金供应的及时性，降低资金成本和财务风险。

(2)进行投资可行性研究，降低投资风险　观光农业组织筹资资金进行投资时，必须认真分析影响投资决策的各种因素，科学进行可行性研究。观光农业经营的投资很多是各类固定资产投资，既要考虑项目落成后的投资收益，又要考虑投资项目带来的风险并尽可能降低风险。

(3)合理使用资金，提高资金使用率　观光农业组织经营过程中也是资金运动的过程。日常运营中应及时对闲置的资金进行投资，节约费用，加强对财务管理，以便提高资金使用率。

2.观光农业园的经营财务原则

观光农业园的财务工作要求真实、可靠，能准确及时反映园区经营情况，为投资人、债权人、经营管理人员和政府部门等提供决策依据。为了满足会计信息使用者的不同要求，园区经营管理组织的财务工作必须遵守及时性原则、明晰性原则、债权发生制原则等十二大会计基本原则。从资金筹集、流动、收回和分配，应形成一个协调的系统，使资金合理地良性循环，力争以最少的投入获得最多的收益，提高经营效益。

3.观光农业园区财务管理内容

观光农业园区财务管理的主要对象是资金，而资金运动贯穿于经营活动的全过程。资金管理主要分为：

(1)资产管理　包括货币资金、结算资金、存货、固定资产、无形资产、递延资产及其他资产的管理。

(2)资金运营管理 主要包括对筹措资金、投资运营的管理。

筹措资金是根据生产经营、投资和调整资本结构的需要,通过筹资渠道和资金市场,经济有效地筹措和集中资金。可分为自由资金和借入资金。根据投资数量、投资收益以及何种方式筹资、筹资多少,合理确定资金需要和资金投放时间,避免不顾投资效果的盲目筹资。

投资,通常指投入一定的财力,以期望在未来获取收益的经济活动。观光农业园可以用资产、无形资产等投放于其他企业或进行扩大再生产,从而形成投资活动。投资项目评价指标分为两类:一是贴现指标,既考虑货币时间价值因素的指标,主要包括净现值、现值指标、内含报酬率等;二是非贴现值指标,既没考虑时间价值因素的指标,主要包括回收期、会计收益率等。

投资回收期,只回收投资额所需的时间。投资回收期越短,投资方案越有利。

投资回收期=原始投资额/每年现金净流量

会计收益率指投资项目寿命周期内平均的投资报酬率。

平均报酬率=年平均现金净流量/初始投资额

(3)成本费用、收入、利润管理 主要包括对成本的配比、营业收入的确认计量和利润的分配。

成本指营业成本,如"农家乐"的餐饮原料成本、商品进价成本,旅行社代付的房费、餐费、交通费、娱乐费、行李托运费、票务费、门票费、保险费等。费用指营业费用、管理费用和财务费用。必须严格按照国家规定的成本费用开支范围及标准;根据实际情况和经营目标,参照其他类似园区的成本控制水平,制定本企业的成本费用标准。

收入可分为营业收入、投资收入和营业外收入,其中主要是营业收入。营业收入是指在经营活动中向顾客提供劳务或销售商品等取得的收入,如客房收入、餐饮收入、商品收入等。收入确认的基本原则是债权发生制和收付实现制。

利润是指一定时期内观光农业园经营的全部收入与全部支出的差额,是观光农业园经营活动的最终财务成果的体现。利润是一项综合性财务指标。借助利润指标可以对经营活动加以有效控制。

(4)财务报表的管理 主要通过各类财务报表对经营活动及其所起的财务成果进行考核、分析和评价。

财务报表是使用统一的货币计量单位,根据日常会计核算资料,反映一定时期财务状况和经营成果的书面文件。按报表反映的经济内容分为静态报表和动态报表。静态报表是综合反映某一特定时间点资产、负债、所有者权益的报表,如资产负债表;动态报表是反映一定时期内资金耗费和资金回收的报表,如利润表。

二、经济效益

1. 财务估算

（1）销售收入及税金估算

产品销售收入：观光园采摘销售收入、种苗等相关产品销售收入等。

观光服务业收入：观光园门票收入、休闲度假区住宿餐饮收入、娱乐业收入等。

其他业务收入：循环经济收入、集贸市场收入、垂钓区收入等。

税金：产品销售税、城市维护建设税等各项税费。

（2）成本费用估算

直接生产成本：产品生产成本、固定资产折旧及摊销费用。

财务费用：项目运营贷款的年度利息。

市场费用：广告宣传、推销项目生产产品、示范推广项目技术所需支出。

2. 财务效益评价

（1）项目损益分析

可分配利润＝产品销售总收入－经营总成本－上交销售税金

未分配利润＝可分配利润－公积金－公益金

（2）项目赢利能力分析

内部收益率：是一种动态评价指标。它是通过计算找出使净现值等于零或使成本收益比等于 1 的贴现率（即内部收益率）。在特定的项目建设内容及相应的科技水平和生产力水平条件下，内部收益率是客观存在于项目内部的投资报酬率。

投资回收期：是考察项目在财务上投资回收能力、回收速度快慢的主要静态评价指标，它是指以项目的净收益来抵偿全部投资所需的时间长度，一般以年为单位表示。

投资回收期＝累计净现金流量开始出现正值的年份－1＋（上年累计净现金流量的绝对值/当年净现金流量）

（3）风险分析

市场风险（敏感性分析）：从项目销售收入、建设投资和经营成本三个因素的递减和递增，分析其对项目盈利能力（内部收益率）的影响。

自然风险：季节、气候等自然条件的变化对农业生产带来的影响。

三、社会效益

1. 旅游功能

观光农业总收入、年接待观光游客人次。

2. 就业贡献

带动当地农民就业人数、就业效益指标。

3. 农民增收

项目区、辐射区农民人均纯收入增幅。

4. 产品贡献

推广示范新品种、产量增幅、质量提升。

5. 技术贡献

高新技术普及率、劳动生产率、土地产出率、资源有效利用率等。

四、生态效益

1. 洁净生产

洁净生产范围、农业生产废弃物处理达标率。

2. 生物防治技术应用率

3. 土壤肥力

有机肥应用量、化学农药及除草剂使用控制度。

4. 农产品质量安全认证情况

有机、绿色、无公害农产品占全部农产品的比率。

5. 生态环境改善

第七节　观光农业规划设计实例

一、北京妙峰山樱桃植物博览园规划案例

1. 项目建设地点

门头沟区妙峰山镇樱桃沟村,位于门头沟区东北部山区,地处生态旅游开发区内。

2. 项目建设目标

通过樱桃新品种的引进,建设樱桃植物品种博览园与樱桃风情园,扩大生产面积,使樱桃生产品种多样化,提高观光采摘效果,延长观光采收期,提高山区农民收入,增加当地的经济效益、社会效益和生态效益。

通过樱桃工程技术中心的建设,提高樱桃种植的科技含量和应用技术贮备,规范樱桃苗木基地建设,完善樱桃栽培技术体系,为生产安全、高质量的樱桃提供技术保证。同时,扩展樱桃沟的产品种类,培育新的经济增长点,为打造樱桃沟的地域品牌和产品品牌,提升北京樱桃沟的知名度奠定坚实的基础。

通过樱桃文化观光园建设,体现都市农业的功能,实现山区农业的多元化发展。

通过该项目的实施,开发北京山区农业新功能,大力发展现代化都市型农业,构建适应现代市场体制的、持续高效的北京现代山区农业发展新格局,依靠山区特有资源促进山区农民增收致富,使项目建设区成为北京地区极具特色的樱桃生态观光采摘基地、樱桃文化和传统文化的旅游休闲基地、科普教育示范基地、高新科技示范推广基地和专有樱桃技术研发基地,达到对外开放型的国家级观光农业示范园区的领先水平,为北京地区乃至全国提供山区建设和山区农民致富的典范。

3. 项目背景

门头沟区妙峰山镇樱桃沟村种植樱桃已有数百年的历史,樱桃沟也因种植樱桃而得名。本村观光樱桃园自 1999 年开始建设,现有栽培面积 850 亩,已被国家命名为国家级观光农业示范园区。本园区内栽培品种 30 余个,主要栽植于山坡地,进行了基本的水利工程建设,修筑水平梯田,进行土肥水综合管理,形成了比较系统、规范的大樱桃栽培管理配套技术。目前,樱桃园已形成以观光为主的都市农业生产与经营模式。在观光园中,初步增加了观光设施如长廊、亭阁和观光小路等,形成了观光果园的基本框架。配合观光采摘,修筑了公路、绿化带和停车厂等公共设施,为该项目的实施提供了基本保障。

4. 项目建设的必要性

樱桃沟的樱桃已经成为北京市观光农业的亮点,在北京乃至全国具有较强的影响力和知名度。樱桃沟的建设项目是突出发展北京名优果品、发展生态旅游、培育农村新的经济增长点、全面落实北京市"221 行动计划"、切实发展山区经济、提高山区农民收入的主要途径。

樱桃沟的樱桃目前仅限于生产,尚没有打造成樱桃产业,对经济的带动和农民增收的促进作用还不是十分明显,功能较单一。主要存在的问题:一是品种相对少,表现在果实成熟期集中于 5 月下旬至 6 月中旬,采摘期短,仅 30 天左右,采摘与观光生态旅游期短,观光人次少,限制了农民的增收,也不能满足市民对观光采摘的需求。二是观光生态旅游的内容与内涵少,主要是单一的樱桃采摘,尚需增加乐趣性、知识性、民俗性等多样化的观光生态旅游。三是现有品种尤其是砧木品种较少,根癌病及根腐病发生严重,造成 20%~30% 的产量损失,甚至全树死亡,已严重影响了樱桃沟的规模生产。四是现有苗木质量较差,没有脱毒苗,锉叶病毒病常有发生,感染的樱桃树不结果。

为保证门头沟山区的樱桃生产,全面促进以樱桃产业为核心的观光生态农业发展,进行北京妙峰山樱桃植物博览园项目的建设,通过樱桃植物风情博览园建设、樱桃工程技术中心的建设和樱桃文化观光园建设,延伸樱桃产业链,拓宽就业途径,提高农民素质,改善山区环境,带动农民增收,对实现生态观光农业的可持续发展具有重要的意义和迫切性。

5. 项目建设内容

(1)樱桃植物风情博览园建设　根据樱桃品种的产地可划分为欧洲樱桃品种风情园、美洲樱桃品种风情园、亚洲樱桃品种风情园、中国樱桃品种风情园 4 个区。通过展示世界各大洲的优良樱桃品种与技术,将樱桃植物博览园建成樱桃科普基地、文化休闲基地和科技示范基地。

樱桃沟现引进品种 30 多个,主要有红灯、那翁、大紫、红蜜、红艳、巨红、烟台 1 号、雷尼、拉宾斯、佐藤锦、萨米脱、塞内卡、先锋、艳阳等,但早熟、晚熟品种少,中熟品种多而集中,采摘期 30 天左右。

①欧洲樱桃品种风情园。欧洲樱桃品种园拟引进的主要樱桃优良品种有:布莱特、莫莉、大果、早红宝石、维卡、胜利、奇好等。在欧洲樱桃品种风情园中要建立代表本洲风格和特色文化的木架建筑(临建),称为欧洲风情屋,并进行具有本洲特色的园林小品设计(亭榭、走廊等)。通过建立风情屋以展示本洲的文化风情、提供人们休闲与餐饮的场所。室内外的装饰要具有本洲的风格,墙上要悬挂本洲的风情画,配套提供本洲的特色樱桃食品。

②美洲樱桃品种风情园。美洲樱桃品种园拟引进的主要樱桃优良品种有:滨库、高砂、布鲁克斯、斯塔克艳红、水晶、先锋、雷尼、萨姆、艳阳、拉宾斯、萨米脱、甜心等。在美洲樱桃品种风情园中要建立代表本洲风格和特色文化的木架建筑(临建),称为美洲风情屋,并进行具有本洲特色的园林小品设计(亭榭、走廊等)。通过建立风情屋以展示本洲的文化风情、提供人们休闲与餐饮的场所。室内外的装饰要具有本洲的风格,墙上要悬挂本洲的风情画,配套提供本洲的特色樱桃食品。

③亚洲樱桃品种风情园。亚洲樱桃品种园拟引进的主要樱桃优良品种有:佐藤锦、山形美人、秀雅锦、正光锦等。在亚洲樱桃品种风情园中要建立代表本洲风格和特色文化的木架建筑(临建),称为亚洲风情屋,并进行具有本洲特色的园林小品设计(亭榭、走廊等)。通过建立风情屋以展示本洲的文化风情、提供人们休闲与餐饮的场所。室内外的装饰要具有本洲的风格,墙上要悬挂本洲的风情画,配套提供本洲的特色樱桃食品。

④中国樱桃品种风情园。中国樱桃品种园拟引进的主要樱桃优良品种有:巨红、佳红、龙冠、红灯、红蜜、红艳等。在中国樱桃品种风情园中要建立代表中国风格和特色文化的木架建筑(临建),称为中国风情屋,并进行具有中国特色的园林小品设计(亭榭、走廊等)。通过建立风情屋以展示中国的文化风情、提供人们休闲与餐饮的场所。室内外的装饰要具有中国特色。

⑤樱桃博览园水利设施建设。由于近几年连续干旱,造成水位急剧下降,在樱桃沟地区表现也非常严重,为解决这一问题,同时也为保证樱桃博览园的灌溉,需建蓄水池 16 座及深水井 2 眼,水利配套微喷设施 2 000 亩,并且全部实行网络化灌溉及管道喷药设施。

(2)樱桃工程技术中心的建设

①新品种(含砧木)区域试验与研究。引进樱桃新品种主要包括:红色系列品种、紫色系列品种、晚熟品种、抗性砧木品种。比较樱桃品种的丰产性、品质特性、采摘特点、对当地环境的适应性、砧木对根癌病的抗病性等。通过品种比较试验,筛选出适宜樱桃沟发展的品种和具有不同特性的品种。为优质苗木的定向培育提供依据。

②组织培养工厂化育苗中心。建立具有灭菌室 1 间、接种室 1 间、培养室 3 间和组培苗过渡温室 4 栋的樱桃组织培养工厂化育苗中心。扩大樱桃繁殖系数,培育脱毒组培苗,在过渡温室培育樱桃脱毒苗。年培养脱毒组培瓶苗 10 万余株,为北京和全国樱桃种植区提供生根组培苗 8 万余株。

③樱桃脱毒快繁体系。在 MS 培养基上进行樱桃茎尖培养,建立樱桃外植体培养基;摸索和改进现有樱桃分化培养的配方中生长调节剂的种类和浓度,提高分化系数,进行扩大繁殖;进行生根培养的比较,建立完善的樱桃瓶内生根的配方和培养体系,培育生根的组培苗。在不同基质和培养条件下完成组培苗在温室中的过渡培养,

形成营养钵中键壮的组培苗,为转至田间培育奠定基础。

在脱毒组培快繁体系中,尤其是建立抗性品种与砧木的组培快繁体系。

④樱桃育苗基地建设。建立樱桃育苗基地 400 亩,对综合性状表现优良的品种及砧木类型进行田间育苗。利用不同的育苗形式培育樱桃组培苗和嫁接苗,培育符合优质苗木标准的樱桃苗,满足北京地区及全国其他地区对优质樱桃苗木的需求。年提供优质樱桃苗 100 万余株。

⑤有机樱桃栽培体系建立。樱桃沟地处山区,气候生态条件优良,适合有机果品的生产。结合山地的特点,采取生草、种绿肥等生态农业措施,提高土壤肥力;利用 Bio-IPM(生物综合病虫草控制技术)控制樱桃苗的病虫害;利用增施生物有机肥、合理的树体调控技术、合理的负载技术、促进着色和提高含糖量等技术措施,提高樱桃的感观品质和内在品质。通过樱桃有机过渡期的栽培管理,总结和制定樱桃有机化栽培的技术规程,按照技术规程的要求进行有机樱桃的生产,建立樱桃有机栽培技术体系。

⑥樱桃冷链建设和产品加工体系。樱桃果实不耐贮运,随着樱桃种植面积和产量的增加,需建设一座 200 吨的冷藏库、40 平方米的预冷间、200 平方米的果实分级包装间、储藏间及设备间、40 平方米的材料库。

随着樱桃面积的扩大和产业链延伸的需要,樱桃深加工产品亟待开发。深加工的品种有樱桃酒、樱桃饮料等。果酒色泽悦目协调、有光泽;果香浓郁,酒香协调怡人,酒体丰满、醇厚,酸甜适口,回味绵长,风格独特,具有典型性,它集各种果品营养成分于一体,营养丰富,互相补充,在发酵过程中,产生一些对人体有益的抗氧化剂。如单宁酸等,长期饮用可起到软化血管、减少血液中脂肪含量、阻止低脂胆固醇转化、防止血凝等良效,为人们提供较大的选择空间,丰富人们的物质生活。

(3)樱桃文化观光园建设

①观光文化建设项目。观光文化主要包括樱桃沟村关于樱桃种植与发展的历史文化和遍布于当地的火山遗迹文化。计划投资建设樱桃文化与火山遗迹展览馆,重点打造樱桃文化。展览馆可结合当地丰富的火山遗迹资源协同建设。

建设 300 平方米樱桃文化观光园展厅,主要展示国内外樱桃发展的历史与发展现状、樱桃的科学研究进展、樱桃趣闻以及与樱桃文化相关的内容。

②恢复、建设樱桃沟历史遗存。复建"仰山栖隐寺",重现京西历史遗迹。该寺为辽代著名皇家寺院,现遗址尚存;修缮"乐静山斋"。"乐静山斋"为末代皇帝溥仪的英文教师庄士敦的私人别墅,计划本着整旧如旧的原则,进一步修缮与深度文化开发。

通过上述项目的开展,打造樱桃沟的文化氛围。

(4)樱桃沟四季观光采摘基地建设

①温室设施建设。建设 4 栋 80 米×20 米×4.5 米的玻璃温室,设施面积为

6 400平方米,温室建成后主要进行樱桃成熟期调控的研究及反季节樱桃品种生产与展示。

②樱桃成熟期调控技术。通过利用温室等设施使樱桃品种提早或延迟成熟,以满足人们四季观光采摘的需求。利用温室可使樱桃在春节前后开花,3—4月成熟。若结合提早脱叶进行冷温处理,樱桃可在春节前后成熟。通过冷库储藏盆栽樱桃,可使樱桃推迟到5—6月开花,8—9月或更晚果实成熟。

通过樱桃沟四季观光采摘基地建设,可使樱桃的成熟期从5月到9月或更晚,实现了春、夏、秋、冬四季有可供采摘的鲜果,大大延长了樱桃采摘期,同时使樱桃园出现了花与果共存的新景观。

(5)科普与农民培训基地建设　在樱桃植物风情园基础上建立农业科普基地,主要包括科普展览、农民科技培训和樱桃科技示范。

农业科普展览主要以展版展示、放映樱桃宣传片、发放宣传册和宣传材料等方式宣传有关樱桃的栽培知识、营养知识和樱桃文化,提高人们对樱桃的科学认识,密切人们和樱桃等植物的关系,培养人们热爱自然、热爱农业的情感。

农民科技培训主要通过举办培训班、来基地研修实习、派出技术人员指导等方式对农民进行培训,提高农民的樱桃科技水平,增强农民发家致富的能力。

樱桃科技示范主要通过引进优良品种及樱桃有机高效栽培技术示范带动当地及周边地区樱桃产业的发展。

6.项目实施方案

(1)项目实施地的选择　选择门头沟樱桃沟村山坡地作为樱桃植物风情园,进行不同风情区建设。樱桃工程技术中心、民俗园和四季采摘园选择在村办公室周边地区。

(2)项目技术路线　2005年全面实施樱桃植物风情博览园建设、樱桃工程技术研发中心建设、樱桃文化观光园建设、温室提早栽培、延迟栽培与农民培训基地建设,实现樱桃沟的农业具有采摘、观光、旅游、生态、科普等为一体的多种功能,打造樱桃沟的主导产业,达到农民增收,实现樱桃产业的可持续发展。

7.项目执行单位基本情况

妙峰山镇樱桃沟村位于北京市门头沟区东北部,地处生态旅游开发区内,樱桃沟村共有70户200余人,全村山场面积13 500亩,可开发林地面积5 000亩。该地区气候温凉,昼夜温差大,光照充足,温暖湿润。土壤中含有极为丰富的矿物质。目前可开发的山地、丘陵地约2 000亩,现已开发850亩。

8.建设规模及效果

项目投资主要来源于财政拨款、地方配套和本村自筹。

项目建成后,引进樱桃新优品种 50 余个,品种总数达到近百个;建设展厅 300 平方米;栽植樱桃 2 000 亩,采摘期由现在的 1 个月延长到 3 个月,樱桃年总产达到 750 吨,冷库贮藏能力达到 200 吨,年培育优质樱桃苗木 100 万株,开发樱桃深加工产品 2 个;年接待顾客 5 万人次;建立樱桃植物风情博览园、樱桃工程技术中心、温室四季观光采摘基地和培训基地。

二、北京昌平区南口镇(李庄村)荒滩治理及生态农业示范园建设

1. 项目建设地点

北京市昌平区南口镇李庄村。该村位于南口镇西北 10.7 千米。东临南口农场果园,东南距土楼 3.5 千米,西距王庄 2.7 千米,北距马坊 1.4 千米。拟选的地块面积约 200 亩,呈三角形,南面是李黄公路,西北面是南雁公路。

2. 项目建设目标

通过项目实施推进昌平区都市型现代农业的发展,在贫瘠荒滩上构建符合可持续发展要求的都市型现代农业发展模式,带动李庄村环境和经济的发展;提升南口镇和昌平西部地区农业生产水平与市场竞争力,打造昌平区都市农业新形象,为昌平区可持续发展与建设奠定基础。此外,通过本项目的建设与运行,为昌平区、北京市乃至全国其他地区的荒滩治理提供可借鉴的经验;更可为在耕地资源日益紧缺的情况下,在被撂荒的土地上探索农业可持续发展的道路。

本项目集改善农业生态环境、改善农村经济发展、优质安全的蔬菜和果树产品生产以及为市民提供休闲和体验生活的场所等多重目的于一体。强调经济效益、生态效益和社会效益同时并举。具体来说,本项目的目标体现在以下几方面:

(1)改善生态环境　《北京城市总体规划(2004—2020)》中提出将北京打造成"国家首都、国际城市、历史名城、宜居城市"的建设目标。昌平区被称为"首都的后花园",而这"后花园"中对首都环境影响最大的就是南口地区。拟选定的土地已撂荒多年,或完全裸露或杂草滋生。通过本项目的实施,彻底改变这块土地的现状,设施与人工植被可在最大限度上避免这块土地上随风起沙尘的现象。本项目可为该地区其他荒滩地整治提供示范与借鉴。

(2)增加耕地面积　项目拟选的地块面积约 200 亩。项目建成后,可净增耕地面积 150 亩左右。这对耕地资源十分紧缺的当地居民来说,是一个重要的谋生资源。对稳定村民生活,提高农民收入具有重要作用。

(3)提升本地区农业品位　作为大都市的郊区,作为"首都后花园",昌平区的农业发展目标是精品农业、观光农业、休闲农业。近年来,区政府一直为此而努力,并已取得很大成效。本项目的目标是围绕着昌平区农业发展的总目标,定位在都市型现

代农业生产,为市场提供优质安全的蔬菜和水果产品,并为市民提供农业休闲与游览服务。

(4)成为北京农业可持续发展的窗口 项目实施的目的是全面落实北京市"221行动计划",开发北京农业新功能,大力发展现代化都市型农业,构建适应现代市场体制、持续高效的北京现代农业发展新格局,促进农民增收致富,使昌平区南口镇生态农业观光园建设成为北京地区极具特色的农业生态观光采摘基地、传统文化旅游休闲基地、科普教育示范基地、高新科技示范推广基地,为北京地区乃至全国提供都市型现代农业科技和文化产业发展的典范。

3.项目建设的必要性

南口镇位于昌平区西部,镇域面积 203.5 平方千米,其中山地面积占总面积的60%。南口镇是首都城市生态环境保护圈的重要组成部分,由于风沙都经由南口进入北京市区,因此南口也是京津两大城市风沙源治理的重点地区。南口地区的土壤为沙质土壤,在过去的许多年里,因开采沙石后形成了大面积的废弃沙坑、荒坡、荒滩。虽然近年来在国家和北京市的重点扶持下,对这些沙坑、荒坡、荒滩进行了复垦和整治,取得了治理的初步效果,但南口镇目前仍有近 2 300 亩撂荒的土地,尤其是一些平均深度为 4~5 米的废弃沙坑难以修复和开发利用。这一现状直接影响京津风沙源治理工程的整体效果。另一方面,南口镇属于老的工业基地和军事基地,中央、市属企业以及各兵种部队驻军占用了大面积土地。基于上述原因,南口镇可开发利用土地越来越少,现人均占有耕地面积已低于 0.2 亩,农业人口的就业与发展问题十分突出。

对南口镇乃至昌平西部现有的沙坑、荒滩进行综合整治,并在此基础上建立生态农业园,是一项一举多得的长效工程,可以获得良好的经济效益、生态效益和社会效益。首先,复垦沙坑、荒滩对于耕地资源十分紧缺的南口人民来说,增加了创收的资源。看似没有价值的撂荒土地,经整治后用来生产蔬菜、果树,便可获得良好的经济收益。其次,整治与复垦避免了沙石土地直接暴露在空气中,从而减少扬沙和沙尘发生的几率,有利于改善生态环境,达到了根治废弃沙坑、治理生态环境、解决劳动力就业的目的。最后,通过沙坑、荒滩的整治和建立生态农业园,农民的收入增加了,生活环境变好了,增加了就业机会,使农村社会进入和谐而可持续发展的轨道,由此带来长期的、良好的社会效益。

2004 年以来,南口镇政府在区政府的大力支持下,对李庄村部分沙坑整治工作进行了探索性尝试,建立了 150 亩的"燕岭生态园"。通过对沙坑复垦和绿化,原有沙坑不复存在,取而代之的是生机盎然的养殖园、果品采摘园等集农业生产与休闲观光于一体的新型种植小区。治理工作已初见成效。在此基础上,我们深切感到有必要进一步加大探索整治、复垦荒滩、沙坑的方法,通过建立生态农业示范园来评估整治和复垦的综合效益与成本投入,以及整治方案的可操作性。

4. 项目指导思想

(1)项目依据　本项目是依据《北京城市总体规划(2004—2020)》《北京市都市型现代农业"十一五"发展规划》《北京市观光农业发展规划》《昌平区新城规划》,结合南口镇农业现状调查及分析而开展的。

(2)项目性质　本项目定位于以农业生产为载体,集荒滩整治、农业科技示范、休闲观光、旅游度假、农产品及旅游商品销售及科普教育等为一体,建设充满自然情趣,具有良好经济、社会和生态效益的,符合农业可持续发展要求的生态农业示范园,扩大当地农民的就业,增加农民的收入。

(3)项目发展目标　利用现代科技手段,摒弃传统农业生产模式,促进和带动本地区农业产业结构更优化调整,结合旅游观光改善当前的旅游条件,加强基础设施建设,优化资源,把园区建设成为昌平区乃至北京市一流、与农业生产相结合的、展示农业科技和农业生态旅游观光、休闲度假等为一体的具有标志性景观和品牌效应的多功能生态农业观光园。

(4)项目发展的原则　综合利用园区的自然和社会资源,广泛应用国内外新近适用的农业高新技术,农业示范与旅游综合开发相结合,以循环经济思想为宗旨,以获得持续高效的生态、社会、经济效益为目标,同时注重融合本地历史文化,统筹全园,合理规划,逐步将其建设成集农业生产、科研、示范推广为一体,并与旅游观光、休闲度假相结合的,突出当地生态功能的生态农业示范园。项目的规划遵循以下原则:

①生态优先原则。项目以改善当地生态环境为根本目标。南口地区处于北京市的上风上水,该地区的生态条件不仅关系到本地区人民的生产、生活,也关系到全市人民的生产、生活。由于历史的原因,这一地区存在的大量撂荒沙石地,已成为北京市的一个生态隐患。在南口地区发展农业,必须有利于消除这种生态隐患。

②效益兼顾原则。项目的实施要求把经济、生态、社会三方面效益放到同等重要的地位。以经济效益为突破口,带动社会和生态效益全面提高。追求当前利益的同时,也要注意长远利益。规划注重将二者有机结合,以达到最佳效果,使生态农业示范园的发展保持持续、稳定的态势。在规划过程中,结合当地农业生产现状,并根据果树和蔬菜的生态习性,因地制宜地进行布局。

③技术示范原则。园区规划的创意与时代形势紧密结合,要具有示范性。立足对本地区传统农业生产模式的改造和发展思路的调整,"跳出农业看农业",探求新形势下农业生产的发展方向,引导促进本地区农业产业结构向更优化的方向进一步深入调整。规划建设从直观上注重对农业科技(农业技术、果蔬菜新品种、农业设施等)

和推广,同时依托新型农业生产,优化农业自然资源,结合当地社会资源、历史文化资源,合理开发,形成农业与旅游业等结合的综合发展模式,为农村地区带来新的发展思路。

5.项目建设内容

在昌平西部地区建立生态农业科技示范园,为北京地区提供荒滩治理及生态有机农业的典范。在园区内进行以下功能分区:

(1)精品观光果园　该区面积约40亩,种植的果树树种以樱桃和杏为主。在果园管理方面由传统的管理措施逐步过渡到无公害、绿色、有机食品栽培技术体系、病虫害防治以农业防治、物理防治、生物防治为主,严格控制农药和化肥污染。提供观光与采摘服务。

(2)塑料大棚生产区　在这个区内建造55栋钢筋骨架塑料大棚,占地约80亩,用于春季和秋季延后蔬菜生产。每个大棚面积为666平方米。19个大棚用于种植大宗蔬菜,如番茄、黄瓜、茄子、辣椒、甘蓝、菜花等;18个大棚用于种植稀特蔬菜,如荷兰豆、樱桃番茄、迷你黄瓜等,具体种类依据市场需求情况灵活掌握;还有18个大棚用于生产水果蔬菜,如甜瓜、西瓜、草莓、香瓜茄等。大宗蔬菜的主要销售对象为昌平西部地区居民、驻南口各部队及企业,这些单位长期驻扎在南口,是稳定的消费群体。稀特蔬菜和水果蔬菜除了供应部队和企业外,还可往饭店和超市输送以及就地销售。部分水果蔬菜可提供采摘服务。

(3)日光温室区　在这个区域建造6栋高效节能型日光温室,占地约20亩。这些日光温室按照功能分为三部分:4栋用于为大棚蔬菜生产育苗,这些温室当有空闲的地块时,可进行稀特蔬菜生产;2栋用于展示有机蔬菜生产过程,这部分温室的产品可供游客采摘。

(4)餐饮与休闲区　在这个区域建造青砖灰瓦传统式建筑,住宿、KTV包房等休闲娱乐项目,餐饮建筑后建一个能停放30～50辆车的停车场,总占地约20亩。以星级标准的要求,提供日常餐饮、度假、休闲等服务。

(5)辅助配套设施　包括生态农业园的围栏、大门、道路、供水系统、排水系统等。围栏建成绿篱形式;大门靠近餐饮与休闲区,朝南开;园内主干道为水泥与卵石结构;供水系统全部采用暗管铺设;沿生态农业园四周是排水渠道。

6.项目的组织管理

(1)项目组织实施

①组织实施概述。为保证项目的顺利实施,成立职能完善、灵活高效的管理机构,执行项目管理措施,建立健全资金管理体系,对每一个具体项目的管理进行量化,明确职责,将质量管理贯穿到项目建设的各个环节,并定期对项目的实施情况进行检

查,对工程建设进行指导、组织、协调和监督。

②组织实施措施

项目领导组:由项目承担单位主管领导任组长,组员由项目负责部门有关人员组成。负责项目的组织领导工作、项目的组织实施和协调等工作。

项目技术组:由北京农学院的技术负责人任组长,组员由项目支撑单位和承建单位的工程技术负责人组成。

项目工程施工组:由项目基地所在执行部门组织,选组织协调能力强和业务水平高的人员担任项目施工组组长,组员由涉及项目区的镇、村或有关工程队参加。

③管理运行机制。项目资金建立单独账户,专款专用,独立核算。资金使用合理、合法,接受审计部门的监督,确保有限的资金发挥最大的作用。

(2)项目执行单位与技术支撑单位的关系　项目执行单位组织项目所在地的行政领导,组织项目实施。在项目实施的基础建设中负责选点、勘测,负责新品种的引进。落实规划,组织群众,协调关系,落实资金,组织工程施工,并负责检查落实监督施工单位的工程进度和质量,配合技术依托单位开展项目的示范和推广工作。

北京农学院作为技术支撑单位负责项目编写过程中项目专家组的组织和人员的协调、项目的设计、技术实施方案的制定、技术总体报告的编写、技术体系的建立、设施蔬菜的优质高产栽培、有机蔬菜和果树栽培体系的建立,负责技术指导和技术服务。

(3)示范推广的组织体系

①加强领导。建立北京昌平区南口镇生态农业示范园建设项目推广领导小组。由北京农学院负责该项目所涉及的高新技术示范推广、疑难问题的解决和组织协调工作等。技术支撑单位抽调技术骨干到项目区负责技术指导,并与项目区的科技人员组成结构合理、协作力强、技术先进、吃苦实干的新技术推广队伍,使各项技术落实到位。

②技术培训。根据不同的农事季节、项目内容,有计划、有步骤地兴办各种类型的技术培训班,开展各种形式的现场技术指导和服务,印发各种有关的技术资料、专栏等宣传工具,大力宣传设施蔬菜以及樱桃与杏的种植科技知识,不断提高广大农民的科学文化水平。

③以点带面,示范推广。使农民能够"眼见为实",新技术就容易被农民接受和推广。在务实的前提下,通过本项目进行科技示范,以带动和提高全镇广大农民科学种地和发展观光农业的意识和水平。

(4)技术培训计划　项目建成后,项目区将通过各种途径与手段进行观光农业、设施蔬菜优质安全生产及优质果品生产等农业高新技术培训,让农民了解并掌握相关技术知识。主要技术培训包括:

①技术骨干培训。从项目实施开始就注意举办技术培训班,培训一定数量的科技骨干。同时,定期与不定期进行有关技术的培训工作,提高技术骨干的业务水平。通过技术骨干的带动与示范作用,起到以点带面,达到大面积推广应用的目的。

②农民学校培训。在南口镇举办培训班,就生态农业园建设、科学技术、经营管理和市场营销等方面,对全村从事观光生产的农民进行相关知识和技能的培训。

③科技咨询与科普宣传活动。每年进行科技下乡活动,项目区利用墙报、专栏、散发技术材料、录音带、录像带、网络与现场指导等各种方式,开展科技咨询活动,解决具体问题。

7. 项目建设进度计划

本项目工程预期三年建设完工,分三期进行。

一期工程从 2005 年 10 月至 2006 年 9 月,主要完成:①荒滩地的整治,包括推土平地,客土;②40 亩樱桃园和杏园的建设;③供水系统的建设;④排水系统的建设;⑤围栏的建设。

二期工程从 2006 年 10 月至 2007 年 9 月,主要完成:①6 栋日光温室的建设;②55 个塑料大棚的建设;③园内道路的建设。

三期工程从 2007 年 10 月至 2008 年 9 月,主要完成:①餐饮服务中心的建设;②办公用房的建设;③停车场的建设。

该项目已得到昌平区政府的项目批复,第一期项目经费 300 万元已到位,2006 年,李庄村被列入北京市新农村建设试点,走上治理、改造、提升的道路。

三、北京市丰台区都市农业示范园区

1. 示范园现状与评价

（1）现状及优势

①区位优势显著,交通便利。王佐镇属北京近郊区,地处五环与六环公路之间,地理位置十分优越,道路交通便利。京周路、京石高速公路沿王佐镇东南边而行。京广、京源铁路、六环公路穿境而过,可直达市中心,镇域内另有八条公交线路也可通往市内。全长 11.3 千米、宽 12 米的长青路贯穿王佐镇东西,除原有的大灰厂路、魏各庄路、沙锅村至羊圈头等主要路段外,王佐镇政府又投资修通了南连京石路的南宫南路,连接良乡卫星城的云良路以及西接房山、丰台两区交接处的王福路。

②基础设施比较完备。除了交通便捷之外,王佐镇的基础设施条件也比较完备。王佐镇内有西山断裂带岩石深井、南水北调工程、北京第三热电厂、南宫地热温泉、天然气进京管道、两座 11 万伏变电站,既完善了城镇功能,满足水、电、气、热等市政设施要求,又为都市型现代农业示范区的建设提供了基本保障。

③环境良好。由于王佐镇特殊的地理位置,镇域内工业企业少,王佐镇领导对环境建设十分重视,年年抓绿化,月月搞整治,营造了一个良好的环境氛围,两年来连续被评为"全国卫生镇"和"全国环境优美镇"。高质量的生态环境为王佐镇发展都市农业奠定了良好的基础。

④人才优势突出。王佐镇领导班子思想统一、精诚团结,有扎实的工作基础,坚持"以人为本"的原则,善于开拓创新,求真务实。通过兴办和运作大型农业项目,培养了一批意识超前、勇于创新、拼搏实干的技术骨干和职工队伍,中国农业科学院、北京农学院、北京林业大学等多家科研院所作为技术依托单位,为示范区的建设及发展提供强有力的科技与人才支撑。

⑤品牌优势明显。近年先后被评为"全国卫生镇"、"全国环境优美镇"、"全国健康促进示范镇"及被北京市确定为北京市可持续发展实验区。

王佐镇的南宫村在改革中脱颖而出,产生极大的品牌效应,如何开发与利用"南宫"品牌已成为发展战略的问题。

王佐镇拥有优越的资源条件,农产品丰富,涌现了一批名优特产品,品牌优势较为明显,如南宫村的温室香蕉、洛平的温室樱桃、西庄店的黄金梨和磨盘柿、南岗洼的富硒苹果,庄户的芥兰、菜心等。

丰台种子大会已经成为促进王佐镇发展的一个重要品牌,大会每年召开一次,已连续成功举办了 12 届,成为我国北方地区最大的种子交易市场,其规模和参会人数跃居全国第一,不仅在国内有名,而且在国际上也享有盛誉,为拉动全区经济发展、提高丰台区知名度起到了重要作用。

⑥政策优势。王佐镇 2000 年被北京市委、市政府确定为全市 33 个重点小城镇之一,2002 年 3 月正式撤乡改镇,同年 8 月,被北京市政府批准为全市唯一的乡镇级可持续发展实验区。按照新的北京城市总体规划,王佐镇是未来发展的次城区,属于典型的城郊结合部。在市规委批准的城镇规划中,除中心镇区大部分改为建设用地外,全镇还保留了 1.1 万亩基本农田,具备发展都市型现代农业的资源条件。并且,建设都市型现代化农业示范区符合产业发展方向,在政策上能够得到市、区有关部门的大力支持。

⑦自然环境优美。示范园区占地面积共 61.33 平方千米,所在区域自然环境优美,空气清新,有广阔的平原、高低起伏的丘陵、美丽宜人的山脉、风景秀丽的湖泊、清爽甘甜的矿泉、健身康体的温泉、天然绿色的氧吧,形成了园区多样与独特的自然风景。

⑧植被资源丰富。示范园区所在地的绿化面积达到 29 300 亩,其中 20% 为景观生态林、20% 为一般生态林、60% 为经济林(绿色产业建设),林木覆盖率为 35.9%,已被列入到北京市第二道绿化隔离带之中。镇内有国家级一、二级古树名木 4 种,24

棵;昆虫 15 种;野生动物有野兔、松鼠、刺猬、山鸡等 15 种以上。

⑨水资源较为丰厚。示范园区水利资源也较为丰富。在灌溉用水方面,青龙湖灌区改造工程已铺设 30 千米的管道,可将青龙湖湖水(青龙湖总面积 4.95 平方千米,库容量 2 900 万立方米)引到园区内各开发地带,供绿化、种植、生产等使用。园区内拥有丰富的地热资源,园区范围内有地热田面积 40 平方千米,已建成的南宫一号地热供水站日供水 2 700 立方米,出水温度在 70~73℃,可供采暖、温泉养殖、温泉种植、温泉洗浴之用。两口地热井正在准备开采,以备未来园区开发之用。园区内北部山区有 6 眼深度在 600~1 200 米不等的深水井,可为镇区和农业科技示范园区提供饮用水。

⑩旅游资源丰富。除了优美的自然环境和便利的水利条件外,园区的旅游资源十分丰富。西北部有佛门沟、极乐峰、古岩洞群等山地古文化遗址;西部为万亩果园及人造森林;西南部为青龙湖公园;中部为南宫现代化新农村。此外,镇域内还分布有明清古石拱桥、石雕伍供、密檐塔、唐将史思明墓等古迹,以及新建成的八一电影制片厂内、外景基地和成轩公司现代高科技农业示范区等丰富的人文景观资源。

(2)市场分析　调查数据表明,城市化率达到 30%~75% 之间,是城市社会、经济的快速发展期。目前,北京市城市化率已达到 60% 以上,正处在快速发展期,居民人均 GDP 已经达到 5 000 美元,是北京社会经济发展的拐点,也是北京农业发展的拐点,这个阶段是都市型现代农业发展的最好机遇。

从总体上看,近年来社会与经济发展呈现良好的态势。随着人们收入水平的提高,居民的消费潜力将不断增强,对农产品的需求量将大幅增加,特别是对产品的品种及质量要求越来越高,安全、优质的农产品市场需求将日益扩大。因此王佐镇应结合当地的自然资源条件,针对不断变化的市场需求,适时改造与提升传统农业产业,实现农业的集约化、规模化经营,打造名、优、新、特农产品,发展订单农业、创汇农业、加工农业,这是本镇及丰台区发展都市型现代农业的重要依托。

物流产业发展的快慢是大都市经济发展水平高低的重要标志之一。随着区域经济的快速发展,丰台区物流业也呈现了较快的发展态势,这将为王佐镇建设农产品物流配送体系搭建有利的平台。

根据科学发展观,综合资源与环境、市场、组织与管理、科教、人才、信息、资金等要素,运用 SWOT 法对丰台区王佐镇农业发展的优势、劣势、机遇与挑战做出相关分析。

其分析要点如下:

优势:①自然环境好、资源丰富;②具备区位优势、交通便利;③高科技农业有一定基础;④生态农业初具规模;⑤生态旅游业发展迅速;⑥有相当的品牌优势;⑦国家级小城镇建设试点。

劣势：①农业产业结构不合理；②缺乏整体规划；③农业发展动力不足；④农业产业化程度较低；⑤从业人员素质较低；⑥农业市场化程度较低；⑦都市农业主导产业尚未成型。

机遇：①北京市都市型现代农业发展规划；②北京市可持续发展实验区；③北京市落实"221"行动计划；④北京未来发展的次城区；⑤京郊重点小城镇；⑥市民对都市型现代农业的需求；⑦"绿色奥运"提供商机；⑧北京六环路建设与开通；⑨国际郊野休闲社建区建设；⑩王佐镇三个规划。

挑战：①国内同类农产品的冲击；②周边农产品的冲击；③城市化压缩农业发展空间；④农业市场化的要求。

2. 示范园的功能定位

(1)都市型现代农业展现　丰台都市农业示范区的主景区包括南宫新村、世界地热博览园、现代蔬菜公园、农机展示园、农副产品蔬菜加工、特种水产养殖及垂钓等多个部分，它们通过不同的途径、以不同的方式向游客展现了都市型现代农业的功能、特征及其发展状况。游客在这里可了解地热资源的相关知识，参观现代化智能温室，体验现代农业的新科技，掌握农业机械的发展史，学习现代农业机械的操作和使用，了解水产养殖的过程及观看农副产品加工，从而提高对都市型现代农业的认知水平。

(2)农林业新品种展示与销售　示范区现有庄户蔬菜新品种展示基地、南宫高效农业园以及种子大会等，为人们提供农业新品种的展示与销售。在这里游客可看到农业科研院所的最新成果，看到全国种业50强的新品种展示，还可以通过观光、采摘了解新品种的特性，品尝到新口味。通过新品种的试验、示范，使之成为一个对外展示的窗口，利用北京的科技优势，引导农业发展的新潮流，通过近郊带动远郊，通过北京带动外省。此外，该园区作为北京种子交易会的附属基地，开展新品种的展示与销售，可以使会议的内容更加完善，有效地促进会展经济的发展。

(3)观光采摘休闲　示范区内的青龙湖农业产业基地和洛平设施精品园，分别为市安全食品基地和有机食品生产基地，种植的各类水果、蔬菜均为无公害食品，游客在这里可以采摘到各类水果、蔬菜，品尝到真正的绿色有机食品。人们通过直接参与果蔬的加工与采摘，看到生态农业及其加工品的整个生产过程，在娱乐、观光中学习并了解相关知识，体验现代农民的生活，体验农业生产的乐趣，还能进一步促进观光、采摘农业向休闲农业发展。

(4)国际郊野休闲度假　示范区内旅游资源相当丰富，有极乐峰、青龙湖郊野休闲度假区等多个景点，一方面，为城市居民在闲暇之余放松身心、寻求精神享受、体验郊野气息提供了良好的去处，满足了市民的多重需求，另一方面，发展生态旅游产业，还促进了一产与二、三产的紧密融合，通过旅游商品的开发与设计，打造旅游文化，以三产消费提高农产品价值,有利于农民增收。

3. 规划目标与指导思想

利用现代科技手段,摒弃传统农业生产模式,促进和带动本地区产业结构优化调整,加强基础设施建设,改善现有的观光休闲条件,优化项目区农业、科技、人才、资金、市场等资源配置,把都市农业示范区建设成为丰台区乃至北京市一流的,集国际休闲度假、首都生态涵养、生态旅游观光、高新科技展示、科普教育示范、乡土文化体验、田园风光品味、农业产业化经营、有机农产品流通等为一体的多功能都市农业示范区,最终形成以绿色生态为标志的都市型现代农业产业带和以人与自然高度和谐为特征的国际休闲、观光旅游产业带。

通过在示范区内兴建一批科技含量高、示范作用强、辐射范围广的都市农业项目,建设各具特色的生态农业观光采摘基地、科普教育示范基地、高新科技展示推广基地、郊野休闲度假旅游基地、物流配送基地,打造项目区"神山、圣水、新农村"的都市型现代农业新形象,奠定未来丰台新城区可持续发展的基础,为北京地区乃至全国树立都市型现代农业发展的典范。

4. 重点项目概述

规划建设项目包括八个部分——"五园两带一中心",简称"521工程":南宫都市农业科技园、庄户籽种农业科技展示园、怪草村观光农业休闲园、青龙湖都市农业生态园、中国国际乡土文化园,青龙湖—极乐峰—沙锅村—西王佐沿线都市农业观光带、3 000亩高效特种作物示范带和南宫农副产品物流配送中心。

整个项目以循环经济理念为指导,把旅游规划理论、生态规划理论、园林艺术理论融入农业生产规划之中,对项目地区进行全方位的规划,使园区实现以农业生产为载体,集种植、养殖、加工、种苗、生态休闲、农业观光为一体的循环型、节约型、都市型、生态型、环境友好型现代都市农业示范园区。

(1)南宫都市农业科技园　位于南宫地热公园内,主要包括果蔬新品种展示、热带作物风情园、果树盆景园及汇花园。主要进行高新农业科技示范和地热科普展览,面向广大市民和中小学生普及农业科技知识和地热知识。重点展示地热资源在农业生产中的应用以及农业高新技术。向参观者展示高科技农业的魅力。

在南宫都市农业科技园园内可设立高科技农产品展厅、有机农产品大卖场。

(2)庄户籽种农业科技园　籽种农业是都市农业的重要组成部分,一年一度的丰台区种子大会也为丰台区种业的发展提供了很好的发展机会,未来种苗产业将成为王佐镇乃至丰台区的优势产业。

庄户籽种农业园包括两个展示区:一是庄户籽种展示区,位于庄户村,占地300亩,主要展示蔬菜和特种作物新特品种;一是南宫种苗展示区,位于南宫村600亩高效农业观光园内,主要展示花卉和果树新特品种。

引进国际先进的工厂化育苗生产线,利用高档全光照温室为各地客户提供种苗展示的同时,也成为工厂化育苗车间,为北京乃至华北地区提供优质种苗。

(3)怪草村观光农业休闲园　该园区主要以老年人休闲度假和特菜特果采摘为主,包括老北京休闲园、浆果采摘区、文冠果采摘区、温室特菜采摘区以及餐饮休闲区,本园区主要展示树莓、草莓、蓝莓等浆果和特种蔬菜、文冠果的温室栽培管理技术。

在餐饮休闲区拟建造青砖灰瓦传统式建筑,经营餐饮、住宿、KTV 包房等休闲娱乐项目,餐饮建筑后建一个能停放 30～50 辆车的停车场。以星级标准的要求,提供日常餐饮、度假、休闲等服务。同时建设配套的餐厨资源处理系统用于处理园区内的餐厨和生活垃圾。

同时建立一个温室生态餐厅,是针对现代温室效益低下而推出的温室与餐饮有机结合的新模式、新概念,它具有以下特点:"流水绕幽木、小径通亭台"——匠心独具的内部造型,外加全体通透的外观设计,雾时间将人与自然的距离拉至最近;游客可以在浅斟小酌之余,坐看云卷云舒,日落星起;全心体会健康、休闲、用餐的田园情调,另外利用园区生产的各种无公害产品,让游客品尝到最新鲜的瓜果蔬菜。

(4)青龙湖都市农业生态园　包括青龙湖生态旅游区(湖区垂钓观光)、青龙湖生态度假区(高档别墅度假)、青龙湖都市农业区(位于洛平村,占地 600 亩)。生态园内建有风格独特的乡间别墅和餐厅,可供 200 人同时就餐,备有多种风味农家小吃,承办婚宴、KTV 包间、客房、帐篷、野外烧烤、燃放烟花爆竹;承办大、中、小会议,篝火晚会等;为游客提供高雅舒适的居住,让游客远离城市的喧嚣,享受餐饮娱乐一条龙服务。使游客可放飞心情,融入青山绿水,尽享田园风光。

还可开展森林休闲旅游。伴随着回归自然浪潮的兴起,以林木为主的大农业复合生态群体——青龙湖都市农业生态园风景区以其多变的地形、辽阔的林地、优美的林相和山谷、奇石、溪流成为人们回归自然、避暑、科学考察和进行森林浴的理想场所。

(5)中国国际乡土文化园(位于大富庄、魏各庄)　乡土文化是都市农业生态旅游中的重要组成部分。这种文化是独特的文化,以反映农村生活方式、民族特点和地方特色为主。

知识、健康、体验是旅游者从中国乡土文化园中能够获得的核心利益。具体地说,就是让都市旅游者通过观光、休闲和度假的方式,体验中国传统的农耕文化以及农村生活方式,体验中国现代高科技农业生产知识,体验中国乡土世代相传的民间习俗和地方风俗,从而满足其"求知识、求健康"的旅游需求。

①市场定位。核心市场为国际市场和国内市场。国际市场包括西欧、北美、大洋

洲、俄罗斯、日本、韩国、东南亚国家和港澳台地区的都市居民,以及各国、各地区驻京的大使和使馆工作人员、留学生等;国内市场包括北京等大都市的高薪居民。除核心市场以外的境内地区及入境市场的都市居民则为机会市场。

②项目策划。一是建立国际都市农业博物馆。概念性开发构想:以展示中国上下五千年的农耕文化为主题,陈列反映中国农业生产历史与现状的农畜产品或其图片、农具设备,介绍农业生产工艺技术的资料等。通过使用环幕电影、数字模拟技术、三维动画、人机交互界面等展现手段,增加展示的科学性、趣味性,打造高档次的都市农业博物馆。在乡土文化园前建立国际乡土文化广场。二是国际市民农园。概念性开发构想:将乡村区已废耕的农地租赁给长住都市的境外人士和国内没有农地所有权的高收入市民。承租者可种植花、草、蔬菜、果树或进行庭院式经营,以享受与体验中国乡土生活的乐趣;农地所有者将农地出租收取租金,平时尚可帮助忙于工作的市民照顾农田。三是农庄别墅。概念性开发:在景色秀丽的地区,改造或新建纯自然、高档次的农家房舍,要求就地取材,运用中国传统的构造技术,建筑风格具有乡土气息,能够与周边环境相融合,并以当地特色食物供应早中晚餐,提供给境内外都市休闲度假者住宿。有条件的可按不同民俗或手工艺布置"织布院""编筐院""豆腐院"等主题院落。别墅的经营采用"公司+农户"的管理模式,依法规范经营,标准服务,每月接受定期指导,卫生、消防、保险等均有相应的措施。旅客食宿均通过公司统一安排。

以上内容将通过结合旧村的迁移与改造进行。在园区内展示北京特有的乡土文化包括民俗文化、农业文化、民居文化等,让都市人和外国人体验中国农民的生活方式:住进农家小院、品尝农家小吃、体验乡俗民风、欣赏民间文艺。

(6)青龙湖-极乐峰-沙锅村-西王佐沿线都市农业观光带　主要分为8个园,点缀在青龙湖-极乐峰旅游区内,包括5个千亩果树观光采摘园、1个千亩蔬菜观光采摘园、1个千亩香椿观光采摘园和1个极乐峰佛教文化园。观光园果树品种的选择以观花与赏果相结合,并且达到一年四季花果飘香,发展奇珍异果赏心悦目的新品种为重点,摒弃千篇一律的大众水果,藤本、木本、草本、高冠低丛相结合,栽培技术独特而有创新,不同沿袭传统栽培方式,让游人看后有耳目一新之感,如草地果园模式、大棚反季节模式、乔灌木的棚架牵引整枝模式、错落生态组合模式等等。棚架牵引整枝模式以外观优美的美人指、里扎马特葡萄品种为主,也可栽培如黄金梨等,营造"人在棚下走、果在头上挂"的生态体验。大棚反季节栽培以樱桃、草莓、油桃为主。

5. 王佐镇二日游线路设计

(1)旅游线路设计的原则

①市场导向原则。通过充分科学的市场调研,分析市场现状,预测市场趋势,针

对目标市场,设计出适销对路的旅游线路,并适时调整,最大限度地满足观光农业旅游者的需要,提高现有旅游资源的使用价值。具体体现在以下三个方面:

根据市场需求变化状况设计旅游线路;

根据旅游者或旅行社的要求设计旅游线路;

创造新型旅游产品,引导旅游消费。

②经济效益原则。所谓经济效益原则,是指以相对低的成本,获得相对高的效益。要求在旅游线路的设计和运作上一方面考虑市场需求,另一方面也要兼顾当地旅游接待企业和个人的合理利益,加强成本核算和控制,保证旅游线路的优质优价。

③主题鲜明原则。充分发挥王佐镇旅游资源丰富的特点,有针对性地设计一批主题特色鲜明,对旅游者具有较强吸引力的旅游线路,特色越浓,对旅游者的吸引力就越强。

另外,在旅游线路的安排上,要做到内容丰富多彩,使游客感到物有所值。

④布局合理原则。在相关旅游景点的安排方面,之间的距离不宜太远,交通线上的时间耗费不能超过全部旅程时间的1/3。

此外,要做到择点适量,一次性安排过多景点,一方面容易使旅游者感到紧张疲劳,有悖旅游身心放松的宗旨,另一方面,不利于旅游线路再销售,回头客也会减少。

在编排线路时应尽量选择不同种类的旅游点(专业考察旅游另当别论),或把相似的旅游点隔开,使整条线路错落有致。

一条旅游线路上旅游点的安排,应由一般到高潮,中间再穿插一二个小高潮。

⑤可进入性原则。对于旅游线路中各个景点之间的交通联系要特别注意,选择安全快捷的交通路线对游客的感觉很重要。

(2)旅游线路设计流程

①从市场调查与预测入手,确定目标市场。它在总体上决定了旅游线路的性质和等级。比如可针对商务客人开发高档休闲旅游线路,针对观光客人安排参观旅游路线。

②根据旅游吸引物确定景点。例如南宫地热博览园、极乐峰、千亩果园等旅游资源对游客具有不同的吸引力。

③对相关的旅游基础设施和专用设施进行选择和配置,并以一定的交通方式把各景点合理串连,组成一条旅游线路。将所有适合旅游者使用的住宿、餐饮、交通车辆、旅游购物商店以及娱乐场所进行有效调查,然后进行合理安排规划。

(3)具体线路安排　针对目前王佐镇旅游资源的现状,可考虑确定以下几种类型的二日游主题旅游线路。

新型农家游:以主要展示社会主义新农村的发展变化为主题内容。

休闲采摘游:以高科技农产品的采摘和体验农家乐为主题内容。

宗教文化游：以打造极乐峰宗教旅游景区为主题内容。

地热休闲游：以南宫地热温泉为主题内容。

水上运动游：以水上世界和青龙湖的水上运动项目开发为主题内容。

农业教育游：针对学生市场，开发农业知识教育旅游。

演艺体验游：利用影视城设施，开发一些游客参与性项目。

第九章　观光农业消费者行为分析

第一节　观光农业消费者购买行为概述

一、观光农业消费者购买行为的定义

观光农业消费者购买行为是指观光农业消费者在观光过程中为满足其个人或家庭成员的某种需求而发生的购买商品的过程。

观光农业有狭义和广义两种含义。因而，对应的观光农业消费者购买行为也可以有两种类型：狭义的观光农业消费者购买行为和广义的观光农业消费者购买行为。狭义的观光农业消费者购买行为是指旅游者在特定的具体观光农业过程中为满足某种需求而发生的购买相应商品的过程；而广义的观光农业消费者购买行为是指消费者在整个观光农业过程中，因某种特定的需求而引起的各种购买行为，它不仅包括整个农业观光过程中所发生的各种直接消费，而且还包括由此所衍生的各种延伸的消费购买行为。

二、观光农业消费者购买行为的分类

购买行为是消费者消费行为心理过程的集中表现，因而通过对消费者在观光农业过程中消费行为的心理和购买行为进行研究，划分为以下类型：

1. 全确定型

指消费者在参与和进行农业观光行为之前，就已经对自己的消费和购买行为有

了明确的目标。这类消费者一般都是有目的地选择，主动地提出所要购买的商品，并对所要购买的商品提出具体要求，当商品能满足其需要时，则会毫不犹豫地买下商品。比如在农业采摘过程中，对自己要购买水果的数量、品种和品质有明确要求的消费者的购买行为就属于这种类型。

2.半确定型

指消费者在参与和进行农业观光行为之前，虽然对自己的消费和购买行为有了大致的目标，但具体的要求还不够明确，最后的购买消费行为需经过选择比较才完成的。这类消费者一般要经过较长时间的分析、比较才能完成其购买行为。这种消费行为也较多地发生在农业观光采摘、特色农产品购买和农家乐等观光农业旅游活动中。

3.不确定型

指消费者在参与和进行农业观光行为之前，没有明确的或既定的购买目标。这类消费者主要是参观游览、休闲，漫无目标地游玩或放松心情，随便了解一些商品的情况，有时感到有兴趣或合适的商品偶尔购买，有时则观光后离开。

根据消费者在观光农业旅游过程中对商品的购买态度进行划分，可分为以下几种类型消费者购买行为类型：

1.习惯型

指消费者出于对某种观光农业产品或产地的信赖、偏爱而产生的经常、反复的购买。由于经常购买和使用，他们对这些商品十分熟悉，体验较深，再次购买时往往不再花费时间进行比较选择，注意力稳定、集中。如很多观光农业消费者对平谷的桃子和昌平的柿子充满信赖感，每年在它们成熟的时候都会特地赶去习惯性购买。

2.理智型

指消费者在每次购买前对所购的商品要进行较为仔细的研究比较。购买感情色彩较少，头脑冷静，行为慎重，主观性较强，不轻易相信广告、宣传、承诺、促销方式以及商贩介绍，主要靠相应产品的质量和品种作为判断和购买的依据。

3.经济型

指消费者在购买观光农业产品时，特别重视价格，对于价格的反应特别灵敏。购买者无论是选择品种质量好的高档产品，还是价格适中的中低档产品，首选的是价格，他们对"大甩卖"、"赔本销售"等低价促销最感兴趣。一般来说，这类消费者与自身的经济状况有关。

4.冲动型

指消费者容易受观光农业产品的一些外在感官因素影响，外观、包装、色泽甚至是自己当时的心情都会成为购买行为的决定性因素。购买一般都是以直观感觉为主，从个人的兴趣或情绪出发，购买时也不愿作反复的选择比较。

5. 疑虑型

指消费者具有内倾性的心理特征，购买时小心谨慎和疑虑重重。购买一般缓慢、费时多。常常是"三思而后行"。

掌握了上述购买行为的特征，就可以根据具体的情况采取有针对性的措施，让消费者的购买行为得以更有效地实施。

三、影响观光农业消费者购买行为的因素

影响消费者购买行为的因素很多，既包括外在因素，也包括内在因素。外在因素主要包括社会文化因素、经济环境因素以及观光农业消费者的人口统计学因素。内在因素同样很多，除了购买者的年龄、性别、经济收入、教育程度等因素外，消费者的心理因素更是在很大程度上影响着消费者的购买行为。下面就分别作简单的介绍。

1. 社会因素

毋庸置疑，消费者的购买行为无可避免地会受到诸如参照群体、家庭、社会角色与地位等一系列社会因素的影响。

参照群体是指那些直接或间接影响人的看法和行为的群体。直接参照群体是指某人所属的群体或与其有直接关系的群体。直接参照群众体又分为首要群体和次要群体两种。首要群体是指与某人直接、经常接触的一群人，一般都是非正式群体，如家庭成员、亲戚朋友、同事、邻居等。次要群体是对其成员影响并不深的群体。在参照群体因素中，家庭是关键因素，因为家庭是社会组织的一个基本单位，也是消费的首要参照群体之一，对消费者购买行为有着重要影响。一个人在其一生中，一般要经历两个家庭。第一个是父母的家庭，成人后成立第二个家庭。当消费者作出购买决策时，必然要受到这两个家庭的影响。其中，受原有家庭的影响比较间接，受现有家庭的影响比较直接。例如，在观光旅游出游目的地的选择上，若是父母和孩子可以参与的农业观光项目，比起现有家庭的意见，父母家庭意见往往都是参考性的，不能起到决定性的作用。

一个人在其一生中会参加许多群体，如单位、各种组织、社团、协会及其他各种组织，每个人在各个群体中的位置可用角色和地位来确定。每一个角色会在某种程度上影响其购买行为。每一角色都伴随着一种地位，这一地位反映了社会对每个人的总评价，消费者的地位与角色对购买行为产生影响。

2. 文化因素

文化是影响人们欲望和行为的基本因素。大部分人尊重他们的文化，接受他们

文化中共同的价值观和态度,遵循他们文化的道德规范和风俗习惯。所以,文化对消费者的购买行为具有强烈的和广泛的影响。例如,在老少皆宜的观光农业采摘活动中,看似适合于任何人群,但若是考虑到中华民族的一些传统文化观念,如何组织好这些活动,其实往往有着很大的学问。

例如,樱桃采摘往往更容易得到青年男女的喜爱,因为樱桃代表着甜蜜的爱情,是热恋的表示。所以在樱桃采摘园里,我们看到的更多的是青年男女的身影;而桃子采摘更容易赢得中老年人群的青睐,这是因为在中国的传统文化里,桃子是益寿延年的宝物,有传说吃蟠桃还可以长生不老。因而,对于中老年朋友来说,采摘桃子也就意味着撷取健康和寿元,所以比起其他的采摘活动来,"摘桃"肯定更容易得到他们的认可和参与。

在每一种文化中,往往还存在许多在一定范围内具有文化同一性的群体,它们被称为亚文化群。在我国,主要有以下三种亚文化群:

(1)民族群体　我国是个多民族的国家,各民族经过长期发展形成了各自的语言、风俗、习惯和爱好,他们在饮食、服饰、居住、婚丧、节日、礼仪等物质和文化生活方面各有特点,这都会影响他们的欲望和购买行为。

(2)宗教群体　宗教是人类社会发展一定阶段的历史现象,有它发生、发展和消亡的过程。在现阶段,我国居民有信教或不信教的自由,客观上存在着信奉佛教、道教、伊斯兰教或天主教等宗教的群体。这些宗教的文化偏好和禁忌,会影响信仰不同宗教的人们的购买行为和消费方式。

(3)地理区域群体　我国是个幅员广阔的大国,南方或北方、城市或乡村、沿海或内地、山区或平原等不同地区,由于地理环境、风俗习惯和经济发展水平的差异,人们具有不同的生活方式、口味和爱好,这也会影响他们的购买行为。

在一切人类社会中,还都存在着社会层次,而社会层次以社会阶层形式出现。所谓社会阶层是指一个社会中具有相对的同质性和持久性的群体,它们是按等级排列的,每一阶层的成员具有类似的价值观、兴趣爱好和行为方式。

在不同的社会形态下,社会阶层划分的依据不同。在现代社会一般根据职业的社会威望、收入水平、财产数量、受教育程度、居住区域等因素,将人们归入不同的社会阶层。同一阶层中的人因经济状况、价值观倾向、生活背景、受教育程度相近,其生活习惯,消费水准、内容,兴趣和行为也相近,甚至对某些商品、品牌、商店、闲暇活动、传播媒体等都有共同的偏好。

3.人口统计因素

观光农业消费者的购买行为不仅受到文化因素、社会因素的影响,还受到年龄、家庭生命周期、职业、经济状况、生活方式、个性及自我观念等个人因素的影响。

（1）年龄和家庭生命周期　观光农业消费者的需求与其年龄的关系很大，人们随着年龄的增长而购买不同的产品和服务，不同年龄的人对商品和服务会有不同的需要和偏好，年龄对消费者购买行为影响较大。消费者的需求和购买行为不仅受年龄的影响，还会受到家庭生命周期的影响。企业应当分析家庭生命周期不同阶段的需求和购买行为特点，制定相应的营销策略，以便更好地为消费者服务。

（2）职业　不同职业的人，生活方式、工作生活需要不同，对观光农业产品和服务的需要也不同。如城市白领在选择观光农业项目时，出于放松身心的需求，可能更多地考虑空气是否清新，环境是否优美，是否能体会到田园和农家的氛围，而对价格不太敏感；对于科研人员而言，动植物资源是否丰富、地理地貌是否具有典型性等因素将会成为其是否决定观光农业消费的决定性因素。

（3）经济状况　经济状况是影响甚至决定消费者购买行为的重要因素。消费者的收入情况、储蓄及资产情况、借款能力以及对消费、储蓄的态度，在很大程度上影响其购买行为。经济状况不同的消费者在商品的选择上有着明显的差别。

（4）生活方式　生活方式是指一个人在生活方面所表现出的兴趣、爱好、观念以及参加活动的方式，它反映出个人的社会阶层或个性所无法单独表现出来的特征。不同生活方式的人，对商品有不同的需求，如"事业型"的消费者与"娱乐型"的消费者，他们对观光农业商品和服务的需求就有着明显的不同，一个人的生活方式发生变化后，也会产生新的需要。因此，生活方式也是影响消费者需求和购买行为的一个因素。

（5）消费者个性和自我观念　消费者的个性是指消费者的个人性格特征，如内向、外向、保守、开拓、固执、随和等。消费者个性的差异也会影响到购买行为的差异。如性格外向的人在选择观光农业项目时，更倾向于探险、猎奇类的项目；而性格内向的人不大愿意参与人员较多的集体性旅游项目，他们的内心活动较为复杂但又不轻易暴露，一般不易受他人的影响。

自我观念也就是自我形象。每一个人都会在心目中为自己描绘一幅形象。尽管自我形象是主观的，但消费者在实际购买商品时，如果认为该商品与自己的形象一致，往往就会决定购买；反之，则拒绝购买。可见，自我形象也是影响消费者购买行为的一个因素。

4.心理因素

和其他的消费情况一样，影响观光农业消费者购买行为的心理因素也包括动机、知觉、学习行为和态度等四个方面。

（1）动机　动机是人们从事某种行为活动的内部驱动力，是人的一切行为的内在直接原因。观光农业消费者购买动机，就是推动观光农业消费者实行某种观光农业购买行为的一种愿望或意识，它反映了消费者对某种观光农业商品或服务的需要。消费者任何购买行为总是受一定的购买动机所支配，甚至受多种动机共同支配。事实上，由于消费者的生理需要、心理需要以及社会需要的密切联系与复杂多样，因而观光农业消费者的购买行为往往也不是单纯由一种购买动机所引起的，更多的是由多种相互关联并同时起作用的购买动机所引起的。购买动机的基本类型是针对消费者从事购买商品的原因和驱动力而言的，一般可分为以下三类：

①生理性购买动机。也称为本能动机，就是指消费者由于生理上的需要所引起的购买满足生理需要的商品的动机。一般来说，由于生理因素所引起的购买动机应该是比较明显与稳定的，具有普遍性与主导性。在现代市场，虽然生理因素是引起购买动机的重要因素，但往往参合着其他非生理性动机，如表现欲、享受欲、审美欲等。

②心理性购买动机。消费者购买行为不仅受生理动机的驱使，还受到心理动机的支配。心理性购买动机是指消费者由认识、情感、意志等心理过程而引起的购买商品的动机。它比生理性购买动机更多样。当社会经济发展到一定水平时，激起人们购买行为的心理性动机往往占重要地位。心理性购买动机一般可分为感情动机和理智动机。

1)感情动机：感情动机是由道德、集体感、美感、愉快感、幸福感等人类高级情感引起的动机。情感是在社会历史发展过程中，在人的实践活动中产生和发展的，它反映着人们的社会关系和社会生活状况，对消费者的购买行为有着直接的重要影响，产生积极或消极的作用。但是由感情动机所引起的购买行为，一般具有较大的稳定性和深刻性，往往可以从购买中反映出消费者的精神面貌。如现在流行的乡村游、"农家乐"，就是上述情况在观光农业领域的体现。

2)理智动机：理智动机表现在观光农业上就是建立在人们对观光农业商品和服务的客观认识之上，经过分析、比较以后产生的消费需求和动机，具有客观性、周密性和控制性等特点。在理智动机驱使下的购买，比较注重商品的质量，讲求实用、可靠，价格适宜，使用方便，设计科学，效率较高，服务周到等。

③社会性购买动机。是指消费者由于受社会自然条件、生活条件和各种社会因素的影响（如政治法律、风俗习惯、科学教育、经济状况、社会阶层及参考群体等），而产生的购买满足社会性需要的商品的动机。

社会性购买动机常常与心理性购买动机密不可分。由社交、归属、成就、威望、自我发展等动机引起的购买行动，不仅给消费者以心理上的满足，而且不可避免地反映社会的政治、经济、历史、文化等环境因素对消费者的购买动机产生与发展的制约，显示出人们在需要、兴趣、价值观、受教育程度以及消费水准等方面的差异。

研究观光农业消费者的购买动机，不是一件轻而易举的事情。但消费者的购买动机对市场营销策略有着广泛的影响，因而，对于观光农业商品生产者和经营者来讲,应当经常分析消费者生理性、尤其是心理性购买动机和社会性动机,分析、研究购买动机对购买行为的影响,在观光农业产品设计、销售方式、服务保证和广告宣传等方面采取有效的营销手段和策略,更好地适应消费者的要求。

(2)知觉　任何消费者购买商品,都要通过对自己的五官感觉(视觉、听觉、嗅觉、味觉、触觉)得到的印象,进行综合分析,得到知觉,才能决定是否购买。由于各个消费者的五官感觉有很大的差别,由此形成的知觉亦带有很大的差异性。

心理学认为,人的知觉是有选择性的,一般来讲,有三种知觉过程:选择性注意、选择性扭曲、选择性记忆。

①选择性注意。一个人每天都会面临着许多刺激物,但他不可能注意到所有的刺激物,大部分刺激物都会被忽略掉,引起注意的只是少数。一般来讲,有三种刺激较能引起人们的注意:一是与目前需要有关的刺激;二是人们所预期的刺激;三是变化较大的、较为特殊的刺激。因而,对于观光农业和观光旅游目的地的营销而言,就应该根据不同的情况采用有效的营销手段和手法,使产品和服务能引起消费者的注意。

②选择性扭曲。即使消费者注意到外来刺激,并非都能正确地理解和认识,而往往按照其先人为主的观念或某种偏见加以曲解,使之与自己头脑中的想法相吻合,这就是选择性扭曲。如某人认为某一观光采摘园的水果是最好的,即使另一采摘园的水果实际质量明显优于前者,他往往还是会认为原来的那个采摘园的水果质量最好。所以,如何给消费者留下良好的第一印象,对于观光农业经营者来说至关重要。

③选择性记忆。人们会忘掉大部分所了解的东西,而主要记忆那些符合自己信念、态度的东西,这就是选择性记忆。

(3)学习行为　人类的有些行为是与生俱来的,但大多数行为是从后天经验中得来的,这种通过实践、由于经验而引起的行为变化的过程,就是学习。

学习过程是驱策力、刺激物、提示物、反应和强化诸因素相互影响和相互作用的过程。假设某消费者具有参与某观光农业活动及消费的驱策力,当这种驱策力被持续刺激时,就成为一种动机。在这种动机的支配下,他将做出进行该观光农业消费的反应。但是,他何时、何处和怎样做出反应,常常取决于周围的一些较小的或较次要的刺激或提示,如亲属的鼓励、朋友的介绍以及电视专题片和广告的刺激等。倘若他消费完了之后感到满意,就会经常提及并强化对它的反应。以后若遇到同样的情况,他会做出相同的反应,甚至在相似的刺激物上推广他的反应:向周围的人大力推广这一观光活动和产品。反之,如果他对该观光农业项目的产品和服务感到失望,他同样会对周围的人大力传递这一信息。因此,为了扩大对某种观光农业产品和服务的需求,尽量使消费者购买后感到满意是十分必要的。

(4)消费者态度　这里的"态度",是指一个人对他人或外界事物、环境所持有的一种具有持久性和一致性的行为反应倾向。在日常生活中,态度对人们的行为有着深刻的影响,消费者的购买行为,在很大程度上受消费者对所购商品或劳务的态度的支配。

消费者对于一种商品的态度,是由三种相互联系的要素组成,即信念、情感和行为倾向。消费者信念包括对产品或劳务所具备的知识、见解和信任,消费者常常根据"见解"和"信任"决定购买,而不完全根据"知识";情感包括对商品或劳务的喜、恶、爱、恨及其他情绪上的反应;行为倾向则指对商品或劳务所采取的行为。

消费者一旦形成对某种产品或品牌的态度,以后就倾向于根据态度作出重复购买的决策,不愿费心去进行比较、分析、判断。因此,态度往往很难改变。具体到观光农业上,消费者对某种观光农业项目和商品以及服务的态度是肯定的,那么该项目和产品以及服务就可以长期畅销;反之,则可以让该项目和产品及服务一蹶不振。因此,企业在一般情况下应使产品迎合人们现存的态度,而不是设法改变这种态度,因为改变产品设计和推销方法要比改变消费者的态度容易得多。

四、观光农业消费者购买行为模式

1."刺激—反应"模式

任何消费者的购买行为都离不开人类行为的一般模式。观光农业消费也同样。

$$\boxed{\text{内外因素刺激}} \longrightarrow \boxed{\text{购买者生理活动过程}} \longrightarrow \boxed{\text{购买者的反应}}$$

这一模式即"刺激—反应"模式。它认为人们行为动机是一种内在的心理过程,是在消费者内部自我完成的。外部的刺激,经过消费者的心理活动过程产生反应,从而引起购买行为。只有通过对行为的研究,才能了解心理活动过程。模式本身包括3个变量:内外刺激因素、消费者心理活动过程、反应因素。

(1)内外刺激因素　上述模式表明,所有消费者购买行为都是由刺激引起的,这种刺激既来自消费者内部的生理和心理因素,如生理、心理需要,动机、个性、态度、观念、习惯等,又来自外界环境,如观光农业的产品、价格、销售方式,广告、服务、经济情况、科技水平、地理条件、文化因素以及个人的年龄、性别、职业、收入、家庭结构、社会阶层等。

(2)反应因素　指消费者的购买行为。如产品、品牌、经销商、购买时间、地点、方式的选择等。它是一次具体的购买行动并对其进行评价。

(3)购买者心理活动过程　在刺激与反应之间的是消费者内在的心理活动过程,由于是在消费者内部自我完成的,看不见摸不着,心理学家将其称为"暗箱"或"黑箱"。购买者心理活动过程包括两部分内容:一部分是购买者的特性,包括购买者社会和文化的、个人和心理的特征。不同特征的消费者会对同一刺激产生不同的理解和反应。比如,同一项观光农业旅游活动,价格较贵,但活动组织新颖,具有很强的纪念意义。消费能力较强、时间又允许的消费者在进行比较判断后,感觉可以接受,会做出相应的购买行为;但收入水平不高、经济能力不允许的消费者,更注重商品的实用价值,他们经过比较判断后,会放弃购买。这就是不同心理特征的消费者对同一种刺激的不同反应。

另一部分是购买者的决策过程,复杂的决策过程会影响购买者的最后选择。

消费者在种种刺激因素作用下,经过复杂的心理活动过程,产生购买动机,在动机的驱使下,做出购买决策,采取购买行动,并进行购买评价,由此完成了一次完整的购买行为。

消费者购买行为的一般模式,是营销部门制定营销计划,扩大商品销售的依据。它能帮助营销部门认真研究和把握购买者的内心世界,认识消费者的购买行为规律,并根据所经营观光农业项目的特点,向消费者进行适宜的刺激,使外在的刺激因素与消费者的内在心理发生整合作用,以便形成购买决策,采取购买行动,实现满足需要、扩大销售的目的。

2."需要—动机—行为"模式

观光农业旅游者为什么要到城郊农村去旅游,如何决定旅游时间,如何选择旅游路线,旅游的期望值是什么,这是观光农业工作人员必须了解的问题。有钱,有时间,这是旅游消费的前提,但是,还有很多因素影响游客的旅游消费。在旅游者的消费模式中,有一种称为"需要—动机—行为"模式,这种模式的旅游购买行为产生于本身的旅游需要和旅游购买动机。比如,一个中关村的 IT 白领觉得工作累了,需要到郊区度假了,于是就产生了旅游消费。

观光农业旅游消费的"需要—动机—行为"模式是从行为科学理论的角度出发所建立的消费者行为模式。它主要由游客的观光农业旅游需要、观光农业旅游动机和观光农业旅游购买行为三个部分所组成,旅游者的需要、动机和行为构成了整体旅游购买活动。根据该理论,我们可以从观光农业休闲旅游需要产生的因素、观光休闲旅游购买动机形成和类型以及实现观光休闲旅游购买行为的条件三方面来探讨"需要—动机—行为"模式。

(1)观光农业旅游需要产生的原因分析　人们产生观光农业旅游需要的原因主要有以下三个方面:

①随着科技的进步和生产力发展水平的不断提高,人类逐渐迈入"休闲社会"。人们自由掌握的闲暇时间开始超过职业劳动和家务劳动的时间,从而也为人类获得更多的享受和发展提供了可能。如我国实行双休日和"五一"、"十一"、"端午"、"清明"等法定假日就是观光农业旅游产生的客观前提。

②随着我国经济的快速发展,生活、工作节奏的加快,竞争压力进一步增强,人们在工作过程中,会无形当中增大自己"身"、"心"负担,由此产生一种休闲、放松和求知的旅游休闲消费需求。

③随着人们经济收入的逐步提高和物质文化生活的不断改善,家庭作为社会组织中最重要的相关群体,人们已经不能满足于单一的、狭小的家居生活,从而诞生一种通过休闲来进一步加强亲人、亲友之间交流的旅游休闲消费需求。传统生活方式的改变,家务劳动的社会化,进一步增强了人们的旅游意识。同时,由社会公共消费机构投资,社会有关开发和管理部门举办的直接以社会服务的形式满足人们的物质和文化需要的消费服务,更加促使人们消费观念的改变。

(2)观光农业旅游动机分析　观光农业旅游的基本动机为调节生理、恢复身心、发展自我。具体动机可以分为回归自然、休养、健身、娱乐、观光、求知求新和购物等。旅游动机分析主要包括经济发展水平的提高、闲暇时间的充足、城郊生态环境的吸引、生活方式的改变等几个方面。总的来讲,休闲理念的形成培育了观光农业旅游消费的动机。德国研究人员根据大量的数据调查指出,当前世界主要发达国家的市民对休闲有着越来越深刻的理解,他们更多地关注在闲暇时间里,精神上、心理上和健康方面的需要。据统计,在发达国家,目前观光旅游只占整个旅游市场的30%,休闲旅游和户外运动则占了70%以上的份额。随着我国居民休闲观念的形成,人们将以提高生活质量为目的,把健身、求知、娱乐等轻松、快乐而富有意义的休闲活动放在首位,不仅消遣娱乐性和健身性的需求会有较大增长,而且智力型和发展型的休闲需求也将有大幅度增长。因此,玩得高兴又有益于身心的休闲旅游需求模式将成为旅游消费的主流。休闲旅游将呈现出以下特点:一是回归自然趋向明显。在旅游目的地选择中,自然景点对城市居民吸引力最强。二是对休养健身的需求日益凸显。城市居民由于快节奏的生活与工作,时刻处于高度紧张状态,因此居民认为双休日应是身心恢复时间,出游注重环境、交通、服务和安全状况等。三是主动参与意识增强。消费者要求变过去的被动观光为主动参与,体验休闲旅游、参与性休闲旅游大大增强。

(3)观光农业旅游购买力分析　实现观光农业旅游购买行为主要从消费者购买力和购买可能两方面分析。旅游者购买力主要由旅游者人均可支配收入决定。改革开放以来,尤其20世纪90年代中后期以来,我国居民人均收入水平有了较大幅度提高,居民储蓄存款余额也大幅度攀升。

由此可见,我国城镇居民经济条件足以确保了消费者实现到郊区从事观光农业旅游的购买力。实际上城镇居民人均旅游消费在总消费和人均可支配收入的比重都偏小,但是城镇居民的恩格尔系数不断下降,这表明城镇居民较高层次消费的比重逐步增加。而旅游属于高层次消费,这说明只要宣传促销到位,消费思想观念进一步改变,城镇居民旅游消费空间应相当大,而休闲旅游购买行为是实现旅游消费的重要途径。随着个人可支配收入的增加,人们将会形成对休闲产品形式多样化的消费需求,人们休闲活动的数量、形式及其质量都将得到相应的提高。人们在更注重愉悦心情、享受生活的同时,必然会增加对休闲产品质量和数量的需求。

第二节　观光农业消费者购买过程

一、观光农业消费者购买过程

市场营销者在分析了影响购买者行为的主要因素之后,还需了解消费者如何真正作出购买决策,即了解谁作出购买决策、购买决策的类型以及购买过程的具体步骤。

在复杂的观光农业购买行为中,一般来说,观光农业消费者的购买决策过程是由问题识别、信息收集、可选方案、购买决策和购后行为五个阶段构成。

1. 问题识别

众所周知,消费者的需要往往是由内部刺激和外部刺激引起的。观光农业的营销人员应注意识别引起消费者某种需要和兴趣的环境,并充分注意到两方面的问题:一是注意了解那些与该观光农业项目的产品有关联的驱使力;二是消费者对该观光农业项目及产品和服务的需求程度。在此基础上,企业的相关部门应采取诱导激制手段,促使消费者对该项目和产品及服务产生强烈的需求,从而促成购买动机的产生。

2. 信息收集

一般来讲,消费者引起需要后不是马上就购买,而是需要寻找某些信息。消费者信息来源有个人来源(家庭、朋友、邻居、熟人)、商业来源(商业广告、推销、经销商、包装、展览)、公共来源(大众传播媒体、消费者评审组织等)、经验来源(处理、检查和使用产品)等。市场营销人员应对消费者使用的信息来源认真加以识别,并评价其各自的重要程度,以及询问消费者最初接到品牌信息时有何感觉等。

3. 可选方案

消费者对产品的判断大都是建立在自觉和理性基础之上的。消费者的评价行为一般要涉及产品属性(即产品能够满足消费者需要的特性)、属性权重(即消费者对产品有关属性所赋予不同的重要性权数)、品牌信念(即消费者对品牌优劣程度的总的看法)、效用函数(即描述消费者所期望的产品满足感随产品属性的不同而有所变化的函数关系)和评价模型(即消费者对不同品牌进行评价和选择的程序和方法)等问题。例如：我国的很多旅游者在观光农业旅游活动中，在选购旅游纪念品时，最看重的是经典的知名度；而在采摘活动中，往往更看重的是是否符合自己的口味感觉。

4. 购买决策

评价行为会使消费者对可供选择的品牌形成某种偏好，从而形成购买意图，进而购买偏好的品牌。但是，在购买意图和决定购买之间，有两种因素会起作用，一是别人的态度，二是意外情况。也就是说，偏好和购买意图并不总是导致实际购买，尽管二者对购买行为有直接影响。消费者修正、推迟购买决定，往往是受到可觉察风险的影响。可觉察风险的大小随着冒这一风险所支付的货币数量以及消费者的自信程度而变化。观光农业产品和服务的市场营销人员必须了解引起消费者有风险感的因素，进而采取措施来减少消费者的可觉察风险。

5. 购后行为

产品在被购买之后，就进入购后评价阶段，此时，市场营销人员的工作并没有结束。消费者在购买产品后会产生某种程度的满意感。购买者对其购买活动的满意感（S）是其产品期望（E）和该产品可觉察性（P）的函数，即 $S=f(E,P)$。

若 $E=P$，则消费者会满意；若 $E>P$，则消费者不满意；若 $E<P$，则消费者会非常满意。

消费者根据自己从卖主、朋友以及其他来源所获得的信息来形成产品期望。这种不能证实的期望会导致消费者的不满意感。E 与 P 之间的差距越大，消费者的不满意感也就越强烈。所以，市场营销者应使其产品真正体现出可觉察性，以使购买者感到满意。事实上，有保留地宣传其产品优点的市场营销者，反而会使消费者产生高于期望的满意感，并树立起良好的产品形象。

消费者对其购买的产品是否满意，将影响到以后的购买行为。如果对产品和服务满意，则在下一次出行和购买中可能继续参加和购买该产品和服务，并向其他人宣传该项目、产品和服务的优点。反之，如果消费者对该项目、产品和服务不满意，则可能会对观光农业项目和产品的推广产生消极的影响。因此，市场营销者应采取有效措施，尽量减少购买者买后不满意的程度。

二、不同购买决策及其购买过程

1. 消费者购买决策过程的参与者

就许多产品而言，识别购买者是相当容易的。但营销人员仍必须仔细分析购买决策过程中的各种购买角色。人们在购买决策过程中可能扮演不同的角色，包括：

（1）发起者　即首先提出或有意购买某一产品或服务的人。

（2）影响者 即其看法或建议对最终决策具有一定影响的人。

（3）决定者 最后决定整个购买意向的人。换句话说，也就是对是否买、为何买、如何买、何处买等方面的购买决策作出完全或部分最后决定的人。

（4）购买者 从事实际购买行动的人。

（5）使用者 实际使用或消费商品的人。

消费者以个人为单位购买时，5种角色可能同时由一人担任，以家庭为购买单位时，5种角色往往由家庭不同成员分别担任。在以上5种角色中，营销人员最关心决定者是谁。

一般情况下，绝大多数的观光农业产品和服务很容易辨认购买决定者，比如，男性一般是观光农业项目的购买发起者，女性一般是观光农业产品和服务的购买决定者。但往往有些观光农业产品和服务不易找出购买决定者和发起者，需要分析家庭不同成员的影响力，而这种影响力有时很微妙，而且在不同的阶段其影响力也是不同的。辨认谁是商品的实际购买者也很重要，因为他或她往往有权部分更改购买决策，因此，企业应据此开展产品和服务的宣传活动。

2. 消费者购买行为类型

消费者购买决策随其购买决策类型的不同而变化。较为复杂的决策往往凝结着购买者的反复权衡和众多人的参与决策。

根据参与者介入程度和品牌间的差异程度，可将消费者购买行为分为4种：

（1）习惯型购买行为 是指对于消费者经常参与、消费，已形成习惯的观光农业旅游活动和项目，消费者不需要花时间选择，也不需要经过收集相关产品信息、评价产品特点等复杂过程，是一种最简单的消费者购买行为类型。消费者只是被动地接收相关产品信息，出于熟悉而购买和消费，也不一定进行购后评价。

这类观光农业旅游项目和活动以及产品、服务的市场营销可以用价格优惠、电视商业广告、销售促进等方式鼓励消费者购买产品。

（2）变换型购买行为 是指对于风格特色、主题差异明显的观光农业消费项目，消费者不愿花长时间来选择，而是不断变换和选择所参与项目及产品和服务的消费者购买行为类型。观光农业消费者购买决策的变换性购买行为并不是因为对项目和产品的不满意，而是为了寻求多样化。

针对这种购买行为类型，观光农业项目以及产品和服务的市场营销者可采用销售促进和占据有利促销推广平台的办法，让消费者尽可能多地掌握该项目和产品以及服务的全面信息，方便消费者购买。

（3）协调型购买行为 是指对于风格特色、主题差异不十分明显的观光农业消费项目，消费者不经常购买，但购买时却比较担心的消费行为。在这种情况下，消费者一般要比较看中项目的特色和产品及服务的质量,只要价格公道、购买方便、机会合适,消费者就会决定购买;购买以后,消费者也许会对项目本身或是产品以及服务感到有些不太理想的情况,在使用过程中,会想法了解项目产品更多的情况,并寻求种种理由来减轻、化解这种不协调,以证明自己的购买决定是正确的消费者购买行为类型。经过由不协调到协调的过程,消费者会有一系列的心理变化。

针对这种购买行为类型,相关市场营销人员应注意运用价格策略和推销策略,选择最佳销售地点,并向消费者提供有关产品使用的评价信息,使这些消费者在购买后相信自己作了正确的决定。

(4)复杂型购买行为　是指消费者面对不常购买的贵重产品,由于产品的品牌差异大,购买风险大,消费者需要一个学习过程,广泛了解项目产品和服务的性能、特点,从而面对产品产生某种看法,最后决定购买的消费者购买行为类型。对于这种复杂的购买行为,相关市场营销人员应采取有效措施,帮助消费者了解产品的优越性能及产品能给购买者带来的利益,从而影响购买者的最终选择。

第三节　组织机构市场和购买行为

购买产品和服务的不仅有消费者,还有各种社会组织。组织购买指各类社会组织确定购买产品和劳务的需要,在可供选择的品牌与供应者之间进行识别、评价与选择的决策过程。这些组织构成了一个规模庞大的市场,被称为组织市场。如有些产品是原材料、生产设备或办公设备,购买者是有关企业和部门。有些企业虽然生产最终消费品,但是并不直接卖给消费者,而是经由商业部门转卖,直接购买者是商业部门。有些商品则是政府购买。对于观光农业产品和服务来说,它既可以先经由组织机构再转卖到消费者手中,也可以直接卖给消费者。因此,组织市场无论对一般的企业而言,还是对观光农业经营者来说,都是其所面临市场的重要组成部分和重要营销对象,企业和观光农业经营者应当充分了解他们的特点和购买行为。

一、组织市场的类型和特点

1.组织市场的类型

组织市场指工商企业为从事生产、销售等业务活动以及政府部门和非营利组织为履行职责而购买产品和服务所构成的市场。简言之,组织市场是以组织为购买单位的购买者所构成的市场,是消费者市场的对称。就买主而言,消费者市场是个人市场,组织市场则是法人市场。组织市场包括生产者市场、中间商市场、非营利组织市场和政府市场。

(1)生产者市场　指购买产品或服务用于制造其他产品或服务,然后销售或租赁给他人以获取利润的单位和个人所构成的群体。组成生产者市场的主要产业有:工业、农业、林业、渔业、采矿业、建筑业、运输业、通信业、公共事业、金融业、保险业和服务业等。观光农业绝大部分就属于生产者市场。

(2)中间商市场　也称为转卖者市场,指购买产品用于转售或租赁以获取利润的单位和个人(包括批发商和零售商)所构成的群体。组织观光农业游览团的旅行社都属于中间商市场。

(3)非营利组织　泛指具有稳定的组织形式和固定的成员,不属于政府机构和私人企业而独立运作,发挥特定社会功能,不以获取利润为目的,而以推进社会公益为宗旨的事业单位与民间团体。非营利组织市场是指为了维持正常运作和履行职能而购买产品和服务的各类非营利组织所构成的群体。

(4)政府市场　是指为了执行政府职能而购买或租用产品的各级政府部门所构成的群体。政府是特殊的非营利组织。政府通过税收、财政预算掌握了相当部分的国民收入,形成了潜力极大的政府采购市场。

2.组织市场的特点

与消费者市场相比,生产者市场、中间商市场、政府等非营利组织市场虽然最终以消费者市场为基础,但有其自己的特点:

(1)购买者相对少　面对组织市场的营销人员比经营消费品的企业营销人员接触的顾客要少得多。如购买观光农业风情游的顾客是各地有限的旅行社及其分支机构,某农业采摘园和农家旅馆的命运可能仅仅取决于能否得到某家或者几家旅行社的订单。

(2)购买数量大　组织市场的顾客虽然数量少,但每次购买数量都比较大,买主能买下一个企业较长时期内的全部产量。

(3)供需双方关系密切　由于组织市场的购买者需要有源源不断的货源,供应商需要有长期稳定的销路,良好而稳定的关系对双方都具有重要的意义,因此供需双方互相需要保持着密切的关系。

(4)购买者的地理位置相对集中　这是指组织市场的购买者往往集中在某些区域,以至于这些区域的业务用品购买量占据全国市场的很大比重。观光农业旅游更是如此。

(5)派生需求　也称为引申需求或衍生需求。即组织市场需求是由消费者市场需求派生出来的,并且随着消费品需求的变化而变化。派生需求这一特点要求组织市场的营销者不但要了解直接服务对象的需求情况,而且还要了解自己的产品最终市场(即消费者市场)的需求动向;同时营销者还可通过刺激最终市场的需求来扩大自己的销路。例如,消费者在观光农业过程中的一些特殊需求可能会引起观光园对相关农资产品和生产设备以及用于服务接待设施的一些特殊需求,而这可能引起有关企业和部门对化肥、农资、玻璃、钢材等产品的需求。派生需求往往是多层次的,形成一环扣一环的链条,消费者需求是这个链条的起点,是原生需求,是组织市场需求的动力和源泉。

(6)需求具有显著的波动性　　由于产业市场需求是一种派生需求,是由消费者市场需求引申出来的,所以消费者市场需求的小量波动能够引起产业市场的巨大波动。一些观光农业旅游项目尤其如此。如果消费品需求增加某一百分比,为了生产出满足这一追加需求的产品,观光农业经营者的接待设施和对和原料的需求会以更大的百分比增长,经济学家将这种现象称为加速原理。当消费品需求不变时,企业和观光农业经营者用原有设施及服务就可以满足消费者的需求,仅需支出一些更新折旧费和维护费,原材料购买量也不会增加;消费品需求增加时,许多企业和观光农业经营者要增加原有设施及服务,这笔费用远大于单纯的更新折旧费,原材料购买也会大幅度增加。

(7)需求弹性小　　组织市场对产品和服务的需求总量对价格不甚敏感,特别是短期需求。因为生产者的需求不可能像消费者那样随价格的变动而任意改变投向,一些旅游纪念品的生产工艺、原材料的配方以及服务价格在短期内是难以改变的。一般规律是:在需求链条上距离消费者越远的产品,价格的波动越大,需求弹性却越小。例如,采摘园的水果蔬菜不能因花费涨价而减少用量,也不能因一种肥料的价格下降了就用它来替代另外一种价格上涨的肥料。此外,除去服务设施更新费用和前期的服务培训费用外,在总成本中占比重很小的服务"维持"成本上,其需求的价格弹性更小,因为经营者不可能临时改变服务的方式和花样。

(8)购买者专业化　　组织市场的购买者涉及的人员较多,并且多是受过专门训练的专业人员承担采购任务,他们具有丰富的专业知识,清楚地了解所推销的产品的性能、质量和相关服务的优劣。供应商应当向他们提供详细的资料和特殊的服务,说明产品和服务的优点。对于复杂重要的采购项目还会涉及更多的人员,甚至企业最高主管参与决策。这就意味着产业市场上的营销者必须选派受过良好训练的专业推销人员与买方的专业人员洽谈业务。

(9)影响购买的人员多　　与消费者市场相比,影响组织市场购买决策的人员多。大多数企业有专门的采购组织,重要的购买决策往往由技术专家和高级管理人员共同作出,其他人也直接或间接地参与,这些组织和人员形成事实上的"采购中心"。供应商应当派出训练有素的、有专业知识和人际交往能力的销售代表与买方的采购人员和采购决策参与人员打交道。

(10)互惠购买　　购买者和供应者互相购买对方的产品和服务,互相给予优惠。

例如,化肥生产企业和现代农业高科技示范区互相购买对方产品,建立固定的产销关系,彼此的产品销路都有了保障。

(11)租赁业务　组织市场往往通过租赁方式取得所需产品。对一些价值较高的机器设备、交通工具等,可通过租赁形式取得使用权,这可以节约成本和节省资金,促进技术更新和生产发展。这种做法同样适用于观光农业的生产和销售环节。

二、影响组织机构购买的因素

组织机构购买者在做出其购买决策时要受到很多因素的影响,主要受到环境、组织、参与决策者等因素的影响。

1.环境因素

环境因素主要包括:宏观经济环境、政治法律、社会文化、自然环境和科学技术等因素。

宏观经济环境对观光农业旅游购买行为的影响较为明显。宏观经济形势看好,整体上可提高观光农业产业的经营效益,从而对推动消费者参与和购买观光农业产品和服务产品起到积极的作用;反之,像经济危机、通货膨胀等不良的经济环境自然会影响到企业和相关经营者的经营效果,在这种情况下,降低购买观光农业的产品和服务的数量和档次,也是企业和相关经营者必然的选择。

政治因素对观光农业产品和服务的购买行为的影响是全面的。政治环境稳定、宽松,可消除消费者购买行为的后顾之忧,有安全感;国与国之间的友好关系也有利于双方互相促进和发展旅游活动。而政治环境不稳、社会治安混乱、人身和财产安全得不到保障,则企业不可能甘冒风险购买当地的旅游产品。

法律条文中有关市场主体和市场规则的各种立法对企业的发展和经营活动可起到限制或促进的作用,从而间接影响到观光农业产品和服务的购买行为。比如,三资企业和民营企业在法律上得到肯定之后都取得了长足的发展,这些企业加入观光农业生产和服务领域不仅扩大了购买相关产品和服务的数量和质量,而且提高了购买相关产品的档次。

观光农业的购买行为也会受到社会文化因素的影响。在社会经济的发展和旅游活动逐渐普及的基础上,社会观念的变化使观光农业旅游因其独特的价值得到了企业和员工的认可和喜欢。此外,政府部门、学校、企业等组织机构的互相影响,也将观光农业旅游列为重要福利之一,因此,企业和其他组织机构组织的各种形式的观光农业旅游越来越多。

生产和服务技术水平的提升有助于观光农业经营部门和个人提高生产效率和服务质量,增加经济收益,这对观光农业购买行为也能间接起到积极的推动效果。但是,技术水平的提高也会抑制一些个体经营者的旅游购买行为。

上述因素对购买观光农业产品和服务的影响,首先表现在对经营效益的影响上,然后再由经营效益影响购买行为,所以,环境因素对观光农业购买行为的影响属于间接影响范畴。

2.组织因素

每个组织都有其特殊的目标、政策、程序、文化、组织结构和系统等,他们与购买密切相关。

组织机构的经营目标和业务特点基本上决定了本组织机构员工出差的方向和时间。比如,目前我国一些著名的旅行社的员工出差以人口稠密的大中城市为主,时间上也基本不受季节影响;而观光农业集团和公司一般以县城和农村为主要出差地,季节性较强。如果组织机构业务来往主要在组织机构所在地区进行,员工外出公差的机会和数量相对较少;如果本组织机构客户主要在外省市,或者国外,那么外出公务联系的机会和数量就要大得多。此外,技术力量强、季节性强的机构与工作复杂程度低、工作强度大的部门,在安排休假旅游、出访、外地进修培训、接待工作等方面差异很大,需要提供的服务也是不相同的。

组织机构的实力与规模的大小对观光农业购买行为的影响直接而明显。这主要体现在购买观光农业产品和服务的档次和数量上。组织机构的文化和相关制度对购买观光农业产品和服务的影响也是比较大的。提倡节俭奋斗的组织文化同崇尚声望和地位的组织文化对组织机构的购买行为的影响就不一样,前者在购买数量上要少于后者,在产品和服务档次方面要低于后者。组织制度一般会对不同级别的员工和不同性质的出差在购买交通和食宿等方面给予不同的要求和限制。

所以,观光农业营销人员也应了解组织的文化特色和相关制度的有关情况。

3.观光农业购买决策的参与者

一般组织机构的购买行为,参与购买决策的人员多,常常成立决策组或临时性的"采购中心"。参与决策人员的个性、工作经验、受教育程度的不同,会有不同的购买需求与评价标准,对组织机构的购买决策有不同程度的影响。

购买中心可以有 6 种不同的角色,其中每一种角色都可能对购买决策产生影响。

(1)使用者　指购买观光农业产品和服务的实际使用者,如出差人员、奖励旅游的对象等。在通常情况下,购买观光农业产品和服务的要求由他们提出来,并帮助界定所需产品的特性。

(2)影响者　指有能力影响企业购买观光农业产品和服务决策的人,包括间接影响者。他们经常会帮助界定所需产品的特性,提供评价各种备选方案的信息。

(3)决策者　是指有权决定购买观光农业产品和服务的人。他们负责选定产品的供应商,决定产品和服务的各种具体要求。

(4)批准者　他们负责批准决策者或购买者所建议的行动方案。

(5)购买者　指具体执行购买观光农业产品和服务的人。他们负责选择提供产品和服务的观光农业经营企业和单位,并在谈判中扮演重要角色。

(6)把关者　又称控制者。指有能力控制外界有关观光农业购买信息进入企业的人,如主管经理的秘书。把关者的作用非同小可,观光农业营销人员应将他们作为主要分析对象之一,而绝不可小视他们的能力。

采购中心的决策人数和类型各有不同,营销人员必须明确的问题有:谁是决策的主要参与者,他们怎样影响决策,影响到什么程度,每一位参与者在评价时所使用的标准是什么。当参与决策的人数很多时,推销员可能没有时间,也没有条件去接触所有的人,但是不要越过决策者这一环节。

三、组织机构的观光农业购买过程

作为一种购买行为,组织机构的观光农业购买过程与个体消费者在购买观光农业产品和服务的过程大体上是相似的,当然也存在一些不同之处。组织机构观光农业购买过程由六个步骤组成,即问题识别、总需要说明、查询观光农业企业、征求信息、选择观光农业企业或经营者和购后评估。

1. 问题识别

当企业中有成员认识到只有通过使用某项观光农业产品和服务才能解决企业的某种需要时,观光农业购买过程便开始了。观光农业购买需要产生于内外部因素的刺激,比如,需要访问客户、需要举办促销宣传等,即属于企业内部刺激因素。观光农业产品的广告宣传等营销活动所引起的需要则属于外部刺激因素,如一家农业高新技术产业园搞周年庆祝促销活动的宣传、一个新的旅游景点或度假村开业告示等都可能刺激购买行为的产生。一般情况下,由于观光农业购买本质上服从于企业的经营活动,因此,外部刺激往往是在内部刺激引起需要的基础上发生作用的。由此看来,观光农业营销人员更应在了解和掌握企业需要方面多加努力,如此,才能制定有针对性的营销策略。

2. 总需要说明

总需要说明是对观光农业购买各种标准的认定。在认识到观光农业购买需要之后,购买者和使用者便着手根据需要规定欲购观光农业产品和服务的各种标准,其基本内容包含:购买哪一种观光农业产品和服务、买多少、具体时间和内容安排、交通工具选择及食宿标准、费用预算等。如果是重要的旅游购买,须经主管经理批准后再进入下一阶段。

3.查询观光农业企业

总需要说明为组织机构旅游购买人员设法查询到能提供适宜产品的观光农业经营者奠定了基础。查询的方法和渠道有不少,如查询工商目录,查询观光农业服务咨询中心,查看有关广告宣传、其他企业推荐等。针对观光农业购买"查询观光农业经营者"的这一过程,观光农业经营者的任务首先是要被组织机构列入主要的备选目录中。因此,制定和实施强有力的广告促销方案,努力树立企业的良好形象是达到这一目的的必要条件。

4.征求信息

查询到备选的观光农业企业和经营者后,组织机构购买人员会将有关的"总需要说明"寄送给这些企业,并请他们提供所需观光农业产品和服务的价格、服务质量等信息的说明书,组织机构据此作为选择观光农业企业和经营者的主要依据之一。

5.选择观光农业企业或经营者

在这一过程,组织机构观光农业购买中心人员会对备选观光农业企业和经营者提供的说明书,以及他们的信誉、形象等进行比较和权衡,最终选择最佳卖主。有些数量大、价值高的购买在最终确定卖主之前,组织机构往往需要同几个备选观光农业企业和经营者经过多次协商和谈判,以便在价格、服务项目和质量方面获得更多的好处,这也是组织机构从事观光农业购买的常用方法与程序。在许多情况下,一些大企业或组织机构会将数量大的观光农业购买分散到几个企业,因为这将促使观光农业企业和经营者之间的竞争,从而有利于购买者,同时,也可收到分散风险的效果。

6.购后评估

在这一阶段,组织机构观光农业购买人员需要对观光农业企业提供的旅游产品和服务的绩效进行认真的评估。评估可以根据既定标准进行加权评估,有时要根据最终使用者的意见进行评估。评估结果直接影响到组织机构购买中心下次购买行为:继续购买或拒绝购买该观光农业企业的产品和服务。因此,尽管这一次业务已经完成,但观光农业企业营销人员仍要重视组织机构对这次业务的评估,以便不断地提高服务质量,争取今后接到更多的业务。

上述组织机构观光农业购买所经历的六个步骤并非每次购买都必须遵循。实际上,无论从购买的可操作性角度,还是从购买的成本和效率上考虑,一般性和常规性的观光农业购买过程要简单得多,大都是购买者本人根据经验、爱好,或者使用者的直接要求而完成的,只有数量大、价值高、十分重要的观光农业购买才需要经过完整的观光农业购买过程,其目的主要在于控制风险,确保物有所值。

四、观光农业消费者中间商的购买行为分析

由于观光农业产品和服务的综合性特点，以及分散购买的不便性，观光农业产品和服务很大部分是由旅游中间商购买或代理出售的，因此，观光农业企业营销人员必须高度重视观光农业中间商的购买行为分析。

观光农业中间商经营的目的是通过转卖或代理销售观光农业产品和服务而获得利润，这也是他们赖以生存的基本方式，因此，观光农业产品和服务能否带来利润就是观光农业中间商选择购买或代理销售最重要的标准之一。对此，观光农业企业营销人员在制定针对中间商的营销策略时要认真考虑"让利"的问题。

观光农业中间商实际上是观光农业消费者（组织机构和个人）的采购代理人，在很大程度上代表了观光农业消费者的需要和欲望，所以，他们购买或代理销售观光农业产品和服务有着很强的针对性。如果不是这样，他们的转卖或代理销售活动就会受挫，就不能达到获取利润的目的。

仔细分析和掌握观光农业中间商购买行为中的"针对性"，对观光农业营销人员制定"针对性"的营销策略有着很高的实用价值。观光农业产品和服务的综合性特点使中间商具备了组合观光农业产品和服务的功能，而为了满足不同旅游者及消费者的特殊需要，顺利获取利润，中间商通常也必须对不同的观光农业产品和服务进行各种形式的组合，然后再予以销售或代理销售。观光农业中间商的这种组合行为将不同的观光农业产品生产和供应企业、不同的观光农业产品和服务、不同的旅游者有机地糅合到了一起。观光农业营销人员如果能深入了解，并把握这种组合的现象、规律和变化态势，那么，制定和执行高绩效的观光农业营销策略就有了良好的基础。

作为观光农业市场的主体之一，观光农业中间商的购买及代售行为也要受到外部因素和内部因素的影响。外部因素包括政治法律、社会经济、社会文化、自然环境、科学技术和人口因素等，此外还包括其他观光农业中间商、提供观光农业产品和服务的企业和旅游者。内部因素一般是指企业可控制的因素，主要有企业组织的特点，如组织体制、组织机构设置、权力集中程度、营销因素组合，以及决策和业务人员的个人因素，如个性、经验、文化修养、能力、人际关系等。

由于"同行"的原因，无论从哪个角度考察，观光农业企业和经营者的营销活动都要对中间商的购买和代售行为产生不同程度的影响。观光农业产品、质量、服务、技术、价格以及观光农业企业的形象、产品品牌、广告宣传、佣金和支付条件等，都是观光农业中间商所关注的内容，因此，营销人员对中间商的营销活动应是全方位的。

1. 观光农业中间商购买业务类型

（1）新产品采购　是指中间商购买以前未经营过的某一新产品。这与前述生产

者的新购不同,生产者对某种新产品如有需要,非买不可,只能选择供应者;而中间商对某种新产品则可根据其销路好坏,决定是否购进。中间商首先考虑"买"与"不买",然后再考虑"向谁购买"。中间商会通过对该产品的进价、售价、市场需求和市场风险等因素进行分析,然后作出决定。

(2)最佳供应商选择　中间商需要经营的产品确定后,更经常要考虑的是选择最佳的供应者,即向谁进货。这种购买类型的发生往往与以下情况有关:①各种观光农业产品货源充裕,但是中间商缺乏足够的经营场地,只能从中选择一部分。②中间商准备用自己的观光农业产品和服务进行推销。

(3)寻求较好的供应条件　有些中间商不需要更换供应者,但希望从原有的供应者中获得更有利的供货条件,使自己得到更多的利益。如果同类产品的供应增多或其他供应商提出了更有诱惑力的价格和供货条件,中间商就会要求现有供应商加大折扣、增加服务、给予信贷优惠等。营销者只有了解自己客户采购业务的类型和采购决策的主要内容,有针对性地采取促销措施,才能扩大自己产品的销路。

(4)直接重购　指中间商的采购部门按照过去的订货目录和交易条件,继续向原先的供应商购买产品。中间商会对以往的供应商进行评估,选择感到满意的作为直接重购的供应商,在商品库存低于规定水平时就按照常规续购。

2.中间商的主要采购决策

中间商是其顾客的采购代理,因此他们必须按照顾客的需求来制定采购计划。中间商的采购计划需包括三个主要决策:①经营范围和商品搭配战略;②选择什么样的供应者;③以什么样的价格和条件采购。其中搭配战略是最主要的决策,它决定中间商的市场地位。

批发商和零售商可选择搭配战略有以下 4 种:

(1)独家产品　只经营一家观光农业企业或经营者提供的产品和服务。

(2)深度搭配　经营多家观光农业企业和经营者的同类产品和服务。

(3)广泛搭配　经营整个行业的多系列、多品种产品和服务。

(4)混合搭配　经营各种无连带关系的商品。

中间商在决定是否采购某种新产品或选择某家供应者时,通常要考虑的主要因素是商品价格和利润率,商品的独特性和受顾客欢迎的程度,供应者对该产品的市场定位及营销策略,供应者为该产品提供的广告和促销补贴,供应者的声誉或企业形象等。中间商在采购时特别注重价格谈判,这也是营销者必须予以注意的。

3.中间商购买的影响因素和风格

中间商的采购决策过程与生产者用户类似,中间商的采购者也同生产者市场的采购者一样,要受到环境因素、组织因素、人际因素和个人因素的影响。此外,采购人员的采购风格也要予以考虑。有人把中间商的采购者分为如下 8 种类型：

（1）忠实采购者　这种采购者年复一年地忠实于同一观光农业企业所提供的产品和服务，不轻易更换供应者。这种采购者对供应商是最有利的，供应商应当分析能够使采购者保持"忠实"的原因，采取有效的措施使现有的忠实采购者保持忠实，将其他采购者转变为忠实的采购者。

（2）机会采购者　这种采购者善于从备选的几个符合其长期利益和发展前途的供应者中随时选择最有利的产品和服务供应者，而不固定于任何一个。对于这类采购者，供应商应在保证产品质量的前提下提供理想的交易条件，同时增进交流，帮助解决业务和个人的有关困难，加强感情投资，使之成为忠实的采购者。

（3）最佳交易采购者　这种采购者专门选择在一定时间内能给予最佳交易条件的供应者成交。这类采购者在与某一供应商保持业务关系的同时，还会不断地收集其他供应商的信息，一旦发现产品或交易条件更佳的供应商，就立刻转换购买。对于这类采购者，观光农业经营者单纯依靠感情投资来强化联系则难以奏效，最重要的是密切关注竞争者的动向和市场需求的变化，随时调整营销策略和交易条件，提供比竞争者更多的利益。

（4）创造型采购者　这种采购者向观光农业供应者提出其所要求的产品、服务和价格，希望以其提出的条件成交。观光农业经营者要给予充分尊重，好的想法给予鼓励和配合，不成熟的想法也不能讥笑，在不损害自己根本利益的前提下，尽可能地接受他们的意见和想法。

（5）广告型采购者　这种采购者在每一笔交易中都要求观光农业供应者补贴广告费。对于这类采购者，观光农业经营者要在符合买卖双方的利益，在力所能及或合理的限度内，可考虑给予满足。

（6）斤斤计较的采购者　这种采购者在交易中总是要求观光农业供应者给予价格折扣，并且只同给予最大价格折扣的观光农业供应者成交。与这类采购者打交道是比较困难的，让步太多则无利可图，让步太少则丢了生意。观光农业经营者在谈判中要有耐心和忍让的态度，以大量的事实和数据说明自己已经作出了最大限度的让步，争取达成交易。

（7）精明干练的采购者　这种采购者选择的产品都是最物美价廉的，品种搭配最好的。

（8）零碎的采购者　这类采购者每次购买的总量不大，但品种繁多，重视不同品种的搭配，力图实现最佳产品组合。观光农业经营者与这类采购者打交道会增加许多工作量，如算账、开单、包装和送货等，应当提供细致周到的服务，不能有丝毫厌烦之意。

第十章　观光农业产品发展策略

第一节　观光农业产品的概念、特点、分类及构成

一、观光农业产品的整体概念

1.产品的整体概念及构成

（1）产品的整体概念　传统的产品概念是指生产者通过劳动产出的具有某种形状、能提供某种用途的实体。它可以是纸张、笔墨，也可以是食品、服装、汽车等，通常人们的理解，认为产品是一种具有特定的物质形态和用途的物体，即具有实体的产品、物质的产品，这种理解是狭义的，它强调的是产品的物质属性。事实上，消费者购买某种产品，目的不只是为了获得产品的有形实体，更重要的是通过购买该产品来获得某方面利益（需求）的满足。甚至很多时候，消费者花钱购买的只是某种纯粹的欲望的满足而非物质形态的产品本身。比如人们去健身房，目的更多的是为了满足自己健康、富有朝气和活力的欲望；女性去美容院，也是为了使自己更加年轻、美丽的欲望得到满足等。这样，产品概念的内涵就被大大地扩展了。

从经济学的角度理解的产品是广义的，现代市场营销学认为，产品是指向市场提供的能满足人们某种需要的一切东西，包括有形物品、无形的服务和人员、组织、观念或它们的组合，亦称作产品的整体概念。

（2）产品的构成　对于产品整体的概念，以往营销理论一直引用三个层次的表述方式：核心产品、形式产品和延伸产品。近年来，菲利普教授更新了他曾提出的包含三个层次的产品整体概念，认为产品5个层次的研究更能准确地描述产品整体概念

的深刻内涵。

①核心产品。是指消费者购买某种产品时所追求的实际效用和利益,也就是产品的使用价值,如产品的用途、功能、效用等。这是产品整体概念的最基本的层次,也是最重要的部分。

②形式产品。是指产品在市场上出售时的物质形态。包括产品的质量水平、特色、款式、品牌和包装。不同的形式产品呈现核心产品的不同的外部特征,能够满足同类消费者的不同需求。形式产品是企业在市场竞争中满足特定需求从而吸引消费者的一个重要方面。因此,企业进行产品设计时,除了要重视消费者所追求的核心利益外,也要重视如何以独特的形式将这种利益呈现给消费者。

③期望产品。是指消费者购买产品时所期望的一整套属性和条件。比如,飞机乘客希望的是安全、迅速,提供免费饮料和快餐及行李托运。由于目前各航空公司一般都能满足乘客这种最低限度的要求,所以多数消费者对不同航空公司不会形成特殊的偏好,在选购机票时,往往更多地只看时间、价格是否合适。

④延伸产品。是指消费者购买的产品所包含的附加服务和利益,如产品说明书、保证、安装、维修、送货、技术培训、承诺信贷等。这是产品的延伸和附加,它能给消费者带来更多的利益和更大的满足。如今,随着科技的迅猛发展,企业为市场提供的产品越来越接近,延伸产品在企业市场营销中的重要性日益凸显,正逐渐成为决定企业竞争能力高低的关键因素。大众汽车有限公司服务部高级经理奥伯尔先生曾说过:"一家成功的公司除了生产优质的产品外,还必须提供良好的售后服务,这一理念是企业成功的根本。"美国营销专家里维特教授更是断言:"未来竞争的关键,不在于工厂能生产什么产品,而在于其产品所提供的附加价值:包装、服务、广告、用户咨询、消费信贷、及时交货和人们以价值来衡量的一切东西。"无数成功企业的经验也表明,企业要赢得竞争优势,就应向消费者提供比竞争对手更多的附加利益。

⑤潜在产品。是指具有变化和改进潜质的现有产品。形式产品表现产品的现存状态,而潜在产品则预示产品未来的演变趋势和发展前景。一个切近的例子是:呼机、手机、商务通在并不遥远的将来有可能合而为一。

上述 5 个层次的产品之间的关系可由图 10-1 表示:

北京市观光农业最早雏形是采摘园"农家乐",从整体情况来看,北京市观光农业提供的产品还属于简单的大众化产品,大多数观光农业景区(点)都只是提供农产品采摘和品尝、农产品购买、农家食宿以及一些基础的公共服务,有特色的项目不多。农业博物馆、农业节事、民俗表演、手工艺品等还提供得较少。观光农业应强调其体验性和参与性,但现状是参与性活动较为单一,大部分旅游点提供的主要就是农业品采摘和一些普通的体验项目。骑马、动物喂养、植物栽花等参与性强的项目还不够普及。

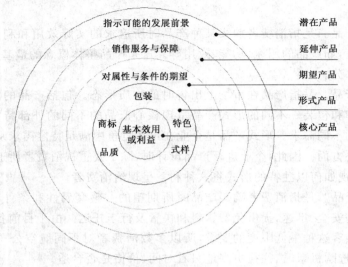

图 10-1　产品整体概念示意图

2.观光农业产品的整体概念

(1)观光农业产品的整体概念　观光农业一般是指非自然的农业旅游景观,有别于以乡村自然生态环境和农业生产、农家生活为背景的乡村旅游农业。其经营主体不是一家一户的农民,可能是企业或政府建设的农业园区。是以人造农业景观为看点,结合科普、休闲、参与项目的设置,营造集农业生产、科技展示、观光采摘、品尝购物为一体的都市型农业主题园。

观光农业的产品即为满足旅游者体验乡村环境、乡村文化、乡村体验等方面的需要而提供的有形产品和无形服务的总和。它包括旅游资源(景观、吸引物)、设施和服务、辅助服务三个层面的内容,是一个组合式、整体式的概念。其表现形式为:①各种地方性节庆,如:苹果节、桃节、西瓜节;②"农家乐"及"采摘节"式产品;③一些民俗文化知识的学习;④农事活动体验等。

(2)观光农业产品的构成　观光农业从产品也分为三个层次,见图 10-2。

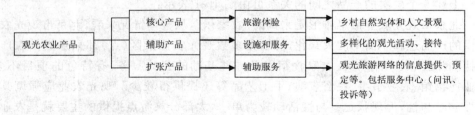

图 10-2　观光农业产品的构成

①核心产品域。基本上是以人造农业景观为看点,核心产品是以旅游者获取旅游体验为主要对象,主要内容是结合乡村景观,使旅游者参与享受当地特色乡村文化、乡村生活。

②辅助产品域。辅助产品是由本土的各种直接或间接从事观光农业人员提供的产品,这些产品可以包括农业旅游或农庄旅游的范畴,如餐饮、工艺品、土特产、特色活动等。其服务对象一般也不局限于观光旅游者,还包括本地居民。辅助产品不是基本要素,不过可以作为观光旅游者体验的重要组成部分,是增强核心产品吸引力的主要途径。辅助产品包括当地的特色餐饮服务、民间工艺品和土特产品、农事、乡村体验活动。

③扩张产品域。由政府、企业、行业协会等组织的面向观光旅游的营销或服务网络。扩张产品是观光旅游发展到一定阶段、形成一定规模后的产物,旅游者通过观光旅游网络获取旅游信息,预定及其他增值服务,观光旅游的从业者也通过该网络共享资源并开展营销活动。

二、观光农业产品的分类

作为新兴的传统农业产业与旅游交叉的观光农业的产品,可按区域状况分为景区边缘型、城市周边型和边远型;按照旅游对象分为民俗型、田园型、居所型和复合型;按照游客参与旅游活动程度,将观光农业产品分为观光游览型、休闲娱乐型、参与体验型、交叉型或复合型。详见表10-1。

表 10-1　观光农业产品分类

观光农业产品类别		资源载体及相关项目
层次一	层次二	
观光旅游型	自然观光	乡村田园景观资源:田园风光、畜牧草原、天然植被等
	文化观光	乡村文化资源:特色手工艺品、农耕展示等
	主题型观光基地	各类农业观光园:茶园、果园、蔬菜园、花卉园、荷塘、鱼塘等各类植物园区及动物养殖基地
休闲娱乐型	滞留服务	家庭旅馆、小木屋、竹屋、帐篷等
	品尝美食	农家特色菜肴、野味、土特品等
	休闲项目	民间戏曲、歌舞、民间体育、散步、垂钓、品茶、对弈、野餐、烧烤等
	趣味节目	斗禽(斗牛、斗鸡、斗蟋蟀、小猪赛跑等)、放风筝、坐牛车、骑马等

续表

观光农业产品类别		资源载体及相关项目
层次一	层次二	
参与 体验型	农业体验型	农业生产体验(采果、摘菜、播种、浇灌等)、农民生活体验(烧饭、特色食品制作、动物喂食、纺织、腌菜等)、农村生态体验(观看昆虫馆、萤火虫、青蛙等)等
	民俗文化 参与型	各类活动:婚丧嫁娶;岁时节令活动、各种农事节日(方言、宗教、历史、歌舞、礼仪、婚俗等)等
	疗养保健型	森林浴、温泉、练功、平衡神经锻炼场等
	科普艺术型	野生动物保护、了解昆虫习性、辨识植物、制作标本等
	手工艺制作型	盆景制作、木雕、剪纸、泥人工艺、酿造、剪纸、陶艺、编织等

三、观光农业产品的特点

观光农业的产品以观光、休闲功能为主,包括观赏、品尝、购物、农作、文化娱乐、农业技术学习、森林浴、乡土文化欣赏等。

开发观光农业要坚持以农业为基础,利用农业、农村资源,兴办休闲旅游事业,然后逐步过渡到旅、农、工、贸综合发展,从而在农村这片广阔的地域上寻找并创造出城市旅游点无法与之媲美的农业旅游景观特色。

一般认为观光农业产品具有以下基本特点:

1. 农业特性

观光农业是在农业生产的基础上开发其旅游功能的,其产品引人入胜主要是优美的田园风光。在开发其产品功能的过程中,可能局部地改变原来的农业生产结构,但农业生产仍是观光农业的主要方面,避免破坏基本农田保护区等。

2. 生态特性

观光农业的发展的目标之一是调整人和自然、经济发展与生态环境之间的矛盾。观光农业的兴旺也要得益于宁静优美的生态环境、天然的自然景观以及纯朴的乡村生活方式、民俗文化等。因此,在开发建设观光农业过程中,尽可能不破坏原来的自然生态环境,减少人工作用,促进农业生态系统良性循环。

3. 娱乐特性

观光农业除了具有优美的生态环境外,其产品还应具有一定程度的娱乐性,否则也不能吸引大量的游客。娱乐性主要体现在观光、农业体验、民俗活动和自然探险等富有农村农业和自然风光特色的游乐活动中,而人工游乐设施则适可而止。

4.参与性

参与体验观光农业,调动了游客的主动性和参与性,让旅游者深度参与到活动中,从参与的过程中获得全面的感知、认知和教育,并留下难忘的回忆。

5.文化性

通过对观光农业产品的感受和体验,将国家、民族、地方、民间的文化传承和文化教育有机结合,成为发扬光大的载体,让更多的旅游者通过活动感受传统文化精髓,保留和继承其质朴的文化底蕴,具有深远意义。

6.市场性

目前观光农业作为旅游业与农业之间交叉性的新兴产业还有待开发,具有很大的市场空间。观光农业产品可根据当地的实际情况,灵活开发、适时开发其资源,并结合旅游者的心态和愿望,抓住市场先机,实现双赢局面。

第二节　观光农业产品品牌策略

打造观光农业品牌,利用品牌优势努力扩大市场占有率。在产品的整体策略规划中,品牌需要置于第一位来考虑。

一、观光农业品牌的涵义及构成

1.品牌及相关术语的概念

(1)品牌　品牌也叫厂牌,俗称牌子,是制造商或经销商加在产品上的标志。品牌是由名称、图形、符号、标记或它们的组合形成的。它的基本功能是把不同企业之间的同类产品区别开来,不致使竞争者之间的产品发生混淆。品牌是一个集合概念,它包括品牌名称、品牌标志和商标。

(2)品牌名称　它是指品牌中能够用语言表达的部分。例如"可口可乐""麦当劳""海尔"等是国内、国际的知名品牌。

(3)品牌标志　它是指品牌中可以被识别、辨认,但不能用语言表达的部分,常常是一些符号、图案、明显的色彩或字体等。

(4)商标　它是指经政府有关部门登记注册后受法律保护的品牌,具有专门使用权和排它性。所以,商标实际上是一个法律名词,是受法律保护的品牌或品牌的一部分。

2.观光农业品牌的涵义及主要表现形式

(1)观光农业品牌的涵义　由品牌概念可引出观光农业品牌的概念,是指观光农业生产者或经营者在其农产品或农业服务项目上使用的用以区别其他同类或类似农产品或农业服务的名称及其标记。从这一定义可以看出,观光农业品牌的使用者是农业生产者或经营者,而不是消费者;标志的对象是农产品商品物或农业服务项目,而不是非农业品商品物或非农业服务项目;标志的目的是为了向消费者出售自己的农产品或提供农业服务,而不是为了赠予或自种自吃而使用的产品标志或自己享用的服务。

(2)观光农业品牌构成的主要表现形式　根据我国《商标法》的规定,农业品牌作为区别农产品或农业服务来源的标记,应是由文字、图形、字母、数字、三维标志和颜色的组合。申请注册的农业品牌,应当具有显著特征,便于识别。一般看来,观光农业品牌同农业品牌的构成一致,也主要是以下三种表现形式:

①文字、字母、数字。文字是观光农业品牌最基本的构成要素之一,实际上有些观光农业品牌就由纯文字、字母、数字构成,不含其他图形部分。这里的文字指的是语言的书写符号,包括两个以上的字母或数。用文字作观光农业品牌,字体不限,楷、篆、行、隶、草书及笔划的艺术变化、重合交织都是允许的。

②图形。图形是指人或事物的形状、图案,包括具体的图形、抽象图形或虚构的图形。用图形作观光农业品牌的优点在于不受语言限制,标志性强;弱点在于不便呼叫和交流。

③文字与图形的组合。文字和图形既可以单独作为观光农业品牌,也可以结合起来成为组合型观光农业品牌。组合型观光农业品牌图文并茂,引人注目,是使用较多的品牌。组合型观光农业品牌要求文字和图形和谐一致,联系密切,如果二者毫无联系,就不宜作为品牌。

(3)观光农业品牌无论使用文字、图形还是其组合,都应当具有显著特征,以便于识别显著特征、便于识别是品牌应当具备的必要条件,在品牌审查中被视为一种绝对标准。除《商标法》规定禁用的文字、图形之外,凡是不能识别不同经营者的观光农业品牌,均属缺乏显著特征、不符合法律规定的品牌。其主要表现形式包括:

①仅以变通形式,过于简单的几何图形构成的观光农业品牌,不易产生感官印象,不具备观光农业品牌识别作用。

②过于复杂的文字、图形或其组合的观光农业品牌,缺乏显著特征,也不具备观光农业品牌识别作用。

③仅以变通字体的字母构成的观光农业品牌,因字母的数目有限,不宜为一家独占,缺乏显著特征,不具备观光农业品牌识别作用。

④仅以变通字体的阿拉伯数字构成的观光农业品牌,且指定使用在习惯于数字作型号或货号的观光农业品牌,缺乏显著特征,不具备观光农业品牌识别作用。

⑤仅用常见的姓氏以普通字体构成的观光农业品牌,且指定使用于日常生活用品与日常服务的,其姓氏不宜一家独占,缺乏显著特征,不具备观光农业品牌识别作用。

⑥民间约定俗成的表示吉祥的标志,且指定使用于日常生活用品与日常服务的,缺乏显著特征,不具备观光农业品牌识别作用。

⑦常用于商贸中的语言或者标志构成的品牌,以普通形式的观光农业产品的包装、容器或者一般商品的装饰性图形作品牌等,缺乏显著特征,不具备观光农业品牌识别作用。

⑧由企业或行业的普通名称、简称构成的品牌,缺乏显著特征,不具备观光农业品牌识别作用。如"观光农业法律事务所"。

⑨非独创性的广告用语,缺乏显著特征,不具备观光农业品牌识别作用。

⑩以常用的礼貌用语、以普通人称称谓作品牌,缺乏显著特征,不具备观光农业品牌识别作用。如"老农""农家"。但非普通形式,或者已图形化的不受此限,如"康师傅"(方便面)。

(4)观光农业品牌权有效使用的表现形式　品牌专用权是受国家法律保护的权利,不许任何人侵犯,这是世界各国商标法通用的准则。品牌专用权的内容包括注册品牌的独占使用权、禁用权、转让权、使用许可权等,其中独占使用权是基本的核心权利,其他权利都是从独占使用权中派生引申出来的。

品牌权的有效使用包括以下几种形式:

①将品牌直接使用在商品或商品包装上,这是服务品牌最常用的使用方法,它对服务品牌不适用。

②将品牌使用在所提供服务的工具上,这是服务品牌最常用的使用方法,它对服务品牌不适用。

③将品牌使用在为商品或服务所做的广告宣传中。

④将品牌使用在交易文书中,如合同书、发货票等。

⑤将品牌使用在商业展览活动中。

⑥将品牌使用在为生产、经营商品或提高服务的建筑物上。

⑦将品牌使用在公关用品上,如名片、请柬、礼品等。

⑧将品牌使用在与消费者直接见面的工作人员的服装上。

⑨在其他贸易活动中使用品牌。

以上几种品牌权有效使用的形式是并列关系,其中任何一项都有单独成立的可能,而且我国品牌法律法规也没有特别要求品牌必须使用在产品实体上,这说明我国品牌法律法规不仅没有排除展览、广告等类似的有效使用形式,甚至没有排除其独立构成证据的可能性。

二、商标品牌策略

1.商标和品牌的区别与联系

商标和品牌是极易混淆的一对概念,两者既有联系,又有区别。有时商标与品牌两个概念可等同替代;而有时却不能混淆使用两个概念,品牌并不完全等同于商标。就观光农业品牌来说,它也有别于商标。商标是品牌的一部分,商标是经过注册获得商标专用权从而受到法律保护的品牌。两者不同之处,主要是商标能够得到法律保护,而未经过注册获得商标权的品牌不受法律保护。

商标是法律概念,它强调生产经营者合法权益的保护;观光农业品牌是市场概念,它强调观光农业企业(生产经营者)与顾客之间关系的建立、维系和发展。

2.商标品牌策略

商标品牌策略就是企业如何合理地使用商标,以发挥商标在市场营销中的作用。企业在作出商标品牌决策时,一般可以有以下几种选择:

(1)品牌使用者策略　在这方面,企业有三种策略可供选择:第一,企业可以决定是否在自己的产品上使用品牌,这种品牌叫做生产商品牌;第二,企业可以决定将其产品转卖给中间商,中间商再用自己的品牌将产品转卖出去,这种品牌叫做中间商品牌、私人品牌;第三,企业还可以决定部分产品使用自己的品牌,部分产品使用中间商的品牌。

(2)家族品牌策略　指企业决定其产品是分别使用不同的品牌,还是统一使用一个或几个品牌的名称。在这个问题上,也有不同的选择:第一,个别品牌名称,即企业各种不同的产品分别使用不同的品牌,其优势在于整个企业声誉不至受到某种产品的负面影响;第二,统一品牌名称,即形象鲜明;第三,分类品牌名称,即企业的各类产品分别命名,一类产品使用一个牌子,这种策略适于具有多种不同产品类别且市场差异大的企业;第四,企业名称加个别品牌名称,即企业决定其各种不同的产品使用不同的品牌,而且各种产品的品牌前面还冠以企业名称。

(3)品牌归属策略　是指企业决定在产品上使用生产者品牌还是消费者品牌。

生产者使用本企业的品牌称为生产者品牌;生产者把产品卖给中间商,使用中间商的品牌,称为销售者品牌。传统上,品牌是生产者的标记,因为产品的设计、质量、特色都是由生产者决定的,但是,近年来,有声誉的经销商使用品牌的也日益增多。一些企业的产品在初次进入某个市场且产品品牌缺乏知名度时,往往使用在当地市场上有良好声誉的销售者的品牌,以迅速打开市场,在取得一定的市场地位后再使用自己的品牌，或者是生产者品牌和销售者品牌同时使用。

（4）更新品牌策略　是指企业利用其成功品牌名称的声誉来推出改良产品或新产品，包括推出新的包装规格或样式等。

案例十：北京市昌平区乡村旅游融入奥运元素

2008 年奥运会，北京吸引了国内外众多游客前来观光旅游，也带动了京郊旅游逐渐升温。地处北京市西北部、有"首都后花园"之称的昌平区把奥运元素融入到特色乡村旅游中，积极打造并向国内外推介以迎接奥运、服务奥运、接待奥运为主题的乡村旅游品牌，创出京郊旅游新特色。

青山碧水、景色宜人的昌平区距北京城中心区仅 30 千米，承办北京奥运会铁人三项比赛。为了提前做好奥运会的接待服务工作，以现代气息浓厚著称的郑各庄村，以文化新村驰名的香堂村，突出原生态、享有"最美丽的乡村"称誉的麻峪房村被昌平区旅游局确立为"昌平奥运乡村旅游接待村"。

用奥运理念打造昌平乡村旅游品牌，从整体上拉动和提升了全区旅游收入。经统计，2008 年 1—9 月份，全区旅游收入为 23.86 亿元，名列京郊第一，接待人次 1 700 万人；民俗旅游户发展到近 3 000 户，从业人员上万人；乡村旅游收入 9 034 万元，接待人次 119 万人。

区旅游局从 21 个市级民俗村中确立了三个特色鲜明、接待能力强、服务规范，能充分展示北京乡村风采、代表昌平风貌的奥运乡村旅游接待村，进一步提升了昌平区乡村旅游整体接待水平和综合素质，加快了乡村旅游与国际接轨的步伐，促进了乡村旅游迈上一个新的台阶。

奥运乡村旅游接待村代表了昌平 60 个乡村及 2 000 民俗户，按照国际接待水准展示昌平的民俗、民风和新农村、新农民的发展变化。区旅游局为奥运接待村配发了西餐餐具，制作了双语标识牌、双语宣传册，招募英语志愿者，提升了优化语言接待环境。

第三节　观光农业产品的市场生命周期

一、观光农业产品市场生命周期的概念

产品市场生命周期是市场营销学中一个十分重要的概念。任何一种产品在市场上的销售情况和获利能力都是变化的，这种变化和自然界生物的生命历程一样，都有一个诞生、成长、成熟和衰亡的过程，这个过程称为产品生命周期。产品生命周期的长短主要取决于产品上市后消费者需求的变化速度、新产品更新换代的程度、企业营

销的努力程度等。

　　观光农业产品市场生命周期就是指一种观光农业产品从进入市场开始到被市场淘汰，企业不再生产或经营为止的全部持续时间。

二、观光农业产品市场生命周期的划分

　　产品市场生命周期是根据产品在市场上的销售情况和利润变化情况来衡量的，一般经历4个阶段：投入期、成长期、成熟期、衰退期。如图10-3所示。

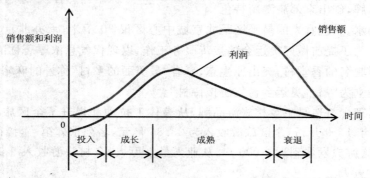

图 10-3　产品生命周期示意图

由此可见，产品的生命周期不仅是客观存在的，而且是可被认识和把握的：

　　1. 产品的生命是有限的。

　　2. 产品销售经历不同的阶段，每一阶段都对销售者提出了不同的挑战。

　　3. 在产品生命周期不同的阶段，产品利润有高有低。

　　4. 在产品生命周期不同的阶段，产品需要不同的营销、财务、制造、购买和人力资源战略。

三、观光农业产品不同市场生命周期阶段的特征与策略

1. 投入期的特征和营销策略

投入期是指产品投入市场的初期阶段。

（1）特征

①销售量小且销售额增值缓慢。这是由于消费者对新产品不了解、不熟悉，只有极少数新消费者购买，多数人观望；或不知道新产品上市，中间商对新产品的销售前景不明，不敢贸然进货。

②生产批量小，制造成本高，宣传推销费用大，企业利润很低甚至亏损。作为新产品，在这一阶段需要投入大量的广告费用，以扩大产品的知名度；另外，由于成本

高,宣传费用大,销量小,出现亏损应属正常现象,所以,营销者应保持清醒的头脑。

③竞争者少。技术含量较高的产品在投入期竞争者较少甚至没有竞争者。

④风险大。由于市场预测失误、新产品本身有致命的缺陷、上市时机选择不当、宣传不力等,都可能使新产品上市不久即夭折。

(2)对策　重点是努力提高知名度,突出一个"准"字。具体对策有:

①采取各种方式,加强广告宣传促销工作,努力扩大产品的知名度。

②解决生产中存在的技术问题,提高产品质量,降价生产成本。

③选择适度的销售渠道,减少流通费用。

④采用定价与促销的市场营销组合手段。可形成四种策略选择:

第一,快速撇取策略。即企业以高价高促销推出新产品。高价可以获得高额利润,高促销则是未来引起大众注意,加深市场渗透。采取这一策略的条件是:市场容量大,大多数顾客还不知道该产品,顾客渴望得到这种产品而不在乎价格,企业面临潜在竞争者的威胁。

第二,缓慢撇取策略。即企业以高价低促销策略推出创新产品。低促销能减少营销费用,潜在顾客已经知道、了解产品,消费者愿意出高价购买该产品,潜在竞争威胁不大。

第三,快速渗透策略。即企业以低价高促销推出新产品。以最快的速度占领市场,获取最大的市场占有率。这种策略适用的条件是:市场容量大,顾客不了解这种产品,消费者对价格很敏感,潜在竞争威胁严重,产品生产成本会随着生产规模的扩大而降低。

第四,缓慢渗透策略。即企业以低价低促销推出新产品。低价可以刺激市场盈利。这种策略适用的条件是:市场规模有限,潜在购买者已了解这种产品,消费者对价格很敏感,市场上存在一些威胁不大的潜在竞争。

2. 成长期的特征和营销策略

成长期是指产品在市场上销量迅速增长的阶段。

(1)特征

①销售量迅速增长。产品已为消费者熟悉了解,最初的购买者继续光顾,进行重复购买,保守的顾客也开始购买,使促销量不断增长。

②利润增大。随着生产经验的积累,成本下降,费用减少,利润随之增大,可能达到整个生命周期的最高峰。

③吸引竞争者加入。在高额利润的驱使下,新的竞争者进入市场,企业间为争夺市场份额的竞争日益激烈。

(2)对策　重点是创名牌,提高偏爱,突出一个"优"字。具体对策有:

①努力提高产品质量，增加新的花色、品种、款式，改进包装，使整体产品优于竞争对手。如在平时只卖几块钱的西瓜，就因为农民在它生长的过程中，给它穿了一件"琉璃外衣"，就让它身价骤增。以"天价"成为当场单品标王的几枚桃子，个头儿和市场上卖的没什么两样，就因为与生俱来的几个"福娃""寿"字和"吉祥"语言和图案，成了枝头的"凤凰"。

②积极寻找和进入新的细分市场，广泛分销，发展网点，以扩大产品销路。

③价格稳中有降，不可轻易抬价。原来以高价进入市场的产品，在适当时机降低价格，以争取对价格敏感的消费者，并抑制竞争者的加入。

④改变广告宣传的重点。从扩大产品知名度转为宣传产品的特色，树立产品形象，使消费者产生偏爱，以保持原有顾客，争取新顾客。

3. 成熟期的特征和营销策略

任何一项产品的销售增长率达到某个点后，都会趋于下降，这时即进入成熟期。

(1)特征

①销量很大，达到整个生命周期的最高峰，但增长速度缓慢，并渐趋稳定。市场上多数产品属于成熟期产品。

②利润平稳或下降。利润在缓慢增长，达到最大后将有所下降。

③市场供需保护，竞争激烈。一部分顾客开始转向购买新产品或替代品。由于存在行业内生产过剩的威胁，迫使各个企业都采用有效的竞争手段来维持市场占有率，导致激烈的市场竞争。

(2)对策　重点是延长产品生命周期，维持市场占有率，突出一个"改"字。具体对策有：

①市场改革。即开发新市场，寻找新客户。

第一，发现和进入新的细分市场。

第二，促使现有顾客增加使用频率和使用数量。

第三，吸引竞争者的顾客和从未使用过本产品的顾客，使之成为本企业产品的使用者。

②产品改革

第一，品质改良。提高产品质量，增加使用效果，使本企业产品更可靠、更经济、更耐用、更安全等。

第二，特性改良。主要侧重增加产品的新特性，尤其要在产品的高效性、方便性、适用性等方面改进。

第三，形态改良。就是指产品外观的改进，包括采用新的包装、款式、风格、花色等，增加产品的美感。

③营销组合改革。通过改变市场营销组合中的一个或几个变量,以刺激需求,扩大销量。如适当降价、增加广告、改善分销渠道、提供完善的售后服务等。

4.衰退期的特征和营销策略

(1)特征

①需求量、销售量明显下降。消费者兴趣转移,过度的竞争,更新的产品开始进入市场,这些都导致产品销量急剧下降。

②伴随着销量的迅速下降,利润也在锐减,甚至出现亏损。

③产品出现积压,仿制品充斥市场,竞争者或立即退出市场或缓慢地退出市场。

(2)对策 重点是掌握时机,调整市场,突出一个"转"字。衰退期的产品迟早要退出市场,但并不是说产品一进入衰退期就立即退出市场,企业应有计划、有步骤地转移阵地。具体对策有:

①立即放弃。对于确实没有必要继续经营下去的衰退产品或有更好的发展项目时,企业应果断地放弃老产品,将企业的资源转到新的项目上去,或将老产品的所有权、生产技术转卖给一些有兴趣的企业。

②逐渐放弃。如果立即放弃将造成较大的损失,企业可选择逐步放弃,即逐步地减少投资和产品数量、放弃较小的细分市场、缩减分销渠道、大力降低促销费用、精减推销人员等,直到该产品完全被市场淘汰为止。对于决定放弃的产品,不管采取哪种方式,都必须承诺和加强对以前的顾客提供必要的服务,以维护消费者的利益和企业的良好形象,如表 10-2 所示。

表 10-2 产品生命周期(PLC)各阶段的特点与营销目标

	投入期	成长期	成熟期	衰退期
销售量	低	剧增	最大	衰退
销售速度	缓慢	快速	减慢	负增长
成本	高	一般	低	回升
价格	高	回落	稳定	回升
利润	亏损	提升	最大	减少
顾客	创新者	早期使用者	中间多数	落伍者
竞争	很少	增多	稳中有降	减少
营销目标	建立知名度,鼓励试用	最大限度地占有市场	保护市场,争取最大利润	压缩开支,榨取最后价值

③继续经营。当企业判断竞争者将退出该产品市场时,可采取这种策略,即继续沿用过去的策略,希望竞争者退出市场后,这种产品能增加盈利。这必须对竞争者的

动向有一个准确的判断。

第四节　观光农业产品组合

一、观光农业产品组合的概念

1. 产品组合

所谓产品组合是指一个企业生产或经营的全部产品线、产品项目的组合方式，它包括 4 个变数：宽度、长度、深度和关联性。

（1）产品组合的宽度　指企业制造或经营着多少不同的产品品类，或者说产品线的数目。

（2）产品组合的长度　指产品组合中的产品项目总数。组合内各产品品类中产品项目的数目相加，再除以产品线的数目为产品线的平均长度。

（3）产品组合的深度　指产品线中的每个产品项目有多少品种。如"潘婷护发素"中包含多少品种。

（4）产品组合的相互关联性　也称密度。指企业产品组合中的各产品品类在最终用途、生产条件、目标市场、销售方式以及其他方面相互联系的程度。

2. 产品线

这是指密切相关的一组产品，它们有类似的功能，可以满足顾客的同类需求，只是在规格、档次、款式等方面有所不同，也称产品大类。如一家"果园"种植有苹果树、梨树、杏树、桃树等，形成了 4 条产品线。一条产品线由若干个产品项目构成。

3. 产品项目

指产品线中不同规格、型号、尺寸、档次、外观的产品。如"果园"中不同的树种，产出不同的品种、大小、味道的水果。

4. 观光农业产品组合

所谓观光农业产品组合就是一个观光农业企业生产或经营的全部产品线和产品项目的结合方式，反映了观光农业企业的经营范围和产品结构。

产品组合必须系统化。观光农业是一个系统工程，它的产品组合必须系统合理。观光农业必须集种植（养殖）、旅游、休闲度假、农业观光为一体，既要有自然的旅游资源，更要有文化特性，追求的是新、特、奇的农村、农业资源和人文文化。这样就需要把握观光旅游文化的特性，将生态旅游、文化旅游这两方面的内容和观光旅游紧密结合起来,相互补充、相互融合,走"乡村—生态—文化"的模式,才能满足游客深层次的需要。因此,发展观光农业还要突出文化特色。

二、观光农业产品组合策略

观光农业产品组合策略是企业根据市场需求及自己的营销目标,对产品组合的深度、广度和关联性进行最佳组合决策。常用的产品组合策略有以下 5 种,企业可以根据实际情况,选择和实施适当的产品组合策略。

1. 全线全面型

指企业着眼于向任何顾客提供他们所需的一切产品和劳务,即要考虑到整个市场的需求。该策略要求企业尽可能地增加产品组合的广度和深度,力求覆盖每一个细分市场。

2. 市场专业型

指企业专门向某一市场(某类消费者)提供所需的各种产品。如"农家乐"除向旅游者提供采摘、农事体验、乡村文体活动外,还向旅游者提供住宿服务、餐饮服务、交通服务以及各种乡村特产。

3. 产品线专业型

指企业只生产某一类产品,以不同的型号、款式来满足各种消费者的需要。实施这一策略的企业只强调产品组合的深度,不断开拓产品项目。例如乡村饮食体验,推出农家日常饮食、节日饮食、特色饮食,以满足不同消费人群的需求。

4. 有限产品专业型

指企业根据自己的专长,专门生产经营有限的、甚至是单一的产品项目,来满足有限的或单一的市场需要。如某采摘园只种植果树;垂钓园只提供垂钓,来满足部分消费者的需求。这一策略可为小型企业采用。如法国农村的葡萄园和酿酒作坊,游客不仅可以参观和参与酿造葡萄酒的全过程,而且还可以在作坊里品尝,并可以将自己酿好的酒带走,向亲朋好友炫耀,其乐趣当然与在商场购买的酒不一样。

5. 特殊产品专业型

指企业利用自己的专长,专门生产经营某些销路好的特殊商品,以满足消费者的特殊需要。如某陶艺村向旅游者提供制作工艺,指导旅游者学习陶艺制作方法,并将其制作成品出售给他们。

三、观光农业产品优化组合决策

针对市场的变化,调整现有产品结构,从而寻求和保持产品结构最优化,这就是

产品组合策略,其中包括如下策略:

1. 产品线扩散策略即延伸策略

产品线是产品组合的基础,产品组合的广度、深度、关联性都决定了产品线的状况。产品组合不是静态的而是动态的组合,企业的内外部条件在不断变化,产品组合也应随之进行调整,增删一部分产品线及产品项目,使产品组合经常达到合理化、最佳化的状态。为此,必须借助一定的分析方法。因此,实现产品组合的最佳化,离不开产品线决策。

产品线延伸是针对产品的档次而言,在原有档次的基础上向上、向下或双向延伸,都是产品线的延伸。

(1)产品线向上延伸策略　企业原来生产中、低档或低档产品,如新推出高档或中档的同类产品,这就是产品线向上延伸策略。

优点:可获得更丰厚的利润;可作为正面进攻的竞争手段;可提高企业的形象;可完善产品线,满足不同层次消费者的需要。

条件:企业原有的声誉比较高;企业具有向上延伸的足够能力;实际存在对较高档次的需求;能应付竞争对手的反击。

(2)产品线向下策略　企业在原来生产高档或中档产品的基础上,再生产中档或低档的同类产品。企业采用这一策略可反击竞争对手的进攻,能弥补高档产品减销的空缺;可防止竞争对手乘虚而入。但它可能给人以"走下坡路"的不良印象,也可能刺激竞争对手进行反击,还可能形成内部竞争的局面。

(3)产品线双向延伸策略　原来生产中档产品的企业同时扩大生产高档和低档的同类产品。

2. 产品线削减策略

所谓产品组合缩减策略·是指通过缩减产品组合的宽度(产品类别)、深度(产品项目数量)等,实行相对集中经营。一般地,消减产品组合的具体方式有:

(1)取消一些需求疲软或者企业经营能力不足的产品线或产品项目。

(2)取消一些关联性小的产品线,同时增加一些关联性大的产品线。

(3)取消一些产品线,增加保留下来的产品线的深度。

(4)把某些工艺简单、质量要求低的产品下放经营。

3. 产品线现代化策略

在迅速变化的高技术时代,产品现代化是必不可少的。做出产品现代化决策后,还要解决好渐进式更新还是一次性彻底更新的问题。

四、产品组合的动态平衡

由于市场需求和竞争形势的变化,产品组合中的每个项目,必然会在变化的市场环境下发生分化,一部分产品获得较快的成长,一部分产品继续取得较高的利润,另有一部分产品则趋于衰落。企业如果不重视新产品的开发和衰退产品的剔除,则必将逐渐出现不健全的、不平衡的产品组合。为此,企业需要经常分析产品组合中各个产品项目或产品线的销售成长率、利润率和市场占有率,判断各产品项目或产品线销售成长上的潜力或发展趋势,以确定企业资金的运用方向,做出开发新产品和剔除衰退产品的决策,以调整其产品组合。

所谓动态平衡的产品组合亦称最佳产品组合,即是指企业根据市场环境和资源条件变动的前景,适时增加应开发的新产品和淘汰应退出的衰退产品,从而随着时间的推移,企业仍能维持住最大利润的产品组合。可见,及时调整产品组合是保持产品组合动态平衡的条件。

第五节　观光农业新产品的开发

一、观光农业新产品的概念和种类

1.含义

只要是观光农业产品整体概念中任何一部分的创新、变革或变动,都可以理解为一种新产品。它能够给顾客带来某种新的利益、新的享受。

2.种类

(1)全新的新产品　也称新发明产品,与现有产品毫无雷同之处。例如美国俄勒冈市郊建有一处微生物工场,专门用石油废渣年产1万吨单细胞蛋白,这相当于用6万公顷耕地种植大豆的蛋白质产量,游览的人可以品赏这种蛋白质制成的食品的味道。

(2)换代新产品　即革新现有产品。在原有产品的基础上,部分采用新技术、新方法、新材料、新工艺,使产品的性能有显著提高的产品。如利用无土栽培技术种植微型玫瑰花,种植西瓜、甜瓜。

(3)改进新产品　即改变现有产品。指对现有产品在结构、材料、性能、款式、包装等方面进行改变,由基础型派生出来的改进型产品。如基因农业是很多人还不熟悉的,美国建立了多处供观光的基因农场,用基因方法生产的马铃薯、蕃茄又大又好,慕名而至的国内外游客相当多。

(4)仿制新产品 也称新产品或新牌子产品。指企业对市场上已有的某种畅销产品进行仿制,只是标出新牌子的产品。例如日本各地正在悄悄兴起一种新的公园——农业公园,其中最为新奇的是距东京 200 千米以外的江永崎农业公园——南瓜森林。南瓜森林非日本固有,而是一位名叫久门渡的农家弟子在对南欧考察多年后,依照南欧田园风光而创立的。

二、观光农业新产品的开发程序(图 10-4)

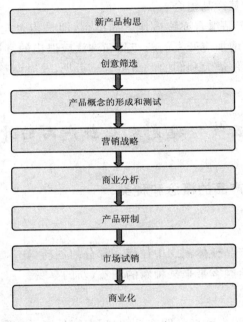

图 10-4 新产品开发的程序

三、观光农业新产品开发工作中应注意的问题

1.新产品的开发一定要对目标市场的需求情况进行认真分析,考虑充分

2.新产品要突出新、特、奇的特点,能满足消费者的需求和愿望

3.新产品开发要充分考虑企业的能力,量力而行

4.新产品开发还要考虑到经济效益和社会效益

第十一章　观光农业产品定价策略

第一节　观光农业产品价格

一、观光农业产品价格概念

价格是最直接、最敏感的影响消费者购买行为的因素,而对观光农业企业和经营者而言,它又是获得收入和盈利的最主要手段。因此,价格必然成为营销策略中最重要的因素之一。在我国市场经济逐步发展、完善的现阶段,价格竞争成为市场竞争的一种最有效、最残酷的手段,恰当地运用价格手段成为企业保持自身竞争实力的有效策略。

观光农业产品是商品,是人类劳动的结果,凝结了人类的一般劳动并满足观光农业消费者游览、观光、休闲、度假等物质和精神需要的使用价值,因而观光农业产品在市场上也应和其他商品一样需要通过交换而实现自身的价值。

观光农业产品价格,就是观光农业消费者为满足自身观光休闲活动的需要而购买的观光农业产品的价值形式,它是由生产同类观光农业产品的社会必要劳动时间决定的。

由于观光农业消费者对观光农业产品的消费与其他有形产品的消费不同,消费者消费观光农业产品是在一定时间内,消费不同观光农业企业所提供的诸多不同的单项产品或服务及其组合。消费者在购买观光农业产品时可能是购买整体的观光农业产品,也可能是购买单个的观光农业产品,因此观光农业产品价格也表现为两种形式,即观光农业包价和观光农业单价。

在观光农业活动中,消费者通过观光农业产品代理商或零售商购买的满足其完整旅游经历所需要的全部观光农业产品的价格称为观光农业包价。有的消费者没有通过零售商或代理商购买观光农业产品,而是直接与观光农业产品生产者接触,采取零星购买、多次购买的方式,消费者每次购买的只是观光农业活动诸多环节中的某一项或几项产品,这时所支付的价格就是观光农业单价。

二、观光农业产品价格分类体系

观光农业产品价格体系主要有观光农业产品的比价、观光农业产品的差价和观光农业产品的优惠价。

1.观光农业产品的比价

观光农业产品的比价是指不同观光农业产品价格的比较关系,其形成的基础是生产不同观光农业产品所耗费的不同社会劳动量的比例,即价值量的比例。观光农业产品比价安排得合理,有利于观光农业产品的生产与流通,从而有利于观光农业市场的供求平衡。此外,合理的观光农业产品的比价还能使各类观光农业产品的生产者都能得到社会平均利润,有助于调动生产者的积极性,促进旅游经济的发展。

观光农业产品的比价根据观光农业产品之间的关系可以分为两类:一类是具有互补关系的观光农业产品之间的比价关系,如观光农业产品中食、宿、行、游、购、娱各要素之间的比价关系,这类观光农业产品比价合理化的前提是各类互补观光农业产品之间质量、档次、数量、比例上的相互对应和一致;另一类是具有替代关系的观光农业产品之间的比价关系,如一般旅馆、农舍式旅馆等之间的比价关系,安排这类观光农业产品的比价,要在遵循价值决定价格的基础上,着重考虑观光农业市场的供求与产品的特色。如一个有特色的一般旅馆的床位价可能与一家星级饭店的床位价格相差不远。而农业旅游发展中的农舍式旅馆的价格与其他具有替代关系的旅游饭店的价格显然差异较大。

2.观光农业产品的差价

观光农业产品的差价是指同种观光农业产品由于购销环节、购销地区、购销时间或其他原因而引起的不同价格差额。观光农业产品差价的大小,决定着观光农业产品价格水平的高低,从而影响到消费者和观光农业经营者的经济利益。通常观光农业产品的差价主要有以下几种类别:

(1)批零差价　一般是指同种观光农业产品在同一时间、同一市场零售价格与批发价格的差额。由于零售产品比批发产品要多投入人力、物力与财力,因此零售价格客观上要比批发价格高。同时,随着社会分工的深化,现代观光农业经济活动中,观光农业产品的销售成为观光农业经济运行的重要环节,这也推动着观光农业产品批零差价的形成和合理化。比如同样的客房卖给旅游团队比卖给旅游散客的价格差异就是一种批零差价。

（2）地区差价　是指同种观光农业产品在不同购销地区的价格差额，它是购销差价在空间上的反映。旅游地区差价可以调节不同地区间的旅客流量，刺激"冷点"地区旅游业的发展，减轻"热点"地区旅游环境的压力，起到平衡各地区旅游业经济效益的作用。

（3）季节差价　是指同种观光农业产品在同一市场不同季节的价格差额，它是购销差价在时间上的反映。旅游季节差价是为了调节旅游"淡旺季"的游客流量，以达到淡季不淡、旺季不要过分拥挤的目的。

（4）质量差价　一般指同种观光农业产品在同一市场上由于质量不同而形成的价格差额。任何观光农业产品都存在着质量高低的差别，为了实行按质论价与优质优价，就要通过合理的质量差价来保护旅游者和观光农业经营者双方的利益，使旅游者获得与价格相一致的服务，使观光农业经营者获得与价格相一致的收益。

3.观光农业产品的优惠价

光农业产品的优惠价是指供给者在观光农业产品的基本价格基础上，给予观光农业产品购买者一定比例的折扣或优惠的价格，其实质也是一种差价。观光农业产品的优惠价主要有以下几种类型：

（1）销量优惠价　即根据购买观光农业产品数量的大小实行优惠，游客数量越大，优惠越多。具体又分为累计折扣优惠和非累计折扣优惠。累计折扣优惠是在规定时间内同一观光农业消费者累计购买观光农业产品或服务的数量超过一定数额时，可给予一定的折扣优惠，它有利于建立观光农业经营者与旅游者之间长期固定的合作关系，有利于稳定客源渠道，保持旅游人数的稳定增长。非累计折扣优惠是规定旅游者每次折扣，它有利于鼓励和刺激旅游者扩大购买量，同时减少交易成本。

（2）同业优惠　指观光农业产品批发商给予零售商的折扣，如旅游目的地饭店业给旅行社优惠住房价和一定的佣金。同业优惠可以充分发挥中间商的销售职能作用，是稳定销售渠道的重要措施之一。

（3）季节优惠　指观光农业企业在经营季节性波动较大产品和服务时，常在淡季给予旅游者的价格优惠。它有利于观光农业企业的设施和服务在淡季时被充分利用，有利于观光农业企业的正常经营。

（4）支付优惠　是为鼓励旅游者以现金付款或提前付款，而给予旅游者一定折扣的优惠，以加快资金的周转，减少资金的占用成本。

以上观光农业产品价格体系在观光农业市场营销中，常作为观光农业企业价格调整的策略和措施，有针对性地主动适应市场供求关系变化。

三、价格在观光农业企业经营中的作用

定价目标是指企业通过制定一定水平的价格所要达到的预期目标。观光农业产品的定价目标是观光农业企业营销目标的基础,也是观光农业企业选择定价方法和制定价格策略的重要依据。观光农业产品定价目标一般可分为利润目标、销售额目标、市场占有率目标和社会责任目标。

1.利润目标

利润是企业定价目标的重要组成部分,获取利润是企业生存和发展的必要条件,是企业经营的直接动力和最终目的,因此,利润目标为大多数企业所采用。由于企业的经营理念和经营目标的不同,这一目标在实践中有两种形式:①以追求最大利润为目标。最大利润有长期和短期之分,还有单一产品最大利润和企业全部产品综合最大利润之别。一般而言,企业追求的应该是长期的、全部产品的综合最大利润,这样,企业就可以取得较大的市场竞争优势,占领和扩大更多的市场份额,拥有更好的发展前景。当然,对于一些中小型企业、产品生命周期较短的企业、产品在市场上供不应求的企业等,也可以谋求短期最大利润。最大利润目标并不必然导致高价,价格太高,会导致销售量下降,利润总额可能因此而减少。有时,高额利润是通过采用低价策略,待占领市场后再逐步提价来获得的;有时,企业可以采用招徕定价艺术,对部分产品定低价,带动其他产品的销售,进而谋取最大的整体效益。②以获取适度利润为目标。它是指企业在补偿社会平均成本的基础上,适当地加上一定量的利润作为商品价格,以获取正常情况下合理利润的一种定价目标。

以最大利润为目标,尽管从理论上十分合理,但实际运用时常常会受到各种限制。所以,很多观光农业企业按适度原则确定利润水平,并以此为目标制定价格。采用适度利润目标有各种原因,以适度利润为目标使产品价格不会显得太高,从而可以阻止激烈的市场竞争,或由于某些观光农业企业为了协调投资者和旅游者的关系,树立良好的企业形象,而以适度利润为其目标。由于以适度利润为目标确定的价格不仅使企业可以避免不必要的竞争,又能获得长期利润,而且由于价格适中,旅游者愿意接受,还符合政府的价格指导方针,因此这是一种兼顾企业利益和社会利益的定价目标。

2.销售额目标

这种定价目标是在保证一定利润水平的前提下,谋求销售额的最大化。在一定时期、一定市场状况下的产品销售额由该产品的销售量和价格共同决定,因此销售额的最大化既不等于销量最大,也不等于价格最高。对于需求富有弹性的产品,降低价格而导致的损失可以由销售量的增加而得到补偿,因此观光农业企业宜采用薄利多

销的策略,保证在总利润不低于企业最低利润的条件下,尽量降低价格,促进销售,扩大盈利;反之,如果观光农业产品的需求缺乏弹性时,降价导致收入减少量无法从增加的销售量中得以补偿,使销售额减少,而提价则使销售额增加,因而,观光农业企业应该采用高价、厚利与限销的策略。

用销售额目标时,确保企业的利润水平尤为重要。这是因为销售额的增加,并不必然带来利润的增加。有些观光农业企业的销售额上升到一定程度,利润就很难上升,甚至销售额越大,亏损越多。因此,销售额和利润必须同时考虑。

3. 市场占有率目标

观光农业企业和经营者的市场占有率是指观光农业企业的销售额占整个行业销售额的百分比,或者是指某观光农业企业的某产品或服务在该市场上的销售量占同类产品或服务在该市场销售总量的比重。市场占有率是观光农业企业经营状况和企业产品竞争力的直接反映。作为定价目标,市场占有率与利润的相关性很强,从长期来看,较高的市场占有率必然带来高利润。

市场占有率目标在运用时存在着保持和扩大两个互相递进的层次。保持市场占有率的定价目标的特征是根据竞争对手的价格水平不断调整价格,以保证足够的竞争优势,防止竞争对手占有自己的市场份额。扩大市场占有率的定价目标就是从竞争对手那里夺取市场份额,以达到扩大企业销售市场乃至控制整个市场的目的。

在实践中,市场占有率目标被国内外许多企业所采用,其方法是以较长时间的低价策略来保持和扩大市场占有率,增强企业竞争力,最终获得最优利润。但是,这一目标的顺利实现至少应具备三个条件:①企业有雄厚的经济实力,可以承受一段时间的亏损,或者企业本身的生产成本就低于竞争对手。②企业对其竞争对手情况有充分了解,有从其手中夺取市场份额的绝对把握,否则,企业不仅不能达到目的,反而很有可能会受到损失。③在企业的宏观营销环境中,政府未对市场占有率作出政策和法律的限制。

4. 社会责任目标

社会责任目标是指以社会责任为着眼点制定观光农业产品价格,而将利润目标位列相对次要的位置,强调观光农业的社会和生态效益最大化的目标。当前世界各国都倡导环境保护,与此相关的观光农业产品和服务的价格可以采用此种目标进行定价。比如,关于生态旅游产品的定价,国际惯例是根据旅游环境的承载能力来限制游客规模和确定旅游产品的价格,其主要目的不是营利,而是关注旅游生态环境的可持续发展。

将定价目标分为利润目标、销售额目标、市场占有率目标和社会目标,只是一种实践经验的总结,它既没有穷尽所有可能的定价目标,又没有限制每个企业只能选用其中的一种。由于资源的约束,观光农业企业规模和管理方法的差异,观光农业企业可能从不同的角度选择自己的定价目标。观光农业行业内的不同企业有不同的定价目标,同一观光农业企业在不同的时期、不同的市场条件下也可能有不同的定价目标,即使采用同一种定价目标,其价格策略、定价方法和技巧也可能不同。观光农业企业应根据自身的性质和特点,具体情况具体分析,权衡各种定价目标的利弊,灵活确定自己的定价目标。

四、观光农业产品价格的决定因素

观光农业产品价格是观光农业市场供求关系作用的结果,影响观光农业市场供求关系的诸多因素都影响到观光农业产品的定价决策。一般而言,影响观光农业产品定价的因素可以包括观光农业企业的内部因素和外部因素。内部因素具体有:观光农业企业的营销目标、观光农业产品成本、观光农业企业营销组合、观光农业产品自身的特点等;外部因素主要有:市场需求及变化、市场竞争状况、政府宏观管理、产品的特点、企业状况、物价水平、汇率水平等。

1. 影响旅游产品定价的内部因素

(1)观光农业企业的营销目标　观光农业企业营销目标直接影响着观光农业产品的定价决策,营销目标越明确,就越容易进行定价。

观光农业企业最常见的目标如上所述有利润最大化目标、市场占有率目标、销售额目标、社会责任目标等。观光农业企业在市场营销中会根据不断变化的市场需求和自身实际,调整自己的营销目标,从而也会对观光农业产品的价格进行调整。比如,观光农业企业为了尽早收回投资成本,往往会制定较高的市场价格,以便能在短期内获得更大的利润。如果观光农业企业为了在市场上有较大的市场份额,以便在较长时期有更大的发展,就会制定比较低的价格。

(2)观光农业产品成本　是观光农业产品价值的基础部分,它决定着观光农业产品价格的最低界限。它由观光农业产品生产过程和流通过程所花费的物质消耗和支付的劳动报酬所组成。观光农业产品的成本可以分为三种,即固定成本、变动成本和半变动成本。当观光农业产品的价格大于观光农业产品成本时,观光农业企业就获得了利润;如果观光农业产品价格低于观光农业产品成本时,观光农业企业便出现了亏损。观光农业产品营销人员必须理解观光农业产品的成本随时间和需求的变化而变化。观光农业产品成本是影响观光农业产品价格的最直接、最基本的因素。

(3)观光农业企业营销组合　定价只是观光农业企业借以实现其营销目标的诸多营销组合中的一个组分,价格一定要与产品决策、促销决策、分销决策等手段相互协调,形成一个统一而有效的营销计划。

首先,定价体现了观光农业产品的定位,因此产品决策影响着定价决策。其次,促销决策也往往要求以一定的价格变化作为辅助手段。

同样,分销渠道的选择也影响到定价决策。对观光农业产品定价时,营销人员应该考虑为中间商提供一定的利润比例,以保证中间商愿意为企业销售产品。所以,在制定价格时一定要充分考虑各种营销组合情况。

(4)观光农业产品自身的特点　观光农业产品与其他产品一样也存在着相互替代的关系,尤其在观光农业产品的各个构成要素方面,有许多同类产品,它们之间具有较强的替代关系,使得观光农业产品需求弹性较大,产品出现销价竞争的机会也更大。此外单项观光农业产品价格的制定与包价观光农业产品相比往往具有较大的灵活性。产品综合程度越高,包括单项产品越多,营销人员对价格变动的控制能力越弱。

2.影响旅游产品定价的外部因素

(1)市场需求及变化　一般情况下,产品的成本影响产品的价格,而产品的价格影响产品的需求。经济学原理告诉我们,如果其他因素保持不变,消费者对某一产品需求量的变化与这一产品价格变化的方向相反。如果产品的价格下跌,需求量就上升;而产品的价格上涨时,需求量就相应下降,这就是所谓的需求规律。需求规律反映了产品需求量变化与产品价格变化之间的一般关系,是企业决定自己的市场行为特别是制定价格时所必须考虑的一个重要因素。所谓企业的"薄利多销"就体现了这一道理。又如:某一时期市场上某产品的需求量增加时,适当地提价可以获得较多的利润。反之,适应采取降价措施。企业在制定产品价格时,市场需求状况常常是主要参考因素。

(2)市场竞争状况　观光农业产品市场竞争状况直接影响着观光农业企业定价策略的制定。在产品差异性较小、市场竞争激烈的情况下,企业制定价格空间也相应缩小。总而言之,凡是观光农业产品之间区别很小而且竞争较强的市场,都可以制定相当一致的价格。对于观光农业企业来说,在市场上除了从竞争对手那里获得产品价格信息外,还要了解它们的成本状况,这将有助于企业分析评价竞争对手在价格方面的竞争能力。无疑,向竞争对手全面学习,对于任何企业都十分重要。

观光农业企业要借鉴竞争者如何确定其成本、价格和利润率,这将非常有助于企业自己制定适宜的价格策略。

(3)政府宏观管理　除了竞争状况之外,各国政府的干预直接影响着企业的价格决策。在现代经济生活中,世界各国政府对价格的干预和控制是普遍存在的,只是干预与控制的程度不同而已。我国政府除了通过宏观调控货币发行、财政收支、信贷、积累与消费的关系影响价格的总水平外,还对极少数产品实行政府定价、政府指导价、市场调节价三种价格形式,并以法令的形式规定了企业的定价权限,如作价原则、利润水平、价格浮动方向和浮动幅度等。这是对企业制定价格的一种外部限制和规定。目前,政府定价部分的比例已很小,随着我国市场经济的发展,政府对价格的干预程度越来越少。

(4)产品的特点　产品的自身属性、特征等诸方面因素是观光农业企业制定产品价格时必须考虑的因素。

①产品的种类。观光农业企业应分析自己生产的产品和提供的服务种类是哪种类型,不同的产品种类对价格有不同的要求。

②标准化程度。产品的标准化程度直接影响产品的价格决策。标准化程度高的产品,价格变动的可能性一般低于非标准化或标准化程度低的产品。标准化程度高的产品的价格变动很可能会引发行业内的价格战。

③产品的易腐、易毁和季节性。一般情况下,容易腐烂、变质并不宜保存的观光农业产品,价格变动的可能性比较高。如生鲜产品,价格变化的幅度比较大。长年生产季节性消费品与季节性生产常年消费品的企业,可利用价格的作用,促进持续平衡生产和提高效益。

此外,观光农业产品本身的易储存、易运输特性也在一定程度上影响定价决策。一般说来,产品的体积大、重量高,对异地消费价格产生影响。以上这些方面特性带来观光农业产品价格的波动性较大,导致企业定价的空间较大。

④时令性。时令性强的观光农业产品价格变化比较显著。一般在时潮的高峰阶段,价格定得高一些。当时潮高峰过后,应及时采取适当的价格调整策略。

⑤需求弹性。如果企业对市场营销的产品需求价格弹性大,价格的调整会影响市场的需求量;反之,价格的调整对市场的需求量不会产生大的刺激和影响。

⑥生产周期阶段。处在产品生命周期不同阶段的观光农业产品和服务对价格策略的影响各不相同,可以从两方面考虑:一方面有些生产周期短的产品,由于市场变化快,需求增长快,消退也快,其需求量的高峰一般出现于产品生命周期的前期,所以,观光农业企业应抓住时机,尽快收回成本和利润;另一方面处在不同周期阶段的观光农业产品的变化有一定规律,是企业选择价格策略和定价方法的客观依据。

(5)企业状况　主要指观光农业企业的生产市场营销能力和企业市场营销管理水平对制定价格的影响。不同的企业由于规模和实力的不同、销售渠道和信息沟通方式的不同,以及企业营销人员的素质和能力高低的不同,对价格的制定和调整应采取不同的策略。

①企业的规模与实力。规模大、实力强的观光农业企业和经营者在价格制定上余地大,企业如认为必要时,有条件大范围地选用薄利多销和价格正面竞争策略。而规模小、实力弱的观光农业企业和经营者生产成本一般高于大企业,在价格的制定上

往往比较被动。

②企业的销售渠道。有市场营销能力、对销售渠道控制程度高的企业在价格决策上可以有较大的灵活性。反之，则应相对固定。

③企业的信息沟通。包括企业的信息控制和与消费者的关系两方面。信息畅通、与消费者保持良好的关系可适时调整价格并得到消费者的理解和认可。

④企业营销人员的能力。拥有熟悉生产市场营销环节、掌握市场销售、供求变化等情况并具备价格理论知识和一定实践能力的营销人员，是观光农业企业制定最有利价格和最适当价格调整的必要条件。

（6）物价水平 物价水平的变化会带来观光农业企业产品生产和经营成本费用的变化。当当地发生通货膨胀时，由于货币实际购买力水平下降，观光农业企业必须提高相关产品和服务的价格，并且使产品价格上升的幅度大于通货膨胀率，才能保证不亏损。但观光农业产品价格大幅度上升客观上会在一定程度上破坏当地的形象，损害旅游者的利益，从而使旅游者人数减少，收入下降。

（7）汇率水平 汇率是指两国货币之间的比价，即用一国货币兑换另一国货币的数量。观光农业入境旅游是国外旅游者流入旅游目的地国消费观光农业产品的"出口贸易"，汇率的变化会对观光农业产品的价格产生显著的影响。一般来说，汇率变动的影响主要通过观光农业产品的报价形式反映出来。如果以目的地国家的货币对外报价，则该国货币贬值，汇率上升，对于旅游者有利，会引起前往该国的旅游者人数增加；反之，货币升值，汇率下降，可能造成旅游者人数减少。

第二节　观光农业产品定价策略

观光农业项目的经营者在为观光农业产品和服务制定价格时，可以利用一定的策略技巧，根据市场上不同的情况，运用不同的策略进行定价。运用合适的策略技巧能够取得事半功倍的效果，这对把观光农业的产品和服务成功推向市场并稳定运作会起到很大的帮助作用。

需要指出的是，在运用定价策略时，不是盲目的、随机的，而是在综合考虑产品和服务的特性、市场的环境等前提下，根据不同的产品特性和服务要求以及各自的市场情况来选用合适的策略。

一、新产品定价策略

无数的事实证明，为数不少的新产品之所以失败，通常都是由定价因素所导致的。因此，无论是企业还是观光农业经营者，都应该像重视产品策略那样关注新产品和服务的定价策略。

一般情况下,在新产品投入市场时,通常有两种定价策略可供企业选择:即为企业迅速收回新产品研究开发成本,并获取较高利润的取脂定价策略和用压低产品价格、迅速占据大量市场份额、缓一步收回投资成本和获取利润的渗透定价策略。这两种方法也同样适用于观光农业产品和服务的定价。

1.取脂定价策略

取脂定价策略亦称高价掠夺策略。"取脂"一词的英文原意是把牛奶上面一层奶油先撇取出来。

这种策略是在新产品或服务在投放市场时,针对市场上的高消费或时尚性的消费需求,把产品或服务价格尽可能定得高一些,使企业或观光农业的经营者能以较快的投资回收速度使初期开发成本和较高的生产成本等得以补偿,尽早获得利润。然后,在较多的竞争者涌入后,选择时机分阶段逐步降价。一般来说,新产品或服务刚刚上市,竞争者不多,利用消费者的求新心理把价格定得高一些是可行的。

在观光农业领域采用这种策略的一个成功实例就是××采摘园的樱桃采摘活动。该采摘园从国外引进了品质优良的樱桃品种,经过精心的培育,7年后当初的小树苗都已经长满了累累果实,回收成本的时机到来了。而这期间,经营者所花费的投资成本是5.6万元左右,具体到每棵树大约800元,针对当时的市场需求情况,结合有效的促销活动,该采摘园的经营者将每500克樱桃的售价定为35元,采购者络绎不绝,最后该经营者不仅收回了投资,而且还获取了近3倍于投资的利润。而这仅仅是在一年之内取得的。

取脂定价策略通常应从以下几方面考虑:

(1)有助于经营者开拓市场,面对消费者的求新心理和对价格反应的不敏感,制定高价可以较早获取利润。

(2)为经营者生产能力的逐步形成创造时机。在产品和服务投放市场初期,批量生产能力和完善的服务体系尚未形成,通过高价策略可以抑制该市场过于迅速地发展和壮大。

(3)产品或服务的市场前景不明朗,初期定高价便于以后的价格调整。

(4)有利于新产品或服务的形象树立,提高产品和服务身价。

但事实上,取脂定价策略的运用也有着相当大的局限。一方面,产品或服务定价过高,容易使产品或服务在打开销路上遇到较大障碍。一般情况下,由于经济收入、消费观念等因素的影响,愿意出高价购买产品的买主毕竟有限,这就会在无形中减少产品或服务的受众市场;另一方面,即便高价投放市场的新产品或服务获得成功,销路一时甚好,也极有可能使竞争者被其高利润所吸引,纷纷介入,使竞争迅速进入白热化阶段,从而使经营者的利益受损,来不及达到预期的利润目标。因此,取脂定价策略通常只在实力雄厚、产品技术程度高、服务质量优异,而其他同类竞争者一时无条件与之竞争或高价的新产品或服务受到专利保护的条件下才得以较多地运用。

2.渗透定价策略

这种定价策略与取脂定价策略相反。取脂定价策略的出发点在于迅速收回投资,赢得高额利润;而渗透定价策略则在于迅速占领市场并在较长时间内维持这个市场份额。

为了实现迅速占领市场的营销目标,观光农业经营者在新产品或服务上市之初,将价格定得较低,以低价吸引购买者,从而打开销路,树立其产品和服务的竞争优势地位;同时,因为采用这种策略的企业或经营者,在开始阶段只求微利甚至保本,因此对其他潜在竞争者的刺激不大,从而起到了减缓竞争的作用。

但是,渗透定价策略在实际运用时市场风险较大,企业或经营者要用较长的时间以低价赢得购买者,等到有了较高的市场占有率后,才能逐步提高价格,因而投资见效慢,如果一旦此策略失利,则会在投资成本还未收回的情况下使企业或经营者一败涂地。

当然,渗透定价策略只要运用得当,对企业和经营者来说仍不失为一种有利于竞争的定价策略。企业或经营者运用此策略成功的例子比比皆是。例如,湖南有一个以体验乡村风情,回归自然情怀为主题的"农家乐"乡村旅馆,面对周围实力雄厚的几家大型宾馆和招待所,该经营者通过大量的市场调研和分析,决定选用渗透定价策略来使其品牌进入以青年夫妇为主要受众的细分市场,结果,由于其极具特色和韵味的服务、低廉的价格,很快在这一市场消费者中的得到了良好的口碑,并较长时期地占领了这一市场,获取了较高的收益。

以上两种新产品定价策略各有其利弊和适用条件。观光农业企业和经营者采取何种策略要根据市场需求特征、生产能力、产品和服务的差异性、收益的着眼点以及购买者对价格的敏感程度等因素,综合考虑,灵活选用。

二、折扣定价策略

除基本价格外,观光农业企业和经营者还必须考虑到贯穿整个营销途径的定价系统情况,也就是说要根据不同的交易方式,灵活运用折扣定价技巧,更有效地吸收购买者,从而使观光农业企业和经营者在竞争中处于一个较主动的地位。

折扣定价策略是一种通过对价格进行合理让步以争取购买者的策略,主要有以下几种形式:

1. 现金折扣

这是观光农业企业或经营者为了加速资金周转及防止呆账出现,给予迅速支付货款的买主的一种优惠。这样,虽然企业和经营者付出了一定的代价,但却减少了风险,而且资金可迅速收回并可进行再投入,从而形成一个良性循环。

对于能在规定的日期前付款的消费者或是中间商,企业或经营者可以提供更大的折扣。例如,在购买的观光农业产品数额较大时,消费者要是能当场付清所有的货款,可以有 5% 的折扣作为鼓励;在 10 天以内付货款,可以有 2% 的折扣作为奖励;而 30 天以内(10 天以上)付清货款者,则要求支付原定的全部货款;如果超过 30 天付款则视为违约,除支付全部货款外,还必须负担违约罚金。

2. 数量折扣

数量折扣是为吸引中间商或消费者,刺激他们大量购买企业或经营者的产品或服务而给予的一种减价优惠。其着眼点是一笔大批量的交易,在某种意义上说能够比几笔小交易带来某些节省。根据其计算方法又可分为非累计数量折扣和累计数量折扣两种方式。

非累计数量折扣的概念是:对一次购货数量超过折扣标准的顾客给予一定的折扣优待。例如,某采摘园规定,消费者一次性购买该采摘园水果超过 25 千克,给他们折扣 10%,购买水果超过 15 千克,给以折扣 7%,超过 10 千克给以折扣 5%。采用非累计数量折扣的,目的在于鼓励顾客一次多购货。

累计数量折扣的概念是:对在一定时期内累计购买总数超过折扣标准的客户,在价格上给予优惠,而不要求购买者一次达到取得折扣的数量。这种折扣方法并不像非累计数量折扣,能马上取到规模效益的好处,但它能培养顾客的偏好心理,鼓励顾客长期购买,使这些客户与企业建立长期的购买关系。

3. 职能折扣

职能折扣主要是为中间商制定的一种折扣方式。企业或经营者根据中间商在执行营销活动的过程中所担负的职能不同而给予不同的折扣补偿,折扣的多少随中间商担负的职能不同而不同。例如,有的中间商仅提供客源,而有的中间商除此之外,还担负对旅游者的运输和咨询服务等职能。显然,企业或经营者给予后者的折扣较大,而给予前者的折扣较小。

4. 季节折扣

季节折扣是企业或经营者为了消除或减少季节性因素对顾客购买行为产生的影响而采取的折扣方式。其目的在于为企业均衡生产提供保证。例如,某高科技农业园,对春、冬两季的买主给予 8 折优惠供应。而对于夏、秋两季的消费者则没有折扣优惠。由于农业生产具有很强的季节性,因而季节折扣适用于观光农业企业或经营者。

5.价格折让

价格折让在我国运用较多的主要有以下三种形式:

第一,以旧换新折让。

第二,残次商品折让。对于观光农业中一些由于天气和运输损伤等原因造成的残次产品,企业或经营者可以按照规定权限确定残次商品的处理折让价格。这种折让对于价格敏感的顾客来说是很受欢迎的。

第三,促销让价。指企业对中间商为推销本企业的产品所进行的各种促销活动(如刊登广告、现场示范、橱窗展示等),给予一定的让价优待或费用补偿。

三、心理定价策略

消费者形成购买决定、执行购买决定时,购买心理对促成其购买行为影响很大。心理定价策略,就是运用心理学的原理,以消费者需求心理为定价的基本依据,制定商品价格的一种策略。但商品最终价格的确定是有前提的,这就是不排除成本因素的考虑。这个最终价格应该是在补偿了产品成本的前提下,考虑到既定的赢利目标,根据消费者需求心理进行制定的产品价格。心理定价策略常用的方法有以下几种:

1.尾数定价

尾数定价是企业和经营者在为产品定价时,考虑到消费者的求实心理采用非整数的零头标价。例如某观光农业产品的价格定为4.99元,而不是5.00元,买主往往认为这类价格是企业实实在在计算出来的价格,而事实上这并不都是精确核算成本的结果。许多市场调查表明,采用尾数价格会使购买者对商品产生便宜感,从而迅速作出购买决定。

2.整数定价

整数定价是企业和经营者在制定产品价格时取整数。采用整数价格常常会使购买者产生"一等价钱一等货"的心理效应。特别是对那些质量较高、服务水平比较出众的产品和服务,整数定价能抬高其"身价",比非整数价格更能激励买者的购买。

3.声望定价

对于一些质量较高、服务水平比较出众的产品和服务,企业和经营者可以针对消费者的求名心理和偏好心理,为这些产品或服务制定一个较高的价格,这就是声望定价。

在消费者心目中,价格水平的高低往往就是商品和服务质量的直观表述,特别是对一些特色性商品更是如此,消费者购买此类商品往往需要的是多方位的满足。因此,有些商品定价高比定价低更容易促成交易。

但采用声望定价是有一定条件的,如果一般商品、一般商店滥用此法,其结果不但不能起到扩大销路的积极效果,反而会失去市场。

4.分档定价

分档定价是指企业和经营者将不同规格和品质的产品或服务分为有限的几种价格,通常可分为高档、中档、低档等几种。这种定价可以方便顾客识别商品,进行价格判断,从而可以使顾客在购买商品时获得心理满足。企业一旦确定了分档价,一般在一段时期内不轻易改变。

使用分档定价策略的观光农业企业,要针对顾客对商品的价格意识力和价格自觉性,进行认真的市场调研,估测人们对某种商品愿意接受的价格上限和价格下限,在此基础上拟定分档数目和价格差距。分档的数目要适量,不宜过多或过少。价格差距的控制也很有讲究。价格差距过小,不利于顾客识别、选购;价格差距过大,则会失去过多的顾客,因为他们可能希望买到介于两种价格之间的某个价格的产品。

5.招徕定价

招徕定价也就是我们通常所说的"特价品"定价,指企业和经营者针对消费者的求廉心理,为产品和服务定一个低价进行销售的策略。对观光农业企业来说,招徕定价是用少数商品的低价招徕顾客,从而达到增加对其他连带性商品购买的目的。但这少数的低价商品必须是顾客需要的,并且市场价格为大多数顾客所熟悉。有些商品在节假日或季节更替时,实行"节日大减价"也是采用了招徕定价这种策略。

四、产品组合定价策略

观光农业企业和经营者为了更好地满足目标市场的需要,从而为企业创造更多的利润,扩大产品和服务组合的趋势日益明显。经营多种产品和服务也可以分散市场风险。那么,面对多种产品和服务,企业如何分别为其制定各自的价格呢?

众所周知,实际定价问题远比其表面表现出的要复杂得多。观光农业企业和经营者,不仅要制定一个产品和服务的价格,而且还要寻求一组价格,使整个产品和服务组合的收益达到最优化。产品组合定价策略主要有以下三种形式:

1.产品线定价

就企业制定产品组合策略而言,有多种多样的策略可选择,例如,综合发展策略、产品线深度延伸策略、产品组合宽度扩展策略等,只生产单一产品的观光农业企业毕竟是少数。企业在定价时,面临的首要问题就是同一产品线中的若干产品如何定价。

产品线中任意一个产品的销售水平都受该产品线中其他产品的影响。如果新型产品和服务的价格明显大于老型号产品和服务,那么新型产品的扩散速度就会显得较缓慢;如果新型产品和服务的价格与老型号产品与服务的价格差额不大或低于老产品和服务,则顾客就会倾向购买新型产品和服务,而给老产品和服务的销售增添了障碍。

因而,观光农业企业和经营者在制定同一产品线中各产品价格时,应当综合考虑以下因素:各产品和服务之间的成本差距、顾客对产品和服务的评价、竞争者同类产品和服务的价格水平等。观光农业企业只有在综合考虑了上述因素后,才能有的放矢地给产品线中各产品和服务制定合理的价格。

2.连带产品定价

对企业生产的连带产品和推出的连带服务进行定价很有其讲究。所谓连带产品和服务是指在使用价值的实现方面存在着互补关系的产品和服务。

观光农业企业和经营者在为有连带关系的产品和服务定价时,通常将购买频率低、需求价格弹性高的产品和服务定较低价格,同时将购买频率高、需求价格弹性低的连带产品和服务定较高的价格。这样,由于以较低的价格扩大了主产品和服务的销路,从而也带动了连带产品的消费需求,起到了良好的经营效果。许多观光农业企业在生产和经营实践活动中非常灵活,从而使企业获利甚丰。

需特别指出的是,采用连带产品定价策略,必须考虑特定市场的一些具体影响因素,把握好其价格水平,否则很难使企业实现总利润最大化。

第三节　观光农业产品价格的修订与变更

观光农业企业和经营者在制定出产品价格以后,并不意味着大功告成。随着市场营销环境的变化,观光农业企业和经营者还必须对现行价格予以适当的调整。

调整价格,可采用削价或提价策略。观光农业产品价格调整的动力既可能来自观光农业企业内部,也可能来自外部。倘若观光农业企业利用自身的产品或成本优势,主动地对价格予以调整,将价格作为竞争的利器,这称为主动调整价格。有时,价格的调整出于应付竞争的需要,即竞争对手主动调整价格,而观光农业企业也相应地被动调整价格。无论是主动调整,还是被动调整,其形式不外乎是削价和提价两种。

一、削价及提价策略

1.削价策略

这是观光农业产品定价者面临的最严峻且具有持续威胁力量的问题。

　　观光农业企业和经营者削价的原因很多,有企业外部需求及竞争等因素的变化,也有企业内部的战略转变、成本变化等,还有国家政策、法令的制约和干预等。这些原因具体表现在以下几个方面:

　　(1)观光农业企业和经营者急需回笼大量现金　对现金产生迫切需求的原因既可能是其他产品销售不畅,也可能是为了筹集资金进行某些新活动,而资金借贷来源中断。此时,观光农业企业可以通过对某些需求富有弹性的产品或服务予以大幅度削价,从而增加销售额,获取现金。

　　(2)观光农业企业通过削价来开拓新市场　一种观光农业产品的潜在购买者往往由于其消费水平的限制而阻碍了其转向现实购买者的可行性。在削价不会对原消费者产生影响的前提下,观光农业企业可以通过削价方式来扩大市场份额。不过,为了保证这一策略的成功,有时需要与产品改进策略相配合。

　　(3)观光农业企业决策者决定排斥现有市场的边际生产者　对于某些观光农业产品来说,各个企业的生产条件、生产成本不同,最低价格也会有所差异。那些以目前价格销售产品仅能保本的企业,在别的企业主动削价以后,会因为价格的被迫降低而得不到利润,只好停止生产。这无疑有利于主动削价的企业。

　　(4)观光农业企业生产能力过剩　观光农业产品或服务供过于求,但是企业又无法通过产品和服务的改进以及加强促销等工作来扩大销售。在这种情况下,企业必须考虑削价。

　　(5)观光农业企业决策者预期削价会扩大销售,由此可望获得更大的生产规模　特别是进入成熟期的产品,削价可以大幅度增进销售,从而在价格和生产规模之间形成良性循环,为企业获取更多的市场份额奠定基础。

　　(6)由于成本降低,费用减少,使企业削价成为可能　随着科学技术的进步和企业经营管理水平的提高,许多产品的单位产品成本和费用在不断下降,因此,企业拥有条件适当削价。

　　(7)观光农业企业决策者出于对中间商要求的考虑　以较低的价格购进原材料不仅可以减少中间商的资金占用,而且为产品大量销售提供了一定的条件。因此,企业削价有利于同中间商建立较良好的关系。

　　(8)政治、法律环境及经济形势的变化,迫使企业降价　如政府为了实现物价总水平的下调,保护需求,鼓励消费,遏制垄断利润,往往通过政策和法令,采用规定毛利率和最高价格、限制价格变化方式、参与市场竞争等形式,使企业的价格水平下调。在紧缩通货的经济形势下,或者在市场疲软、经济萧条时期,由于币值上升,价格总水平下降,企业产品价格也应随之降低,以适应消费者的购买力水平。此外,消费者运动的兴起也往往迫使产品价格下调。

　　削价最直截了当的方式是将企业产品和服务的目录价格或标价绝对下降,但企业更多的是采用各种折扣形式来降低价格。如前面提到的数量折扣、现金折扣等形式。

此外,变相的削价形式有:赠送样品和优惠券,实行有奖销售;给中间商提取推销奖金;允许顾客分期付款或赊销;免费或优惠送货上门、培训、咨询;提高产品质量,改进产品性能,增加服务项目等。

由于这些方式具有较强的灵活性,在市场环境变化的时候,即使取消也不会引起消费者太大的反感,同时又是一种促销策略,因此在现代经营活动中运用越来越广泛。确定何时削价是调价策略的一个难点,通常要综合考虑企业实力、产品在市场生命周期所处的阶段、销售季节、旅游者对观光农业产品和服务的态度等因素。比如,进入衰退期的观光农业产品,由于旅游者失去了消费兴趣,产品逐渐被市场淘汰,为了吸引对价格比较敏感的购买者和低收入需求者,维持一定的销量,削价就可能是唯一的选择。由于影响削价的因素较多,企业决策者必须审慎分析和判断,并根据削价的原因选择适当的方式和时机,制定最优的削价策略。

2. 提价策略

提价确实能够提高观光农业企业和经营者的利润率,但由此会引起观光农业企业和经营者市场竞争力下降、旅游者和消费者不满、经销商抱怨,甚至还会受到政府的干预和同行的指责,从而对观光农业企业产生不利影响。虽然如此,在实际中仍然存在着较多的提价现象。其主要原因是:

(1)产品成本增加,减少成本压力　这是所有产品价格上涨的主要原因。成本的增加或者是由于原材料价格上涨,或者是由于生产或管理费用提高而引起的。企业为了保证利润率不致因此而降低,便采取提价策略。

(2)适应通货膨胀,减少企业损失　在通货膨胀条件下,即使企业仍能维持原价,但随着时间的推移,其利润的实际价值也呈下降趋势。为了减少损失,企业只好提价,将通货膨胀的压力转嫁给中间商和旅游者。

(3)产品供不应求,遏制过度消费　对于某些观光农业产品来说,在旅游旺季,由于旅游需求旺盛而接待能力又不能及时扩大出现供不应求的情况下,可以通过提价来遏制需求,同时又可以取得高额利润,缓解观光农业市场压力,使观光农业市场供求趋于平衡。

(4)利用观光农业消费者的心理,创造优质效应　作为一种策略,观光农业企业和经营者可以利用涨价营造名牌形象,使旅游者和消费者产生价高质优的心理定势,以提高观光农业企业知名度和产品声望。对于那些创新型观光农业产品、接待能力受到限制而难以扩大的观光农业服务,这种效应表现得尤为明显。

为了保证提价策略的顺利实现,提价时机可选择在以下几种情况:

①观光农业产品和服务在市场上处于优势地位。

②观光农业产品进入成长期。

③季节性商品达到销售旺季。

④竞争对手产品提价。

此外,在方式选择上,观光农业企业应尽可能多地采用间接提价,把提价的不利因素减到最低程度,使提价不影响观光农业产品和服务的销售量和利润,而且能被潜在的旅游者和消费者所接受。同时,观光农业企业和经营者在提价时应采取各种渠道向旅游者和消费者说明提价的原因,配之以产品策略和促销策略,并帮助旅游者和消费者寻找节约途径,以减少他们的不满,维护观光农业企业形象,提高旅游者和消费者的信心,刺激他们的需求和购买行为。

至于价格调整的幅度,最重要的考虑因素是旅游者和消费者的反应。因为调整观光农业产品价格是为了促进销售,实质上是要促使旅游者和消费者购买观光农业产品和服务。忽视了他们的反应,销售就会受挫;相反,只有根据旅游者和消费者的反应调价,才能收到好的效果。

二、观光农业企业价格调整的应对策略

竞争对手在实施价格调整策略之前,一般都要经过长时间的深思,仔细权衡调价的利弊。但是,一旦调价成为现实,则这个过程相当迅速,并且在调价之前大多要采取保密措施,以保证发动价格竞争的突然性。观光农业企业在这种情况下,贸然跟进或无动于衷都是不对的,正确的做法是尽可能迅速地对以下问题进行调查研究:

①竞争者调价的目的是为了什么?

②竞争者调价是长期的还是短期的?

③竞争者调价将对本企业的市场占有率、销售量、利润、声誉等方面有何影响?

④同行业的其他企业对竞争者调价行动有何反应?

⑤企业有几种反应方案?竞争者对企业每一个可能的反应又会有何反应?

在回答以上问题的基础上,企业还必须结合所经营的产品特性确定对策。一般说来,在同质产品市场上,如果竞争者削价,企业必须随之削价,否则大部分顾客将转向价格较低的竞争者;但是,面对竞争者的提价,本企业既可以跟进,也可以暂且观望。如果大多数企业都维持原价,最终会迫使竞争者把价格降低,使竞争者涨价失败。

在异质产品市场上,由于每个观光农业企业和经营者所提供的产品和服务在质量、品牌、服务、包装、消费者偏好等方面有着明显的不同,所以面对竞争者的调价策略,企业有着较大的选择余地:第一,价格不变,任其自然,任旅游者和消费者随价格变化而变化,靠旅游者和消费者对产品的偏爱和忠诚度来抵御竞争者的价格进攻,待

市场环境发生变化或出现某种有利时机时,企业再做行动。第二,价格不变,加强非价格竞争。比如,企业加强广告攻势,强化售后服务,提高产品质量和服务水平。第三,部分或完全跟随竞争者的价格变动,采取较稳妥的策略,维持原来的市场格局,巩固取得的市场地位,在价格上与竞争对手较量高低。第四,以优越于竞争者的价格跟进,并结合非价格手段进行反击。比竞争者更大的幅度削价,或者比竞争者小一些的幅度提价,或者强化非价格竞争,形成产品差异,利用较强的经济实力或优越的市场地位,居高临下,给竞争者以毁灭性的打击。

第十二章　观光农业促销策略

第一节　观光农业促销与促销组合

一、观光农业促销

促销是促进销售的简称。促销概念有广义和狭义之分。狭义的促销仅指销售促进,而广义的促销则包括销售促进、广告、人员推销和公共关系四大促销组合工具(菲利普·科特勒,1999)。

观光农业促销是指营销人员将观光农业产品的信息通过各种方式传递给目标顾客,以促进其了解、信赖该产品,并达到刺激需求、促进购买、扩大销售目的的一系列活动。

例如某农业示范园通过营销人员带领参观、讲解、品尝、体验等促销方式,将其所生产的产品的功效、食用方法介绍给顾客,以达到促销的目的。

二、促销原理与依据

促销策略是企业通过与购买者之间的信息沟通,通过运用人员推销、广告、公共关系和营业推广等各种促销方式,向消费者或用户传递产品信息,引起他们的注意和兴趣,激发他们的购买欲望和购买行为,以达到扩大销售的目的。

三、促销策略的内容方式

企业将合适的产品,在适当地点、以适当的价格出售的信息传递到目标市场,一般是通过两种方式：一是人员推销，即推销员和顾客面对面地进行推销；另一种是非人员推销，即通过大众传播媒介在同一时间向大量顾客传递信息，主要包括广告、公共关系和营业推广等多种方式。这两种推销方式各有利弊，起着相互补充的作用。此外，目录、通告、赠品、店标、陈列、示范、展销等也都属于促销策略范围。一个好的促销策略，往往能起到多方面作用，如提供信息情况，及时引导采购；激发购买欲望，扩大产品需求；突出产品特点，建立产品形象；维持市场份额，巩固市场地位等。

通常采取人员推销与非人员促销两种方式，其中非人员促销包括广告、公共关系、营销推广。

案例十一：北京市昌平区长陵镇康陵春饼宴，传承历史发展特色

"二月二品春饼"。老北京人吃春饼的讲究有这么两个日子，一个是立春之日，一个是农历二月二，也就是人们俗称的龙抬头的日子。立春吃春饼，名曰"咬春"，是人们对"一年之计在于春"的美好祝愿；"二月二，龙抬头"这天，北京人也要吃春饼，名曰"吃龙鳞"，也是寄托了人们对于美好生活的满腔期许。

要说北京最地道的春饼，那就一定是在昌平的康陵了。康陵就是明朝那位爱好旅游的正德皇帝的陵墓，它距昌平区 20 千米，位于长陵镇西北 5 千米处。全村总面积 2 563 亩，其中山场 1 600 亩，村落面积 39 亩，整个村庄的建筑物被包围在一个边长为 163 米的正方形监墙内，据说，这些古墙还是用白灰、米汤添加了猪血而砌成的，村庄共有 215 人，以赵、王、刘姓氏为主，均为汉族。

康陵村背靠莲花山，左邻泰陵笔架山、定陵，村南是三处原始森林，同时还是电影《江姐》的影视拍摄基地。它一年四季风景如画，春天，桃花、杏花如云似烟；夏秋季节，柿子、山楂百果飘香；冬天，松涛微响，雪花青松映衬红墙黄瓦，依旧让人能领略到皇家的磅礴气派。村中央那棵 800 年树龄的银杏王和守在村口的那两棵古槐，更向人们彰显了这片上好的"风水宝地"。传说，银杏王树又叫帝王树，树上住了一只金鸡，经常会化成老百姓下来吃食，每到早上又会早早地打鸣叫早。人们都说，先有树，后有陵，再有的康陵监。

数百年来，这个古老的小村庄世代相传，继承了正德春饼的制作方法，既保留了北方的风味，又继承了淮扬的精神，堪称是最正宗的正德春饼。

康陵的春饼薄若蝉翼、纯白无瑕，它是一种烫面薄饼——用两小块水面，中间抹油，擀成薄饼，烙熟后可揭成两张，用来卷菜吃，菜包括熟菜和炒菜。昔日，吃春饼时讲究到盒子铺去叫"苏盘"（又称盒子菜）。盒子铺就是酱肉铺，店家派人送菜到家。盒子里分格码放熏大肚、松仁小肚、炉肉（一种挂炉烤猪肉）、清酱肉、熏肘子、酱肘子、酱口条、熏鸡、酱鸭等，吃时需改刀切成细丝，另配几种家常炒菜（通常为肉丝炒韭芽、肉丝炒菠菜、醋烹绿豆芽、素炒粉丝、摊鸡蛋等，若有刚上市的"野鸡脖韭菜"炒瘦肉丝，再配以摊鸡蛋，更是鲜香爽口），一起卷进春饼里吃。康陵的酱肉、豆芽等配菜色

香味俱全,继承了当年正德皇帝御厨的风格,形成了自己的品牌特色。

　　改革开放以来,康陵村依托地理环境以及历史文化优势在区镇党委、政府以及扶贫单位的关心帮助下,积极发展农村经济。曾经的贫困村在 2006 年已经被确定为北京市新农村建设示范村,在新农村建设的大好契机下,传承百年的非物质文化遗产和饮食文化,加强基础设施建设,整治村庄环境,加大宣传力度,大力发展林果业和民俗旅游业,建立并完善民俗旅游发展新形式,塑造良好的京郊民俗旅游村的形象,实现规范化经营管理,形成了"正德春饼宴"这一品牌,成为北京人一年四季、尤其是春天的最佳旅游消费地。

　　目前,康陵村被提名为北京最美丽的乡村,果品年产达 50 多万千克,以柿子、酸梨为主,同时配有樱桃、杏、核桃、杂枣、桃等杂果的果品采摘业,配合"春饼宴"成了康陵发展的最大特色。吃、住、游一体化模式已初具规模。现今,康陵村集体有较大规模的民俗旅游接待站,能接待游客的农家院已经发展到 26 户。每年的春天,是康陵最热闹的时候,四方宾朋慕名而来,小村庄里人声鼎沸,更为这份美景增添了活力。尤其是农历二月二那天,有超过 2 000 多位游客来康陵赏美景、品春饼,超过了康陵人口的 10 倍以上。

第二节　　观光农业广告决策

一、广告的概念

1. 定义

　　广告是指企业或个人以付费的形式,通过一定的媒体,公开传播企业及其产品的各类信息,以达到促进销售、增加赢利目的的一种自我宣传方式。

　　广告是一种以推销商品、获得盈利为最终目标的商业行为。广告向目标消费者展示商品的性质、质量、功用、优点,进而打动和说服消费者,影响和改变消费者的观念和行为,最后达到做广告企业的商品被推销出去的目的。

2. 分类

　　广告可以按不同的标志进行分类。按广告目的不同,可分为告知性广告、说服性广告、提醒性广告;按广告主不同,可分为生产商广告、中间商广告、服务商广告;按广告对象不同,可分为消费者广告、用户广告、商业机构广告、媒体广告;按广告性质不同,可分为销售广告、观念广告、公关广告、求购广告。

3.特点

(1)广泛性　广告是一种高度大众化的信息传递方式,涉及面广,宣传声势大。它比较适合大众的标准化产品的宣传推广。

(2)表现力强　广告是一种很富表现力的信息传递方式。它可以通过声音、形象、色彩、音乐等表现手段,将企业信息传递出去,具有一定的艺术感染力。

(3)反复渗透　广告不像人员推销那样具有面对面交谈的特征,它可以借助媒体发布信息,反复刺激需求,渗透信息。

(4)信息的单向传递　广告是单向的信息传播,有时不一定引起消费者的注意。

4.作用

广告在产业用品促销中也执行着诸如建立知晓、建立理解、有效提醒、提供线索、证明有效、再度保证等十分重要的职能。主要表现为:(1)企业广告在能够树立企业声誉的前提下,将有助于推销员的工作。(2)著名企业的推销员在销售方面具有优势,只要他们的销售展示达到预期标准;较不著名企业的推销员如果销售展示工作做得卓有成效,也可以克服其弱点;较小企业愿意用其有限的资金来挑选、训练优秀的推销人员,而不愿用来做广告。(3)企业声誉在产品复杂、风险大以及购买者所受专业训练少的情况下,一般具有较强的影响力。

二、广告决策

广告决策制定过程包括广告目标确定、广告预算决策、广告信息决策、广告媒体决策和评估广告效果五项决策。

1.确定广告目标市场

在进行广告决策时,广告的目标必须集中于潜在销售市场。所谓潜在市场,即某一市场可能只吸收购买一定数量的某项产品,该市场即为该商品的潜在市场,它是广告的市场调查确定的。因此,在准备对一项产品进行宣传的时候,应该肯定这项产品必须具有的一定特征,必须具有的明确吸引力,而且,通过对产品的广告宣传,也确实可以使其形象突出出来。不仅如此,现在还应该加上一项条件,即该产品确实在目标市场上具有很大的潜在销售能力。广告在传播计划的制定中,首先要根据企业营销目标的基础,来确定广告宣传的角色,并配合广告目标市场的规划,拟定相应的广告宣传计划及其目标任务。

2.广告目标

广告目标是企业借助广告活动所要达到的目的。广告的最终目标是增加销售量和利润,但企业利润的实现,是企业营销组合战略综合作用的结果,广告只能在其中

发挥应有的作用,因此,增加销售量和利润不能笼统地作为广告的目标。供企业选择的广告目标可概括为下述几种:

(1)以提高产品知名度为目标 主要是向目标市场介绍企业产品,唤起初步需求。以提高产品知名度为目标的广告,称为通知性广告。通知性广告主要用于一种产品的开拓阶段,其目的在于激发产品的初步需求。

(2)以建立需求偏好为目标 这一广告目标旨在建立选择性需求,致使目标购买者从选择竞争对手的品牌转向选择本企业的品牌。以此为目标的广告叫做诱导性广告或竞争性广告。近几年,在西方国家,有些诱导性广告或竞争性广告发展为比较性广告,即通过与一种或几种同类产品的其他品牌的比较来建立自己品牌的优越性。当然,由于企业或产品在消费者心目中的形象并非单纯由广告形成的,因此,比较性广告应当把企业整体营销组合战略传达给潜在购买者。如果企业或产品缺乏良好的声誉,广告在这方面所承担的任务就更为重要了。

(3)以提示、提醒为目标 目的是保持消费者、用户和社会公众对产品的记忆。提示性广告在产品生命周期的成熟期十分重要。与此相关的一种广告形式是强化广告,目的在于使产品现有的消费者或用户相信他们所做出的选择是正确的。

广告目标是企业目标的一部分,企业在确定广告目标时,要与企业目标相吻合。为达到这一目的,客观上要求从整体营销观念出发,寻求与企业营销组合战略、促销组合策略有效结合的企业广告目标。

3. 广告的内容与设计

(1)广告设计 广告主应该评价各种可能的广告信息。广告信息可根据愿望性、独占性和可信性来加以评估。

①信息要说明一些人们所期待的或者有兴趣的有关产品的事。

②信息必须说明有别于同类产品中其他品牌的特色,或者独到之处。

③广告信息必须是可信的,或者是可以证实的。

(2)广告内容 广告主应该进行市场分析和研究以确定哪一种诉求的感染力对目标受众最成功。在广告活动中,企业必须知道为使广告受众产生预期的认识、情感和行为反应,应该对他们说些什么,也就是广告应该向受众传达什么样的信息内容。信息内容也称广告主题或广告诉求,一般来说,信息内容有理性诉求、情感诉求和道德诉求三种。

4. 广告宣传媒体

(1)平面媒体 包括报纸、杂志、邮政直投广告、宣传册等。由于"农家乐""京郊一日游"等活动内容具有时效性和多变性,且城里人出游的时候也较为集中,因此,应该选择具有时效性的平面媒体。

（2）广播媒体　广播是一种通过听觉产生效果的广告媒体，其优点是迅速及时，传播范围广，制作简单，费用低廉；缺点是时间固定，表现手段单调。

（3）电视媒体　电视媒体宣传的成本很高，但是公交汽车上的移动电视、写字楼的广告电视以及楼宇大厦的大型屏幕都是很有效的宣传媒体。利用电视媒体与电视台进行合作，录制一些专题节目。例如北京电视台的"京郊大地"、中央 7 套的"每日财经"节目等，都有助于对农产品进行宣传。

（4）户外路牌　在观光农业园附近设置大型的宣传广告牌，在村落、路口制作灯箱、平面广告牌，起到了更好的宣传和造势的效果。

（5）网络媒体　通过网络宣传在网上的论坛发布信息、创建宣传的网页、自制网页等形式起到宣传作用。

案例十二：北京市昌平区麻峪房村民俗观光旅游致富一方人

麻峪房村坐落在上风上水的世界文化遗产明十三陵风景区长陵镇，离长陵、定陵只有 5 千米的距离。这里山清水秀，风景秀丽，是得天独厚的纯天然氧吧。村里从 1997 年开始发展乡村民俗旅游，是北京市最早发展民俗旅游的村庄，有"京郊民俗旅游第一村"的荣誉。搞民俗旅游之前，麻峪房村是昌平区有名的贫困村，人均收入不足 800 元，通过发展旅游，现在村里 60 户人家已经有 55 户在搞民俗旅游，麻峪房村成为一个远近闻名的旅游村了。

麻峪房村现在总共有床位近 1 000 张，可同时接待 1 000 人食宿，各接待户都有标准间，土炕，大部分标准间设有空调、独立卫生间、热水器。麻峪房村对全村的旅游接待户实行统一培训、管理，规范经营，村集体设有接待站，所有民俗旅游接待户均持有"七证一牌"，即：工商营业执照，税务登记证，卫生许可证，健康证，旅游培训上岗证，中级厨师资格证，ISO9001 国际质量管理体系认证证书；"北京市民俗旅游接待户"牌。

春天，您在这可品尝到纯天然无污染的山野菜，吃上一桌地道的野菜宴。山野菜的品种多，味道鲜，有树顶菜、柳芽、杨叶、苦菜……夏秋，您可亲自到地里采摘各种瓜果，比如说樱桃、杏、李子、桃、山楂、柿子、各种蔬菜；冬天，您可以观赏山村雪景。这里的农家饭有锅贴饼子、菜团子、家常饼、烙糕子、手擀面，您还可以品尝一下烤全羊、烤兔子、烤虹鳟鱼、烤羊腿和羊肉串等烧烤。吃完农家饭，您可以爬山登高远望，尽赏山中美景；晚上您可以燃放烟花、唱卡拉 OK、玩棋牌等。

麻峪房民俗旅游度假村经过 10 年的发展，赢得了广大游客的好评，也赢得了一系列的荣誉。

1997 年，第一批 12 户开始发展乡村民俗旅游，户均收入 1 500 元。

1998 年 7 月 3 日，麻峪房民俗旅游度假村开村，发展到 24 户乡村民俗旅游接待户。

1999 年，乡村民俗旅游接待户发展至 40 户，民俗旅游进入蓬勃发展阶段。

2003 年，北京市旅游局在麻峪房村举行首批"北京市民俗旅游接待户"颁牌仪式,麻峪房村被誉为"京郊民俗旅游第一村"。

2005 年 12 月 29 日,麻峪房村开通无线局域网,成为北京市"首家数字民俗村",村民、游客在村里就可无线畅游网络世界。

2005 年 12 月,麻峪房村民俗旅游接待户进行了中级厨师培训,每户都拿到了中级厨师证书。

2006 年 9 月,在由中央电视台举办的"CCTV 2006 年度魅力乡村"推介评选活动中,麻峪房村成为全国范围内 400 多个报名村庄入围的 44 个乡村之一。

2006 年,北京电视台《北京新闻》栏目联合中共北京市委农工委、北京市农委、北京市旅游局隆重推出"百年牛栏山"寻找北京最美的乡村宣传评选活动,麻峪房民俗旅游度假村以其独特、浓郁的乡村民俗特色赢得了广大网友的热情支持,被评为十大"北京最美的乡村"。

2007 年 2 月 12 日,北京市旅游局在昌平区长陵镇麻峪房乡村民俗旅游村举行"2007 北京和谐城乡游"启动仪式。碓臼峪风景区—麻峪房民俗旅游村—龙脉温泉度假村—小汤山现代农业科技示范园被列为"2007 北京和谐城乡游"精品线路。

2007 年 4 月 29 日,由北京农村商业银行和北京观光休闲农业行业协会共同主办的"凤凰飞进农家院,刷卡消费乐融融"活动在麻峪房村举行。北京农村商业银行为麻峪房村 35 户优秀农户集中进行了授信,游客在接待户可进行刷卡消费,麻峪房村成为"无障碍消费村"。

2007 年 7 月,麻峪房民俗旅游度假村通过了 ISO9001 国际质量管理体系认证。

2007 年 9 月,麻峪房村被昌平区旅游局确定为 2008 年奥运乡村旅游接待村。同年 7 月份,麻峪房村有 62 人次获得了首都窗口行业奥运培训合格证书,在职业技能、职业规范、职业礼仪等各个方面都作了系统的培训。

2008 年 3 月,麻峪房村荣获第十二届"首都旅游紫禁杯"先进集体奖。"首都旅游紫禁杯"评选活动是北京市旅游局与北京市人事局共同主办的旨在宣传北京市旅游业先进典型,促进旅游产业发展,提高服务质量的一项评比表彰活动。这是北京市旅游行业的最高奖励,标志着北京旅游企(事)业单位的最高荣誉。

第三节　销售促进

一、销售促进的概念、特点

1. 概念

根据美国销售协会的定义,销售促进是指那些不同于人员推销、广告和公共关系的销售活动,旨在激发消费者购买和提高经销商的效率,诸如陈列、展出、展览、表演和许多非常规的、非经常性的销售尝试。

2.特点

(1)吸引顾客　销售促进通过传播信息,大造声势,吸引顾客的注意力,能够有效地招徕顾客。

(2)刺激购买　各种形式的销售促进都是向买方提供让利的优惠措施,可以刺激购买,迅速掀起销售高潮。销售促进更加适合刚上市的新产品、季节性消费的产品及积压产品的促销。

(3)短期效果　销售促进有贬低产品之意,尽管它在一定程度上可以打破消费者需求动机的衰退和购买行为的惰性,但也会使顾客对产品的质量和价格产生怀疑,认为企业急于抛售处理产品。

二、销售促进的类型与内容

1.针对消费者的销售促进

(1)赠送样品　免费向顾客发送样品供其试用,主要用于新产品推广阶段。发送样品的方式有挨家派送、邮寄发送、店内发送、随其他商品的销售配送、随广告分发等。

(2)优惠券　优惠券是一纸证明,持有者在购买某种特定商品时可凭其少付一部分价款。

(3)退款　即在消费者购买产品后向其退还部分货款。这种方法通常用于汽车等单价较高的商品。

(4)特价包装(亦称小额折让交易)　即以低于正常水平的价格和特别的包装方式向消费者销售产品。其形式有:减价包装,即减价供应的拆零包装(如买一送一);组合包装,即把两种相关的产品包装在一起(如牙膏和牙刷)。

(5)赠送礼品　免费或低价向消费者提供某种物品,以刺激顾客购买特定产品。

(6)奖励　即在消费者购买某种产品后向其提供获得某种奖励的机会。

(7)累计购买奖励　即在消费者购买某种产品或光顾某一场所达一定次数后,凭某种证明可获得奖励。

(8)免费试用　通常是指在销售现场请顾客试用产品,或者把样品送给顾客试用一段时间后收回。

(9)产品保证　是指对产品的质量做出某种保证或者对购买后的使用、维修做出某种承诺。

(10)联合推广　两个或两个以上的企业进行销售促进方面的合作,以扩大各自产品的销售额或知名度。

2.针对中间商的销售促进

（1）价格折扣　即在某个特定时期,生产厂家对中间商所采购的商品给予一定比例的折扣。目的是鼓励中间商更多地进货或者配销新产品。

（2）免费产品　即在中间商购货时额外赠送一定数量的同种产品,其目的与价格折扣相似。

（3）促销资金　即生产者向中间商提供资金以供其进行广告宣传等促销活动。

3.对推销员的销售促进活动

（1）销售红利　事先规定推销员的销售指标,按其超额多少提取一定比例的红利,以此激励其努力推销商品。

（2）销售竞赛　在推销员中开展销售竞赛,对销售业绩领先的推销员给予奖励,以此调动其积极性。

（3）推销回扣　从销售额中提取一定比例作为推销员推销商品的奖励或酬劳,通过回扣方式把销售额与推销报酬结合起来,有利于激励推销员积极工作。

案例十三:押花成为羊台子支柱产业

羊台子村位于北京市昌平区南口镇西北 17 千米处,北距八达岭长城 2 千米,现有村民 130 户,300 口人,有 11 个自然村。2006 年 3 月,羊台子村与昌平职业学校结成新农村合作伙伴,经过村、校双方充分调研、分析、了解市场需求,充分利用村里的自然资源,最后确定以押花项目为切入点,对村民进行押花制作技能培训。

培训老师先从最基本的教起,首先对村民进行美术培训,教村民绘画、审美的基础知识,让村民具有一定的美术基础,并且能够合理布图,合理搭配色彩。指导花材的采集时间和保鲜,这是做好押花画的关键。教村民根据季节、花材的特点正确使用押花器,然后把采来的新鲜花草、树叶放在压花器里,经过 3 天脱水后取出,分类放在保鲜袋里备用。让村民制作的押花出自农村,来自生活,反映农村的自然美。

押花制作技术的掌握是一方面,采集、选择花材也是重要的一方面。村民们在自己闲暇时,随时注意身旁山间、地边的花草,遇到符合条件的就马上采回来押制,可以说全身心地投入到了押花制作中。

通过 6 个月不间断的培训,村民们从简单的书签到贺卡、玫瑰图、工艺花篮,再到更为复杂的卡通画、风景画、山水画,经过反复练习、实践,现在都具备了独立制作押花画的能力,他们对押花技能的学习充满了自信心,热情高涨,参加培训的人数也从原来的 7 人发展到 32 人,年龄从 6 岁到 75 岁不等,同时带动 200 人从事花材的种植,在美化环境的同时也为押花制作者提供了丰富的花材,并且带来了一定的经济效益。

学习押花画的制作不但提升了村民的自身素质,还丰富了村民的业余文化生活。以前,他们坐在一起总是东家长西家短地闲聊,自从接触了押花制作,他们谈论的是怎样提高自己的押花水平,创作出更好的押花作品,以及如何才能把自己的作品推向外面的市场,卖个好价钱。

2006年11月26日,4名村民结合羊台子村独特的自然景观,设计出风景画"三槐抱柏、家乡美、秋韵、荷塘月色",参加了"北京市红螺杯"旅游商品大奖赛,村民张秀珍设计的"家乡美"获得了二等奖,并获得了2万元奖金。2007年10月,3名村民参加了昌平区"香堂杯"旅游商品大奖赛,村民李秀荣制作的押花画"乡间草舍"获得了二等奖,奖金5 000元,谷秀娥等3名村民共同制作的"百花争艳迎奥运"获得了三等奖,奖金2 000元。2008年10月21日,又有13名村民参加了昌平区旅游商品大奖赛,有1名村民获得了三等奖,2名获得了优秀奖,并获得了一定的奖金。

村民通过制作手工艺品,同时带动了羊台子村民俗旅游业更好的发展,以制作手工艺品为特色,打出自己的品牌。现在,在每个民俗旅游户家中都摆放自己亲手制作的手工艺品,在装饰家中环境的同时,他们还搞了一系列活动,对于来游玩的回头客或一次性消费200元以上的客人,可以赠送一支丝网花或一幅小的押花画作为纪念;如果游客有兴趣自己亲手制作,可以免费提供制作的材料和工具,并给予临时的指导,保证能够制作出游客自己满意的作品。这种促销活动的开展,使羊台子村民俗户家中的客人比以前大大增多了,有不少游客提出自己想要的图案,和民俗户们订做他们的手工作品,从而提升了该村手工艺制品的知名度,提高了村民的收入和村里的整体经济水平。

4.农业节日促销

利用农业节日采取一定促销手段,既起到对农业产品的宣传,也对观光旅游发展起到推动作用。例如:北京市昌平的苹果节、昌平流村的香椿节、小汤山温泉节、平谷的桃花节、通州的葡萄节。即将于2012年在北京昌平兴寿举行的世界草莓大会,为当地草莓基地的发展提供了良好的契机。

第四节　人员推销

确定最佳促销组合,尚需考虑促销目标。相同的促销工具在实现不同的促销目标上,其成本效益会有所不同。在促进购买者对企业及其产品的了解方面,广告的成本效益最好,人员推销成其次。购买者对企业及其产品的信任,在很大程度上受人员推销的影响,其次才是广告。购买者订货与否以及订货多少主要受推销访问影响,销售促进则起协调作用。

一、人员推销与观光农业

人员推销的涵义是指一个企业委派自己的销售人员直接向用户销售某种产品和提供某种服务的一种直接销售方法。所以销售观光农业产品时,人员推销起着至关重要的作用。通过人员推销提高销售促进;在促销中强调了产品价值和价格;提供信息咨询,帮助顾客明智购买产品。

二、观光农业企业人员推销的设计与管理

1. 人员推销的步骤和技巧

(1)人员推销的步骤

①确定目标。人员推销首先要找到潜在的顾客。潜在顾客一般必须具备 5 个条件:有需要;有购买力;有购买决策权;有接近的可能性;有使用能力。

②接近潜在顾客。接近潜在顾客考虑三点:一是要给对方一个好印象。推销员要注重与竞争对手作比较,同时又不诋毁竞争对手;二是验证在预备阶段所得的全部情况;三是为后面的谈话做好准备。

③推销介绍。这阶段是推销过程的中心,是推销人员运用各种方法说服顾客的过程。

④回答异议。潜在顾客在任何时候都可能提出异议或问题,去除一些可能影响销售的反对意见,并进一步指出产品的特点,或提示企业可提供的特别服务。

⑤成交。一旦对顾客所提出的问题解决后,推销人员就要达到最主要的目标——成交,就要使顾客同意购买自己推销的产品。此时,推销人员还可以提供一些优惠条件,促成交易。

⑥追踪服务。追踪服务时推销人员为已购产品的顾客提供各种售后服务,是人员推销的最后环节,也是推销工作的始点。追踪服务能加深顾客对企业和产品的信赖,促使重复购买。同时,可获得各种反馈信息,为企业决策提供依据,也为推销员积累了经验,从而为开展新的推销提供广泛而有效的途径。

(2)人员推销的技巧

①探测性推销。对于初次接触的顾客,根据"刺激—反应"的模式,推销人员按照自己的计划,与顾客进行渗透性交谈,以观察顾客的反应。然后逐步根据顾客的反应来调整谈话的内容,将顾客的兴趣转移到产品上来,促成购买行为。

②创造性推销。直接将产品的某些特征有效地对顾客进行宣传,使其产生兴趣,促使顾客购买行为的发生。

③针对性推销。对已掌握的部分现实和潜在的顾客,根据产品特性进行有目标

的推销。

④教育式推销。对新产品和初次接触企业产品的顾客,用培训教育、示范操作等方法向顾客传授产品知识,可以打消顾客疑虑,做出购买选择。

2.人员推销的方法

(1)按推销人员与顾客见面方式分

①一对一推销法。即一个推销人员对一个顾客展开推销工作。

②多对一推销法。即一组推销员对一个顾客展开推销工作,主要用在对成套产品的推销或新产品的试销阶段。

③一对多推销法。即一个推销人员面对许多顾客,在零售展销及订货会的场合较多见。

④多对多推销法。即几个推销人员面对许多顾客,常见于大型订货会。

(2)按推销人员的派出方式分

①按产品派出。一个或一组推销人员负责一类产品的推销工作,适用于产品种类较多、产品之间技术差异较大、市场区域不太大的情况。

②按地区派出。一般适用于产品单一、市场较大的企业。将市场分为几个区域,一个或一组推销人员负责一个区域。

③按顾客派出。根据消费群之间的差异,由一个或一组推销人员向某一类消费者或顾客推销,适用于产品技术相近、顾客之间差异较大的情况。

④按综合型派出。即将上述几种方式组合起来的派出方式,适合于集团化、多角经营、市场区域大的企业。

(3)按推销活动方式分

①定点定时推销法。即将在推销区域内的推销对象根据其进货和销售情况分别编号,按照其需要补货的时间分别上门,适时进行推销。

②流动巡回推销法。即将负责的推销区域画成图,设计合理的巡回路线,进行流动巡回推销。适合于购买量小、进货额低、需要保鲜的商品。

③集中时间推销法。即在一定的时间内集中力量推销。适用于新产品初上市、产品销售下降的时期或该种产品的销售旺季。

④节假日推销法。即利用节日、假日进行推销。比较适合于礼品、个人用品或有特别意义的商品。

第五节　营业推广

一、营业推广的方式

1. 对消费者的营业推广

对消费者的销售促进是为了鼓励消费者更多地使用产品,促使其大量购买。其主要方式有:

(1)赠送样品　企业免费向消费者赠送商品的样品,促使消费者了解商品的性能与特点。样品赠送的方式可以派人上门赠送,也可以通过邮局寄送;可以在购物场所散发,也可以附在其他商品上赠送等。这一方法多用于新产品促销。

(2)有奖销售　这是通过给予购买者以一定奖项的办法来促进购买。奖项可以是实物,也可以是现金。常见的有幸运抽奖,顾客只要购买一定量的产品,即可得到一个抽奖机会,多买多奖;或当场摸奖,或规定日期开奖。也可以采取附赠方式,即对每位购买者另赠纪念品。

(3)现场示范　利用销售现场进行商品的操作表演,突出商品的优点,显示和证实产品的性能和质量,刺激消费者的购买欲望。这是属于动态展示,效果往往优于静态展示。现场示范特别适合新产品推出,也适用于使用起来比较复杂的商品。

(4)廉价包装　在产品质量不变的前提下,使用简单、廉价的包装,而售价则有一定削减,这是很受长期使用本产品的消费者欢迎的。

(5)折价券　这是可以以低于商品标价购买商品的一种凭证,也可以称为优惠券、折扣券。消费者凭此券可以获得购买商品的价格优惠。折价券可以邮寄、附在其他商品中,或在广告中附送。

(6)以旧换新　将以前购买的同品牌的老产品或别的品牌的同类产品折价,再加上一定数量的现金即可换购该品牌的新产品。

2. 对中间商的营业推广方式

对中间商的销售促进,目的是吸引他们经营本企业产品,维持较高水平的存货,抵制竞争对手的促销影响,获得他们更多的合作和支持。其主要销售促进方式有:

(1)销售津贴　也称销售回扣,这是最具代表性的销售促进方式。这是为了感谢中间商而给予的一种津贴,如广告津贴、展销津贴、陈列津贴、宣传津贴等。

(2)列名广告　企业在广告中列出经销商的名称和地址,告知消费者前去购买,提高经销商的知名度。

　　(3)赠品　包括赠送有关设备和广告赠品。前者是向中间商赠送陈列商品、销售商品、储存商品或计量商品所需要的设备,如货柜、冰柜、容器、电子称等。后者是一些日常办公用品和日常生活用品,上面都印有企业的品牌或标志。

　　(4)销售竞赛　这是为了推动中间商努力完成推销任务的一种促销方式,获胜者可以获得现金或实物奖励。销售竞赛应事先向所有参加者公布获奖条件、获奖内容。这一方式可以极大地提高中间商的推销热情。像获胜者的海外旅游奖励等已被越来越多的企业所采用。

　　(5)业务会议和展销会　企业一年举行几次业务会议或展销会,邀请中间商参加,在会上,一方面介绍商品知识,另一方面现场演示操作。

3.对推销人员的营业推广方式

　　推销人员经常要将许多不同品牌的商品推荐给消费者使用,因此,企业常运用销售竞赛、销售红利、奖品等销售促进工具直接刺激准销人员。

第十三章　观光农业政策与法规

第一节　观光农业政策

产业政策是一个国家的中央或地方政府为了其全局和长远利益而主动干预产业活动的各种政策的总和。观光农业产业政策是指导观光农业产业发展和结构优化的基本方针、政策和措施的总称,市政府宏观调控的政策之一。观光农业作为农业与旅游业的交叉性产业,其发展单靠农业部门、旅游部门的努力是力所不及的,要依靠国家产业政策的支持。与观光农业产业密切相关的政策,主要有政府主导政策、政府扶持政策、金融支持政策、土地流转政策和社会保障政策等。

一、政府主导政策

观光农业产业的发展与政府的强力推动密不可分,培育和建设好观光农业园,政府必须发挥重要作用。打造观光农业园是一项综合性系统工程,不能完全依靠市场的力量进行,而是需要整合行政管理、公共工程、土地与资源、税费优惠、营销促进、招商引资等诸多方面,以商业化的理念实施综合经营。政府充分发挥其作为社会管理者和社会协调者的作用,保证为建设观光农业园创造良好的生存和发展环境。在此过程中,政府应凭借其较高的社会威望、强大的管理能力与雄厚的财政实力,发挥不可替代的主导作用。具体体现在以下 4 个方面。

1. 科学编制规划

建设农业观光园的首要前提是编制科学的发展规划。按照"因地制宜,合理布局,突出特色"的原则编制观光农业发展规划,突出体现高起点、国际化、前瞻性、时代性。同时,加强规划管理,严格按规划要求安排或审批观光农业建设项目,有效地防止观光农业开发中低档次重复建设的盲目行为、急功近利的短期行为、损害环境的破坏行为。

2. 政策引导及协调

通过制定财政、金融、税务、价格、工商管理、招商引资、交通运输、出入境管理等方面的一系列产业政策,优化观光农业园建设环境。同时,加大对基础设施、公共服务体系建设的导向性资金投入,在政府的策划下,有效地实现投资主体的多元化。

3. 管理和市场推广

观光农业园建成后,需由政府加强指导和监督,帮助直接管理者以高标准、严要求管理好景区景点,做好运营工作。同时,加大对旅游目的地的市场推广力度,增加投入,持续进行,充分利用政府的影响力,以多种手段、多种形式、多种渠道,特别是利用旅游节庆、新闻媒体等强势手段,来提高观光农业园的知名度和美誉度。

4. 监督企业提高服务质量

完善管理、优化服务是打造观光农业园的"生命线"和"保障线"。服务是重要的产品,旅游者对旅游服务越来越重视,观光农业园能否真正成为精品,服务是重要因素,要创造服务品牌,并不断完善。应由政府组织企业加强诚信建设,倡导文明经营、诚实守信的风气,加大对市场秩序和服务质量的监管力度,加快推进旅游企业标准化认证进程,建立服务质量和规范评估体系,推动整体服务水平的提升。

二、政府扶持政策

1. 观光农业项目用地优惠政策

对观光农业项目,政府优先给予用地指标;对不搞永久性建筑的项目可以按照农业结构调整政策办理,不再办理农业用地审批手续;集体所有的"四荒"地,可作为观光农业项目附属建设用地。在土地价格方面,政府可以给予观光农业项目用地适当的价格优惠。

2. 观光农业项目基础建设倾斜政策

2008 年,中共中央、国务院颁布的《关于切实加强农业基础建设 进一步促进农业发展农民增收的若干意见》中,明确要突出抓好农业基础设施建设,加大投入力度,加快建设步伐。各省、区、市对观光农业项目基础建设,要最大限度地争取非农资本和社会资金的投入,结合旅游观光农业园区建设的实际,加大政府支持的力度。对同一规划,具有一定发展规模的农业园区的水、电、路、通信等基础设施建设要在项目资金上给予倾斜,并对棚室等生产设施给予政策扶持。

3.观光农业项目税收优惠政策

政府给予观光农业项目经营者和为观光农业提供服务的社会中间组织一定的税收优惠政策。例如,对农民销售自产农副产品取得的收入免税,对社会中间组织提供技术服务或劳动所得的收入免征企业所得税。此外,政府还可以对一些经营特色明显、运作规范、带动能力和可持续发展能力强的观光农业项目采取以奖代补的形式予以补贴;部分经营效益好、表现特别突出的观光农业项目可以享受农业龙头企业的各项优惠政策。

三、金融支持政策

加大政府对发展观光农业的投入。除了加大对基础设施方面的投资外,继续实施"两减＋补贴"政策,加大对观光农业的补贴力度。加快金融信贷体制改革,优化融资服务,为观光农业企业或个人提供贴息贷款和小额信贷,切实解决贷款难的问题。加快农业信用担保体系建设,地方财政可按实际担保额给予一定的担保风险补助。推动信贷支农产品创新,推进林权抵押贷款,探索土地承包经营权抵押等多种贷款方式,扩大信贷支农渠道。完善政策性农业保险办法,适当增加保险品种,特别是对农业龙头企业、专业大户及主导产业等需要保险的农业项目给予保险,并支持农林牧渔业互保。对毕业的大中专院校学生和科技人才创办家庭观光农场,优先给予创业贷款支持。

四、土地流转政策

观光农业用地要在坚持农村土地承包政策长期不变、保障农民土地使用权的基础上,建立起"自愿、依法、有偿"的农村土地流转制度。《中共中央关于推进农村改革发展若干重大问题的决定》中鲜明提出了"三个不得",即土地承包经营权流转,不得改变土地集体所有性质,不得改变土地用途,不得损害农民土地承包权益。农村土地归集体所有,土地流转的只是承包经营权,不能在流转中变更土地所有权属性,侵犯农村集体利益。实行土地用途管制,农地只能农用。在土地承包经营权流转中,农民的流转自主权、收益权要得到切实保障,转包方和农村基层组织不能以任何借口强迫流转或者压低租金价格,侵犯农民的权益。改革的焦点就是通过土地流转等政策手段适度整合被承包到户的土地,允许农民以转包、出租、呼唤、转让、股份合作等形式流转土地承包经营权,发展多种形式的适度规模经营。

第二节　观光农业法规

一、农业法律法规

观光农业是"农旅合一"的产业,其法律法规涉及农业产业和旅游业方面的法律法规。我国政府已颁布与农业产业相关的法律法规有《农业法》《动物防疫法》《森林法》《水法》《防洪法》《农村土地承包法》《劳动法》《土地管理法》等。

二、旅游产业法规

目前,我国尚未颁布《旅游法》,但相关法律已相继出台。例如,《旅行社管理条例》《导游人员管理条例》《中国公民出国旅游管理办法》三部旅游行政法规以及国家旅游局出台的部门规章等已经实施。

旅游产业现行使用的相关法规不仅是上述的专门条例,还应包括:①以成文形式实施的法律、国务院行政法规、部门规章及地方性法规、地方性政府规章;②由国家领导人或主管负责人以国家名义与主权国家、地区或国际组织签订的,经全国人民代表大会及其常务委员会批准的国际协定、国际公约或条约;③旅游标准和规范;④我国旅游行业管理部门、旅游组织或其他行政部门,制定或发布的标准或规范(这些标准或规范在特定领域仍然具有一定的拘束力,因此也把其列为旅游法规的范畴)。

三、观光农业法规

虽然观光农业作为新兴产业历史不长,但国外有些国家却制订了较为健全的相关的法律法规体系。如日本以《观光立国推进基本法》《粮食、农村、农业基本法》为依据,制订了不少与观光农业相关的法律。如《旅行业法》《温泉法》《森林法》《海岸法》《岛屿振兴法》《山村振兴法》《旅馆业法》《停车场所法》《农山渔村余暇法》《景观法》《自然环境保护法》《自然公园法》等一系列与观光农业相关的法律法规。这些法律条文明确规定了审批过程的程序、审核的标准,并且有较强的可操作性,减少了人为因素对政策实施的影响,使条例的执行和管理顺利通畅,既保证了从事观光农业的企业依法经营,又限制了部分人借观光农业之名进行圈地和违法经营。此外,日本对原《农业基本法》进行了重新审视及评价,实施《农山渔村旅宿型休闲活动促进法》,规定了"促进农村旅宿型休闲活动功能健全化措施"和"实现农林渔业体验民宿行业健康发展措施",推动绿色观光体制、景点和设施建设,规范绿色观光业的发展与经营。再如,西班牙有《乡村住宿法》;德国有《市民农园法》;法国有《家庭农园法》等。

　　自 1992 年起,我国台湾省也陆续实施了包括休闲农业辅导办法、休闲农业标章核发使用要点、休闲农场设置管理要点等主要法规和其他近 50 个相关法规在内的观光休闲农业法规体系。

　　我国大陆观光农业起步较晚,目前专门的法律法规体系尚未健全,但以中央政府或主管部门或地方政府颁布的条例、实施办法等规范性文件也已相继出台。例如,中共中央、国务院颁布的《关于推进社会主义新农村建设的若干意见》、国家旅游局农业部颁发的《关于大力推进全国乡村旅游发展的通知》、浙江省农办和省旅游局发布的《浙江省省级农家乐特色村认定办法》、杭州市农办和市旅委制定的《杭州市级休闲观光农业示范园区(点)考核标准》和《杭州市级农家乐休闲旅游特色村认定标准》、北京市《乡村民俗旅游户食品安全管理规定(试行)》、上海市《关于推进本市农业旅游发展的若干意见》、广州市《特色乡村旅游区(点)服务规范》、南京市《农业旅游服务规范》、四川省广元市《2009 年广元市现代农业示范园区建设项目实施方案》等。

第十四章　不同类型观光农业园区建设

第一节　科教型农业园

案例一：北京市昌平区小汤山农业科技园区

1.建园条件与环境评估

全国最大的现代农业园区、北京首家国家级农业科技示范园——北京小汤山现代农业科技示范园于 1998 年底正式启动,于 2002 年 1 月 18 日正式开园。小汤山现代农业科技示范园地处燕山南麓平原地区,土地肥沃,交通便捷。园区位于亚运村以北 17 千米处,东邻首都国际机场 10 千米,西距八达岭高速公路 5 千米,六环路、京承高速路穿园而过。立汤路把亚运村、奥林匹克公园、小汤山农业园连成一线。农业园设施组群面积已达 60 万平方米,总投资超过 30 个亿,园区总体规划面积 111.6 平方千米,涉及小汤山、兴寿、崔村、百善 4 个镇 54 个行政村,8.1 万亩耕地,4.1 万人。这里水资源丰富,温榆河、葫芦河、蔺沟河等 8 条河流环绕其间,其中地热资源可开发面积达 100 平方千米。

小汤山农业园是北京市第一个农业项目规划与小城镇建设规划相统一,由首都规划委员会批准的农业项目。小汤山镇是全国小城镇综合改革试点镇,小城镇建设与农业园建设融为一体,为推进农村现代化和农业现代化创造了条件。

小汤山现代农业科技示范园以科技展示现代农业的崭新观念,将建设成为首都农业率先基本实现现代化的展示窗口,现代高新农业科技成果转化的孵化器,北京现代农业科技示范中心,生态型安全食品的生产基地,国际农业先进信息、技术、品种的博览园。在人们的传统眼光里,农民即是"面朝黄土背朝天",农业即是"老牛铁犁轻摇鞭"。而北京小汤山现代农业科技示范园的农民则是西服革履去上班,看着电脑种大田,成了地地道道的蓝领一族。

北京小汤山现代农业科技示范园充分发挥首都科技优势,转化推广国内外先进技术和科技成果:孵化和培育现代农业企业,促进农业产业化经营;构建农业科技优秀人才聚集地,为科技创新提供空间;以市场为导向,促进农业产业结构调整和农民增收。加快首都农业率先基本实现现代化的步伐。小汤山农业园的建设,受到了市委、市政府领导及社会各界关怀和支持,各级领导和专家多次到小汤山农业园视察工作、现场办公。1998 年,昌平区人民政府报请市政府批准,将小汤山农业园确定为北京市级农业科技园区;随后又被北京市政府、国家外国专家局等部门命名为"北京市科普教育基地"、"引进国外智力成果推广示范基地";2001 年被国家科技部等六部委命名为北京市昌平区国家级农业科技示范园,是北京市唯一一家国家级农业科技示范园区。几年来,分别被北京市政府、国家外国专家局、国家旅游局等部门命名为"北京市科普教育基地""北京市爱国主义教育基地""引进国外智力成果推广示范基地""全国工农业旅游示范点""科学实验基地""北京市花园式单位"等。

随着人们生活水平的提高,"追求自然,向往绿色"已经成为一种生活时尚。绿色观光农业作为一种新的事物,散发的蓬勃生机已经悄然来到我们身边。小汤山农业园自建园以来,历经七载,已建设成为一个集旅游观光、农业考察、科普教育、温泉疗养、特色餐饮、种植采摘、安全蔬菜生产于一体的现代农业观光园。北京小汤山现代农业科技示范园建设目标是将其建设成为"环境优美、设施先进、技术领先、品种优良、高效开放"的首都北京精品现代农业的示范窗口。

2. 功能设计与特色风格

小汤山农业园经过 3 年建设,基础设施建设得到加强,投入水、电、路、通信、绿化美化的资金达 1.5 亿元。目前,已有国家级北方林木种苗示范基地、国家淡水渔业工程技术研究中心、精准农业项目、台湾三益兰花基地、中垦三菱示范农场等 50 家现代农业高新技术企业入驻,形成了小汤山特菜、林木种苗、花卉、鸵鸟、高档淡水鱼、肉用乳羔羊等一批优势产业。整个园区规划为八区一园,即:设施农业示范区、花卉示范区、林木种苗示范区、水产养殖示范区、旅游度假区、乳羔羊生产示范区、籽种农业示范区、加工农业示范区、北京昌平国家农业科技园。小汤山现代农业科技示范园的建设受到了社会各界的广泛关注与支持,社会各界给予了园区许多荣誉。越南、韩国、日本、墨西哥等党政代表团参观考察过科技园区,小汤山农业园自建园以来已累计接待各界人士 5.1 万人次。

小汤山农业科技示范园不仅满足着广大消费者对高档绿色食品的需求,还努力使园区日益成为满足人民精神需求的旅游休闲地。在农业观光已经成为市民旅游新时尚的今天,园区大力发展农业观光项目,完善旅游配套设施建设。在这如诗如画的美景中您不但可以了解到许多世界领先农业科技知识,还可以尽情地品尝到园区特有的蔬菜、水果、鸵鸟肉、温水鱼等一系列绿色安全食品,亲自体验到采摘的乐趣。

小汤山农业园以丰富的科技文化内涵,吸引游人纷至沓来。盛夏时节路两侧3 000米的长廊上绿藤缠绕,2米长的丝瓜、1米长的蛇豆、形态各异的葫芦抬眼可见。1 000米的葡萄长廊下清新凉爽,香甜的美国红提、醉人的香妃等各色葡萄挂满枝头,引得人们驻足观望。占地10万平方米的现代化连栋智能温室,蝴蝶兰、仙客来、一品红、丽格海棠、长寿花及日本大花蕙兰等几十种名贵花卉一年四季竞相绽放。"综合农业高新技术展示温室"内绿意盎然,"番茄树"、"立柱栽培"、"现代工厂化育苗生产线"、"蘑菇栽培新技术"、灵芝盆景、榕树盆景更是令游人大开眼界、赞叹不已。养殖园内丹顶鹤、猕猴、蓝孔雀、山野猪等珍禽异兽,让人们体验到人与自然的和谐。

园区运用领先的科技优势,打破了旅游业淡、旺季之分,这里四季花常开、菜长绿、果长鲜。这里拥有萌动的春天、繁茂的夏天、丰收的秋天、鲜艳的冬天。步入小汤山农业园,给人的第一感觉便是清新自然,放眼望去随处可见的绿色让人赏心悦目。2 500米的绿色长廊下,繁茂的藤叶间,缀满累累果实,让人流连忘返。个大香甜的葡萄晶莹剔透,令人馋涎欲滴;倭瓜、蛇豆、葫芦、瓠子……形态各异,长势喜人。收获季节您不仅可以驻足欣赏,还可以亲自体验采摘的乐趣,感受葡萄的香甜。

台湾三益兰花温室培育有上百种蝴蝶兰及卡特兰、文馨兰、兜兰等亚热带兰花,拥有3 000平方米的组培车间,其年生产瓶苗可达1 000万株,堪称亚洲第一组培室。这里可以使您了解兰花的培育过程,观看到培养基填充室、培养基储存室以及工人的实地无菌操作,让您亲身感受到高科技应用于农业的无穷魅力。在其他花卉温室,您可以观赏到高档兰花——大花蕙兰、铁线蕨、肾蕨等多种蕨类,以及非洲紫罗兰、竹芋等花卉植物。

每到5月,占地10亩的百种万株牡丹园内,各色牡丹竞相开放。使您足不出京,便可以欣赏到洛阳甲天下的牡丹。从福建漳州移植的1 500余株榕树盆景,枝叶繁茂、千姿百态。尤其是几株百年以上的榕树盆景更是形态各异,有的如仙女飞天,有的如策马奔腾……

占地3 300平方米的高新品种展示温室内利用电脑技术有效地控制温度和湿度,通过立柱式栽培、墙体栽培、管道式栽培等多种栽培方式,采用岩棉、泥碳等基质种植了多种特色果蔬,如紫背天葵、番杏、叶甜菜、人参果、巨型南瓜等。其中最吸引人们目光的是几株水培番茄,每株可结果10 000～12 000个,单果重达250克左右,即具有很高的观赏价值及科技含量,也是餐桌上的佳品。尤其是在冬季,园区充分利用小汤山独特的地热资源,既保证了温室内温度能够保持不变,同时又节省了能源,减少了对环境的污染,使每一位来园的游客在感受温暖的同时能呼吸到清新的空气,看到蔚蓝的天空。

不仅如此,园区还努力打破地域的局限,兴建了集观赏与休憩于一体的园林植物园,从南方引进的各种植物长势良好,真正实现了"南树北栽、南花北开"。与河南洛阳天甲牡丹有限公司合作,从河南洛阳引进了包括姚黄、魏紫、欧家碧等多种名贵珍稀牡丹品种,在园区建成了"百种万株"牡丹园,使北京人不必远行就可以看到洛阳的牡丹。

3. 经营管理与促销方法

浑然天成的小汤山山水盆景艺术馆中的山水盆景,奇峰峭壁、潺潺流水、高山飞瀑、层峦叠翠,让人恍若置身于名山大川、广袤无垠的大自然中。一盆盆精美绝伦的山水盆景活灵活现,像一首无声的诗,像一幅立体的画,令人神往,令人赞叹。

如果说山水盆景的美是奇丽,是深邃,那么特种养殖园内动物的美则是亲切,是可爱。这里有顽皮的猕猴、高傲的孔雀、美丽的梅花鹿、温顺的小矮马……随时欢迎着每一位游人的到来。到时,您不但可以零距离地与他们接触,还可以亲手给他们喂食,享受人与自然的和谐。

武夷茶庄也落户小汤山农业园,在此您可以购买大红袍、老君眉、铁观音等高档茶叶,并边品茶边欣赏茶艺表演。

参观之余,来到小汤山农业园楼顶餐厅,你可以尽情品尝园区特有的蔬菜、鸵鸟肉、温水鱼等一系列绿色安全食品,欣赏满园绿色与蔚蓝天空相交融的美好景色,让人感到无限的安宁与惬意。

在充实观光项目的同时,园区加大了旅游配套设施的建设。可同时容纳 200 人就餐、住宿、开会及温泉洗浴的综合设施已建成。18 000 平方米的绿色生态餐厅,可让您在大自然的怀抱中尽享美味。热带植物温室长 126 米、宽 63 米、高 20 米,占地面积达 8 000 平方米,从南方引进的热带高大乔木和濒临灭绝的树木,让身处其中的您好似进入了热带雨林之中。而已落成投入使用的摄影棚更是气势宏大,棚长 196米、宽 82 米,最高处高达 28 米,占地 15 000 多平方米,为不少影视摄制组提供了一个好的拍摄场所。

为了满足不同游客的需求,小汤山农业园又与周边景点合作开辟了多条一日游、二日游路线。目前,小汤山农业园与周边龙脉温泉、银山塔林、十三陵景区、居庸关旅游风景区、航空博物馆交相辉映,形成了一条亮丽的风景线,吸引着四海的朋友,八方的游人。

小汤山农业园运用领先的科技优势,将自身打造成为一个环境优雅、空气清新,四季花开,瓜果飘香,融自然风光与现代农业于一体的高科技农业园区。"科技创新,追求自然,向往绿色"是小汤山农业园的经营理念。小汤山农业园以其独特的人文景观、丰富的科技文化内涵吸引着众多的海内外游客。

4.引申服务项目与其他

按照市委、市政府及中央有关部、委的要求,通过3年的实践,小汤山农业园探索出了一种运作模式,概括为"政府搭台,企业运作,中介参与,农民受益"。这种运作模式,有利于把各自的优势发挥出来,把各自的积极性调动起来,把各自的利益统一起来,形成合力,确保小汤山农业园保持良好的发展态势。

(1)政府导向　一是环境导向。3年来,共投资1.5亿元,修建了园区道路22.6千米;完成了20千米的水环境治理,建成了日供水能力3万吨的供水厂和日处理4 500吨的污水处理厂;小汤山农业园新增地热井16眼;园区林木覆盖率近50%。二是政府导向。区政府制定了关于加快小汤山农业园发展的土地、人才、户籍、财政支持等10条优惠政策,为园区建设提供了坚实的政策基础。通过政策导向和对外招商引资,2001年以来相继有民营企业、股份制企业、台资企业等46家企业入驻园区。

(2)企业运作　小汤山农业园注重体制、机制创新,一批国家级大型企业、民营企业入驻园区,已形成国有企业、合资企业、上市公司、民营企业及台资企业等投资主体多元化格局,特别是民营企业总数达到入园企业总数的三分之二。

依据"产、学、研"的发展思路,小汤山农业园积极创造条件,为科研人才提供公用、共用的农业科研设施、设备,吸引高科技人才从事研究和成果转化,新建5 000平方米的综合展示中心,新建组培室近1万平方米。目前,小汤山农业园初步形成了四个中心,即:展示中心、信息交流中心、农产品配送中心、劳动力就业中心。

(3)中介参与　为吸引更多的投资者到小汤山农业园投资建设,把小汤山农业园的产品推向市场,区政府对引进入园企业做出贡献的中介机构和个人,一次性给予1～10万元奖励,对引进重大项目贡献突出的中介单位和个人给予重奖,参与中介服务的单位和个人明显增加。

(4)农民受益　小汤山农业园的企业有个突出的特征,那就是企业本身既是资金密集型,又是技术密集型,同时它又是劳动密集型。这为提高农民素质、提供就业空间创造了条件。

目前,小汤山农业园的产业特征体现为生态、种业、精品,并带动了周边3 700多个农户,园区就业人员已超过1万人,连续两年农民人均纯收入高于全区平均水平的30%。

北京2008年奥运会的成功举办及我国加入世界贸易组织,为小汤山农业园的发展提供了难得的机遇。如今,小汤山农业园已建成为标准的绿色食品基地和展示北京现代农业的窗口。

案例二:浙江省农业高科技示范园区

1. 建园条件与环境评估

由著名民营企业传化集团控股投资的浙江省农业高科技示范园区,坐落于钱塘江南岸,占地 5 000 亩,是浙江省目前投资最大、科技含量最高的农业园区。园区采取政府扶持、部门支持、企业化运作、农民受益的运作机制,以浙江传化江南大地发展有限公司作为经营实体。园区根据"全园农业、全园旅游、全园生态"的建设原则,以规模化综合经营为基本生产方式,以种子种苗工程为主导产业,以农业产业化为主要支柱,以现代农业科技装备的园艺化、设施化、工厂化生产为主要手段,以科技型、生态型、劳动密集型农业为主,辅之观光农业、休闲农业、创汇农业等多种形态,成为实现人与自然和谐、与都市高度融合的高度现代化多功能的"百年园区"。是展示现代农业生产运作模式、农村经济发展和管理模式、农民生存模式的,探索解决中国"三农"问题的有效的示范基地。

2. 功能设计与特色风格

浙江省农业高科技示范园区是省级现代农业开发项目,因此:(1)园区以政府扶持、部门支持、企业化运作的方式,按高起点规划、高科技支撑、高标准建设、高水平管理、高质量服务、高效益产出的目标进行建设。(2)依托国内外科研力量和技术优势,广泛吸引高层次人才,以高科技为核心,以繁育种子种苗为载体,确立几个支柱产业,努力建成集科研、繁育、生产、加工、销售、服务、培训及旅游观光于一体的高科技现代农业示范园区。(3)省政府对园区内项目开发建设给予重点扶持,特制订招商引资专项优惠政策,省、市各级计划、财政、工商、金融等部门从贷款、税收等方面予以最大优惠,对项目报批手续、进出口物资手续等的办理给予极大便利。(4)园区以现代企业运作方式进行管理,项目承建及经营单位浙江传化化学集团是国内私营企业的后起之秀,是浙江省私营企业的杰出代表,有着丰富的现代企业管理实践经验。

3. 经营管理与促销方法

浙江省农业高科技示范园区是一座以农业为策划依据,以乡村风情为主要表述内容,以高科技农业为优势,以旅游休闲为特色的大型郊野公园类旅游区。它集高科技农业、中国传统农业、乡村风情展示、有代表性的异域乡村风情集锦,以及深受大众喜爱的户外休闲活动、乡村购物、农事体验、修学考察为一体,是杭州第一个凝聚农业高科技、主题旅游区和自然风景诸多技术理念而形成的新型农业观光园。

园区除自身占地 5 000 亩外,还拥有示范区 5 万亩,辐射区 50 万亩,具有天然的资源优势。项目通过"公司＋基地＋农户"的运作模式,建立对基地生产过程的技术指导、技术服务体系、整个产业链的冷链系统、符合市场运作要求的配送体系,从而保证能够提供市场需要的产品,产生良好的经济效益。

4.引申服务项目与其他

现代农业应用技术培训中心采取现场教育和远程教育相结合,师资力量主要依托浙江省农业科学院和浙江大学。目的是为中国农业提供技术人员和生产管理人员,目标是使培训中心在现代农业应用技术领域的培训就像微软培训中心在计算机软件领域的培训一样具有巨大的影响力。重点建立具备远程教育功能的教育网站和配套的软件;园区的现代农业设施包括组培大楼、实验温室、育苗大棚、自控玻璃温室作为学员的实践基地,同时建设电化教室、会议中心、宿舍等配套设施。

案例三:陕西杨凌农业高新技术产业示范区

1.建园条件与环境评估

国务院于 1997 年 7 月批准成立"杨凌农业高新技术产业示范区",面积 22 平方千米,纳入国家高新技术产业开发区序列。

杨凌是我国唯一的集农业教育、科研、示范推广为一体的现代农科城,其教、科、研水平享誉国内外。

杨凌农业高新技术产业示范区总体规划极富挑战性,规划力求充分体现国家设立示范区的目的,突出农、高、产、示四大功能,以农业科学研究、教学为基础,以高新技术为主导,以产业经济为支柱,以示范推广为目标,把杨凌建成现代化的农业科学技术产业城。

2.功能设计与特色风格

立足于农业科研教学、高新产业、农业生产等主要功能之间的均衡发展,为建设农业产、教、研一体的示范区提供适宜的空间框架,用地和基础设施保障。按照农业高新技术产业的行为特征和用地条件合理确定不同功能园区的用地范围。用地布局规划中充分考虑不同地段的自然生态条件,追求人工建设环境与自然生态环境的协调。布局上以"绿心"——现代农业及乡村建设示范区为中心,由网络状的农业作物、林地和水网体系,将几个功能区有机地联系在一起,形成城乡一体化的生态型田园城市。规划示范区分为以下子园区:

(1)现代农业及乡村建设示范园区 位于示范区中部,以大面积的林带、农田和人工水面、湿地构成示范区的"绿心",重点展示区内各类农业科学技术和农业产业化成果,展示人工与自然和谐统一的环境改良成果,展示现代化乡村改造与建设成果。

（2）农业科学园区　以现有的农业院校和科研所为基础，结合科研教育体制改革，适当扩大和调整用地。加强社会服务设施建设，整治和改善环境，形成综合性的科研、实验、教学和信息中心。

（3）农业高新技术产业园区　在园区北部布置农业产业园区，主要服务于近期的产业发展，以安排各类农业科技加工工业为主。在园区南部布置高新技术园区，主要安排高档次、环境要求高的高新技术产业。

（4）农业综合园区　结合示范区东部的地貌类型多样、生态条件丰富的特点，在东北和东南部布置两片农业综合园区，作为栽培和展示各类干旱、半干旱地区农作物的基地。

（5）农业中试园区　利用靠近科学园区、交通便利的优势，在示范园的西南部，依托既有试验田布置农业中试园区，提供小麦育种、旱作与节水农业、生物工程等农业高新技术的试验场所。

（6）生活服务区　在示范区北部布置综合性多功能的城市中心，安排行政管理机构、产业设施、会议展览中心和其他第三产业的各类设施，建设标准较高的居住小区和环境优美的公园。

（7）农业现代休闲带　利用较好的交通条件，通过全面改善沿河地区的建设与环境条件，建设沿渭河北岸农业观光及休闲带。

第二节　赏花型园艺园

案例一：四川省成都市锦江区三圣花乡——五朵金花

1.“五朵金花”建园条件与环境评估

“濯锦之江，源远流长”，以文明千古的濯锦之江冠名的锦江区，是成都市的中心城市，面积 62.12 平方千米，常住人口 40 余万人，现辖 16 个街道办事处。自唐宋以来，锦江区便因“百业云集，市兴盛”而闻名川西。

近几年来，锦江区紧紧围绕成都市委提出的“三个集中”——工业向集中发展区集中，农民向城镇集中，土地向规模经营集中，创造性地开展工作。遵循客观发展规律，坚定不移地以农业产业化和观光农业为主导，坚持“资源有限，创意无限”的理念，充分利用本区地貌的特征，因地制宜，因势利导，用自己的智慧、力量和汗水，浇灌出了花乡农居、幸福梅林、江家菜地、东篱菊园、荷塘月色“五朵金花”，有效解决了“钱从哪里来，人到哪里去”的关键问题，探索出了一条农民就地市民化、实现城乡一体化的路子。"五朵金花"占地 12 平方千米,包括 5 个景区,总面积 1 万亩左右,即"鲜花"——花乡农居、梅花——幸福梅林、"菜花"——江家菜地、菊花——东篱菊园、荷花——荷塘月色。其中,"花乡农居"是西南辖区重要的花卉集散批发地,年销售额达 4 亿元以上;"幸福梅花"是西南地区重要的梅花生产基地,也是我国四大梅林之一。现有农户 2 821 户,"农家乐"328 户,景区内各类旅游景点 50 余处。

2. 功能设计与特色风格

三圣花乡景区,是成都市规划的城市通风、绿化用地。过去"天晴一把刀,下雨一包糟,土地不多人人种,丰产不丰收"的情况,通过锦江区委、区政府按照成都市委、市政府推进城乡一体化的战略部署,根据各地特色搞起不同特色的景区,"春有红砂,夏有荷塘,秋有菊园,冬有梅林,江家菜地,四季皆宜",这"五朵金花"其实就是东郊 5 个小村子。这 5 个村子,都搞出了名堂,红砂村搞的是"花乡农居",幸福村搞的是"幸福梅林",驸马村搞的是"东篱菊园",万福村搞的是"荷塘月色",江家村搞的是"江家菜地",5 个村子加起来,大家给它取了个好听的名字,叫"五朵金花"。

打造"五朵金花",锦江区政府投入 8 300 万元,用于搭建融资平台,撬动和吸引民间资金 1.8 亿元,改善了农村环境,搭建了农民增收平台,建成了市民休闲的开放式公园,成功走出了一条推进城乡一体化的新路子。

"五朵金花"占地约 12 平方千米,如果按照常规的城市化基础设施建设,每平方千米需投入 1.5 亿元,总投资约需 18 亿元。三圣街道办事处按照市委、市政府统筹城乡发展,推进城乡一体化和"三个集中"的总体要求和部署,依托花卉产业,采取"政府主导,市场运作,农民参与,错位发展"的思路,每平方千米仅投入 1 500 万元,就实现了"五朵金花"的景观打造和城市化建设。

三圣街道办事处还以四川花博会的召开、观光农业的开发为契机,极力宣传五朵金花,吸引了众多的游客;特别是这种以旅游产业带动农村发展的模式,得到了专家的高度评价,在农村改造方面非常有经验的韩国专家都前来取经,认为三圣街道办事处的实践"非常有特色,非常有生命力"。

四五月份,是成都最好的季节。红砂村无处不飞花。月季、牡丹、鹤望兰……红的、蓝的、绿的,阵阵沁人心脾的花香让人心醉,远道而来的游客正漫步花间,或赏景,或揿动着相机的快门;幸福梅林微波荡漾的湖面水天一色,湖面上野鸭嬉戏,湖边休闲的人们欢歌笑语,其乐融融;躬耕在江家菜地的人们,享受到一种别有的田园野趣……

金花一:幸福梅林

从市区出发,车行仅 20 分钟。到了梅花村,一片一片丘陵,静卧川西平原中。丘陵起伏间,有青瓦农舍,有小桥流水,有梅树点点,有游人如织,恰似一幅古朴淡雅的乡村游乐图。

"幸福梅林"4个大字，立在路边，非常醒目。这个幸福村，过去因为土地富含酸性，不宜种粮，农民们只能靠种植蔬菜和梅花为生。名字叫的是幸福村，可人均年收入也就两三千元，比起其他郊区，过得并不算幸福。

幸福村对各家各户梅花进行调整，适当集中，又引进珍稀品种，建起"岁寒三友""梅花三弄"等精品梅园，兴建了别具特色的"梅花博物馆"，还对全村农舍进行统一设计（主要是外墙粉刷，略作装饰，搞成统一的农家风格）。这一切准备停当，2004年12月，成都市在此举办了"中国成都首届梅花文化节"，梅花村一举扬名。城里人一听说这里有个幸福梅林，还举办梅花节，专程前来。

市民们纷纷利用假日周末早上出得城来，寻一山居农舍，院坝头支两张桌子，放几把椅子，三五亲朋好友，或打扑克，或搓麻将，或摆龙门阵（成都人摆龙门阵"有瘾"那是出了名的）。喝几杯农家清茶，嗑两碟花生瓜子。时近中午，农舍主人会按传统做法，弄出一桌农家菜肴，什么麻辣鸡、回锅肉啦，白水兔、水煮鱼啦，再来一碗豆腐青菜汤，原汁原味，绝对绿色食品，真是要多巴适（舒服）有多巴适！酒饱饭足之余，四处看看梅花，观观山景，待到夕阳西下，四五点钟，这才心满意足，打道回府。一趟"农家乐"，连吃带玩，每人也就花销30元左右。多么实惠的乡村假日休闲！

金花二：荷塘月色

荷塘月色是成都锦江区星级农家乐"五朵金花"之一。每当春节期间，象征荷塘月色、幸福梅林、花乡农居、江家菜地、东篱菊园等锦江区"五朵金花"的巨型莲花灯组在碧波中缓缓绽放。

身穿红色唐装、头戴黑色瓜皮帽的两只红脸狗站在高约3米的荷花灯上互相拱手，祝福新年；造型各异的上万盏彩灯浮在一片片波平如镜的荷塘上，令人惊叹。多数灯组都结合着各种各样的荷花造型，展示着浓郁的节日气氛，如用荷花拼成的"2006"字样的新年祝福灯组，海豚戏浪、金猴摘桃、许愿池灯组，象征狗年吉祥的斑点狗灯组等。而其他灯组也是照样流光溢彩，十分夺目，如2008北京奥运吉祥物5个福娃神气活现、金沙太阳神鸟彩灯庄重肃穆……

很浓的年味，很温馨热闹的感觉。农居下喝茶打牌的人很多，也有围着荷塘四处转悠的，更有许多游客在菜地里摘荠菜和艾蒿的，可以想象，中午有一顿荠菜饺子和艾粑粑吃是多么健康。柔柔的灯光洒在无尽的碧波上，荷塘里，绿色的荷叶亭亭如盖，粉红的荷花无边怒放。

金花三：江家菜地

江家菜地共3 000亩，位于三圣乡江家堰村，紧邻幸福梅林的幸福村，与红砂村遥遥相望，是成都市重要的蔬菜生产基地。"江家绿色蔬菜"的知名度颇高，特别是江家村的生姜享誉全国，畅销上海、北京等大城市。

站在村口：近处的田间地头满眼是即将丰收的蔬菜，有丝瓜、苦瓜、豇豆、瓢儿白，还有长着硕大叶子的芋头……而远处绿色的田野上，几处水塘星星般点缀其间，竹林随风轻轻吟唱，不知名的小鸟在茂密的林间欢快地鸣唱。

江家菜地其实最有意思的是这个村子并不种花，全都种菜。不是农民自己种，而是把土地租给城里人来种。农民们把一亩菜地分成十分，每一分菜地租给城里人，一年租金 800 元。种子、肥料、管理都由农民负责，城里人只是利用周末假日，带着孩子，到自己的菜地里干干活，锄锄草，施施肥，体验体验农家生活。中午，可以就地取材，吃自己种的绿色食品。晚上回家，还可以带上一车新鲜蔬菜。每年吃不完的，可由农民代为出售。这种方式，城里人觉得很新鲜，很有乐趣，还能教育孩子。农民们，收入也相当可观，一亩地过去也就七八百元，现在，一年就是七八千元。一户农民，三四亩地，一年收入好几万。真正的城乡统筹、互补双赢！

金花四：东篱菊园

"采菊东篱下，悠然见南山"。东篱菊园位于三圣乡驸马村，拥有绚丽的菊花美景和丰富的菊文化。满目金菊的田野中，点缀着一幢幢红瓦粉墙、乡村别墅风格的农房。在这里，你也可以品尝到独特的、美味可口的菊蟹美食。

金花五：花乡农居

花乡农居位于三圣乡红砂村，这里四季百花争艳，鸟语花香，因此得名花乡农居。

在三圣乡里游客可以看到这样的景象：一幢幢川西民居风格的农家小院，白墙青瓦，绿荫掩映；路口房下停得满满当当的汽车；庭外园内坐在树下花前品茗休闲的市民；还有三三两两的外国游客，在当地导游（村民）的带领下，游走在繁花似锦的乡村道路上。数十幢老成都民居特色的农舍，错落有致点缀其间，与万亩花卉相得益彰，座座川西民居风格院落尽显古朴和清丽，构成一幅人与自然和谐相融的绚丽画卷。院内，"一户一景，一户一色"，各不相同。有原汁原味的农家风格，也有苗圃环抱的川西四合院。

"花乡农居"以发展小盆花、鲜切花为主，努力建设国家级风景区；"幸福梅林"以种植梅花为主，围绕梅花文化拉长产业链条；"江家菜地"以认领方式，发展体验式观光农业；"东篱菊园"规模化种植菊花，建设不同品种的菊园；"荷塘月色"以田园水塘为依托，种植荷花，完善优美的田园风光，成为艺术创作、音乐开发的艺术村。春意花乡农居、夏趣荷塘月色、秋忆东篱菊园、冬韵幸福梅林、四季归隐江家菜地，五朵金花形成一个系统的旅游圈和产业林，错位发展，竞相开放，避免了因时令限制带来的游客流失，又各自找准了优势，避免了同质化、低水平的竞争。

"花乡农居"、"幸福梅林"被国家建设部评为"2005 中国人居环境范例奖"，"五朵金花"被评为国家 AAAA 级风景旅游区，红砂村（"花乡农居"所在村）被中央文明委授予"全国文明村镇"称号，幸福村（"幸福梅林"所在村）被评为省级文明村。

"五朵金花"的开发既叫好又叫座,通过以花兴农,切切实实提高了农民的收入,据统计,2006 年,全区农民人均收入达到 7 353.7 元,红砂村达 7 850 元。

3. 经营管理与促销方法

锦江区立足三圣花乡 300 年的种花历史,创新思维,以花为媒充分利用地处城郊结合部和城市通风口的地缘优势,因地制宜,创造性地打造了"五朵金花",农民不再把离乡进城作为进入现代化的唯一途径,而是变传统农业为体验式休闲产业,形成锦江区推进城市一体化、发展观光农业的独特景观。

把文化因子和产业因素联系在一起,把传统农业升华为现代观光农业,这是锦江区成功打造"五朵金花"的关键。一是文化与产业相结合,挖掘幸福梅林的梅花传统文化,赋予荷塘月色以音乐、绘画艺术内涵,变单一的农业生产为吸引市民体验、休闲的文化场所,使文化产业与农业产业相得益彰,增加传统产业的文化附加值。二是农户依托改造后的农房,采取自主经营、联合经营、出租给有实力的公司等方式,发展观光农业。三是龙头企业带动农业。四是塑造品牌形象,不断提升"五朵金花"的旅游质量和知名度。

4. 引申服务项目与其他

一是为农民提供了增收平台。"五朵金花"形成的观光农业产业,吸引众多农业龙头企业和经营商家,为农民致富开拓了更多的增收渠道。二是为农民市民化提供了前提。农村基础设施的改善,城乡交流的强化,农民就地享有了城市文明,以优美的田园风光、和谐的生态环境,每年吸引了数百万人前来休闲度假。三是探索出了一条统筹城乡发展的新模式。"五朵金花"的成功运作使农民离土不离乡,进厂不进城,减少了对城市扩张的压力,消除了城中村的形成,走出了一条农民就地市民化的路子。

(1)花卉产值增长 2003 年,锦江区以承办省首届花博会为契机,运用市场化大力发展现代花卉业,花卉产值由 2000 年的 4 124 万元,上升到 2004 年的 6 168 万元,增幅达 49.6%。

(2)三产收入飙升 "五朵金花"已经接待海内外游客 531.076 万人次,实现经济收入 14 054 万元。依托"五朵金花"经营产生的税收,由 2003 年的 20 万元增加到 2004 年的 80 万元。

(3)农业产值上升 随着三产结构的逐年调整和农业产业化的成功运作,锦江区农业生产总值占 GDP 的比重虽然由 2000 年的 1.0% 下降到 2003 年的 0.5%,但农业生产总值却在 5 年间增长了 6 602 万元,增幅达 85.5%。

(4)农民资产增值 打造"五朵金花",改善了农村环境,土地租金由 1 500 元/亩上涨到 2 000 元/亩,土地拍卖价格由 50 万元/亩上涨到 150 万元/亩。老成都民居风格改造后的农房,由 500 元/平方米上涨到 1 600 元/平方米以上,整个片区农户资产增值超过了 13 亿元。

(5)农民收入增加　依托"五朵金花"搭建的农民增收平台,为农民提供了四种稳定的收入。一是租金。以转包、出租、互换、转让、入股等方式,使土地向有技术专长、有资金实力、有经营能力的专业大户、工商业主和经营能人集中,形成规模化、集约化的农业产业基地。目前土地流转业主 486 户,其中土地经营规模在 100 亩以上的有 33 户。农民土地承包权流转,每亩每年可获得 1 800 元以上的租金。农民宅基地出租,每年可获得 3~10 万元的租金。二是薪金。农民到农业龙头企业或公司务工,成为农业工人,每人每月可获取 500 元以上的薪金收入,依托从事观光农业经营活动,每户每月经营收入上万元。三是股金。引进专业公司对区域内农房进行整体策划包装,打造具有独特风格和文化品位的乡村休闲酒店,引导农户以宅基地和土地承包经营权入股的形式,以"保底＋分红"的模式分享收益。四是保障金。农民达到社会保障条件后,每月可领取 364.41 元的养老金、210 元的低保金、报销住院费等"保障金"收入。2005 年农民人均收入达到 7 000 元。

(6)政府收益攀升　2002 年"五朵金花"的税收收入 40 万元,截至 2005 年达到了 1 200 万元,年增幅达 300％。

(7)集体资产增值　按照现代股份制公司改革和发展农村集体经济,促进农村经济发展壮大,创办农村公益事业,让农民得到实惠,2002 年,"五朵金花"的集体资产为 837 万元,绝大多数为办公用房、土地等固定资产折价,集体经营性资产和现金收益较少,2005 年,片区集体资产达到了 3 583 万元,年增幅达 122％,经营性资产大幅增加,占了 2 000 万元以上,为集体经济的发展壮大注入了动力。

(8)周边地价大涨　由每亩 50 万元涨到 200 万元以上。

"五朵金花"系新农村建设的成功典范。打造"五朵金花",不仅改善了农村的人居环境,改变了农民的生活习惯,也改变了传统的单家独户、大田种植的农业生产方式,将文化产业巧妙地与农业生产嫁接,引导农业生产经营规模化、产业化、工业化,大力发展观光农业,土地产出效益大幅增长,由每亩种粮食年收入 2 000~3 000 元,种花或蔬菜年收入 4 000~5 000 元提高到上万元。农民依托所构建的经营、就业、保障平台,变单一的种植农作物收入为拥有"四金"的多渠道增收,保证了农民增收的稳定性和持续性。实现了"生产发展,生活宽裕,乡风文明,村容整洁,管理民主"的社会主义新农村建设目标。

以城市管理理念建设农村,以工业发展理念经营农业,"五朵金花"走出了一条专业化、规模化、品牌化的观光农业发展之路,明显改善了农村的生产生活条件和整体面貌,率先建成了社会主义新农村建设示范区。

案例二：世界花卉大观园

1.建园条件与环境评估

世界花卉大观园位于北京南三、四环路草桥出口,玉泉营立交桥东南侧。全园总面积 41.8 公顷,全部为丰台草桥村绿化用地,是北京市四环以里最大的植物园,并拥有城市中最大的植物温室。2003 年启动整体建设,仅在一年多的时间里,草桥村以总投资 1.5 亿元的决心和魄力,完成了主体景观温室区和全部基础设施建设。2005 年被评为"精品公园"。园中汇集了中外各国的奇花异草、珍稀树木和经典风景园林,是集观光旅游、科普文化、购物餐饮等活动于一体的独具花卉特色的大型植物园。世界花卉大观园的建设为丰台区花乡的绿化产业增添了新的亮点,更为首都环境的绿化美化建设增添了一抹新绿。

2.功能设计与特色风格

世界花卉大观园建园宗旨是:揽天下奇花异草,聚世界经典园林。其特点是:从花卉植物的细胞组织培养到花卉繁殖、花卉生产、花卉文化及花与人民生活、人与自然的和谐美好等方面为您全面展示。游世界花卉大观园,可饱揽中外各国的奇花异草、珍稀树木和各地的经典风景园林。园内整体艺术性、观赏性和参与性较强,是集观光、旅游、科普、文化、购物、餐饮等活动于一体的独具花卉特色的大型植物园。世界花卉大观园一期景观由七大温室和 15 个花园广场组成。独有的近 3 万平方米的现代化温室汇集了无数珍稀花卉、树木和精美的园林景观,让世界花卉文化和精美的园林艺术在这里交相辉映,巧妙和谐地融合在一起。温室全部采用电脑控制的通风、加湿、恒温、滴灌等新技术,营造出适宜植物生长的环境,各温室内的植物千奇百怪、花团锦簇。热带植物馆中有数百年的佛肚树、重阳木、古榕树等乔木 1 800 余种;沙生植物温室有上百种仙人掌、仙人球;精品花卉厅有生动风趣的植物生肖园、精品盆景园。

世界花卉大观园主入口广场处为百花广场,开阔亮丽,两边以绿化色带、造型花坛和五彩花灯为主,突出了公园的花卉主题。最引人注目的是广场中心的天女散花雕塑,它是采用整块汉白玉雕刻而成,塑身高 7 米,重达 20 吨。左边是由原全国人大副委员长、北京市花卉协会名誉会长陈慕华亲笔题词的"世界花卉大观园"。园内凡尔赛花园是依据法国的凡尔赛花园而建造的,并采取欧式园林和中国传统吉祥图案相结合的设计手法,其中有充满罗马建筑风情的欧式廊架,有用 2 万株桧柏组成的富有中国传统吉祥图案的模纹花坛和可供 600 人娱乐的夏日文化广场等。花园中还种植近百株动物造型树和具有中国传统特色的数百年以上的银杏、紫薇等古老树桩,绿地景观令人耳目一新;唐诗、宋词大道是园内主要游览线路,沿路游览会带您进入诗情画意之中。中心湖面有大型音乐喷泉，两侧是观景台、下沉广场，各具特色的水花园、夜花园、花之广场、花之谷、牡丹园等园中之园遍布其中。颇具异国风情的荷兰、俄罗斯、德国、奥地利花园城堡会让游客感受欧洲花园的神奇与魅力；中国、日本的花卉园林又会带给游客典雅与秀美的东方文化享受。

夜花园是针对游客在晚间游览而开放的花园，园中利用灯光的效果和植物的芳香形成特色，以 21 000 平方米的人工湖为背景，突出世界花卉大观园的夜色之美。其人性化设计的竹椅为游客提供了便利的休息条件，竹椅前的 25 根郁金香灯柱在夜晚更加醒目，同时还为游客设置开放及服务性设施以供冷餐会使用。

位于温室西侧的德国式花园占地面积约 620 平方米，花园中主要种植德国花朵矢车菊、飞燕草、胡椒木等，园区内还营造草坪，周围栽植特色植物，显得清新、自然。沿游路设置展牌，向游人介绍德国风土人情。园区北侧采用木框架结构，设置了具有典型德国风格的酒吧，在此，游人可尽情享受德国啤酒的美味。水花园在山谷中心，游人游览山谷小道，会被周围由 60 多种 140 万株宿根花草团团围住，仿佛置身于花的海洋之中。花园中心是利用各种建筑造型，生动形象地展现出水的各种状态，从而突出了人与水、花与水动静和谐的亲密关系。

荷兰式花园占地面积约 350 平方米，重在体现荷兰传统的风俗、发达的装饰植物的栽培技术和风力资源开发技术。宽度达 6 米的大风车蔚为壮观，房屋四周白色的篱笆与外界隔开，园中种植了大量的荷兰国花郁金香，显得光彩夺目。

紧临的日本式花园占地面积约 350 平方米，园区东西两角为出入口，东南角区设计了一个木门，有两条风格不同的游路，两旁及四周种有各色花卉植物，形成 5 个花坛群。西侧花丛中有一个小湖，与北侧的小溪连为一体，湖泊与河流相连处横跨一木桥，旁边是凉亭，种植了日本最有代表性的樱花，整个花园体现了日本园林的典型风范。

中国园林占地 450 平方米，采用我国南方传统建筑风格的白墙、灰瓦和花窗，极富江南韵味，古老的月亮门勾起游客的怀旧情思。进入花园，曲径通幽的小道蜿蜒伸向远方，满园的月季花鲜艳夺目。

俄罗斯城堡花园占地面积约 350 平方米，紧邻主游路。花园中一个造型精美的花井，使人们充满好奇心地想探个究竟。北侧有一俄罗斯式木屋，屋内陈列园艺产品和宣传资料。园内种植针叶松、落叶松和灌木以及来自俄罗斯的白桦树。

奥地利风情园在俄罗斯花园的西侧，占地面积约 500 平方米，花园以音乐为主题。整个展区由雕花木格栅围成一个别有韵味的绿色花园，园区四角有以钢条和鲜花拼制成的音乐符号，园中有庄严的广场，中央矗立着斯特劳斯金色塑像，园内还布置了供游人休息的凉亭和座椅，花园周边营造出具有奥地利特色的植物带。游人漫步园中的同时，还能聆听到斯特劳斯那优美的华尔兹舞曲。

　　雍容华贵，世称"国色天香""花中之王"的牡丹被视为富贵、吉祥、繁荣、昌盛的象征。北京世界花卉大观园的北侧，有一个幽静典雅的园中之园"牡丹园"。牡丹园占地 1 000 平方米，其中建有四角亭、涌泉和小溪。自古以来，草桥地区就以牡丹而闻名，清朝时期草桥生产的牡丹更是宫廷的首选用花。牡丹园中共栽植 100 多种牡丹品种，园区继承了草桥地区传统的牡丹种植技术，并运用高新技术把牡丹培育出更多更好的品种，给各位游客带来美的享受。

　　充满乐趣的植物迷宫是小朋友的乐园，这里不但增加了孩子们的乐趣，同时也激发了大人们的童真。植物迷宫采用 600 株高大桧柏组成，置身迷宫中，既能放松心情，又可帮助孩子锻炼胆量。儿童戏水乐园是专门为儿童设计的，整个花园由无数条弯曲的水渠组成，中心处一个大型喷水池供给周围的小溪源源不断的水流，水深不过半米。儿童可挽起裤腿在其中寻找美丽的鹅卵石，也可以在周围捕捉昆虫及蝴蝶。

　　花之广场是一个视线开阔的地方，广场中各个花坛上种植大量的应时花卉，四周围有各种花卉的知识介绍，喜欢养花的朋友可以一边欣赏美丽的风景，一边学习养花技巧。为了让儿童、学生在园内参观之余多学习现代科技的养花知识，园内还特别为孩子们建造了"儿童组培育苗实验室"，这里成为孩子们动手种草、种花的乐园。里面除了可以亲自体验科技组培育苗，又可以参观到花卉生产的全过程，通过显微镜观察花卉组织，自己培育花卉幼苗；另外还有许多的游戏项目，比如游客可以亲自制作一张只属于自己的明信片、干花纪念品等。

　　世界花卉大观园有六大温室是园内的重点景观区，这里汇集着中外各国的珍奇花卉和树木，使游客大饱眼福。1 号温室是茗赏百花厅，其中各种美丽的花卉一年四季为游客展现最迷人的身姿，游客若逛累了，可以坐下来品尝清爽的香茶，了解中国的茶文化，参观技术精湛的茶道表演。周围还有小桥、流水相伴，在这里休息品茗游客一定会感到非常惬意。2 号温室展示的是沙生植物。温室中共展示了 100 多种仙人掌科、龙舌兰科、百合科、景天科等植物，这些植物的共同特点就是都非常耐旱。为了更好地体现大漠的文化，沙生温室中还建有墨西哥金字塔、沙雕和玛雅人文化，通过各种建筑物的巧妙搭配，使游人们可以体验在大漠之中行走的感觉。主温室是全园的参观亮点，其坚固的结构、精美的外观给人以耳目一新的感觉，它也是公园夜间的明显标志建筑。温室采用钢架穹顶结构、玻璃墙面，可以使植物充分享受到阳光的照射。内部采用自动化系统，控制室内温度、湿度的变化，使植物在温室内始终处于自然生长状态，为营造独特雨林环境效果，还增加了人造雨、人造雾的景观效果。温室内共采集了 300 类品种的 1 500 种植物，还有各种罕见珍奇的高大乔木类植物。大型假山建筑群让游客可以在六七米高的观景台上俯瞰温室内的植物，也可以在山洞间穿梭，欣赏一下造型各异的钟乳石，还可身手触及瀑布，感觉雨林的清凉。精品花卉温室展示了各国名优花卉品种和植物造型盆景，其中还增加了一些古船、战车、水车等古老的设施。通过两者的结合,形成各种内容丰富的景观效果,使每个景点都有一个非常生动形象的景名,使之形成一个具有文化色彩的花卉造型艺术。颇具农村田原风光的蔬菜瓜果温室占地 2 461.77 平方米,以棚架的形式展示出 100 多个蔬菜瓜果品种,使观赏性、趣味性融为一体,充分展现了我国农业现代化生产与管理技术水平。其中又增加了新的内容,如:斗笠、马灯、石磨、水井等古老的设施,为花卉大观园又注入了新的文化内涵。花卉科研实验室的研究项目是以植物的组织繁殖生产技术项目为主,把这项高科技的全部过程展示给游人。置身其中,游客可以了解我国花卉产业的发展现状,认识这项全新的生物工程技术,增加对现代花卉科技生产的了解和认识。世界花卉大观园的建立符合时代发展的要求,为绿色北京、绿色奥运营造了崭新的人文环境,无疑成为首都环境美化的又一亮丽风景。

3. 经营管理与促销方法

世界花卉大观园七大温室景观区的温室全部采用电脑控制,电子触摸屏为游客介绍丰富多彩的各国花卉知识;颇具农家田园风光的奇瓜园中有重达 150 千克的"巨人"南瓜;在茗赏百花厅可以赏花品茶;还专门为儿童提供了直接参与花卉组培技术的活动空间和各类娱乐项目。

园内以花卉温室、园林设计、植物造型、百花广场、科普教育为内容,集观光游览、休闲娱乐、科普教育、DIY(自己动手)与采购等形式为一体,为北京寒冷的冬季带来了暖暖春意和绚丽色彩,为广大中小学生提供一个春节寒假期间的好去处。世界花卉大观园开园当日将与北京市少年儿童校外教育协会一起联手,举办北京"冬日花季"一日营活动的启动仪式,同时为世界花卉大观园悬挂"北京市少年儿童校外教育活动基地"和"地球行动生态教育文化活动基地"两块定点标牌。"冬日花季"一日营的主要内容是:①参加世界花卉大观园开园仪式暨北京"冬日花季"一日营开营仪式。②参观七大温室:包括儿童组培活动实验室、茗赏百花厅、沙生植物馆、热带植物馆、精品花卉厅、蔬菜瓜果园和花卉科研实验室。③游览植物迷宫。④参与沙漠探宝(免费娱乐活动,挖"宝"归己)。⑤儿童花卉组培及各种科普娱乐活动(自愿参与,适当收费)。⑥采购花卉等(自愿选购,价格优惠)。

4. 引申服务项目与其他

世界花卉文化和精美的园林艺术在世界花卉大观园里交相辉映,巧妙和谐地融合在一起。世界花卉大观园二期景观以体现爱国主义教育、自然生态科普知识和人与自然的和谐美好为主题。由生态蝴蝶馆、盆景展示园、花卉超市、杜甫草堂展馆、苏州留园展馆、环境北京花坛展馆、长江三峡展馆、黄河壶口瀑布展馆、中国文化名楼展馆 9 个温室组成,主体景观突出反映了最具代表性的地方特色,同时具有丰富的保护大自然、构建和谐社会的文化园林意识,为花卉大观园增添了异彩纷呈的亮点。

　　世界花卉大观园是 2007 年丰台草桥村自筹资金建成的,占地 600 多亩,是城南最大的花卉水景园。在园内的热带雨林温室前,利用循环水建成的 2 万平方米的人工湖内种植着 50 余种水生植物,3 万多条锦鲤、红鲤纵情嬉戏。

　　主体景观区每个景点采用园艺、科技种植、奇石和雕塑充实其文化内涵,具有丰富的知识性、科学性、文化性和艺术性,是一座符合时代要求、能够满足人们精神文化需要的大型植物园。同时,该园的建成也填补了北京南城无大型花卉植物园林的空白。世界花卉大观园的建立极大提升了草桥花卉特色经济的影响力,更主要的是打造了今日"花卉之乡"的现代花卉文化理念,使花乡传统的花卉文化得到了继承和发扬;世界花卉大观园的建立改变了花乡数百年来花卉的经济模式,使花卉更多地注入科技与文化内涵,提高了花卉自身的文化产业价值,突破了花卉传统单一的营销模式,也为草桥花卉业走向现代化、多元化经营结构上快速转变;世界花卉大观园的建立为首都北京在四环路以里的城区营造了一个最大的植物观光园,城市中独有的近3 万平方米的现代化温室汇集了无数珍稀花卉、树木和精美的园林景观,无疑为各界游人提供了一个充满诗情画意的娱乐休闲空间,也为首都的旅游业增添了新的亮点。

案例三:天津热带植物园简介

1. 建园条件与环境评估

　　天津热带植物观光园位于天津市外环线,在华北地区最大的花卉集散地——曹庄花卉市场内,占地面积 500 亩,建筑面积 4 万平方米,为钢结构全透明大联体式建筑,集观赏娱乐、休闲购物、科普教育于一体,堪称亚洲最大的室内植物园,是天津市近年新增的一处特色旅游景点。

　　天津热带植物观光园由西青区中北镇政府投资兴建,总投资 2.6 亿元,于 2003年 6 月 18 日建成开业,是中北镇党委政府为加大产业结构调整,增加农民收入,大力发展观光农业,文化旅游业,在建成天津最大荷载市场——曹庄花卉市场后的又一重大举措。

　　古运河畔的中北镇,自古人杰地灵,物华天宝,悠久的历史积淀十分深厚,更有着百年花乡的美誉。1959 年 9 月 19 日,中共中央主席毛泽东同志到中北镇视察,当时的中北镇叫"蛤蟆洼",毛主席来到田间,问为什么叫"蛤蟆洼"呢?村干部说,这个地方是洼底,下点雨就存水,群众就叫它"蛤蟆洼",过去这里种高粱,洼底种点麻,十年九不收,这两年才开始按着方田挖沟种稻子。主席说,好啊,洼地种稻能增产。从此中北镇人在主席话语的鞭策下,努力生产,大大提高了水稻的产量,生活越来越好,当时"蛤蟆洼"曾更名为九一九公社,现又更名为中北镇。辖有 23 个行政村,面积 38.5平方千米,人口 3.7 万人,是中国百强乡镇之一。

2003年5月1日是中北室内热带植物观光园落成之日,中北镇党委特敬立毛泽东主席视察中北镇纪念像于此。追记先人,勉励后人,将激发全镇人民热爱家乡、建设家乡的热情,鼓励全镇人民继往开来,团结奋进的斗志,谱写建设中北镇的新篇章,在津沽大地上再展新姿,再铸辉煌。

在决策建设热带植物园的过程中,中北镇主要领导多次组织有关专家到北京、海南、广东、云南、福建以及芬兰、法国、澳大利亚等地考察,多次召开专家论证会,最终形成了植物园严谨科学的建设方案。

植物园开业吸引了大批市民来此旅游观光,仅开业一年多就接待游客200余万人,对中小学生进行科普教育70万人次,热带植物园开园至今,日均接待3 000人次。游客接待量在天津市旅游景点中名列前茅,成效显著。

2.功能设计与特色风格

天津热带植物观光园是我国北方地区独具特色的主题公园,可以与英国著名的"伊甸园"相媲美。在国内同行业首家采用进口先进环保节能型燃气辐射供暖系统,智能化的通风、遮阳、降温技术设备,在北方地区利用现代化温室营造热带景观,开发植物观光旅游,被列入天津市2003年度改善城乡人民生活20件实事之一,也是天津市青少年科普教育基地。2004年被国家旅游局授予国家AAAA级旅游景区,国家级科普教育基地。园内是由综合服务厅、精品花卉厅、沙生植物区、科普教育厅和热带雨林厅五部分组成,力求布展设施既有艺术的外貌又有科学的内涵,各展厅之间的衔接做到自然、和谐、流畅、寓教于乐,使游人如身临其境般地接近自然、了解自然、热爱自然,满足游客的多层次需要,给客人以美的享受!

这里分精品花卉厅、沙生植物厅、热带雨林厅、科普教育厅等几个展厅。

雨林厅是植物园中浓墨重彩的一笔。峰峦叠翠,云雾缭绕,银河飞泻,泉水叮咚,鸳鸯戏水,鸟语花香,宛如进入人间仙境。银瀑飞泻的后山,把数千里之外的贵阳黔灵山风姿十分逼真地克隆到了热带植物园。以云南西双版纳傣族民居为原型建成的傣家村寨和玛雅金字塔令人目不暇接、流连忘返。珍稀的水松,树龄可达6 000年的龙血树,形态各异的高大榕树,珍贵的紫檀、黄檀,高大的木棉、大王椰子、华盛顿椰子、刺桐、紫荆树、雪枫,造型优美的鸡蛋花,神秘的菩提树、佛肚竹等几千种、数十万株高大植物,郁郁葱葱、树影婆娑。密林中的猩猩、树上的巨蟒、水潭中的鳄鱼、林地上的孔雀、丛林中的大象和傣族小楼,让人领略热带风韵,南国情调。

沙生植物区别有一番景观和风味,可充分领略沙漠植物通过人工营造的全封闭干热气候环境别具特色的风韵。沙生植物以其种类繁多、生命力顽强而著称植物界。仅仙人掌科约有200余属3 000种以上,加上其他科大约上万种。它们大都生长在极为干燥的沙漠地带,由于植物对水分的吸收与需求不同,形成了植物界中一道独特的风景线。沙生区汇集了 400 种上万株珍奇的沙生植物,有不生绿叶的光棍树,开花时如同地面涌出金色莲花的地涌金莲,酷似卵石的生石花,诸如此类完美的杰作在精品区诞生,气候的人工控制,基因的优美突变,形态奇特,趣味性强,加上花色艳丽多姿,铸就了沙生植物区的独特与美丽。

花卉厅中大型雕塑生动地再现了毛泽东主席于 1959 年 9 月 19 日亲自来这里视察农业一线生产、在田间与农民亲切交谈的场面,真切地表达了当地人民对革命老前辈的无限缅怀之情和对后代进行爱国主义教育的拳拳之心。塑像身后五彩音乐喷泉飘洒出万道霞光,与万千枝四季时令花卉交相辉映,姹紫嫣红、争奇斗艳;更有古榕争春、菩提悟佛、百年见血封喉、佛肚树、通过澳大利亚进口的加拿利海藻矗立在万花丛中;钟乳灵璧,太湖玄音,石景雅趣,相得益彰。

科普厅是对青少年进行科普教育的一个重要场所。景色宜人的水景走廊将科普厅分为东、西两个区域:东区是清溪环绕、水车悠悠转动的小小农庄,各种常见的农作物苗壮成长,来此参观,不仅增加了农业知识,还能在碾子和石磨盘上自己动手。目前又建立了天津范围内最大的"香蕉园",为园内增添了景观,丰富了科普教育的内容。另外,科普墙的内容丰富,纵览古今,广场上还有能歌善舞的小恐龙。西区"梦幻森林"中有远在 1 亿年前的"异特龙、三角龙"等恐龙组合,浑厚深沉的恐龙吼叫声把游客带到了那远古的恐龙时代;另外,憨态可掬的可以称体重的大乌龟、仿生卡通树、螳螂捕蝉黄雀在后的典故都会让人留恋,只要游客愿意,聪明的袋鼠还会送游客一份纪念品;百鸟园低吟轻唱,余音绕耳;"地下探秘"让游客看到存在于地下的另一个世界;猴园和蝴蝶园别有一番风味。

作为亚洲最大面积的植物园,园内的热带植物多达 3 000 多种,20 多万株。如此庞大的物种数量在园艺工作者们的精心培育下,成活率高达 95％以上,园内四季繁花似锦,硕果累累,一片繁荣。仿真亚洲象的吼叫声和隆隆的雷声不时传来,定时的人工降雨使空气湿润清新,竹廊栈桥拾阶而上,各种热带果木在密林中星罗棋布,林地上的绿孔雀,树上的巨蟒,水潭中的鳄鱼,正在扇耳伸鼻的大象和旋转的木制大水车,让人领略热带风韵,南国情调,真像是中国北方的西双版纳!

3. 经营管理与促销方法

天津热带植物园于 2004 年 4—5 月举行了为期一个月的首届热带风情旅游节,该旅游节向游客展示出植物园不仅是一个旅游观光的好地方,更是一个具有热带少数民族文化的特色景点。

继热带风情旅游之后,植物园又在 2006 年大年初一举行"集体婚礼"等新鲜、充满原始雨林特色的活动,现代与民族相融合的雨林婚礼,得到了天津市民及周边地区游客的关注与青睐,也吸引了城里众多影楼的目光,他们纷纷将婚纱外景拍摄地落户于植物园,将植物园打造成为华北地区首屈一指的结婚外景基地。

另外,园内泼水节、竹竿舞、抢亲、鲜花时装秀等喜闻乐见的活动也成了植物园里的特色亮点,使游客充分体会到活动的乐趣,流连忘返。

第三节　瓜果型旅游园

案例一:北京门头沟区妙峰山镇樱桃沟村

1.建园条件与环境评估

樱桃沟村位于门头沟区妙峰山脚下,距市区 55 千米,是一处集名人古迹、樱桃采摘、池塘垂钓、民俗观光、科普教育于一体的旅游观光园区。

樱桃沟村清代称"寺底下",因辽代著名的皇家寺院——仰山栖隐禅寺雄居村中的莲花峰而得名。仰山栖隐禅寺金碧辉煌,高僧辈出,清代成为皇家宠幸之地,金章宗完颜景赐诗科碑曰,"金色界中兜率景,碧莲花里梵王宫,褐惊清露三更月,虎啸疏林万壑风。"金元时期寺外僧塔,多达 80 余座,为当时北京地区最大的塔林,寺院经历千载数遭难,残垣断壁中,石刻、碑碣、古塔、药碾、辽砖无不印证仰山往日的辉煌。

樱桃沟村距闻名遐迩的妙峰山景区 7 千米,且风光旖旎,历代文人墨客纷至沓来,留下大量诗词歌赋赞美仰山。村中建有"月静山斋",为末代皇帝爱新觉罗溥仪的英文教师庄士敦的私人别墅。庄士敦原名雷金纳德.F. 约翰斯顿,苏格兰人,1898 年出使东方,历任香港总督秘书、英租界威海卫行政长官等职。别墅坐北朝南,硬山小箍,头脊式前出抱厦,周围 7 座凉亭掩映于花草树木间,形成一处独特的文化景观。

全村有农户 67 户,人口 202 人。多年来,樱桃沟村党支部及时抓住时机,调整产业结构,依靠水利富民综合开发政策,利用得天独厚的地理、自然环境,改良传统樱桃种植,引入优良品种,大面积种植大樱桃,发展农业观光园,取得了可喜的成绩。从 1993 年开始由山东烟台引进欧洲甜樱桃,经过十几年的艰苦努力,现全村种植樱桃面积已发展到 1 100 亩,固定资产达到 800 多万元,形成了集旅游、观光、采摘、科普教育于一体的综合性服务区。

2.功能设计与特色风格

樱桃沟村为北京市樱桃发展基地之一,主要有那翁、红灯、红密、大紫、佳红等 18 个品种,樱桃园中建有不同风格的凉亭 9 座,数千米水流小溪,甬道在果园中蜿蜒曲折,十几座木制小桥、水车、鸟窝、兔舍、柴鸡散羊,点缀其间,大有江南"小桥,流水,人家"的诗般感受。4 月伴随着樱桃花遍开似雪,5 月樱桃成熟之季,海棠大小的樱桃像红宝石,似红玛瑙挂满枝头,万余株樱桃叶绿果红,构成一幅天然山水画。该村举办农家乐园的农户现已发展到 20 户,日接待能力 200 人次。淳朴善良的村民,欢迎游客到樱桃沟村访名人遗迹,采摘香甜樱桃,观赏田园风光,垂钓、烧烤、登山探古,住农家小院,体验农家乐趣。

樱桃沟村是集农业采摘、旅游观光、休闲娱乐于一体的园区,是北京市种植樱桃的最大园区,每年 5—6 月举办樱桃采摘节,门票每张达 120 元,樱桃每千克 30～40元,依然供不应求,村民每人年均收入超过 10 000 元。

该村种植樱桃具有 300 多年的历史。引进的优良品种以独特的气候和水肥栽培,使果实色泽红润,具有香甜可口、水分饱满、营养价值高、无污染等特点。这里的樱桃个大,最大单果重 17 克(平均 500 克 30 个)。大樱桃除具有优良的食用价值外,还具有观赏价值。在这儿你才能真正体会到"酒好不怕巷子深"这句话的意义。

3. 经营管理与促销方法

由于樱桃沟村的樱桃色泽艳丽、个大皮薄、汁多核小、酸甜适度、营养丰富、特色鲜明,在市场上很受欢迎,并于 2002 年获得了"中国北京国际科技产业博览会"金奖。随后樱桃沟村又注册了"妙樱"牌商标。经过不断地宣传,"妙樱"牌樱桃名气越来越大,销路越来越好,经济收入呈现了连年递增的喜人势头。2003 年被北京市农委评为国家级观光园区,获得北京市农业博览会农业产品金奖、安全食品认证书,真正成为樱桃植物园区。

4. 引申服务项目与其他

随着到山区旅游和樱桃园观光采摘人数的不断增加,樱桃沟村依托地处妙峰山风景区这一地理优势,与樱桃基地建设有机结合起来,他们请北京农学院都市农业研究所和植物科技系的专家设计更加全面、更富有文化、历史、科技内涵的观光农业模式,努力开发观光农业新的未来。

案例二:北京红苹果观光度假园

1. 建园条件与环境评估

北京红苹果观光度假园位于举世闻名的八达岭长城脚下,交通便利,近几年该村依托八达岭景区、康西草原、野鸭湖、阳光马术俱乐部等旅游优势,逐步将 1 000 亩的苹果园建成了标准化的生产基地,形成了京郊具有特色的红富士苹果度假村。

2. 功能设计与特色风格

八达岭里炮村围绕产业建设,从现代果园的管理水平出发,努力提升基地的品位,他们先后筹集资金 460 余万元,完成了 3 万多米围栏,5 000 多米的防护网,整修和硬化了园区主要道路 1 万余米,铺设地下输水管道 1.8 万余米,并安装了太阳能杀虫灯 20 盏,从生产上逐步达到了绿色无公害生产的要求,并在 2003 年获得绿色安全食品认证。

3.经营管理与促销方法

八达岭里炮村是延庆县的老果区,近年来,村党支部一班人充分利用靠近旅游景点的优势,最初是将果品带到旅游景地去卖,后是将买者引到村里来,发展至现在的旅游观光采摘。现在全村已种植红富士苹果 1 000 亩,年产优质无公害苹果 150 万千克,发展优质葡萄 100 亩。年产葡萄 15 万千克,该村生产的红富士、北斗等苹果曾多次在金秋果品节上获奖,采摘期可从 7 月持续到 10 月底。

在加大产业基础建设的同时,该村结合"两个文明"建设,从人居环境入手,对村容村貌进行了综合整治,先后栽植了各种花草树木 3 500 余株,铺设草坪 1 000 平方米,整修了占地 8 000 平方米的文化广场。良好的环境建设促进了民俗旅游业和果园观光采摘业的发展。

里炮村交通便利,从北京德胜门乘 919 路专线可直达。近年来,该村通过产业建设和村容村貌的综合治理,为旅游度假创造了良好的条件,现该村已发展挂牌民俗接待户 30 户,年可接待客人 6 万余人,同时可容纳 300 人的吃住。在这里游客不仅可以享受里炮人的热情,还可以通过自己的双手亲自采摘果品,亲自制作农家饭,体会当一次农民的乐趣。

4.引申服务项目与其他

里炮村结合民俗旅游,建有摸鱼池一座,并建有健身园等娱乐设施。村路两侧的科普长廊记录了里炮村果品产业发展的思路及管理情况,在这里游客可以充分了解果品产业的发展和果品的生产过程。

2002 年,里炮村注册了"里炮"牌商标,取得了北京市食用农产品安全认证,2003年被市科协确立为"农村科普示范基地",并获得了"北京市农业标准化先进单位"称号。如今里炮村已成为依靠果品生产优势兴起的集休闲娱乐、观光采摘于一体的综合性度假基地。

案例三:北京葡萄大观园

1.建园条件与环境评估

北京葡萄大观园暨北京葡香苑园艺场是北京市通州区张家湾葡萄协会领办的葡萄标准化生产示范基地,是一个集世界各国名优葡萄品种种植、观光采摘、科普宣传、会议培训、休闲垂钓为一体的现代都市型观光农业园区,是北京市百万市民观光采摘活动组委会确定的定点果园和十佳观光园。该果园占地 200 亩,坐落在北京市通州区张家湾镇大北关村,位于京城东南部,距首都机场 25 千米,城铁八通轻轨土桥终点站离园区 9.4 千米,有多路公交车可直达。作为北京葡萄之乡、北京市万亩葡萄基地镇的龙头示范企业,该园艺场先后承担并完成了农业部"948"国外优新葡萄品种引进项目、国家林业局千亩优质高效葡萄基地建设项目和北京市设施葡萄科技示范推广项目,为了迎接 2008 绿色奥运,基地大力收集适合我国及华北地区种植的优良葡萄品种和发展都市型观光旅游农业,并以绿色、有机果品栽培为根本宗旨,最大化地发挥出科技展示功能。

2. 功能设计与特色风格

目前,全园已引进国内外优新葡萄种质资源近百余种;另有樱桃、梨、桃、李子、枣、杏等果树品种和各种蔬菜可供游人观光采摘(可同时接待 300 人次以上)。同时,基地可为游人提供会议培训、垂钓、农家饭菜、住宿、棋牌、小球类运动等服务(可同时接待 40 人次)。每年 6 月上旬,基地温室果品就开始采摘,游人可以品尝到经过精心栽培的不同品种、各式各样的温室水果。到 7 月 30 日,每年一度的"张家湾葡萄采摘节"开幕,一直到 11 月,基地不同成熟期、颜色、肉质、果形、风味的优质葡萄相继成熟,丰富的葡萄品种资源和优良的果品品质每每让游人流连忘返。基地产品现注册有"张家湾"牌商标,曾先后在第三届北京农业博览会上获精品奖、第五届北京科技博览会上获金奖称号,并已连续 4 年通过北京市食用农产品安全认证,受到了社会各界的好评。吃葡萄、种葡萄、观赏葡萄、品味中国葡萄文化内涵,北京葡萄大观园是游客最佳的选择。

3. 经营管理与促销方法

为吸引游客、提高园区知名度,在葡萄采摘时期,通州区通过开展葡萄采摘节大力宣传各种葡萄文化。通州区第八届葡萄采摘节共历时 2 个月。此次采摘节共设 12 个采摘点,其中张家湾镇 10 个、台湖镇 1 个、漷县镇 1 个。葡萄采摘果品有早中晚熟、各种颜色、多个风味的品种近百个,葡萄有奥古斯特、维多利亚、亚都蜜、里扎马特、红双味、贵妃玫瑰、87-1、8611、优无核、国立一号、乍娜、白鸡心、意大利等;另有桃、梨、杏、苹果、蔬菜等果蔬采摘。

其中,张家湾镇葡萄酒大观园的 3 个品种——亚都蜜、奥古斯特、红双味因综合品质优良被北京市林业局评为"奥运葡萄"。漷县镇的北京市益鑫果树种植场是北京市优秀标准化基地、北京市土肥工作站和通州区种植服务中心测土配方示范实验基地、北京市无公害绿色食品生产基地。主栽葡萄和桃,葡萄有京秀、8611、维多利亚、奥古斯特、美人指、圣诞玫瑰等十几个品种,采摘期从 5 月 20 日至 12 月圣诞节。桃品种有:曙光油桃、251 油桃、早盘桃、早凤凰、来鲜蜜、大九宝、金硕油桃等。圣诞节采摘葡萄和金硕油桃是北京市唯一的采摘亮点。

案例四:老宋瓜园

1.建园条件与环境评估

北京老宋瓜王科技发展有限公司位于中国西瓜第一乡庞各庄镇,依托老宋瓜园,是以产业化经营的模式,以科研开发、试验示范、生产销售、观光采摘为主的经营版块组合,集多种功能为一体的高新科技企业。多年来,公司将积累的传统经验与现代科学技术不断融合发展,使老宋瓜王的品牌享誉京城海内外。这里设施齐全、环境优美、空气清新,每年来此观光旅游的朋友络绎不绝,从这里可以了解到西瓜历史,赏阅西瓜文化,使各界友人品尝采摘,回味无穷;观光旅游,流连忘返。园区年接待游客8 000多人,在发展自我的同时带动了周边地区其他农产品的销售,为农民增收创造了有利条件。

2.功能设计与特色风格

公司种植面积80亩,其中主园区占地50亩。建有温室12栋,大棚16个,每个大棚都配有良好的硬件设施。通过引进科学技术,实现了四季生产,三季有瓜,即使在寒冷的冬季也能看到绿海田园的美好景色。改变了过去的传统种植方法,采用了立体栽培,有效地利用了空间。公司严格把关,注重产品的安全、绿色、无公害,肥料主要选用腐熟好的农家肥和少量的生物肥,在生产过程中采用地膜全覆盖,立体栽培和挂防虫板等措施减少病虫害的发生,从而减少药虫害,安全无污染,提高了西瓜的品质。

公司在种植原始传统西瓜(野生西瓜、黑蹦筋、打瓜等)的基础上,种植了种子经过卫星搭载的现代高新科技航天西瓜(航兴三号)、有机西瓜;积极引进国外名、特、优先进品种,如日本的黄小凤、新秀、红富士等及推广国内优良品种,如金冠、黄晶一号、京雪。

3.引申服务项目与其他

在科学合理种植、技术开发推广、病虫害治理防疫方面,公司依靠农科院国家蔬菜工程技术研究中心、北京市农业技术推广站、北京市植保站、大兴区农业科学技术研究所等多家技术科研单位支撑,在西瓜种植技术推广、科研开发领域独领风骚、独树一帜。有了坚强技术后盾,公司得到了快速发展。在自我发展的同时,积极向周边广大瓜农推广名、特、优新品种,发放技术资料、联系卡,开通技术咨询热线,带动周边广大瓜农共同致富。近年来,为进一步将资源优势转化为产品优势、将产品优势转化为品牌优势并进而转化为经济优势,公司坚持以文化树立形象、以真情凝聚人气、以展示孕育商机的经营理念,坚持以市场为导向、以科技为动力、以效益为目标的经营宗旨,以强化管理、强化品牌、强化功能为手段,不断提升公司的市场竞争力和效益最大化,使公司得以不断发展,永续经营。

第四节　茶艺型农家园

案例一:梅家坞茶文化村

1.建园条件与环境评估

梅家坞是杭州最大的龙井茶生产基地,茶地面积达 80 多万平方米。采茶季节,采茶女穿梭在碧绿的茶树间,成为一道独特的风景。经过 2003 年的整治,梅家坞营造出"十里梅坞蕴茶香"的农家休闲旅游环境,成为杭州一个具有独特性品牌的旅游新亮点。

梅家坞地处杭州西湖风景名胜区西部腹地,整个村落青山环抱、幽谷滴翠、白墙黛瓦、小桥流水,是"西湖龙井茶"的主要原产地之一。今日梅家坞,重现了"十里梅坞蕴茶香"的自然秀丽风貌,以其独特的古朴民居和醇厚的茶乡风情,打造成了杭州最富龙井茶乡特色的自然村落和茶文化休闲观光旅游区。各具特色的农家茶楼遍布全村,海内外游客在此品龙井香茶、吃农家土菜、蹬十里琅珰,尽享茶文化村生态自然之美、农家风情之乐。已被认定为"全国农业旅游示范点"。

2.功能设计与特色风格

我国是世界主要的产茶国家,已有 2 000 多年栽培茶树的历史。茶是我国的国饮。休闲茶园是观光农业的一个组成部分,集茶叶生产、休闲于一体。作为全球的三大传统饮料(茶叶、咖啡、可可)之一,茶已不只是国人普遍喜爱的饮料,在国外也有"安全饮料""保健饮料""健康长寿饮料"等赞誉。饮茶是我国古来的一种休闲方式。俗话说:"开门七件事,柴米油盐酱醋茶。""文人七件宝,琴棋书画诗酒茶。"近年来,许多茶区开发了一些以茶文化为依托,集游、购、品为一体的休闲茶园。人们来到茶区,既可以欣赏当地的优美风光,又可以体验采茶、炒茶、品茶的乐趣,还可以了解茶文化。

穿过梅岭隧道,走在修缮过的梅灵大街上,清幽幽的茶香就会扑鼻而来,从五云山淙淙而下的梅坞溪经过清淤驳墈后靓丽洁净了好多,映衬着一幢幢白墙青砖乡村别墅美丽的景致,干净整洁的江南民居、秀丽精致的小桥流水、油绿油绿的茶园……经过整治后的梅家坞茶文化村营造出了"十里梅坞蕴茶香"的农家休闲旅游环境。新西湖的梅家坞茶文化村共有梅家坞周恩来纪念室、郎珰岭（入口）、礼耕堂3个人文景观，周恩来纪念室已经翻修一新，"十里郎珰"原先狭窄杂乱的入口也变得十分开阔。

坐在整治后的花格木窗、粉墙黛瓦的梅家坞茶文化村的农家小院里，沏一杯浓浓的龙井茶，放眼院外满山遍野青葱油绿的茶树，会顿觉清香扑鼻，心旷神怡。梅家坞茶文化村焕然一新。

案例二：龙井山园茶文化村

1. 建园条件与环境评估

龙井山位于杭州龙井狮峰山上，以龙井茶、虎跑水而闻名天下。在这个占地130余亩、总投资达7 000多万元的龙井山园里，集聚着千年龙井地域文化之精髓，运用真山、真水、人文、绿色，在完全自然的环境中展现绿香之宗龙井茶文化的博大精深，已被亚太国际旅游组织（PATA）命名"龙井茶文化村"，同时首家独创了中国"龙井问茶"体验之旅，在国内第一次全面恢复了自陆羽《茶经》问世以来唐、宋、元、明、清各个历史时期不同的制茶、喝茶方式，大写了中华文化史中的一段华美篇章，让中外游客真正领略有千年历史品牌的世界绿茶之冠——杭州西湖龙井茶的历史文化、龙井茶的生存环境、龙井茶购物等完全体验。第一次将唐、宋、元、明、清以来的茶文化历史请出历史陈列馆，将它用活生生的演艺方式和游客亲身体验的方式再现于世，成为一个活的中国茶叶博物馆。围绕龙井茶，龙井山园安排了丰富多彩的文艺演出以及头茶会、茶婚典等茶事活动；老街问茶区域为游客品茶、鉴茶、购茶提供服务，还有为游客喝茶助兴的茶食、茶餐、茶宴等。同时，还有八大游览热点：雾森仙景、茶艺展示、石林奇观、藤蔓世界、民俗艺术表演、情人谷、蝴蝶谷、聚龙台，让游客通过游览，得到真正新奇的观赏、健康的休闲。

2. 功能设计与特色风格

俗话说："名山名水出名茶。"茶的生长总是与名山名水相伴。名茶之所以名，主要表现在茶叶的色、香、味、形几个方面。现在全国能够叫出名的茶就有1 000多种。针对独具魅力的地域文化，龙井山园还特别设计了"御茶坡"、"聚龙台"、百年老店、"翁隆顺茶庄"等景点，供游客在远观西湖山色美景的同时，欣赏龙井农民种茶、采茶、制茶、品茶的过程，体验龙井人家的生活情趣。

龙井山园的龙井茶早已驰名中外，作为西湖风景区内唯一的山地公园，龙井山园以山、水、人文传统和绿色野趣为号召，集聚千年龙井地域文化的精髓，以高科技手段借自然地貌——"卡斯特"地貌造园成景，设计了独领茶艺表演最新时尚的"龙井茶道"，首创国内独有的健康旅游项目——"龙井雾森"，并特别引进逼真模拟龙井茶生态环境的国内第一套高科技雾森设备，超过城市3 000倍以上的负离子含量使游客宛然走入天然美容森林雾森,体会超凡脱俗的茶仙感觉。同时龙井山园还是观赏新恢复的 300 年前大西湖的极佳之地,使游览的人们在游览中既能置身于飘渺的仙境中,同时又能得到人体保健、美容的疗效。

休闲茶园是以茶业活动为基础、茶叶和旅游业相结合的新型农业形式。主要休闲活动有:

(1)品茶　古人饮茶不是为了解渴,而是强调"品",《红楼梦》中妙玉就有番见解:"一杯为品,二杯即是解渴的蠢物,三杯便是饮牛饮骡了。"因此,品茶实际上已经上升为一种怡情越性、修养身心的艺术活动。品茶人数在明代张源的《茶录》中这样记载:"饮茶以客少为贵,客众则喧,喧则雅趣全无。独啜曰神,二客曰胜,三四曰趣,五六曰泛,七八曰施。"其意是说饮茶者越多离茶趣越远。饮茶有助于文思,是古往今来的事实,茶助文人的诗情画意,文人则咏茶赞茶,将饮茶提升为一门艺术。唐代刘贞曾经总结说,茶有十德:以茶散郁气;以茶驱睡气;以茶养生气;以茶除病气;以茶利礼仁;以茶表敬意;以茶尝滋味;以茶养身体;以茶可行道;以茶可养志。

乾隆皇帝要退位时,老臣劝说:"国不可一日无君。"乾隆则答道:"君不可一日无茶。"可见品茶对于中国人是多么重要。

(2)体验茶文化　在休闲茶园内可兴建茶文化村,选在环境清静、幽雅,最好是依山傍水的地方,内设茶史馆、茶艺馆、品茗室、茶具室、诗书画欣赏室及各类茶叶、茶具专卖点等。在我国首创茶道精神的是唐代德圣陆羽,他在《茶经》中把中国文化的精髓儒、道、佛与饮茶过程结合起来,强调在茶事之中进行自我修养,使饮茶有了丰富的文化内涵。陈香白先生认为:中国茶道包含茶艺、茶德、茶礼、茶理、茶情、茶学说、茶道引导 7 种意理。

(3)茶生产体验　在休闲茶园内,有闲人士参与茶叶的采摘、制作、品尝,了解茶的生产流程和制作技术。有闲人士可以直接向茶园经营者购买自己所需的产品,茶生产者也可以根据消费者的实际需要及时调整生产结构,提高茶业经营者的经济效益。

(4)茶艺表演　以茶艺表演为代表的茶文化活动不断涌现,正在成为茶文化旅游中的高品位项目之一。所谓"茶艺"是指茶人依据茶道规矩,把茶道的俭、清、和、敬等内在意理,通过艺术加工后搬上舞台,向广大饮茶人和有闲人士展示茶的冲、泡、饮等饮茶技艺。

(5)茶保健　俗话说"诸药为百病之药,茶为万病之药",茶有很好的医疗保健功能,不仅可以解乏消暑,补充多种维生素,而且还具有强健心肌、防癌抗癌等作用。茶与医药保健的关系,源远流长,"神农尝百草,日遇七十二毒,得茶而解之。"

此外,还有采摘、茶文化博物馆等休闲活动。

案例三:中国茶文化第一村

1.建园条件与环境评估

江西省婺源市江湾镇上晓起村位于一条从西北向东南方走向的狭长山谷间。清澈见底的晓溪从村子中间潺潺流过,呈现从西北向东南方向的喇叭状。晓溪在村中最窄处近 10 米,最宽处近 40 米,在村头形成一个"水口",向东南角流入大河。溪水长流不断,水声叮咚不停,行走其旁,好似小朋友们在击掌欢呼。一条宽约 2 米、已有数百年历史的青石板小道上面布满了手推独轮车驶过的凸痕。走进上晓起村口,"中国茶文化第一村"木牌坊映入眼帘。由陈文华振词的"迷人上晓起,风光美无比。自然铺锦绣,文化是根底。传统小作坊,令人惊且喜。水转揉捻机,人醉茶香里"的歌声在村间回荡,两旁郁郁葱葱的山峦,云遮雾绕。因是阴天,走在石板小道上,像穿行在云雾中,如入仙境。晓溪两旁是村民的住宅,都是白粉墙。黑布瓦(黛瓦),飞檐翘角,呈现典型的徽派建筑风格。村中有数栋属茶商宅居的古宅,都有砖、石、木雕于门、梁之上,工艺精致,或像神话故事,如福、禄、寿、喜,或像耕、渔、樵夫都神韵如生,正如建筑行家说的,走进该村恍如时光倒流,如置身于明清古老的村落之中。村庄周围绿树参天,茶村满地,有茶园、茶亭、茶室、运茶古道、灵泉古井、茶作坊、制茶机械、运茶独轮车,处处与茶关联,处处彰显着茶文化的无穷魅力。在村中一清代祠堂里,"古今茶画展览室"收集整理了我国唐、宋至当代著名茶画 100 多幅,向村民和游客普及茶文化史方面的知识。村中还办起了介绍婺源茶叶生产、销售历史和"晓起"高山生态所含有机成分的情况及茶艺走出国门的成就画廊,办起了介绍我国古代传统水力农业机械的画廊。在村中,游客还可参观以晓溪水流为动力的制茶作坊。作坊于今近半个世纪。作坊内的大型茶揉捻机和十几个炒茶、烘茶锅的铁铲,都是由水流驱动轮带动的。水流不断,炒茶、捻茶不停。这里已生产出了具有独特滋味的特色茶——晓起毛尖、晓起毛峰。村中,晓溪清澈见底,青山古树环抱,徽派民居相衬,构成了一幅如诗如画的迷人画图。村头"水口"旁三棵数百年的古樟树,俯临水面,浓荫蔽日,丛丛茶树生长,烂漫山花盛开,闲坐于阳伞下、圆桌旁,品尝高山生态茶之醇香,感受天然品茗乐园之惬意,远离尘世喧嚣,让心灵得以安宁和净化。

2.功能设计与特色风格

(1)运茶古道　晓起村分为上晓起和下晓起两个自然村。两村之间有一条用青石板铺成的古道从中穿过,这是晓起村通向安徽(婺源当年隶属徽州)和婺源县城的必经之路,古代安徽的茶叶有一部分就是通过这条古道经婺源的星江、顺乐平县的乐安河,出鄱阳湖,进入长江之后,再运往全国各地。

在青石板路的中间至今留有一道深深的沟槽,是运送茶叶和粮食等货物的独轮车磨损所留下的历史痕迹,由此亦可想见这条古道的悠久历史。

(2)运茶手车　在现代公路修通之前,独轮车一直是我国农村的主要运输工具之一。独轮车是我国古代劳动人民的杰出创造。四川汉墓画像砖上就有独轮车的图像,可见它至少有 1800 年的历史。上晓起村建于唐代末年,其使用独轮车的历史也应该有 1000 年以上的历史。因为上晓起村至今还没通公路,自上晓起村向北山谷中有 20 几个自然村,运输货物仍靠肩挑背扛,因而独轮车仍有其用武之地。这是历史给现代文明社会留下的一份古代运输工具的活化石。

(3)山村茶亭　在上晓起村的村口坡地上,有一座传统样式的凉亭横跨在运茶古道之上,这是古代供过往行人歇息的处所。见到凉亭,令人想起"长亭外,古道边,芳草碧连天"的歌曲。过去在凉亭里要设茶水缸,有人专门烧茶供路人免费饮用,故也被称做茶亭,有"五里一凉亭,十里一凉亭"之说。婺源过去有很多茶亭,据说和方婆有关。方婆是五代时期的一为老太婆,居住在婺源县浙岭的茶亭里,烧茶水方便过往行人,死后葬在浙岭上,路人感其恩德,拾石堆冢,称为方婆冢。后人有在茶亭上悬挂"方婆遗风"的茶旗。

上晓起村茶亭称"晓和亭",匾额为村中一 12 岁少年叶飞所书,寓"晓理和睦"之意。亭前楹柱上悬挂一副藏有"晓起"二字的楹联"晓烟笼树临仙境,和风吹雨润心田",背后柱上的楹联为"晓来处处闻啼鸟,暮归人人带茶香"。

(4)山村茶园　上晓起村是传统茶叶生产基地,地处山区,湿润多雾,土地肥沃,非常适合茶树生长,又因山高水冷,气候凉爽,病虫害少,无需施化肥农药,故茶叶没有受到任何污染,属于传统生态农业的产物。本村出产的晓起毛峰和晓起毛尖,营养丰富,滋味醇厚,又耐冲泡,非他处平地所产之茶叶可比。在村口的坡地上就有两处本村茶农所种植的茶园,长得十分茂盛,葱绿可爱,可供游客观赏。尤其是茶园旁边有一排茶树因长年没有修剪,恢复野性,长得一人多高,长年结籽开花,与田中栽培的茶树形态不同,可供比较,说明茶树本来都是高大的乔木型和半乔木型,是经过人们长期修剪、培育才演变成便于人们采摘的灌木型。因此可供茶艺专业学生进行教学实习之用。

(5)品茗乐园　在上晓起村的村口,人们用石块砌起石坝将小溪拦住,抬高水位,形成宽阔的水面,当地称之为"水口"。水口岸边,古树参天,浓荫蔽日,溪水清澈见底,水声潺潺,风景极为优美。更为难得的是,村民们早已在树下种上茶树,生长得相当旺盛,只要除了杂草,摆上桌椅,插上阳伞,就成了一座天然的品茗乐园。岸边种着鲜花,树上悬挂喇叭,播放着幽雅的古曲,在此品茗,远离城市的喧嚣,让心灵得到一次净化。

(6)高山茶园　在上晓起村南面的高山顶上,有上百亩茶园,茶树得天独厚,生长得很好,是真正的高山茶。山上遍地野花鲜果,香气弥漫,被茶树所吸收,造就独特的香气、滋味，是本村特产晓起毛峰、晓起毛尖的主要生产基地之一。登高望远，满目青绿，远处群峰叠翠，近处百鸟啼鸣，清风习习，花香扑鼻，令人心旷神怡，真有飘飘欲仙之感觉。这里即将开辟成高山观光茶园，建有品茗竹室，度假木屋，让你流连忘返。

（7）灵泉古井　　上晓起村中有几口古井是从建村之始就已开凿饮用的，其历史远溯唐宋，已有上千年的历史了。古井紧靠山脚，实际上山中之泉水从井中渗出，故水质甘甜可口，宜于泡茶。湖南医科大学茶与健康研究室曹进副教授和赵燕博士曾专门前来化验，证明水质特别优良。故品茗乐园专门用此古井的水泡茶，与婺源绿茶相得益彰，更现茶韵。据记载，凡出伟人之际，水必干枯一阵，故曰："凿泉为井，显灵益智。"井亦因此而得名。

（8）制茶作坊　　上晓起村有一座半个世纪前建成的制茶作坊，是利用水力作为动力来推动木制捻茶机具和炒茶工具，在目前来说是全国唯一还能使用的传统制茶机具，引起国内外茶人的浓厚兴趣。现在已经成为南昌女子职业学院的教学实习基地，取名为"上晓起传统生态茶作坊"。女子职业学院的学生，可以在此获得制作茶叶的实践机会。

（9）捻茶机具　　上晓起村的许多茶农都添置有担单人使用的捻茶机具。上部是木制的捻轮，下部为一座凿刻有条纹的石盘，揉捻茶叶时将杀青过的茶叶放在石盘上，双手握住上部木制捻轮不停地转动，就可将茶叶揉捻好。

（10）捻茶机械　　上晓起传统生态茶作坊中所使用的揉捻茶叶的机械不使用煤、电和油作动力，而是巧妙地利用村中溪水来驱动作坊中的机械，因此对环境没有任何污染，也降低了生产成本，是典型的生态农业产物。其做法是将溪水引入作坊前面的渠道，打开闸门之后，湍急的水流驱动了轮，带动皮带旋转，然后传动到作坊内大型揉捻机和十几个炒茶锅及烘茶锅中的铁铲，可以不停地捻茶和炒茶，可以说是一种古老的自动化生产作业。其历史可以上溯至元代王祯《农书》所记载的加工茶叶的水转连磨。它是将古老的传统机械和现代科学机械原理相结合的产物，也是传统农机具向现代化机械发展的一种过渡形态，无论是就因地制宜发展村特产，还是就保护生态环境的角度而言，它对游客都具有一定的启迪性。

（11）科普画廊　　为了向广大游客普及茶文化知识，在村里还建立了两个各长10米的科普画廊，一个是"婺源——茶艺之乡"，主要是宣传婺源茶叶生产的历史和特色以及婺源茶艺走出国门、走出亚洲、走向欧洲的出色成就，因而可以当之无愧地称为"茶艺之乡"。另一个是"传统水力农业机械简介"，向观众介绍自汉代以来我国利用水流为动力的农业机械主要成就，指出上晓起村水转揉捻机的历史地位，都得到众多游客的好评，有的游客还晚上打着电筒在观看画廊，令人感动。

（12）茶画展馆　　上晓起村有两座大小不等的清代祠堂，规模不大，建筑水平也一般，且内部空闲，没有可供游人仔细观赏的内容。现正在着手建立"古今茶画展览馆"，展出唐、宋、元、明、清至当代的著名茶画 100 余幅，向游客普及茶文化历史知识，这在全国尚属首次，使得"茶文化村"的内涵更为丰富，成为名副其实的"第一村"。

第五节　水乡型农耕园

案例一：上海市金山区漕泾镇水库村休闲水庄

1. 建园条件与环境评估

金山区是上海市 19 个区（县）之一。它位于上海西南、杭州湾北岸，西连浙江，地处沪、杭、甬经济区域中心和长三角 2 小时都市圈枢纽。陆地总面积 586 平方千米，相当于新加坡国范围，人口 55 万。金山区集天时、地利、人和，拥有丰富的自然和文化资源，包括亮丽的海岸线、名扬中外的农民画、黑陶艺术和世界一流的化工基地。上海金山区漕泾镇水库村位于漕泾（镇）北偏西 18 千米，东依万担塘，与建国村毗邻，东南傍西横塘与营房村相对，南与金光村接壤；西依朱漕路，与阮巷村为界；北与奉贤区胡桥镇兴隆村相连。总面积 416 平方千米，耕田面积 1 745 公顷，全村 8 个村民小组，512 户，1 615 人，劳动力 1 186 人。2003 年全村总收入 794 万元，可支配资金 585 万元。境内河网密布纵横，似天然水库，故得名为水库村。全村有中心港、火车港、万担塘、何家漾、东大漾、金岗漾、横塘港等主要河流，贯穿全村东西南北。

新中国成立初原水库村为星桥乡月星村和太平村、洪桥村的一部分，农业合作化时，建月星高级社，公社化后为水库大队，1967 年改名胜利大队，1980 年复名为水库大队，1984 年建水库村。有刘家渡桥等自然村落。水库村地处偏僻，一直以种植粮、棉、油传统作物为主，农民生活贫困，村级经济薄弱。党的十一届三中全会以来，特别是金山建区以来，不断调整农业结构，积极发展村级经济，全村摆脱了贫困，逐步走上富裕道路。水库村位于杭州湾北岸，具有得天独厚的地理优势，多条铁路、高速公路、内河航道贯穿村域的东西和南北，交通十分便捷。闻名沪上的"多利升"西瓜、草莓、南美白对虾等特色种（养）殖业，构建了水库村农业旅游开发的有利条件。水库村区域内水网密布，河中有岛，岛中有湖，水资源十分丰富（水域面积约占 42%），处处可见水乡的自然美景。

2. 功能设计与特色风格

漕泾生态水庄农家乐位于上海市金山区漕泾镇水库村，是上海市配套 2010 年上海世博会的农家乐试点项目，也是金山区旅游发展三年行动计划（2005—2007 年）的重点实施项目。整个区域内水网密布，将生态水庄分割成一座座水上小岛，处处可见水乡自然美景。农家乐宅区错落有致地分布在河道旁，水面贯穿水庄各个区域，是生态水庄农家乐项目的血脉和游览主线。

生态水庄以水为魂，以农为本；以生态、休闲、娱乐、旅游为四大主题；中心区域内分为一轴一线及六大景点。规划总面积 188 公顷，其中中心区域 80 公顷，水面积占 40%。

（1）游客接待中心　占地面积 2 公顷，主体建筑 2 595 平方米，位于水庄中部，是一期的主要入口。接待中心主要设置休闲接待服务，按照四星级标准内设会议室、餐饮、住宿（标房 21 间、套房 4 间）、咖啡吧和 KTV 包房，并聘请国际饭店按"锦江模式"标准对经营项目进行全面负责管理。国际锦江大厨在乡间为你烹制精巧又细致的品牌菜肴，给游客增添一份农家情怀的乐趣。

在此可与商友谈论公事、与友人叙旧或是一家人带上一副网球拍，在网球场上拼搏一番，亦可在接待中心内沏壶茶、泡壶咖啡，临窗而坐，放眼远眺：整个水域内清澈的湖面，两岸蜿蜒的绿色；远处纵横着一块块稻谷、油菜，随着季节变换时而绿油油、时而黄灿灿；眼前七八十年代的老屋，浓浓的乡村格调弥漫着整个视域。

（2）精品农业区　精品农业区的温室大棚占地面积 5 000 平方米，位于中心服务区北面，主要种植西甜瓜、草莓、葡萄（提子）、桃、冬枣、甘蔗、玉米等各种瓜果，做到一年四季瓜果不断，游客在果实成熟季节既可观赏又能自助采摘，体验劳动的快乐，还可以以认种的形式将每一棵果树、每一个大棚租给一些个人、家庭、团体等一年或若干年，户主负责管理种植，每年保证认种的个人或团体有一定的收成。

对于久居于市区一族人们，这里是非常值得一去之地，远离农村的人们有机会亲自到这里来感受乡间泥土的芬芳，亲手采摘美味的瓜果，重温童年和伙伴玩泥人的乐趣，多了解些农业科普知识并看看农作物生长的环境，全家体验劳动的乐趣，回家之时捎上一些新鲜又美味的漕泾"多利升"西瓜或其他瓜果与家人共享，其乐融融。

（3）水上游览区　总面积 32 公顷，串联水庄各个区域，是休闲水庄的血脉和游览主线。在此设置了多种水上项目，如电瓶船、皮划艇、小木船等，在疲劳之余，悠闲地坐上游船打打牌、喝喝茶、谈谈心，看看周边生态景观，放松一周紧张的工作与压力，在这里释放自己是非常惬意的事情。水庄每年定期举办水庄龙舟节。

（4）垂钓基地　占地面积 60 亩，为集中的垂钓区，可容纳 100 多人同时垂钓。本区域供垂钓爱好者垂钓休闲，提供各种渔具及垂钓器具让游客体验捕鱼的乐趣。鱼类品种繁多，有鲫鱼、鲤鱼、青鱼、白条丝、鲴鱼、草鱼等，选上一块好地方，即可领略"姜太公钓鱼愿者上钩"的胸怀，垂钓上来的鱼可在农家客栈亲自烹饪。

喜好钓鱼的朋友可邀上几位友人至水庄垂钓基地坐上几个小时，室外垂钓塘内养殖了鲤鱼、鲫鱼等近 8 种鱼类。钓到的鱼，游客可以进行烧烤亦可带至农家客栈品尝，既修身养性，又大饱口福。

（5）农家乐　让游客真正体验住农家房、吃农家菜、干农家活的乐趣。目前已改建修缮好3户农户的居住房，作为旅游者农居体验接待，2007年完成10户。在农家乐体验区可以尝到地道的农家家常菜，农家烧饼、农家特色粽子等各式土家小点心；还可以品尝一下自己采摘的新鲜蔬菜，在农家灶头上亲自下厨，感受农家生活的淳朴风情。

（6）原生态景观及活动休闲区　位于基地东部，占地面积约5公顷。此区域生态相对较好，有几十亩的果树，而且树龄较大，经过整治和补充种植多种树木后，果树种类有柿子、桃子、橘子、红枣等，为游客自助采摘带来乐趣，其中设置有年轻人热衷的野营、烧烤、野外拓展训练、攀岩等项目。

3. 经营管理与促销方法

农家菜地认种，位于一期10户农家客栈南面，精品农业区北侧，规划面积35亩。菜地以分为单位（1亩＝10分），价格为每分388元/年，供个人、家庭或团队认种。认种者可自己购买种子栽种，平时旅游公司进行无偿管理种植（包括施肥、除草等），在蔬菜瓜果成熟季节旅游公司将电话告知认种者随时采摘，亲朋好友可在农家客栈亲手烹饪自己种植的蔬菜。

案例二：建德三都镇渔村

1. 建园条件与环境评估

渔村坐落在浙江省建德市三都镇，距杭州120千米，位于三江口（富春江、新安江、兰江）之南，正处于富春江、新安江黄金旅游线中点，与古镇梅城隔江相望，建德七里扬帆景区素有"小三峡"美誉，蓝天、碧水、青山在这里交相映衬，周围分布着双塔凌云、七里扬帆、严陵问古、大慈岩、灵栖洞、千岛湖等景区、景点，构成了一轴秀丽的山水画廊。三都镇渔村地处新安江、兰江、富春江"三江"交汇处，船行此处，江面宽阔，天地为开。船到渔村，即见平阳，湖面宽阔，碧波荡漾，是峡谷和大湖的交接点。游客在此能体会到"野旷天低树，江清月近人"（孟浩然《宿建德江》）的怡人意境。村里有鱼塘500余亩、山林600余亩，80多幢民居一色白墙青瓦，掩映在富春江畔的绿树丛中，"有家皆掩映，无处不潺缓；好树鸣幽鸟，晴楼入野烟"（杜牧《睦州》）的韵味十分浓烈。渔村共有住户60余户，均为渔民，解放前都是生活在新安江流域以打鱼为生的渔民。后来，富春江水库建成，原水上渔民上岸定居后形成村落。相传，渔村人的祖辈被统称为"九姓渔民"（陈、钱、林、李、袁、孙、叶、许、何），长期生活在新安江上，受封建统治者的严酷统治，形成了祖辈特有的风俗习惯。上岸定居之后，三都渔村依然保持了一些祖辈的风俗习惯，如水上婚礼以及一些古老的捕鱼方式和原始的捕鱼工具，具有淳朴、善良的民风，现在这些风俗都成了开展渔家乐旅游开发的独特资源。三都渔村部分农户已经开设农家乐旅游项目,接待设施齐全,均可为游客提供住宿和餐饮服务。如"九姓渔民婚礼"、古老的捕鱼方法和原始的捕鱼工具、夜捕鱼昼补网的生产方式以及淳朴善良的民风、特别爱清洁的生活习惯等都受到现代都市游客的宠爱。

2. 功能设计与特色风格

三都镇渔村根据自己独特的风俗推出了"渔家乐"休闲度假旅游项目。此处江面宽阔,有"野旷天低树,江清月近人"之意境。村子依山傍水,风景秀丽,空气清纯,果树成林,30多幢白墙青瓦的居民掩映在绿树丛中,整个村落异常清爽、整洁。祖先被贬为"贱民",不准上岸定居,靠打鱼度日,至今该村仍保持着许多特有风俗习惯,形成了淳朴、善良的民风,保持自成一体的生活方式,特色鲜明。到渔村垂钓、划船,和渔民一起捕鱼,观渔民造船,体验渔民特色婚礼;看黄昏美景,远眺双塔凌云,赏月;听古戏,都是旅游爱好者所向往的。

3. 经营管理与促销方法

三都镇渔村为方便游客改善环境,先后完成接待设施改造,增加接待床位,学习管理方法。慕名的游客纷至沓来,闻着橘子花香的清甜,享受着三江口的夕阳美景,品尝了渔家风味菜肴,再游一游富春江七里扬帆景区,逛一逛梅城古城,好一翻惬意。望古塔,游春江,扬帆七里醉渔家! 富春江"渔家乐"将成为周末都市休闲一族新热点。

近年来,建德市三都渔村在各级旅游部门和当地党委政府的悉心指导帮助下,依托三江口绚丽的山水风光,充分挖掘渔村独特的民俗文化,积极培育别具特色的"渔家乐"休闲度假旅游产业,荣获了"2005年度杭州市观光农业示范点"称号。自"渔家乐"旅游项目正式对外开业以来,渔村5户渔民已接了游客5 500人次,增收16万元。

2004年,建德市旅游局组织该村两委班子参加了杭州市观光农业推进工作会议。通过专家的解说、主管部门的引导以及真实的体验,渔村的干部不仅学到了先进的理念,理解了什么是观光农业,看到了其他周边地区发展观光农业的成果,也使他们充分认识到渔村独特资源文化的开发价值,树立了积极开发观光农业的信心。会后,在建德市旅游局的指导帮助下,村"两委"班子带领村民代表到浦江进行学习考察,并召开了多次全民代表大会和村"两委"班子会议,具体讨论开发"渔家乐"旅游项目的相关工作。2004年底,在村两委班子的带头示范下,有5户渔民首次推出"渔家乐"观光农业旅游项目,试行接待各地游客。

4. 引申服务项目与其他

在"渔家乐"项目实施过程中,得到了旅游等相关部门的大力支持。建德市旅游商贸局对第一批开展"渔家乐"项目改造的农户平均每家补助5 200元,村集体也决定给予每户 3 000 元的补助。建德市旅游商贸局和三都镇政府为提高接待服务水平，专门组织了一次安全、卫生、接待技能培训讲座，邀请了宾馆业专业服务人员和各相关部门的业务负责人，对相关家庭服务人员进行了面对面的专题培训。此外，市旅游商贸局还专门为"渔家乐"旅游项目制作了宣传册子，组织力量赴上海进行宣传促销，并通过各旅游报刊、电视台、路边广告牌进行广泛宣传。

为了打造"渔家乐"观光农业品牌，渔村人加大投入，积极完善旅游接待设施。2005 年，先期投入近 100 余万元，改造道路交通，完善公共卫生设施，综合整治鱼塘环境，还配备了专门旅游接待电话和接待中心。2006 年初，该村又投入近 120 万元用于改造码头、村庄综合整治、道路交通建设等。经过努力，2004 年、2005 年该村被评为杭州市卫生示范村，2005 年还获得了"浙江省卫生村"称号。

为了加强对外的综合接待能力，渔村人加强制度建设，完善内部运行机制。在经过一定阶段的磨合后，一套科学合理的管理体制和监督检查机制逐步形成，明确由接待中心统一正常分配接待、统一结算，公布接待投诉咨询电话，并由村委会班子担任监督员，村里再配上 2～3 名卫生管理员。整个机构完整构建以保证整个接待工作正常、有序，基本做到遇到问题可以即时解决，发现问题可以提前解决。

为了争取更多客源，渔本人加强对外联系，主动与"七里扬帆"富春江国家森林公园旅游有限公司联系，双方相互配合，取长补短，将公司的市场优势和渔村的民俗文化及休闲环境相结合，达到相互支持、互惠互利的目的。2005 年公司向渔村休闲旅游点输送了近 500 余名游客，渔村也向该公司输送了近 300 名游客。

案例三：桂林阳朔世外桃源

1. 建园条件与环境评估

广西桂林是享誉中外的著名旅游胜地，这里气候温和，独特的喀斯特地貌形成了众多的孤峰奇石，五彩斑斓的地下溶洞和昼夜不息的瀑布飞泉，每天吸引着无数海内外游客前来观光。俗话说，靠山吃山，靠水吃水。在桂林投资最直接的方式就是旅游业。世外桃源景区位于桂林—阳朔黄金旅游通道旁，是桂林山水旅游开发有限公司投资开发的一个旅游景区。

在东方，世外桃源是一个人间生活理想境界的代名词，相当于西方的极乐世界或者天堂。千百年来，完美主义者无不苦苦追寻、刻意营造自己想象中的"世外桃源"。1993 年，国文功底深厚的江文豪先生在一次次流连忘返桂林阳朔如诗如画的绝美景致后下定决心，仿照晋代名士陶潜《桃花源记》中描绘的意境，在这里投资构建了一个集山水、田园、民俗于一体的现代世外桃源。"世外桃源"她像一位朴素的村姑静静伫立在城市边上，不张扬也不造作，一派天然，富于真趣。若是"沾衣欲湿杏花雨，吹面不寒杨柳风"的季节,踏进"世外桃源",展现在眼前的将是一片秀美的山水田园风光。清波荡漾的燕子湖镶嵌在大片的绿野平畴之中,宛如少女的明眸脉脉含情。湖岸边垂柳依依,轻拂水面。一架巨大的水转筒车,吱吱呀呀地摇着岁月,也吟唱着乡村古老的歌谣。放眼望去,远方群山耸翠,村树含烟,阡陌纵横,屋宇错落,宛若陶渊明笔下的"芳草鲜美,落英缤纷""有良田美池桑竹之属"的桃源画境。

2. 功能设计与特色风格

阳朔自隋朝开皇十年(公元 590 年)建县以来,至今已有 1 400 多年历史。县城以碧莲峰为中心,周围 7 平方千米范围内,是自然山水与人文景观最为集中的地方。

阳朔古城建于群山环抱之中,四周峰峦叠翠,东边漓水潆洄,林木葱郁,花果飘香。双月溪与桂花溪迤逦流经城内,大小池塘散布其间,处处是小桥流水,古井清泉,深巷老街,亭台楼阁。更有先贤遗址,名人故居,园林胜景,摩崖石刻。处处奇山秀水,家家都在图画中。宋代学者周去非称赞阳朔是"人住其间,真住莲花心也"。

在以山水风光秀甲天下的桂林阳朔县境内,就有这么一处"世外桃源"。早在 2000 多年前,"世外桃源"的所在地曾是汉代以来的古驿道地区,至今那里仍有不少汉墓群遗址。笔架山一带周边 10 余里范围内,村民们均有种植桃树的习惯。每年 3 月,桃花怒放,状如云霞,加上金黄色的油茶花和雪白的茹菜花,再镶以紫红色的红花草,一眼望去,简直就是一个五彩斓的锦绣世界。在乌龟河两岸和燕子湖边,数以十万计的各色桃花染红了青山脚下、村边路旁。沿途的田园村舍、古桥溪河、深潭溶洞,加上在田野上耕作的村民,构成了一幅理想中的世外桃源景象。

阳朔主要景观有:西街、碧莲峰、山水园、阳朔公园、碧莲洞、西郎山、独秀山、书童山、曹邺读书岩、孙中山演讲处、徐悲鸿故居、白沙渔火等 10 余处。

(1)西街——半城乡村半是店西街　始建于 1674 年,东临漓江,直对东岭,西接膏泽峰下,旁靠碧莲峰,宽约 8 米,用本地盛产的槟榔纹大理石铺成,朴实无华,全长 700 多米,是阳朔县城一条最古老的街,以其"半城乡村半是店"的古朴风貌和庭院般的环境被八方游人所喜欢。从 20 世纪 80 年代后期,西街就成了东西文化融汇的窗口,各具特色的酒吧、餐厅、咖啡馆和工艺品商店备受中外游人的青睐,成为中国最大的"外语角"和举世闻名的"地球村"。100 多个国家元首、政府首脑以及经济巨子、文化名人曾在这条古老的街道留下他们的足迹。

(2)民居——泥墙石墙木板房　由于地域不同及文化差异,阳朔的民居形成了多种格局,砖墙、泥墙、石头墙、木板房等诸多建筑材料的运用,构成颇具特色的民居文化。

自从晋代文学家、诗人陶潜写了一篇传颂千古的文章《桃花源记》以来,人们就不断地按照书中所描述的情景去寻找各自心目中的理想国度——世外桃源。阳朔的

"世外桃源"依托这些闻名的景观,同时因势利导注入历史文化因子,很快吸引众多游客。

"世外桃源"整个景区没有用围墙与外界隔离,而是完全与周边的良田、农舍融合在一起,将浓厚淳朴的乡间气息和明媚的湖光山色融为一体,使游客在饱览景区山水秀色的同时,既可领略多姿多彩的少数民族风情,又能了解到当地居民的生活习性、农业生产过程,既满足了游客回归自然、返璞归真的情思,也弘扬了保护环境、珍爱自然的主旨。

在这里可以吃农家饭、住农家屋,分享农民的丰收喜庆,或者亲自到田间帮农民打谷、摘果体验阳朔农民的生活,过一把农家生活的"瘾"。恬淡的田园风光,使"世外桃源"山水观光向休闲度假发展。

(3)渔火——夜渔晚唱山歌响　美丽神奇的阳朔,于 2003 年 11 月 22 日至 23 日迎来她的一个重要传统节日——"漓江渔火节"。鸬鹚捕鱼是漓江渔民传统的生活方式,每当夜幕降临,渔民们便乘上竹筏,点上火把,带上几只鸬鹚,成群结伙地在漓江上吆喝,包围鱼群,然后由鸬鹚潜入水中把鱼叼上来。江面上渔火穿梭如流萤飞舞,夜幕中渔歌阵阵似天籁之音,构成了一幅迷人的图画。"漓江渔火"在宋代就被列为"阳朔八景"之一。

与往届的"漓江渔火节"相比,第五届的渔火节内容更丰富,形式更新颖,民族特色更浓郁。最大的亮点是,此届"漓江渔火节"将在《印象·刘三姐》大型山水实景演出中拉开渔火节的序幕;特别是中国"美丽村姑"大赛活动中选拔出的最美的村姑将游阳朔,突出了阳朔好山好水好姑娘的特色,把本届渔火节推向另一个高潮。

除了大型歌舞表演外,还有中外游人参与的国际自行车越野赛、阳朔西街十佳形象大使大奖赛、《欢乐农家》生态游,特别是国际青年啤酒狂欢夜和美食风味大圩,是游客们不能不亲临的活动,品啤酒狂欢,使中外游客们在夜色中的新西街纵情欢乐;在美食大圩上,游人们可以品尝到阳朔的各种风味小吃。

游客可以乘坐小船游览燕子湖。当小船在绿丝绸般的湖面上裁波剪浪、悠然滑行时,游人的心会像一只"久在樊笼里,复得返自然"的小鸟一般惬意和欢欣。天旷云近,岸阔波平,大自然清新博大的怀抱会使人尘虑尽涤,俗念顿消。岸边歌台舞楼上有身着鲜艳的民族服的姑娘在载歌载舞。她们用充满浓郁民族风情的歌舞欢迎着远方客人的到来。当小船驶入了窄长的水道时,游客才能看出燕子湖后面竟如此迂徐回转,曲径通幽。世外桃源是一个开放式的景区,它没有围墙与隔桩。田园山水、路桥村舍天衣无缝地自然融合,尽纳天地之大美。

如果有兴趣,游客结束水上游程上岸后,还可以在绣球楼对山歌,接抛绣球,在民俗大观园考察民俗,参观图腾柱、风雨桥等别具风格的建筑,观赏、购买少数民族妇女的手工织物等。然而诚如古语所说:仁者乐山,智者乐水。对于大多数性本爱自然的游人来说,也许一方山水田园已足以慰藉心灵。

据说阳朔人虽然很节俭,可是对菜肴却讲究细做精烹,世代相传和改进,形成了自己的特色美食文化。阳朔美食多来源于民间家常菜,用料随手拈来,讲究做工,并融汇了全国各大菜系的特点,如用瓜菜或豆制品等作"皮",用肉或蛋作"馅",常见的有螺蛳酿、柚皮酿、豆芽酿等 30 多个品种。另外较有代表性的有:漓江啤酒鱼、粑粑系列、扣肉系列等等。到阳朔一游不能不尝尝那里的风味小吃。

3. 经营管理与促销方法

独特的山水田园风光和别出心裁的游览方式让人沉醉,"世外桃源"在管理和服务上也是一流的。"世外桃源"1999 年起正式对外开放,游客数目以每年 30% 以上的速度递增,2008 年已达到了 80 万人次。2001 年,"世外桃源"被国家旅游局首批授予 AAAA 级旅游景区,并通过 ISO 14001 国际环境管理体系和 ISO 9001 国际质量管理体系认证。而且,这些年来还连续数年被桂林市评为"重点旅游景区生态环境保护先进单位"。这在外商投资旅游企业中是绝无仅有的。

"我们还用协调的自然法则去与人沟通交流",江文豪表示,他与当地政府和农民都保持着良好的互动关系。为了建立起与当地民众的良好关系,江文豪在开发"世外桃源"时,并不改变当地农民的原生态生活,反而采取回馈社会的做法,参与了地方上的建设、补助以及水旱灾等救助工作。由于投资得当,管理有方,当初投资 2 000 多万元人民币兴建的"世外桃源"景区,江文豪仅用两年时间就收回全部成本。这些年江文豪又先后投资兴办了山水园景区、兴坪饭店、山水楼商场以及一个超声波器械研发企业等多个经济实体,而且在"世外桃源"园内新建了一处"渊明山庄",里面所展示的中国古代造纸、印刷等科技文化,尤其是对陶渊明生平、诗文及生活时代的介绍,使人对"世外桃源"有了更深的理解。目前江文豪在桂林投资累计已超过 5 000 万元人民币。"我们用心做人做事,直到今天,才觉得有'苦尽甘来'的感觉。"

第六节　养殖型农业园

案例一:青岛畜牧科技示范园

1. 建园条件与环境评估

青岛畜牧科技示范园坐落于山东省即墨市段泊岚镇,核心区占地 6 000 亩,规划辐射区 15 平方千米,以引进、繁育、示范、推广、交易畜牧良种为重点,以高科技、高品质、高效益为切入点,以实现畜牧业良种化、产业化、标准化、品牌化为目标,上挂大中专院校和科研单位,横联国内外知名大中企业集团,辐射带动周边及全市大发展。力争用三到五年的时间,形成集繁育、养殖、加工、技术开发、实验示范、培训交流、销售服务、出口创汇于一体的国内一流的畜牧科技示范园,现已被确定为山东省循环经济重点培育的 20 个园区之一。青岛畜牧科技示范园自建园以来,以建设绿色生态畜牧示范园区为目标,将生态循环经济系统应用于畜禽养殖场,一方面使畜禽排放污染得以有效利用,减少或防止环境污染;另一方面通过多种措施"变废为宝",真正实现经济发展和环境保护的双赢。该园区通过了国家级秸秆养畜示范项目、无公害畜禽养殖示范基地项目及畜禽粪便无害化处理建设项目,有力倡导了生态型畜牧业发展,保证畜牧业良好持续发展。

今后一个时期,青岛畜牧科技示范园将紧紧围绕即墨市委、市政府"种植业园艺化、大农业养殖化"的工作思路,立足富民增效,加快畜牧业发展,加强园区基础设施建设,示范带动全市畜牧业发展资源循环型、规模化养殖,推进畜牧业综合生产能力,实现优质、高效、生态、安全畜牧业的稳健发展。

2007 年青岛畜牧科技示范园计划将从澳大利亚引进的三个优良品种,总价值 60 万元的 200 只纯种公羊无偿发放给当地的规模养羊户使用,加速当地羊的品种改良,加快农民增收步伐。

2. 功能设计与特色风格

青岛畜牧科技示范园以"政府搭台、企业运作、科技依托、产业立园、农民受益"为指导思想,以畜牧高科技为支撑,加强与高等院校和畜牧高科技企业的密切联系,不断壮大畜牧高新技术企业,加快畜禽良种的引进、繁育和推广,促进当地优质高效畜牧业的发展,"四大工程"(良种推广工程、畜牧产业化工程、技术服务工程、秸秆养育工程)建设取得丰硕成果。

良种推广工程 2006 年以来,以落户于园区的 12 个畜牧高新技术企业为依托,推广高产奶牛胚胎 3 520 枚,黄牛冻精细管 8 000 多支,胚胎移植黄牛受孕 1 000 头;推广美国海兰、德国罗曼优质父母代蛋鸡 323 万只;推广青岛"恒生源"良种猪 2 100 头;推广波尔山羊、杜泊绵羊、萨福克绵羊等优良肉羊品种 2 750 只,带动农民增收 4 260万元。

畜牧产业化工程依托畜牧龙头企业,大力发展农村合作经济组织,加快畜牧生产基地建设步伐。先后成立了即墨市奶业协会、肉鸡产业协会、蛋鸡产业协会、特种经济动物养殖产业协会。依托龙头企业和协会组织拉长了奶牛、生猪、蛋鸡、肉鸡、肉羊、牧草加工六大产业链。肉鸡协会 2006 年被省民政厅评为"山东省百强农村经济协会"。

秸秆养畜工程以即墨市国家级秸秆养畜示范区项目建设为契机,以畜牧龙头企业为典型示范,大力推广秸秆青贮工作,全市改扩建青贮池 6 000 立方米,年青贮秸秆达 41 万吨。促进即墨市的黄牛、奶牛和羊的存栏量分别达到 14.3 万头、2.21 万头和 14.4 万只,用于青贮的农作物秸秆每吨平均增值 120 元,带动农民增收 4 920 万元。

3. 经营管理与促销方法

示范园自建园以来,以建设绿色生态畜牧示范园区为目标,将生态循环经济系统应用于畜禽养殖场,一方面使畜禽排放污染得以有效利用,减少或防止环境污染;另一方面通过多种措施"变废为宝",真正实现经济发展和环境保护的双赢。大力发展循环发展型畜牧业,转变以往经济模式,把传统的依赖资源消耗的现行增长经济,转变为依靠资源循环来发展的生态型经济。先后通过了国家级秸秆养畜示范项目、无公害畜禽养殖示范基地项目及畜禽粪便无害化处理项目等,倡导发展生态型畜牧业,用循环经济发展模式推进园区建设,保证畜牧业良好持续发展。

2005 年,园区管委会通过了国家级秸秆养畜示范项目,项目期 3 年。通过发展秸秆养畜,利用作物秸秆及农产品废弃物大力发展以牛羊为主的食草家畜生产,一是利用果渣、啤酒糟、中药残渣等农产品废弃物饲喂家畜,减少资源浪费;二是最大限度地利用农作物秸秆,通过"三储一氨化"处理作物秸秆,既避免了焚烧秸秆带来的环境污染,又能够增加土壤肥力,改良土壤结构;三是大力推广种草养畜,有利于改善植被,美化生态环境。项目一年可消化利用农作物秸秆及农产品废弃物 34 万吨,增加农民收入 2 720 万元,而且大大改善了农村人居环境。"稳定发展食粮型畜牧业,大力发展食草型畜牧业"是今后一段时期内的发展思路,减少资源消耗,扩大循环利用范围,提高资源利用效率,大力发展循环经济。

在园区养殖场内运用合理的饲料配方和饲养管理技术,一方面保证畜禽生长所需的营养成分,促其健康生长;另一方面还可降低生产成本,减少污染物的产生。同时对养殖场的粪便污水治理,改变过去的末端治理模式,改进生产工艺,采用干清粪工艺,实现"干湿分离",使干粪与尿、冲洗水分离,干粪堆制成有机肥,水经处理达标后还田或排放。根据有关资料显示,每吨畜禽粪便可生产有机肥 0.4 吨,按照年畜禽粪便排放量 5 000 吨计算,工程建成后,可使规模饲养场的粪便污水全部得到有效处理;同时开展综合利用,固体粪便全部用作有机肥料;可生产有机肥 2 000 吨,每吨按 1 600 元计算,产值达 320 万元。还田后土地肥力增加,粮食作物及牧草产量增加,不仅增加农民收入,而且作物秸秆和牧草资源充足,反哺畜牧养殖业,保证了畜牧业良性循环和持续发展。

2006 年,按照"畜禽—粪便无害化处理(有机肥加工)—农田"的模式,将建设畜禽粪便综合处理工程,实现畜牧业的资源循环和可持续发展。固体粪便制作有机肥料,液体粪便沉淀无害化处理后灌溉农田,养殖场生态环境得到明显改善,人居环境大为改善,农业系统内部物质和能量良性循环,初步实现可持续发展。

青岛畜牧科技示范园作为本市畜牧业示范基地,担负着培育主导产业、促进畜牧业科技成果转化的重要责任,在推动农业和农村经济结构战略性调整,促进农民增收中将发挥越来越重要的作用。今后一个时期,将牢牢抓住机遇,紧紧围绕市委、市政府"大农业向畜牧业转变"的工作思路,立足富民增效,加快畜牧业发展,加强园区基础设施建设,示范带动全市畜牧业发展资源循环型、规模化养殖,进一步做好园区循环经济发展工作,落实科学发展观,构建和谐社会和节约型社会,更好地促进园区健康快速发展,推进畜牧业综合生产能力,发展优质、高效、生态和安全的畜牧业。

4.引申服务项目与其他

青岛畜牧科技示范园自建园以来,以建设绿色生态畜牧示范园区为目标,将生态循环经济系统应用于畜禽养殖场,一方面使畜禽排放污染得以有效利用,减少或防止环境污染;另一方面通过多种措施"变废为宝",真正实现经济发展和环境保护的双赢。该园区通过了国家级秸秆养畜示范项目、无公害畜禽养殖示范基地项目及畜禽粪便无害化处理建设项目,有力倡导了生态型畜牧业发展,保证了畜牧业的持续发展

2007年下半年起,山东省即墨市全面实施奶牛良种补贴项目,包括奶牛的胚胎移植补贴和奶牛的良种冻精补贴。该项目由国家财政、青岛市财政和即墨市财政分别投入专项补贴资金27万元、24万元和100万元。目的就是通过奶牛良种补贴项目的实施,加速当地奶牛品种的改良,促进即墨市奶牛生产质量和效益双提高,加快农民增收步伐。奶牛胚胎移植补贴由坐落于即墨市段泊岚镇的青岛畜牧科技示范园组织实施,园区内的青岛剑桥湾现代牛业有限公司和青岛爱德现代牛业有限公司具体实施。奶牛的胚胎移植就是把经过性别控制的高产奶牛胚胎移植到当地母黄牛体内,通过"借腹怀胎",让当地黄牛生产出优质高产的良种奶牛。奶牛胚胎移植补贴分为两种形式:一是代孕回收。借养殖户饲养的母黄牛之腹生产奶牛,出生后的奶牛犊,公司在20天内以每头1 800元回收,青岛畜牧科技示范园补贴养殖户1 000元,养殖户可获得收入2 800元。养殖户负责母黄牛和奶牛犊的饲养,公司技术人员负责奶牛的胚胎移植和饲养管理指导。二是保孕移植。公司为养殖户的母黄牛进行奶牛的胚胎移植,2个月后经孕检怀孕后,养殖户付给公司胚胎移植费4 000元,园区补贴养殖户1 000元,相当于黄牛养殖户花3 000元就得到了一头优质高产的奶牛犊。

目前,即墨市的奶牛胚胎移植补贴项目已经在该市的段泊岚、移风店、刘家庄、店集、灵山、华山、普东、北安八处镇和街道办事处推广实施。

一是搞好技术培训。即墨市先后举办了两期高产奶牛性控冻精配种技术培训班,聘请北京奶牛中心高级畜牧师就奶牛性控冻精冷配技术进行全面的讲解和具体

操作技术示范,对担负着全市奶牛良种冻精推广任务的乡镇奶牛配种员和奶牛养殖大户实施了全面培训。技术服务工程通过举办畜牧养殖技术培训班、专家讲座、科技联户、送科技下乡、网上指导、电话答疑等多种形式,为畜牧养殖场户传授科技,更新技术,不断提高养殖效益。2006 年以来,共举办畜牧养殖技术培训班和专题讲座 16 期,培训畜牧科技人员和畜牧养殖户 3 000 多人次。

二是确保工作质量。全面做好全市存栏奶牛的普查、登记工作,建立健全奶牛系谱档案,进行科学的选种选配;全部使用由青岛市畜牧局和青岛市财政局联合组织招标采购的奶牛冻精细管;奶牛配种员要通过省畜牧部门组织的职业技能鉴定,并持有《技能鉴定合格证》;即墨市畜牧兽医工作站和各配种站(点)分别建立奶牛良种冻精细管的发放、使用登记册;各配种站(点)建立奶牛配种、产犊、产奶等相关信息记录档案,每次配种和产犊后必须填写《奶牛良种冻精补贴及配种繁殖情况登记卡》,经畜主签名和按指印后,由配种员和畜主各保存一份,卡随畜走。

三是加强宣传推广。通过当地新闻媒体公开《奶牛良种冻精补贴项目》价格目录、收费公示栏(表)和联系电话,让奶牛养殖户明白奶牛良种冻精补贴项目政府在哪里进行了补贴,补贴额是多少,自己应当负担的费用是多少。广泛了解奶牛良种冻精补贴项目的意义、程序和自己所得到的实惠。

案例二:龙山风景区

1.建园条件与环境评估

龙山风景区位于江苏省仪征市西南,南临长江,东靠仪化。区内山势跌宕起伏,植被茂密丰富,有桃园、梨园、葡萄园、红枫、梅花及竹海等多种观赏植物林 6 000 多亩,鸟语花香,松声涛涛,竹林似海,尤如世外桃源;占地 3 200 平方米的天然浴场夏可游泳、冬可垂钓,并设有可休息、娱乐的休闲区;山脚下的龙山度假村集餐饮、客房、娱乐于一体,各种配套设施齐全。风景区内还有太谷学派创始人周太谷及世界文化名人盛成母子的墓葬等人文景观;在山顶观景台上远眺,仪化厂区、仪征城区和长江的风光尽收眼底。山顶还建有全省最大的养鹿基地,现有梅花鹿 200 多头,游人可与漂亮的梅花鹿合影留念。风景区内的草坪、花卉、绿色观光带、停车场等基础设施完善,整个风景区已形成一个"春可踏青郊游、夏可垂钓野炊、秋可登高赏叶、冬可踏雪寻梅"的农业观光休闲旅游区。

梅花鹿是亚洲东部的特产种类,在国外多见于俄罗斯、日本、朝鲜,在我国主要分布在东北地区。它体形匀称,体态优美,毛色随季节的改变而改变,夏季体毛为栗红色,无绒毛,在背脊两旁和体侧下缘镶嵌着许多排列有序的白色斑点,状似梅花,在阳光下还会发出绚丽的光泽,因此 5—6 月份是梅花鹿最美的时期,也是观赏的最好季节。冬季体毛呈烟褐色,白斑不明显,与枯茅草颜色差不多,借以隐蔽自己。雄鹿的头上长有一对鹿茸,每年可采两次。梅花鹿性情机警,行动敏捷,姿态优美潇洒,能在灌木丛中穿梭自如,或隐或现,有"草原飞"雅称。

2.经营管理与促销方法

仪征市依托龙山自然风景区对外招商,发展旅游产业,在投入近千万元打造龙山风景区的同时,通过各种媒体,积极对外发布招商信息,吸引外地客商投身龙山风景区建设。2002 年 8 月,吉林省长春市双阳区鹿乡个体私营业主杨洪伟,在江苏调研养鹿项目时,独具慧眼选中龙山风景区这个濒临长江、有山有水的"风水宝地",征用 600 亩荒山荒坡,投资 1 000 多万元,兴建江苏境内最大的鹿场和梅花鹿特种动物科学养殖示范基地。据养殖基地负责人介绍说,兴办梅花鹿养殖基地,为龙山风景区增添了鹿园新景点,不仅为当地农民进行农业结构调整起到典型示范作用,而且还保护了龙山风景区的自然景观和人文景观。同时介绍说,鹿全身是宝,鹿茸现在市场零售价每千克高达 7 500 元,鹿茸血更是真正的软黄金,鹿肉市场价每千克也有 200 元左右,鹿鞭入药每根价值 2 000 多元,鹿皮每张 500 多元,而每只鹿胎盘更可卖到 2 万多元。目前市场上成鹿每只约 5 万元左右,投资兴办养鹿基地前景十分广阔。据悉,青山鹿场养殖的梅花鹿,2002 年底规模达 500 头。

第七节　民俗型农业园

案例一:北京市门头沟区斋堂镇爨底下村

1.古村概况

爨底下村因在明代"爨里安口"(当地人称爨头)下方得名。位于京西斋堂西北狭谷中部,解放前属宛平县八区,现属斋堂镇所辖。距京 90 千米,海拔 650 米,村域面积 5.3 平方千米,清水河流域,温带季风气候,年平均气温 10.1℃,自然植被良好,适合养羊,养蜜蜂。

全村现有人口 29 户,70 人,土地 280 亩,院落 74 个,房屋 689 间。大部分为清后期所建(少量建于民国时期)的四合院、三合院。依山而建,依势而就,高低错落,以村后龙头为圆心,南北为轴线呈扇面形展于两侧。村上、村下被一条长 200 米,最高处 20 米的弧形大墙分开,村前又被一条长 170 米的弓形墙围绕,使全村形不散而神更聚,三条通道惯穿上下,而更具防洪、防匪之功能。

2.古村溯源

爨底下村人相传是明代由山西洪洞县大槐树下移民而来,原村址在村西北老坟处,后因山洪暴发,将整个村庄摧毁。只有一对青年男女外出幸免遇难。为延续后代,二人以推磨为媒而成婚,并在现址立村,婚后所生三子,至今已发展到17辈。

3.古村特点

(1)村名　爨底下的"爨"字,共有三十笔,发 cuàn 音,为了方便记忆可拆开说:兴字头,林字腰,大字下面加火烧,大火烧林,越烧越兴,岂不很热,也带来了爨底下村的蓬勃发展。

"爨"字从字意解释为:家,永不分爨,即永不分家。也可解释为:灶,烧火煮饭。也可解释为:姓,陕西省歧山县有爨家庄,全村千口余人皆姓爨。此字难写难认,会写则成"爨",不会写则成一片,故而用谐音"川"字代之,但仍发"爨"音。最早是在1942年为方便抗日干部特别是外地抗日干部通讯联系,将"爨"改成"川",爨与川并用至50年代末,基本就不用"爨"字了,1995年搞旅游开发后,"爨"字又大放熠彩。

(2)四合院　爨底下村四合院与京城四合院相比有相同之处,也有不同的地方。

正房多大,厢房多大,门楼开在哪边,中轴线在哪儿,完全靠风水学所规范。它讲究左青龙,右白虎,前朱雀,后玄武,其建筑思想相同。在工艺上也讲究干磨细摆,磨砖对缝。不同之处是,东西厢房向院中央缩进,减少占地面积,二进院中,内宅与外宅的中轴线上不建垂花门,而建三间五檩的穿堂屋,以提高土地利用率。穿堂屋东侧开二门,大门开在前院东南角。雨水从大门左侧地洞排出。

爨底下村四合院的正房、倒座房大部分为四梁八柱,厢房为三梁六柱。墙体四角硬,房顶双坡硬山清水脊,房脊两端起蝎子尾,下置花草盘子,板瓦石望板或木望板,房内设土炕、地炉,方砖铺地,条砖墙裙。门和窗的窗棂多富于变化:工字锦、灯笼锦、大方格、龟背锦、满天星、一马三箭和斜插棂字等。地基四周全用条石砌成,房两侧墙腿下有迎风盖板,其石雕花纹繁多而不雷同,有大方格、斜方格、水波纹或花卉吉语等。

(3)影壁　爨底下村四合院前院东厢房的南山墙,后院东厢房的南山墙建座山影壁。上有帽,中有心,下有座三部分。帽上雕有寿桃,万字锦,檐头瓦当或虎头,或福字,磨砖假椽头或圆或方,精雕梅花,以取万事美好之意,心外角雕有四时花卉,内角雕云花,中心为置或雕"鸿禧"或书"福"字,而"福"字左上点为蝙蝠造型,下为梅花鹿头造型,而右侧为寿星造型,寓意福、禄、寿。更有在福、禄、寿上布有梅花,以其梅花五瓣状示五福临门,实为绝妙之极。用料考究、做工精细、装饰华美的影壁其主要功能是显豪富、壮观瞻、避邪气、迎吉祥。

(4)门楼　爨底下村门楼大部分建在四合院东南角,也就是沿中轴线横向东移,寓发"横财"。同时也符合左青龙、右白虎的风水思想。而建于街南的四合院门楼建西北角。屋宇式门楼居多,歇山起脊,板瓦石望板或木望板,脊两端起蝎子尾,下置花草盘子,磨砖对缝四角硬,前有前门罩,后有后门罩,或硬木透雕荷花、牡丹,或装窗棂卡花,门额之上有圆形或多边形门簪,上雕迎祥吉语。门槛下置门枕石,外起石墩,雕有吉语、花卉、瑞兽。门上装铜制或铁制门钹,配门环、钉锦,门楼四角下有迎风盖板,上有戗檐博逢富丽而壮观。

(5)整体精良　北方大部分村庄地主老财的宅院特别好,而贫下中农的房屋却很差,形成很大反差,而爨底下村由于在历史上曾经有过辉煌,尤其清后期有闻名京西的大财主及远近知名的八大家,有钱的人多,没钱的人少,故而每家都盖起青砖灰瓦四合院、三合院,可谓整体精良。

(6)高低错落　爨底下村坐北朝南,建于缓坡之上,层层升高,依山而建,依势而就使每家采光、通风、观景视觉都具最佳效果,充分体现人与建筑、建筑与环境的完美结合。

(7)构思巧妙　爨底下村街道、胡同多用青石、灰石、紫石板铺路,质地坚固而漂亮,雨过天晴各色石板映射出迷人之彩。而院内多用方砖铺地,夏天不热,冬天不凉,走路不滑,还可调解院内湿度。地下则建地窖用以储存蔬菜、果品,因可用气孔、窖盖儿调解温度,萝卜、土豆等能储存数月。地面上,镶嵌外方内中央有圆洞的 6 个石窝到秋季,6 个等距离对称的石窝内树起 6 根带叉木桩,搭放荆芭,上晒粮食,下可行人。粮食晒干下棚,将木桩拔掉,既方便又漂亮,可谓构思巧妙。

(8)丰富的文化遗存　明代老村遗址、清代民居、壁画、捷报、二战时期被日军烧毁的房屋的废墟、抗日哨所遗址、20 世纪 50 年代的标语、60 年代的标语、70 年代的标语、古碾、古磨、古井、古庙使人们感悟历史,感悟苍桑,信步其中,如品陈年老酒。

爨底下村距今已有 400 多年的历史,现保存着 500 间 70 余套明清时代的四合院民居,是我国首次发现保留比较完整的山村古建筑群,布局合理,结构严谨,颇具特色,门楼等级严格,门墩雕刻精美,砖雕影壁独具匠心,壁画楹联比比皆是。爨底下村属清水河流域,绿树成荫,村后 1.2 千米处有古道"一线天",让人大有世外桃源之感。

全村结构严谨,错落有致,四合院整体精良,布局合理,建筑风格既有江南水乡窗、楼、室等细节、局部处理上的风韵,又有北方高宅大院恢弘整体的气势。石墙山路、门楼院落、影壁花墙,仍能看出当年的精工细作,砖雕、石雕、木雕蕴育着古老的民族文化。灰瓦飞檐、石垒的院墙凝重厚实中透着威严,恬淡平和中积淀着深厚的文化,被称为"京西的布达拉宫"。爨底下村民合着时代的节拍,迎改革创业之风,民俗旅游业蓬勃发展,"农家乐"旅游、服务已成为村民的一种时尚。爨底下村又是京西传统教育基地、影视基地。

案例二：北京市怀柔区雁栖"不夜谷"

1.建园条件与环境评估

位于"雁栖不夜谷"内的劳模山庄，依山傍水、环境幽雅，方便、舒适的硬件环境更是让所有来到这里的游客有种宾至如归的感觉。据了解，"雁栖不夜谷"内共有虹鳟鱼垂钓园100余家，随着新农村建设的不断深入、硬件环境的明显改善，谷内的农民也成为最大的受益者。

为进一步推进农村经济建设，雁栖镇党委、政府投资4 200万元实施"打造不夜谷，营造酒吧谷"工程。现已在"虹鳟鱼垂钓一条沟"和"神堂峪民俗旅游一条沟"内重点路段安装太阳能照明路灯700盏，沿途新增渡槽夜景、美人鱼指路、仙翁垂钓、童叟戏鱼等多处雕塑景观，同时在重要结点位置建设绿地草坪，安装炫彩灯饰。"不夜谷"的硬件环境改善了，直接推动了雁栖镇旅游产业的蓬勃发展，截至2006年底，全镇共接待游客109.2万人次，获旅游综合收入1.3亿元，同比去年，接待游客增加7.7万人次，旅游综合收入增加400万元。

2.功能设计与特色风格

2006年，怀柔区雁栖镇着力打造雁栖"不夜谷"工程，先后投入资金1 600多万元，在全长15千米的"不夜谷"内安装太阳能路灯357盏、交流灯45盏，增设停车泊位500个，营造人文和自然景观以及夜景观10余处，新建、改建国家二类公厕10处，同时完善了医疗卫生、健身场所、污水以及垃圾处理等设施，推出了"赏雁栖夜景、吃虹鳟冷鱼、品不夜美酒"等全新旅游项目和配套的垂钓大赛、夜场演出等特色活动，使广大游客尽情享受山水之乐和夜生活之趣。

由于基础设施完善、娱乐项目丰富，"不夜谷"内的民俗户和村民也积极行动起来。2006年位于"不夜谷"内的神堂峪、官地、石片、长园、莲花池5个行政村中已有31户村民投入资金220万元，进行房屋的新建、改建，使"不夜谷"内的硬件环境、接待水平得到了整体提升。据了解，2006年前7月"不夜谷"共接待游客43万人次，创旅游综合收入5 089万元，位于"不夜谷"内5个村落的2 000余农民人均增收2 692元，"不夜谷"真正成了村民们获得实惠的"黄金谷"。

闻名京城的北京怀柔区雁栖"不夜谷"绿色生态餐饮走廊经过升级改造，全新亮相迎游人。华灯初上，两条"不夜沟"霓红闪烁、色彩斑斓，各大餐饮点在逐渐变亮的太阳能灯和五光十色的彩灯照耀下，也跟着活跃起来。一个月接待游客达18.2万人次，实现旅游综合收入2 300万元，其中近半游客是选择晚上来这里吃虹鳟、看演出、玩游戏，流光溢彩的晚间消费把怀柔"夜经济"点亮、催热。

3.经营管理与促销方法

"不夜谷"前身是闻名京城的"虹鳟鱼一条沟",谷内有官地、神堂峪、莲花池等 10 个民俗村,年接待游客百万。"夜渤海"绿色生态餐饮走廊依托慕田峪长城沿线而建,全长 7.5 千米,涉及 3 个村 30 余家垂钓烧烤点。为提升"不夜谷"和"夜渤海"旅游形象,2006 年以来,怀柔区重点在"不夜谷""夜渤海"实施了新农村"亮起来"工程,安装太阳能路灯 4 573 盏,安装总里程达 59.05 千米。渤海镇以绿色生态餐饮走廊升级改造工程为依托,精心打造"夜渤海",对 28 家垂钓餐饮点装饰改造,安装夜景装饰灯,建起 2 处 2 000 平方米巨型文化雕塑,让沿线 630 块旅游标牌、标识"亮起来",使游客"白天有得转,夜晚有得看"。

北京琴书、东北二人转、河北梆子……游客一边品美食、赏夜景,一边可观看精彩演出,这种看似"奢华"的夜生活,到"不夜谷""夜渤海"即可享受到。

2006 年,雁栖"不夜谷"在川谷、长园渔场、劳模山庄、山野、仙翁等餐饮点新建 6 个水上舞台和露天舞台,专供游人欣赏各种民间绝活表演。舞台上精彩的表演,点燃了台下游客的激情,耀眼的灯光不断掠过观众席。许多游客情不自禁地站起身来,热情地和素不相识的人们快乐"干杯"!

"不夜谷"人利用黄金周不断推出精彩节目,"五一"期间,44 场不同档次的民间绝活相继演出,包括曲艺专场、二人转专场等,游客告别了以前"白天看庙,晚上睡觉"的乏味旅游夜生活。

"烤一条、炖一条、生吃一条,再来几瓶啤酒,今晚咱一醉方休……"以前这漆黑一片的小山沟成了名副其实的"不夜村",真是为晚间游玩的客人大大提供了方便。

雁栖"不夜谷"2007 年新建"中国乡村艺术品大集市",在劳模山庄等餐饮垂钓点建成五连体景观木屋,用于乡村艺术家制作、表演、展卖。目前,周树飞的皮影、杜军的米脂民间剪纸、杨宝忠的玉雕等 13 名国内知名乡村艺术家的绝活已入驻,游客可亲手制作风筝、学习剪纸、雕塑陶器,极大地丰富了游客晚间玩乐。

第八节　绿色生态园

案例一:北京蟹岛绿色生态度假村

1.建园条件与环境评估

北京市蟹岛绿色生态度假村有限公司,位于朝阳区东北方向首都机场辅路南侧,紧临东五环路、空港工业开发区、首都国际机场、望京小区、北京电子城。占地面积

3 300亩地,其中90％的土地用于种植养殖业,10％用于旅游度假休闲业,实行"前店后园"式的经营格局。公司自1998年成立至今,始终坚持以生态农业为依托,以产销"有机食品"为最大特色,以餐饮、娱乐、健身为载体,成为集种植、养殖、加工业、旅游、休闲度假、农业观光为一体的高科技环保型农业企业,是北京市朝阳区推动农业产业化结构调整的重点试点示范单位。"蟹岛"在建设"高产、优质、高效"生态农业的基础上,将农业与旅游两种产业相结合,"以园养店,以店促园",以农业增加旅游卖点,以旅游促进农业发展,开辟了一条高效的农业旅游途径,2000年9月,蟹岛度假村被国家环保总局、中国环境科学学会评定为"北京绿色生态园基地";2004年4月,蟹岛经国家旅游局综合评估考核,成为首批"全国农业旅游示范点"。2004年实现经济效益2亿元。

2.功能设计与特色风格

蟹岛度假村因地制宜,以市场为导向,确立了"有机、环保、可持续发展"的经营理念,坚持"以农为本,大力发展特色农业旅游"的发展方针,在建设"高产、优质、高效"生态农业的基础上,将农业与旅游两种产业有机结合,"以园养店,以店促园",开辟了一条高效的农业旅游途径,形成了"农游合一"的综合发展模式。

蟹岛度假村在经营中充分体现京郊农村特有的乡土人情风格。现经营项目设施有:有着淳朴农家风格、可容纳千人同时就餐的"开饭楼"餐厅,展现古老宫廷餐饮文化的"田禾源"食府,塞外风情的大草原蒙古餐厅;综合性大型休闲健身场馆康乐宫、体育中心,可四季垂钓的"蟹宫";特色农家小四合院、仿古农家小院、风情别墅及功能齐备、设施齐全的11个各类会议室;占地30亩的城市海景乐园;可供初学者练习的嬉雪乐园;以科普教育与野生动物救助为一体的"生态科普中心"。另外还有民俗特色服务、大田农业观光、大棚采摘等农业实践项目。

为了扩大种植养殖业的规模,蟹岛度假村已在内蒙古赤峰市翁牛特旗东部的海金山种牛场租用18万亩未受任何污染的土地,采取大范围、大撒播、大放养的野种、野生、野养的生产模式,建立起一条跨地域的有机食品补给线,为北京市民提供大批量的"大原野"的有机食品。

2003年7月,蟹岛首家"有机食品专卖店"在位于宣武区菜市口正式开业,专卖店秉承"蟹岛"理念,以营销"有机食品"为主,集农产品销售与餐饮为一体,将"蟹岛有机食品"的农业品牌推广开来,让市民享受远离污染、益于健康的高品质生活。2004年元月,位于朝阳区亚运村的第二家蟹岛分店已正式开业。蟹岛现有10～1 000人不同规模的会议室31个,多功能厅KTV在规模设置上,分别设有大、中、小型等包厢,同时设有可容纳20人以上的大型VIP豪华包房。

蟹岛度假村共有风格迥异的各类客房500余套,可同时容纳800人住宿。有高档的标准间、商务套间、"仿古"农庄。所有客房在建筑风格上保留了农村的"村容村貌",在装饰布局上突出了京郊独有的风土人情,展现出了老北京住宅那独有的民俗文化,在 2005 年"十一"前,又新开业的欧式建筑风格的一号会议楼,"一间房,一张床,一部电视,一个化装台,一个沐浴间…160 元,一人享受",最适合商务会议。蟹岛的一大特色,就是坐落在绿色怀抱中的风格各异的 24 套仿古农庄。这 24 套仿古农庄是为喜欢北京文化想要休闲度假的游客准备的,是地道的旅游村庄,老北京风格的四合院,体现的是解放前老北京的一角,青砖、灰瓦、白墙,院落的四周还有大戏台、辘轳井、栓马桩等。万盏金是整个"仿古农庄"最富有的一套小院,共有 12 间房间,可住 24 人。推门进去只是进入跨院,跨院有供门房和护卫住的两间跨院耳房,同时还配备一间可容纳 16~20 人开会的大会议室。穿过第二道圆拱门,映入游人眼帘的就是万盏金的两层小楼正房,以正房为中心,内院左、右两边则均匀分布 6 间房间。正房一层除了左、右两间厢房外,中间是划分为三个区的大客厅,中间是接待客人区,左边则是休闲区,看看电视、唱唱卡拉 OK 等,右边则是洽谈区,长时间的合作洽谈对于双方坐在沙发中则更容易沉着应对。小楼二层则是两间风格不同的正房,一间只是普通的现代标间,而另一间则是仿古正房布置,有老式的镂花木床和梳妆台等。柳条湾则是农村手艺人住房的代表作。推开木制院门,游客就可看到一小块刚翻耕的土地,靠编织柳器养家的手艺人可种些时令蔬菜调剂每日三餐。手艺人睡的是大土炕,盖的是团花被,做饭用的是烧柴大锅,三间正房加一间西厢房,柳条湾也能住近 10 个人。包括万盏金和柳条湾在内,整个农庄有 24 套小院,分 17 种建筑风格,有文人雅士的书斋茶社、有钱人家的大财主院、尚武之人的勤武会馆、木匠人家的简陋小房、佃户的茅屋草堂等等,把不同行业和不同生活层次所居住的环境文化淋漓尽致地临摹其间。占地面积约 10 000 平方米设施齐全的康体宫,能让游客享受到更全面、更现代化的娱乐活动。一层为 3 000 平方米的大型温泉游泳馆:内设国际标准泳道,还有供初学者练习的浅水池,更有专为儿童准备的嬉水乐园。馆内还有 12 个瘦身冲浪池,浪漫的热带雨林,在里面小憩片刻可享受温泉冲浪的感觉。二层为桑拿洗浴中心,配有中医保健按摩、桑拿、药浴等休闲项目。同时装修一新的美容美体中心已隆重开业。三层多功能大厅,有拥有 10 多个包间和容纳 200 人的迪厅,也可欣赏到异彩纷呈的歌舞演出,在此轻歌曼舞、聆听优雅乐曲,能伴游客渡过浪漫温馨的夜晚。度假村拥有各种类型的会议室 21 个,分别可容纳 10~400 人,其中现代化的蟹岛国际会议中心,设计新颖、和谐、专业,具有国际先进水平的同步传译系统、高质量音响、录音系统、国内外直拨通讯、视频会议系统等,会议中心以承办接待国际、国内会议展览、大型活动为主并配套提供复印、信息咨询、商务秘书服务等。一流的硬件设施和高质量的软件服务是游客举办各种类型国际国内会议、展览、文化交流最理想的选择。

3.经营管理与促销方法

蟹岛采用的"前店后园"式的经营格局从两个方面建立了农业和旅游业之间的相互依存关系。一方面"以园养店"的供应体系,使蟹岛有机食品的生产、加工、销售形成链条,产品的安全性、健康性吸引了众多游客。园区产生的粪污及生活垃圾经环保设施为载体的连接,转为有机肥料,为种植业提供了生产原料。另一方面,蟹岛在可持续生态农业中形成的"乡土化"风格,成为蟹岛旅游业的一大亮点,慕名而来的游客络绎不绝,仅 2003 年一年就接待游客 80 万人,旅游收入占到总收入的 70%。这种生态农业与农业生态旅游结合产生了新的创收增长点,旅游者在对生态农业系统以及其构成的景观、生态环境、生产方式、村落和建筑、乡土风情、基础设施服务等要素的体验过程中感受到身心的愉悦,满足解除疲劳、放松身心的需求。2003 年通过绿色环球组织"绿色环球 21 世纪"认证体系,成为该组织在中国认可的第一家旅游生态村,2004 年 4 月顺利通过国家旅游局的评估考核,成为全国首批"农业旅游示范点"。旅游业为农产品加工销售开拓了市场,在种植业和旅游业之间形成了坚不可摧的依存关系,形成了"以种养促饭店,以饭店带种养"的封闭循环体系。

4.引申服务项目与其他

蟹岛度假村从 1998 年创立至今,从建设和发展都遵循"环保—可持续发展理念、有机农业理念、蟹岛品牌化理念",成功实践了"循环经济",提高了资源利用效率,减少了环境污染,促进了园内自然资源和生态资源的保护和改善,促进了生态环境趋向平衡。

蟹岛模式坚持生态农业与特色旅游并举的发展思路,吸纳安排就业 1 500 余人,减轻了当地就业压力。

2000 年 9 月,蟹岛度假村被国家环保总局、中国环境科学学会正式确定为北京绿色生态园基地,是朝阳区推动农业结构调整的重点示范单位。特色农业旅游,营造的自然环境使游客放松了身心,给游客提供了一个普及生物和农作物知识的野外大课堂。尤其是对青少年期教育示范的意义更大,它满足了学生接近自然、生态、农业的需求,给一个青少年接触耕种文化的机会,使他们亲自体验农业劳动过程,在娱乐中增长知识,在动手中提高能力。

蟹岛模式形成了以生物组分为核心的生物—社会—经济复合系统,错综复杂的各系统、各环节之间的相互利用生产、生活、加工等过程产生的有机废弃物,促进了系统内部资源的多级利用和循环利用,尽可能地减少系统外部资源的投入,提高了系统的综合效益。都市农业已经和城市经济、社会和生态系统融为一体,不再把农业生产摒除在城市之外,体现了"城郊合一"的基本特点和发展方向。蟹岛模式把循环经济理念融入到生态经营之中,形成良性的生态系统,取得了较大的社会效益,是一例比较成功的生态型都市农业典范。

案例二：集发生态农业观光园

1. 建园条件与环境评估

秦皇岛市北戴河集发农业综合开发股份有限公司，坐落在风景秀丽的旅游避暑胜地北戴河海滨。公司占地面积 3 600 亩，拥有总资产 6 000 多万元，年实现销售额 1 亿多元，利税 1 200 多万元，有员工 5 000 余名。公司下属集发农业观光园、建筑房地产公司、绿化公司、蔬菜配送中心、花卉基地、绿色农家饭庄、林果基地、蔬菜基地、机械厂、水泥制品厂、家具厂等 16 个经济实体。

集发观光园依靠高科技农业，突出农业特色，成为全国首家生态农业旅游观光 AAAA 级景区。自 2000 年 6 月开园以来，共接待中央、省、部级领导 160 多位，接待中外游客 500 多万人次，并通过 ISO 9001 和 ISO 14001 国际质量和环境管理体系双认证。集发公司经过 20 余年的发展和建设，创造了辉煌业绩，先后获得全国先进乡镇企业、河北省农业产业化经营重点龙头企业等 60 余项荣誉称号，被全国科协、水利部、河北省及秦皇岛市政府等 13 个部门确定为科技推广、科普教育、菜篮子工程基地。2004 年 7 月，被国家旅游局评为全国农业旅游示范点。

观光园划分为特种蔬菜种植示范区、名优花卉种植示范区、特种畜禽养殖示范区、休闲餐饮娱乐区 4 个区域，建有百菜园、奇瓜园、空中花园、惊险桥、戏水摸鱼等 30 个景点。观光园的特色是"南树北栽，南花北开"，在这里可以看到酒瓶椰子、加拿利海枣、假槟榔等热带植物，还可以了解到从以色列引进的灌溉设施——微喷、国内首创的立柱式栽培技术等先进的科学农业知识，真是观美景、长见识，双收益！走时还能购买荣获国家认证的绿色食品、质优价廉的花卉。

在集发生态农业观光园，游客可以看到"西瓜上树"、"青菜绕柱"的奇特之处，观赏到在动物园中难得一见的珍禽野畜，亲手采摘成熟的瓜果蔬菜，体味吃农家饭、走林荫路的别致情趣。游客还可以乘竹排沿戴河顺流而下，坐索道观戴河风光，在岸边垂钓，在池中摸鱼，在惊险桥上一展风采，享受到吃、玩、观、赏全方位的热情周到服务。在这里游客可以买到 A 级绿色蔬菜，园里种的奇花异果游客都可以用不多的钱买回去带给亲朋好友。导游小姐会热情周到地为游客讲解每一种植物的成长过程，园中空中餐厅的炒焖子、香椿芽拌菜、玉米面和红薯面等几十种口味纯正的农家饭菜会让游客胃口大开。

集发生态农业观光园坐落在驰名中外的风景区北戴河，是 1994 年在蔬菜生产基地的基础上，根据市委、市政府农业产业化经营的指示精神，按照区委、区政府发展高效农业整体规划创办的。成立之初便充分依托北戴河的区位优势和资源优势，瞄准旅游市场需要,从引进、种植特色蔬菜、瓜果入手,不断应用无土栽培、植物组培等高新技术成果,大力发展特色农业、观光农业。为迎合生态休闲旅游的趋势,在原来的基础上又通过加大投入,规范管理,包装设计,新增设飞越戴河、戴河第一漂、水上乐园、戏水摸鱼等30个独具特色、极具参与性的景点项目。以"绿色文化、花园农业"为宗旨,不断充实生态农业内容,提高观赏性和娱乐性,最终形成了看、玩、吃、购、娱一条龙的生态农业观光园,于2000年6月18日正式被批准为生态休闲景点并对外开放。园区划分的4个区域,突出体现了"市场供应、示范推广、旅游观光、素质教育"4个主要功能。

园区占地990亩,已投入资金2 200万元,2000年实现收入1 600万元,纯利润168万元,是一家规范的股份制企业。自正式开园至今,已接待国家级领导16人,省部级领导81人,中外游客达500万人次,均对园区建设及规划给予高度评价,认为具有创新意识和超前意识,符合现代农业的发展方向。同俄罗斯、伊朗、韩国等国家农业专家保持长期技术合作与交流,长期聘请中国农业大学、昌黎农业技术师范学院教授来园区进行技术指导,已成为中国老教授协会中国农业大学分会中间试验基地。中央电视台《人民日报》《经济日报》《农民日报》《中国旅游报》等28家新闻媒体对其发展生态农业的事迹进行宣传报道。2001年已被市旅游局定为生态特色旅游和精品旅游线路之一。

2. 功能设计与特色风格

北戴河作为举世闻名的避暑度假区,每年吸引近600万中外游客,旅游市场消费潜力巨大。为促进现代农业的不断发展,集发观光园将农业生产和旅游市场结合起来,紧跟生态旅游的发展形势,在原有的基础上,经过规划设计,加大资金投入,按照休闲娱乐的功能进行重新布局,新建百菜园、空中花园、戏水摸鱼、戴河第一漂等30个景点,让游客在休闲娱乐的同时充分了解现代高科技农业成果,感受田园风光的情趣。

集发生态农业观光园成立之初便充分依托北戴河的区位优势和资源优势,瞄准旅游市场需要,从引进、种植特色蔬菜、瓜果入手,不断应用无土栽培、植物组培等高新技术成果,大力发展特色农业、观光农业。为迎合生态休闲旅游的趋势,在原来的基础上又通过加大投入,规范管理,包装设计,新增设飞越戴河、戴河第一漂、水上乐园、戏水摸鱼等30个独具特色、极具参与性的景点项目。以"绿色文化、花园农业"为宗旨,不断充实生态农业内容,提高观赏性和娱乐性,最终形成了看、玩、吃、购、娱一条龙的生态农业观光园,于2000年6月18日正式被批准为生态休闲景点并对外开放。园区划分为特种蔬菜种植示范区、名贵花卉种植示范区、特种畜禽养殖示范区和休闲餐饮娱乐区4个区域,突出体现了"市场供应、示范推广、旅游观光、素质教育"4

个主要功能。

在发展观光农业过程中,园区着重树立精品意识,坚持高起点、高档次,不断在品种和技术上追求完美,景点设置上也体现回归自然的特色,增强景点项目的趣味性和娱乐性,丰富了本地旅游资源,使来北戴河的中外游客在享受特有的"碧海、蓝天、绿树、金沙"优美环境的同时,还可以到"西瓜上树、青菜绕柱、吃农家饭、走林荫路"的集发观光园尽情感受现代农业带来的神奇变化。

为增强园区综合功能,开设农家饭庄,全部采用园区生产的纯天然绿色食品和土特产,为游客提供原汁原味的农家特色饭菜,同时"房顶开花,墙上长菜"的种植方式营造了良好的就餐环境,吸引了众多的游客。游客在参观后还能购买获得国家认证的绿色食品和质优价廉的鲜花,将看、玩、吃、购融合在一起,增加了游客休闲观光的乐趣。

3. 经营管理与促销方法

集发观光园在生产经营管理过程中结合旅游市场的需要,市场供应与示范带动相结合不断调整种植结构,靠优良品种和农业高新技术占领市场,靠特色满足市场供应,先后引进以色列五彩椒、日本樱桃西红柿、荷兰水果黄瓜等国外优良品种160个。全部实现微滴、渗灌节水灌溉技术;引进美国现代化智能温室,应用无土栽培、立体种植等先进的种植方法,充分利用空间,节约土地资源,首创了立体大花柱、立体墙面栽培和屏风式栽培,取得了良好的生产、观光效果。园区生产的蔬菜已通过中国绿色食品发展中心严格检测,获得河北省首家蔬菜类绿色食品,经过包装后在各大超市、酒店、休疗养院销售。园区已被秦皇岛市定为无公害蔬菜生产基地,在秦皇岛实施"三放心"工程中被指定为"放心菜",成为名副其实的"名牌菜",进一步保证了产品的销售能力。

针对游客的需求和心理,公司一方面加大宣传促销力度,同时有针对性地开发旅游蔬菜、礼品花卉等方便、实用产品,通过旅游观光的示范带动作用,促进农业种植结构按照观光产品的需要进行不断调整,提高了农业生产的整体效益,为蔬菜和花卉产品销售开辟了新的市场。

由于绿色食品市场销售前景较好,为保证绿色蔬菜货源,让更多的居民吃上绿色食品,公司通过新产品和新技术的示范、引导作用,让更多的农民看到了科技对农业生产带来的实惠。采用市场连基地、基地带农户的方法同农民结成利益共同体,提供技术指导,回收符合绿色食品标准的蔬菜,带领1 000户农民共同发展优质高效农业,每年为带动的农户创造直接经济效益近900万元。由于集发生态农业观光园的发展,带动了蔬菜、花卉、农副产品、工艺礼品等行业的市场不断扩大,园区本身每年解决了近200名农民的就业问题,同时为生态农业观光提供配套服务,以观光园为依托提供"农家乐"服务项目的农民近 4 600 人,为农村劳动力的转移和农村经济的持续发展做出较大的贡献。达到了以观光促进农业生产,以农业发展观光的预期目的,为地区农业产业化经营起到了积极的推动作用。

4. 引申服务项目与其他

公司在发展观光农业、促进农业发展的同时,十分注重社会效益。为提高中小学生对现代农业的了解,加强科普知识的教育,公司同区、市教委协商成立本市第一家中小学生素质教育实践基地,免费向全市中小学开放,使中小学生充分了解农业生产的全过程,参与简单的农业劳动。基地自 2000 年 6 月 18 日正式开业以来,共接待中小学生 16 万人次,为促进应试教育向素质教育转变做出了积极的探索。

观光园在建设发展中,也得到了各级党委、政府及有关职能部门的大力支持,省长钮茂生在视察园区后,亲自批示扶持资金 200 万元,用于发展植物组培和工厂化育苗项目,省、市、区旅游局也在项目申报、景点规划等方面给予协助指导,得到财政、水利等有关部门的指导和帮助,促使这一生态农业项目得到持续、健康发展。今后将继续本着科技兴农的高标准定位,依靠观光农业的市场带动,加快农业产业化经营和农业经济结构调整,发挥高科技优势,立足北戴河,面向秦皇岛,辐射京津唐,充分挖掘丰富的旅游资源优势。坚持以市场为导向,以生态农业为主线,大力发展特色旅游项目。进一步加大科技投入,提高文化品味,丰富休闲娱乐项目,逐步发展成为国家级精品旅游景点,为落实旅游兴市战略,推动地方经济的全面发展做出应有的贡献。

在建设和谐社会和市场经济的征程中,集发公司始终坚持"与时俱进,开拓创新,跨越发展,争创一流"的企业精神,以年经济增长 20% 的速度,加大改革创新力度,走节约型、可持续发展之路,创造出更加辉煌的业绩,用爱心回报社会、回报党恩。集发公司热情欢迎中、外游客观光旅游、参观指导、洽谈业务、投资兴业、合作经营,共创美好的明天。

集发生态农业观光园,园内的路全部用爬藤植物架满绿色,葡萄、葫芦、瓜类长廊使入园的游客放眼望去,满目春绿,心情舒畅。这正是集发人靠"团结、务实、高效、创新"的企业精神,艰苦奋斗,拼搏进取,在这片人杰地灵的沃土上创造了辉煌的业绩,为促进当地经济发展做出的突出贡献。园区现已发展成为自然美与生态美浑为一体的综合性观光园区。

走进观光园,置身于绿色的海洋之中,你会陶醉于美景之中,惊喜于妙思之内,更震惊于硕果累累。在温室大棚内,可以看到基质栽培、水培技术,创新研制的立柱式、墙壁式、牵引式等多种立体种植方法以及用无土栽培技术创造的各种奇特景观。用这些独特的方法种植蔬菜,效率高得惊人,超过传统生产方法好多倍。他们创意的"家庭菜园",既是一种别致的室内装饰,又能生产新鲜蔬菜,妙趣无穷。这里,还能观赏到罕见的"绿巨人"奇观:大南瓜一个能长到 300 斤;一棵西红柿生长期可以达到 3 年,它大得像一棵树,最多能结 16 000 个西红柿果,被绳子牵引着向上生长的一条西红柿秧,层层结果,一直能长到 15 米长;丝瓜、蛇豆倒挂如林,最大的丝瓜长达 3.2 米。这里体现着自然的绿色之美,闪耀着现代高科技农业的灿烂光辉。

集发人以其独特的智慧向游人展示了农业的高科技,并且为了让更多的游客感受中华古老的农耕文化,他们举办了明清生产、生活用品展。在园中游客不仅可以自己从树上摘果、园中摘菜、水里摸鱼,体验了原始的牛拉犁、手推磨、家织布的别样生活,还可以观赏到现代农业的神奇魅力。

今天的集发人正继续本着"科技兴农"的高标准定位,依靠观光农业的市场带动,加快农业产业化经营和农业经济结构调整,发挥高科技优势,立足北戴河,面向秦皇岛,辐射京津唐,充分挖掘丰富的旅游资源优势,坚持以市场为导向,以生态农业为主线,大力发展特色旅游项目。

案例三:红太阳美食生态园

1.建园条件与环境评估

红太阳美食生态园是红太阳饮食集团在北京地区投资的一家以生态环境养生为主题的餐饮企业。位于北京市生态农业示范园区——朝来农艺园南门,地处望京和亚运村两个区域之间。占地面积 40 000 余平方米,营业面积 15 000 平方米。餐厅内分为豪华包间、别有洞天、碧水风荷、莺歌燕舞、明清木制包间、竹制包间、奇域水帘、独木成林、绿岛风情等 9 个风格各异的就餐区域,可同时容纳 3 000 多人就餐,并最新推出了新近完工的泰式、日式、中式等精装豪华包间。

2.功能设计与特色风格

红太阳美食生态园主体结构以引进荷兰的高科技智能温室玻璃材料构成,其玻璃钢结构不仅具有良好的透光效果,而且能使餐厅保持四季恒温恒湿。为达到餐厅内最佳的生态效果,红太阳美食生态园还在餐厅内配备了从台湾引进的智能喷雾制冷设备,造就四季常春的美好就餐环境。

红太阳美食生态园自 2003 年 1 月 18 日对外营业以来,备受市场消费者的欢迎和同行的关注,被北京市商业联合会和消费者协会评为"卫生达标示范单位"的荣誉称号;被中国烹饪协会授予团体会员单位。现已是全国绿色餐饮的龙头企业。

第九节　郊野型休闲园

案例一:吉林省长春市二道区四家乡

1.建园条件与环境评估

四家乡位于长春市东 36 千米的石头口水库上游西岸,长吉公路南线 29 千米处。全乡共有 8 个村,耕地面积为 2 358 公顷,人均占有耕地不足 0.2 公顷。有水域面积 1 300 公顷,林地近 1 700 公顷,天然草地 300 公顷。

2001 年以前全乡人均收入不足 1 000 元,是一个"交通基本靠走、治安基本靠狗、通讯基本靠吼"的"山穷水恶人贫困"的穷乡僻壤。近几年,在各级旅游部门的指导下,乡党委、政府重新审视了本乡镇的资源优势,适时确立了"主打旅游经济品牌"的经济社会发展思路,使这里发生了翻天覆地的变化,"房前屋后柏油路、冰箱彩电全入户、家家都有好项目、一年更比一年富",一个山美、水美、人更美的新型旅游乡镇以他特有的风姿展现在游人面前。

长春莲花山滑雪场地处长春市二道区四家乡,距长春龙嘉国际机场仅 20 千米,交通极其便捷,是全国中、高级滑雪场中距中心城市最近的滑雪场。长春莲花山滑雪场规划占地 6 平方千米,群山环绕、山水相连,9 座高低起伏的山峰酷似九朵含苞的莲花,其中最高峰为莲秀峰,海拔 413 米。独特的自然条件是建设竞技与旅游滑雪场的理想之地,先进的造雪系统可使滑雪期提前至每年的 11 月下旬,延长至次年的 3 月末。目前,长春莲花山滑雪场已按国际标准设计建造了"自由式空中技巧"和"单板 U 型槽"两个比赛场地;一期开设了 6 条初、中、高级滑雪道,可满足不同滑雪水平游客的需求;新建的 2 条高山吊椅索道和 2 条拖牵索道,将在最短的时间内把游客送达各条雪道的起始点,并可开展滑翔伞运动。同时,这里开展了雪地摩托、雪上飞碟、冰上滑梯、马爬犁、狗爬犁和网球等多种运动项目。此外,还有莲花鱼馆的鱼宴、林间可容纳百余人的别墅群、日接待 500 余人食宿的运动员中心。

2.功能设计与特色风格

长春市二道区四家乡的朝鲜族旅游村于 2005 年 10 月正式面向游客营业。据了解,村内共有 192 户朝鲜族家庭,常住人口 120 人。该村共有朝乡俗韵、民俗小屋和素乡第一家等 12 处景点。

到这里旅游,游客可以随意选择到任何一家朝鲜族家庭用餐,村民会用朝语和汉语热情招待游客,游客可以盘腿坐在朝鲜族村民家的大炕上,吃着打糕和各种朝鲜族拌菜,喝着米酒,听着村民介绍朝鲜族的各种生活方式和风俗习惯,还可以学习朝鲜族礼仪,学习做朝鲜族菜,还可以穿上民族服装荡朝鲜族秋千,游客不用出长春市,也可以感受到朝鲜族人民生活的乐趣。

3. 经营管理与促销方法

长春市二道区四家乡的朝鲜族旅游村选准思路,用旅游主导乡镇经济发展。过去的四家乡是一个典型的农业乡镇,尤其是石头口门水库增容作为长春市水源地后,乡内绝大部分土地都处于长春市重要水源保护区内,不适宜工业型、污染型企业在乡内发展,给本来耕地就不足的四家乡党委、政府出了一道急需破解的难题。

逆水行舟、不进则退。面对困境,乡党委、政府班子认真调研、综合分析,认识到,发展乡镇企业不符合保护水源的环保要求,靠种地又无法使农民增收致富,只有依托境内的旅游资源优势,走发展特色旅游经济的路子,才能促进"三农"问题的有效解决。

四家乡地处东部长白山山脉向西部松辽平原过渡地带,被石头口门水库成半月形环抱,沿岸有多个山头深入水中,山清水秀。全乡不仅具有高山、丘陵、盆地、平原等类型齐全的地形,而且林木茂密,平原土地肥沃,山地上仅树木就达到了 100 余种、山野菜 30 余种、野生动物 50 余种。境内的九朵莲花山是长春市近城区最高的山峰,主峰海拔达 413 米,山上地势、海拔、垂直高差及积雪期均是国际上公认的滑雪最佳场所,县级建成吉林省距中心城市最近的国际标准滑雪场。莲花山上还具有吉林省最大的庙宇遗址——玉皇阁、朝阳关遗址。四家乡悠久的农业生产始终还积淀了丰富的乡村文化内涵和民俗风情,中国萨满文化传承基地——龙湾萨满欢乐就坐落在四家乡境内,各种丰富的风情表演和祭祀活动吸引着众多游客。集现场教学、课外试验、户外体验于一体的长春市中小学生劳动教育基地和全国青少年户外活动基地——长春莲花山度假村,每年都吸引着十几万名青少年前来郊游和宿营。良好的旅游资源及优越的区位优势,为四家乡发展以观光农业和生态旅游为特色的观光农业提供了基础和条件。乡党委、政府确定了依托丰富的旅游资源,加快培育旅游主导产业,振兴四家乡经济的发展战略,努力将四家乡建设成为独具水乡特色、充满田园风光的,以冰雪旅游为主、生态旅游观光农业为辅,即冰雪旅游、休闲度假、特色餐饮、名宿体验于一体的北方旅游明星乡镇。

为加快观光农业的发展,打造旅游精品,目前,在全乡境内已建成有规模的旅游景点 5 个,分别是:2007 年亚洲冬季运动会备用场地——长春莲花山滑雪场,中国萨满文化传承基地 AA 级旅游景区——长春龙湾萨满欢乐园,长春市中小学劳动教育基地、全国青少年户外活动基地——长春莲花山度假村,长春市首批"农家乐"旅游示范点——新光朝鲜族民俗村,以及长春青山食用菌菌种培育基地。此外,还有温泉洗浴疗养、水上观光旅游等项目正在开发中。同时按照"一村一品"的发展思路,全乡8个村分别形成了以"农业观光""萨满文化""朝鲜民俗""湖边垂钓""原始生态森林游""田园山水游""餐饮服务""温泉浴"等项目和产品,使四家乡的观光农业日臻完善。

出现势头,灵活模式改变"三农"现状。几年来的不断发展和建设,通过"招商引资、筑巢引凤、内部挖潜、链条拓展"等多种形式,四家乡的旅游经济已初具规模,逐渐形成了"春踏青、夏避暑、秋赏景、冬玩雪",以莲花山滑雪场为中心,以莲花山度假村、长春萨满欢乐园为两翼,辐射新光朝鲜族民俗村、四家道口小区,即冰雪旅游、休闲度假、民俗旅游、生态旅游、都市农业旅游于一体的多功能旅游区域经济发展格局。

企业拉动,吸引和转移农村劳动力。2003年开始,四家乡积极配合吉林省莲花集团搞滑雪场开发,先后投、融资1.2亿元,启动了莲花山滑雪场项目建设工作。建有具有国际标准的"自由式空中技巧"和"单板U形槽"两个比赛场地。其中,"单板U形槽"场地是目前全国最大的国际标准的U形槽场地。开设了总长度5 907米、总面积205 140平方米、客容量6 838人的8条初、中、高级滑雪道。建有高山吊椅索道2条、拖牵索道4条。并可开展滑翔伞、雪地摩托、雪上飞的、冰上滑梯、马爬犁和狗爬犁、垂钓、游泳、沙滩浴等多项运动。这是长春市周边唯一一家具有竞技滑雪功能的大型滑雪场,也是四家乡的旅游骨干企业、主打品牌。企业日常营运年用工近300人次,可为农民创造劳动收入近60万元。

龙头企业带动调整产业结构。一是观光农业的带动。莲花山度假村是四家乡引进的一个具有观光农业性质的旅游企业,是长春市学生劳动教育基地,年可接待学生及游客近14万人次,度假村内的蔬菜种植具有较高的科技含量,成为农民们学习、效仿的对象。二是休闲度假旅游的带动。长春龙湾萨满欢乐园是集生态旅游、民俗、休闲度假于一体的旅游企业,年可接待游人10余万人次,在他的带动下,大批农户从土地中剥离出来,开始兴办起了餐饮服务业。

户户联动,促进农民致富增收。根据民俗特色,四家乡在新光朝鲜专业村创办了民俗村项目,在民俗村内发展"农家乐"家庭旅游接待户,在村党支部和村委会的牵动下,形成了"家庭联动、户户互动"团队季节的旅游接待方式,用特色吸引游客,以规模保证服务质量。家庭旅游接待户年可创收1万~2万元以上。基地推动,加快农业产业步伐。四家乡因地制宜,建立了长春青山食用菌菌种培训基地——一个旅游型农业产业化项目,基地占地11公顷,建有厂房2 600多平方米,食用菌菌种培育设备国内一流,投资500多万元,年可生产菌袋300多万盘。既体现了现代农业与旅游的完美结合,又以"公司+农户"的形式加快了农业产业化的步伐。

2005年,全乡共接待游客达40多万人次,全乡"农家乐"常年接待户达到20余户,临时接待户达到50余户,以饮马河淡水鱼为特色的餐饮业户发展到了24户,日可接待游客用餐2 000~3 000多人次,可供游客住宿300多人次,各类种养大户发展到 500 余户；全乡 5 000 多劳动力中转移到旅游产业的农民达到了 1 000 多人。2005年，全乡完成生产总值 12 900 万元，其中，旅游业总收入达到 4 000 多万元，占全乡GDP 的 13%，农民人均收入实现了 3 986 元。

案例二：白洋淀文化苑

1. 建园条件与环境评估

白洋淀是华北平原最大的淡水湖，总面积 366 平方千米，85% 的水域在河北省安新县境内。白洋淀是生态明珠，是华北地区最大的湿地生态系统，省级湿地自然保护区，被誉为"华北之肾"。白洋淀是旅游胜地，素有"华北明珠""北国江南"之誉。安新县白洋淀景区是国家 AAAA 级景区。

为纪念建国 55 周年，抗战胜利 59 周年，弘扬革命传统，深入挖掘白洋淀的特色文化，把闻名中外的雁翎队革命精神发扬光大，河北源兴电力安装有限公司董事长、全国劳动模范、十届全国人大代表袁大炳，于 2003 年夏开始在革命老区、国家AAAA 级旅游景区、华北明珠白洋淀中心，投资 6 000 多万元兴建了白洋淀文化苑，景区总面积 80 万平方米，其中水面 45 万平方米，岛屿 35 万平方米。建筑宏伟，气势壮观，风格独特。2004 年 9 月 26 日至 10 月 8 日由白洋淀文化苑主办，以雁翎队纪念馆为依托，开展以"弘扬革命传统、彰显雁翎精神"的爱国主义教育系列活动，集中展示了白洋淀特有的生态文化、历史文化、革命文化、民俗文化，这次活动有两个主题，即红色之旅和民俗风情，意在寓教于乐，在游历美景、体验白洋淀民俗、追寻雁翎队员足迹的潜移默化中，得出没有共产党就没有新中国；没有无数先烈的前仆后继英勇抗战就没有如今的秀美江山。白洋淀文化苑涵盖了革命传统文化、悠久历史文化、优美生态文化、淳朴民俗文化，是集爱国主义教育、观赏自然美景、体验水乡风情、度假休闲游览、娱乐餐饮等多功能为一体的大型综合旅游景区。文化苑大门上方端端正正地悬挂着全国人大常委会原副委员长王光英亲笔题写的《白洋淀文化苑》六个大字，门口两侧巍然屹立着一对高大的汉白玉麒麟，与门内广场上栩栩如生、形态各异的九龙壁共同喜迎游客的光顾。景区游览内容丰富，苇绿荷香生态美，水清鸟鸣自然纯，形成一道亮丽的风景线，为淀内注入了一股清新的气息，将无限神奇的奥秘展现给游客，使之融入自然、回味历史、感受文化。2004 年 6 月 18 日开园通游，当年就接待国内外游客 15 万人前来观光。中央书记处书记、中央军委委员、总政治部主任徐才厚上将，全国人大常委会原副委员长彭佩云、副委员长何鲁丽、李铁映、原副委员长布赫，全国政协原副主席王文元及 60 多位省部级领导先后亲临视察，各方面都给予了充分肯定和高度评价。2004 年 11 月 2 日通过 GB/T1 9001－ISO 9001：2000 标准（质量）管理体系认证审核，颁发了资格证书。2005 年 1 月 20 日被安新县授予"文明景点";2月3日被河北省旅游局确定为十大红色旅游重点景区和精品线路之一;3月23日被国家发展和改革委员会、中央宣传部、国家旅游局等13个部门定为全国红色旅游精品线和红色旅游经典景区。

2.功能设计与特色风格

在荷叶田田、苇塘纵横、水泊相连的白洋淀中,一朵亮丽炫目的芙蓉出水了,这就是白洋淀文化苑。是集优美生态文化、悠久历史文化、革命传统文化、淳朴民俗文化为一体的大型旅游景区。景区门口那对雄踞的麒麟是我国古代传说中一种寓意祥瑞的动物,形态像鹿,头上有角,全身有鳞甲,有尾。它与广场对面九龙壁上栩栩如生、形态各异的九条飞龙一起喜迎游客,预祝各位游客祥瑞、幸福。

白洋淀文化苑共有八大亮点:西淀风荷、雁翎队纪念馆、水生植物园、东堤烟柳、康熙水围行宫、敕赐沛恩寺、祈福钱屏、嘎子村。它们一起为白洋淀旅游景区注入了一股清新的气息,将整个白洋淀无限神奇的奥秘展示给每一位游客。主要景观有:

(1)雁翎队纪念馆　建筑面积1 666平方米,馆名是由曾率部驰骋冀中战场的开国上将吕正操在99岁高龄时亲笔题写的。分设18个主题鲜明的展厅。通过大量翔实、丰富珍贵的历史照片、图表、文献资料、流传下来的实物、形象雕塑等,以及运用电光声、三维动画立体成像、大屏幕投影等现代化艺术手段,生动再现了闻名中外的白洋淀雁翎队神出鬼没、英勇顽强、机智灵活地打击日寇的生动场面和光辉战斗历程,领略昔日烽火硝烟,见证雁翎队英雄事迹,也记录了党和国家领导人接见雁翎队员、弘扬雁翎精神的感人场面。纪念馆成为不忘历史、歌颂英雄、教育后人的爱国主义教育基地,白洋淀红色之旅的新亮点。登上纪念馆城楼举目远眺,水波浩淼,绿苇轻摇,青青莲叶接天、红荷点点,仿佛还能看见雁翎奇兵正驾着轻舟打击日寇。

以"红色"(雁翎队纪念馆)为依托,借助其他资源成为红与绿(水生植物园、西淀风荷等自然生态)、红与古(康熙水围行宫、沛恩寺)、红与蓝(天蓝水清碧波荡漾)、红与俗(嘎子村民俗风情)的有机结合,优势互补,形成综合性品级高的旅游产品,具有叠加的特点,比单体红色旅游景点有更大的吸引力。河北省2004年8月首次"中小学弘扬和培育民族精神月"启动仪式与"革命圣火火炬接力"在白洋淀拉开序幕,国家教育部基础教育司、河北省市领导、省市县教育系统主要负责人,以及全省中小学生代表2 500余人参加。省第四建筑公司等大批单位也纷纷来此组织活动。现雁翎队纪念馆已被命名为河北省青少年"爱国主义教育示范基地"、中小学"德育基地"、民营企业家"传统教育基地",保定市统一战线、民营企业家"爱国主义教育基地",安新县"国防教育基地"、"民兵传统教育基地"。河北农业大学、中央司法警官学院、河北省职工医学院、河北大学等相继确定为"爱国主义教育基地",并挂牌。充分显现了政治思想教育阵地的重要作用,培育了爱国情,激发了报国志,感召着爱好和平的人们去努力追求美好的未来。

（2）康熙水围行宫　由于白洋淀近在京畿、水面开阔、物产丰富、风光秀丽，清代康熙皇帝曾先后40次到白洋淀巡幸，其中29次水上围猎，乾隆皇帝也曾4次驾临，为驻跸休憩需要，修建了宫殿式建筑的水上行宫，坐北朝南，对称排列，由万岁宫、千岁宫、御书房、御膳房、寝宫组成，供皇帝水围之余，召见臣工、阅审部院奏章、发布谕令、从事政务，以及读书、娱乐、憩寝等所用。行宫之内有前殿、后宫、御书房、御膳房和朝房等。其中风物器具别致精巧、玲珑剔透，具有水乡特色，寂然如初。笔墨纸砚铺陈有序，如在昨日；雕梁画栋美仑美奂，青砖琉瓦、檐角脊顶勾心斗角。宫殿内侧碑廊琳琳，曲折绕之，有康乾二帝御笔亲题诗赋，或写白洋淀风光之秀丽，或抒水围行猎之豪烈，或写渔翁莲娃之悠然。有现代负有盛名的书法家惠赐墨金之佳作，徜徉其中，仿佛看见康熙率众臣与民同乐之情景。一代帝王的行宫，游客自由出入、游览欣赏，令人体验到"昔日王榭堂前燕，飞入寻常百姓家"。轻松跨越数百年，感受数百年。

（3）敕赐沛恩寺　康熙为永保江山，巩固统治，经常是早晚两叩首，一日三柱香地祈福祷告。于是便在水围行宫旁建造寺院一座，即敕赐沛恩寺。山门悬挂康熙御笔"敕赐沛恩寺"匾，门内两尊神像为哼、哈二将，是佛寺的守护神；寺内钟、鼓楼各一座，以"晨钟暮鼓"，晨钟惊醒世闻名利客，暮鼓唤起苦海梦迷人。天王殿供奉的佛像为弥勒佛，两侧为四大天王，分别持剑、握琴、执伞、握龙，表达祈盼风调雨顺、五谷丰登、天下太平的愿望；侧殿分别为奶奶殿和菩萨殿，供奉四大菩萨，分表"大智、大德、大悲、大愿"；殿前置三个大香炉，香火鼎盛，善男信女伏跪叩头虔诚祷告。大雄宝殿（为寺中正殿、主殿），拾级而上，供奉的佛像为释迦牟尼（居中），左右为药师佛和阿弥陀佛，消灾延寿和接引众生，佛像两侧为十八罗汉。佛像塑造庄严，神态各异，栩栩如生，弹指之间，人世沧海桑田，俯视着每个前来膜拜之人，令人肃然起敬，不敢高言。整个寺院建筑灰瓦铺就，雕梁画栋，结构严谨，布局合理，气势雄伟。是佛教文化的瑰宝之所在。

（4）水生植物园　过了水上浮桥，便能看到独具造型的水生植物园。该园造型独具，为"5168"形状，即周围的五角、六角形花池，中间一个大花池，总共八个池子，取意"我要顺发"的意思，祝愿游客"财运亨通，事业顺利"。园内不仅有白洋淀的代表性"一花三宝"（荷花，菱角，芡实、皮条），还引进大江南北、世界各地200余种转基因名荷，花型大、花色多，或红、或粉、或白、或紫、或洒金；荷花或单瓣、或复瓣、或重瓣，成为精品珍贵的园景。小巧玲珑的碗莲，大有能负重20千克以内、原产地南美洲的王莲，中型各类，红黄白粉绿，色调多样，单瓣、复瓣、重瓣齐全，千姿百态，争奇斗艳，尽展美姿，独领风骚。或高擎于水面，汲风啜露，旁若无人；或隐藏在接天荷叶之中，羞羞涩涩，似隐又现。花朵灿烂夺目，花香沁人心脾。出污泥而不染，濯清涟而不妖，令人心旷神怡。看着那种不容半点杂质的圣洁神态，给人以宁静，让人清心寡欲，有一种轻松愉悦的感受,心底里萌生一种信仰。是欣赏品荷、照相留念的理想场所。

(5)西淀风荷　为原新安城八景之一,被誉为"淀上仙境"。白洋淀在明清时称为西淀。本地纯种荷花,称之为荷花大世界。景随时移,暮春之时,淀水清新一碧,小荷才露尖尖角,叶儿或覆水含露,或卷缩如小舟,清丽可人。仲夏烈日,荷叶田田菡萏初放,馥香沁人,避暑则暑为退,纳凉则凉逐之生,或荡舟其间,荷叶亭亭如盖,戏水弄荷,或稳坐钓鱼亭,尽享悠闲之乐趣;秋日里,划着小舟穿行荷叶中采摘莲蓬,别有情趣;冬天来了,淀中残荷败叶犹有傲霜枝,余香犹在,余韵犹存,又是一幅冬日美景图。总长2 500多米的水上栈桥,曲径通幽,浮于水上,亭台座座,拱桥飞虹,踏桥赏荷,俯瞰接天莲叶,映日荷花。两个水上大平台,形似观莲台,近闻荷香,细看荷态,体味融入自然、人荷合一、人水相亲的生态境界。还可休息购物,品尝小吃,观看节目表演,将会带来怡然自得的享受。

(6)祈福钱屏　远远望去,一条巨龙抓住一枚硕大的古铜钱正欲腾空飞天。这枚巨钱天下无双,高11.888米、宽13.888米、厚0.888米,钱孔边长1.888米。整体结构严谨,色彩绚丽。据传说用制钱表示祈福始于唐代宫廷,巨钱天下无双。在此可祈福读书的孩子金榜题名、爱情甜蜜永久、企业兴隆昌盛、财源滚滚。身若从孔中而过,预示着今后能财源滚滚,永立商海潮头,但身处其中,又让人感觉到钱乃身外之物。尽情享受生活,享受自然乃是人生之真谛。

(7)东堤烟柳　也是原新安城八景之一,回归自然的朴素景观,宽窄适宜的堤上,两旁都是柳树。春季,柳絮尽扬;夏日,垂柳依依;秋天,秋风送爽。漫步堤上,隔柳望去,淀内苇塘纵横,翠苇掩映,碧草如茵,荷香阵阵,渔歌唱晚。尤其晨暮之时,漫步其中,柳儿拂面,使人万念俱空,放浪形骸。长堤绵亘如带,万柳覆水,依依向人。还有金宝山、银宝山,双帽凉亭,苍松翠柏,"火炬"映红,树木茂盛,登高望远,休息乘凉。每当春雨初晴,烟丝如织,何似苏堤春晓时也。使人置身其中,自然体会到大自然营造的风光秀美,忘却一切烦恼。

(8)嘎子村　三面环水,村边景色宜人,芦苇青翠,水清鸟鸣,荷花飘香,水光天色,四季竞秀,环境幽静。村头坐落着小兵张嘎的塑像。村内窄窄街道相连,曲折迂回,农家独宅独院,错落有致,渔家戏台、书场、苇编表演展示,古朴典雅,格局不同,风格各异。水乡戏台、广场,尽可一展风采。高档餐饮娱乐,大小会议室,一应俱全。极具风情的石磨、石碾、石臼让人回首过去,织席、编篓又把你带回今天。村里窗明几净,设施齐备,服务周到,彬彬有礼,体贴入微,是舒适、温馨的栖息地。游客可包一个渔家小院住上一晚,还可以品尝地道的杂鱼饼子,尽享全鱼宴大餐、水乡美食,或到邻家串串门、看戏、听书,或到小村外的田里种菜弄花、担水浇园、施肥捉虫,过一回浓郁的真正水乡生活,亲身体验原汁原味的白洋淀淳朴民俗风情,自然更是别有一番滋味。

　　与之相配套的淀花宾馆,为二星级,位于县城北关,占地300余亩。分南北两院:北院客房部拥有主楼和6栋豪华别墅楼,客房内设备清新洁净、幽雅舒适。餐饮部有一个大餐厅、12个雅间,以白洋淀水乡风味为主,兼有南北特色菜肴。还有大型歌舞厅、会议室等服务设施;南院"燕赵巨龙潭"内有经济客房、近千人礼堂。除具有大型停车场外,花草、树木、荷塘、绿地、亭台楼阁错落有序,是中外宾客下塌、开会、商务洽谈、旅游观光的理想场所。淀花宾馆以超凡的姿容、先进的设施、优质的服务,先后接待了国务院总理李鹏、全国人大常委会委员长乔石、中央政治局原常委宋平、全国人大常委会副委员长何鲁丽和众多省部级领导及冰岛、德国、法国、美国、加拿大、蒙古国等外宾下榻、就餐,承办各种会议百余次。2005年3月22日被安新县授予精神文明建设"百颗星优质服务宾馆饭店"称号。

　　(9)娱乐购物　　参与水上模仿打保运船、端炮楼,坐宫廷轿,品味历史。在此可欣赏和参与放鱼鹰、打野鸭、撒旋网、扣花罩、下丝网、倒虾篓、下密封,以及渔家妇女编席、织网等富有渔家特色的表演。亲眼目睹水乡传统婚嫁,体验独特的婚嫁习俗。乘花轿、驾驶卡丁车、游泳戏水、垂钓、划小船、打水仗、放荷灯、水上礼花、戏台演戏,应有尽有,游人娱在其中,增加无穷的乐趣。在超市、摊点购买货真价实的芡实(鸡头)、菱角、莲子、莲心、松花蛋、鲜鸭蛋、老腌、熏鱼、芦苇工艺品等白洋淀特产,满载而归,将留下美好的记忆。踏入文化苑景区,文化令人肃然起敬,美景令人陶醉,民俗耐人寻味,美食让人流连。更是:

登机遥看白洋淀,苇绿荷红映蓝天,

文化苑里游人醉,再现明珠入画卷。

3.经营管理与促销方法

　　白洋淀文化苑有200多种天下名荷和几十种淀内的水生植物。荷花淀荷红苇绿天蓝水清,满淀的荷花亭亭玉立,风随荷、荷随风,花叶相依,情景怡人。盛夏时节"接天莲叶无穷碧,映日荷花别样红"。数千米的水上栈桥曲径通幽,亭台座座,拱桥飞虹。驾小船游览荷花淀,船在水上走,人在画中游。白洋淀雁翎队是抗日战争时期的一支水上游击队,他们利用淀内沟濠纵横、港汊众多,千顷芦苇荡、万亩荷花塘得天独厚的地理环境,驾小船用打猎的火枪和大抬杆消灭了大量日本鬼子,使敌人闻风丧胆,谱写了一曲人民战争的赞歌。雁翎队纪念馆通过大量历史照片、文字、图表等文献资料和实物,真实地再现了雁翎队从成立到抗战胜利的光辉历程。游人可参与的水上模仿打保运船,在游玩之中品味历史。掩映在红荷绿苇中的嘎子村,是典型的水乡特色民俗村,村内独宅和独院几十套,格局不同,风格各异,住在村中,亲身体验渔家生活,游人可尽享白洋淀的全鱼宴。

　　白洋淀文化苑是安新县旅游开发建设的新亮点,将生态文化、历史文化、革命文化、民俗文化融为一体,建有康熙行宫、千亩荷塘、嘎子村、雁翎队纪念馆等景观,是集爱国主义教育、旅游等多重功能为一体的综合型景点。安新县白洋淀雁翎队纪念馆立足充分发挥爱国主义教育基地的功能,先后与河北农业大学、中央司法警官学院、河北省职工医学院附属医院等学校及单位联合建成了爱国主义教育基地,保定市教育局将雁翎队纪念馆命名为保定市德育基地。河北教育厅也将该馆命名为全省中小学德育基地。此外,雁翎队纪念馆已被命名为安新县国防教育基地、民兵传统教育基地。据白洋淀文化苑负责人介绍,为更大发挥爱国主义教育基地的功能,该景点在向未成年人免费开放的基础上,制定推出了向残疾军人、残疾人、县级以上劳模、人大代表、企业家免费开放包括雁翎队纪念馆在内的文化苑全部景点办法。在暑期期间,文化苑依托白洋淀旅游火爆形势,免费向青少年开放。集革命主义教育、历史文化教育于一体的雁翎队纪念馆成为青少年教育的第二课堂。

在"弘扬革命传统、彰显雁翎精神"系列活动期间,游客将充分感受到白洋淀特有的文化韵味:沿红色之旅追寻先烈足迹。抗日战争时期,活跃在白洋淀的水上游击队——雁翎队,利用有利地形,驾小舟出入芦苇荡,辗转茫茫淀上,谱写出一曲白洋淀人民抗日救国的凯歌。穆青1942年首写《雁翎队》,淀上神兵雁翎队也因此闻名中外。著名老作家孙犁根据亲身经历撰写了《荷花淀》,反映了白洋淀人民抗击日寇的英雄事迹,同时也奠定了我国文坛"荷花淀派"的基调。随后,《新儿女英雄传》《小兵张嘎》等以白洋淀人民抗日斗争为题材的优秀文学作品应运而生。在"弘扬革命传统、彰显雁翎精神"系列活动期间,将真实再现雁翎队伏击日寇保运船的历史场面,游客可以参与其中,亲身体验见证白洋淀人民英勇顽强抗击侵略者的革命英雄史绩。"小兵张嘎"原型之一在雁翎队纪念馆坐堂讲雁翎队打击日寇的革命传统,同时,游客还可以与"小兵张嘎"原型之一合影。团体游客将免费赠送《中国白洋淀》《九十九个大淀的故事》等图书和白洋淀特色小吃"荷包饭"一份。

体验水乡淳朴的民俗。白洋淀渔民们世世代代以捕鱼、养鸭、织网、编席为生。渔民的捕鱼方式多种多样:放鱼鹰、撒鱼网、下篓子、夹罩子、扣花罩等不下几十种。渔家姑娘们编席、织网更是别有情趣。每逢节日,人们为了祈求平安,还有放荷灯的习俗。在"弘扬革命传统、彰显雁翎精神"系列活动期间,安新县全方位向游客展示白洋淀渔民的日常生活,让游客细细体味浓郁的白洋淀水乡风情。

亲历厚重的历史。据史志记载,宋杨延昭曾在这里屯兵御辽,现在当地的营、寨、城、堡、口、垒等村名即来源于此。明成祖朱棣曾带兵到过留通淀、莲花淀,修筑台田,并在洛王淀边修建"乐驾台"记功。清康熙、乾隆皇帝多次到白洋淀水围,并修建四处行宫。康熙在郭里口行宫题字"溪光映带",乾隆在端村行宫题字"问源亭",赞美白洋淀风光。白洋淀有很多优美的历史故事和民间传说,历代名人写了大量歌咏白洋淀的诗文。安新县斥巨资重修复建了康熙水上行宫、敕赐沛恩寺等的历史景观以及诗文、书法碑林,让游客徜徉在厚重的白洋淀历史文化氛围中。

此外,活动还将开展垂钓比赛、举办"雁翎杯"书画摄影展、"渔乡之声"民俗演唱会、捕鱼寻乐、采莲赏芦花等活动。

第十节　生产型观光园

案例一:台湖第五生产队农村生活实践园

1.建园条件与环境评估

台湖村台湖第五生产队位于北京市通州区台湖镇台湖村,地处北京正东,距天安门 20 千米,距北京东四环 10 千米,京沈高速路以南、六环路以北 1 000 米处,总占地面积 4 000 亩,是以生态农业观光、民俗园区参观、科普实践为主的生态旅游观光园区,主要经营项目有民俗旅游、农家院、食宿接待、餐饮服务、果品采摘、科普知识讲座与实践、娱乐健身等。

2.功能设计与特色风格

园区分为核心区和辐射区两大部分。核心区即第五生产队农村生活实践园,以新中国成立至改革开放前的农村生产生活为主要背景,以田园景观、自然资源和传统民俗文化为依托,以传播农业科普知识,参与社会实践活动为目的,展现出一幅幅"生态、民俗、科普、实践"的生动画面;辐射区包括葡萄采摘区、河蟹捕捉区、观赏鱼养殖区、籽种繁育区、苗木景观区、体育休闲区、绿色食品加工区、畜牧养殖区、垂钓观赏区等。在园内可观看具有乡村民俗文化的演出,参加农艺的编织、陶艺的制作等等,在充分享受浓郁乡土风情的兴致中,触摸农村生活气息,积累农村生活经验,增长农业生产知识。

台湖第五生产队农村生活实践园主要功能区有:

(1)果品采摘区　台湖采摘园占地约 1 000 亩,以水果采摘为主,同时具有蔬菜采摘、垂钓、摸鱼捉蟹等多种娱乐休闲功能。水果采摘以葡萄为主,有近 30 个品种的葡萄陆续在 7—9 月份成熟。除葡萄外,园中夏、秋季还有樱桃、李子、桃、梨、枣等水果;冬季有草莓,可谓四季有果,新鲜不断。蔬菜采摘也是采摘园的内容之一,如 7—8 月份的丝瓜、南瓜、小西红柿、辣椒,9 月份的萝卜、小白菜、毛豆、甘薯等,皆为纯天然绿色食品。

(2)科普示范区　台湖科普示范基地建于 2003 年,是集种植、养殖、学习、培训、科研、实践、观光、娱乐、住宿为一体的综合性生态基地。

功能是向大众传播科普知识,查阅各种科普资料;电化教育培训室安装远程教育网络,成为多媒体互动、举办科普教育、技术培训的场所;组培室主要用于无土培育和无菌实验等高科技项目的研究;科普室内设科普挂图、植物标本和操作区,备有电脑显微镜及摄像装备,进行动植物观察和各种实验活动。

(3)餐饮娱乐休闲区 台湖第五生产队园区内建有 500 余平方米饭店一座,内设高级雅间 5 套、客房 4 套、棋牌室 1 间、歌厅 1 间、娱乐厅 1 间、会议室两个。其中:高级雅间可同时容纳 70 多人就餐,菜品丰富,具有农家风味;客房内设高档家私,舒适安逸;棋牌室内有各种棋牌;歌厅设备先进,音响效果逼真,可同时供二三十人使用;娱乐厅内有台球桌、沙弧球;小会议室可同时供 10 余人开会使用,另有可供 40 人会议用大会议室 1 间。

(4)特色民俗接待户 台湖第五生产队设有 19 户特色民俗接待户,是游客在享受采摘、娱乐后的又一理想去处。各农户接待设备齐全,标准化配置(空调、洗浴、卡拉 OK、冲厕卫生间等),一年四季均可接待游客。

3.经营管理与促销方法

实践园辐射区建有万亩稻田养蟹、万亩苗木花卉、5 000 亩观赏鱼、千亩籽种、基地和京沈、六环路 2 条绿色走廊。园区内有游泳冲浪、漂流、沙滩排球、沙滩烧烤、儿童互动区、体能健身、科普馆、葫芦艺术展、民俗景物欣赏、民俗演出舞台、百鸟园、香油坊、豆腐坊、耕作园、捉蟹池、摸鱼池、驴车观光、人工湖面景物欣赏、采摘区、冬季采摘大棚、跑马场、骑马照相、射箭、打靶等活动项目。每当夜幕降临时,台湖村秧歌队便活动在村头,锣鼓声声,音乐悠扬。节日之时,更是热闹非凡。每年的 5 月份开始举办“果品采摘节”,有葡萄、苹果、梨、樱桃、枣、桃、草莓、蔬菜;秋季举办“捉蟹节”,有钓鱼、摸鱼、捉蟹等活动;“五一”和“十一”都举办黄金周文艺演出,许多国家级演员前来献艺;春节期间除了文艺演出,还举办文化庙会、“焰火晚会”等活动。走进农家院,品味乡土气息是该园又一特色,无论是平时或是节假日,都可以带上全家人走进农家院去享受农家对游客的纯朴服务,在这里,可以吃上各种饭菜,如贴饼子、炖小鱼、野菜团子、打糊饼、轧饸饹等。园区共有农家小院 19 户,这些接待户都经过了专业技术培训,学习了文明用语、礼貌待客、饭菜制作等。农家小院家家环境整洁、设施齐备、户户朴实热忱,在这里,游客可以“吃农家饭、睡农家炕、说农家话、学农家活”,充分感受“农家乐”的兴趣。全年对外接待,可同时容纳 700 人就餐,100 人住宿,各家都有娱乐设施,包括扑克、麻将、象棋、电视、卡拉 OK 等。园区已被通州区教委定为青少年科普基地,配备有远程教室,可进行科普讲座、科学试验、实践活动,例如果树的种、收、管理等环节,让游人实际参与活动。在星湖园内,游客可以享受星级饭店接待,这里有人造热带园林景观,一年四季保持恒温,游客在品尝美味佳肴时,可以尽享南国风光。在进行各项活动时,园区有"驴的"负责接送,这也是旅游的一道风景线。

4.引申服务项目与其他

台湖第五生产队农村生产实践园是台湖村的一家股份制企业,建于 2002 年初。这里有镇政府大街、居民小区、中小学、银行、邮政、电信、医院、军事院校、商店,各项服务、购物设施齐备。台湖第五生产队农村生产实践园总的指导思想是:以市九届党代会报告中提出的"发展郊区生产性、生态性和服务性功能的都市农业"为指针,依托本镇现有资源,提升台湖产业结构档次,丰富台湖农业发展的内涵,用台湖的生态旅游观光农业为京城内外提供服务,拓宽本地区农民增收致富的渠道和空间。

台湖经过前几年的发展,在镇域中部已经拥有了丰富的农业资源,如万亩稻田养蟹、万亩苗木花卉、5 000 亩观赏鱼、千亩籽种、京沈和六环路 2 条绿色走廊,这些丰厚的农业资源,显示出了发展观光旅游农业的天然优势,形成了一个个景观各异的农业生态空间,构筑了发展生态旅游观光农业的基础。

旅游观光农业区域的形成,为南部的光机电基地(今后的亦庄卫星城),北部的通州卫星城,提供了一处休闲娱乐的好场所,建成两城之间的一个大花园,在两城之间形成这样一块绿色区域,符合发展的需要。建设的台湖第五生产队农村生活实践园就是要把所形成的农业优势得以进一步扩大,充分挖掘台湖的人文历史,展现 20 世纪五六十年代农村的生产、生活状况,给广大青少年提供一处生产、生活实践的场所,向广大青少年传授一些农业科普知识,最终的目的就是把台湖的农业结构调整向更深层次延伸。

案例二:湖南望城国家农业科技园区

1.建园条件与环境评估

岳麓山青,湘江水秀,山环水绕的望城,自古便是鱼米之乡。湖南望城国家农业科技园区位于秀丽的湘江河畔,以长沙至望城县城的交通主干道雷锋大道为核心。包括黄金乡星城镇、高塘岭镇 3 个乡镇的 8 个村,面积 1.45 万亩,分为"四区一中心",即优质种苗区、农产品加工区、高效养殖区、无公害粮菜区 4 个功能区和 1 个科技培训及综合服务中心。辐射区为示范区周边的 20 个乡镇,面积 45 万亩,部分项目可辐射全省及南方地区。园区于 1999 年开始筹建,2001 年 9 月被国家科技部批准为第一批全国 21个"国家农业科技园区"之一,是湖南省唯一的国家级农业科技园区。

2.功能设计与特色风格

优质种苗区已引进湖南省优质果茶良种繁育场、湖南省原种猪场和锦绣生态农庄等优质种苗生产企业,年供各类水果、茶叶、花卉苗木种苗 2 000 万株,接穗 1 万千克,原种猪 1.5 万头。无公害粮菜区已引进碧水园林、三木园林、湖南国发、农业综合开发、中国农科院麻类研究所、湖南天潮、秀龙米业等 10 多家无公害粮菜种植项目。高效养殖区已引进湖南鸿远股份有限公司的龟类等特种水产养殖、湖南湘云生物科技有限公司的湘云鲤、湘云鲫养殖项目,奶牛养殖从无到有。

优质种苗区区内的省优质果茶良种繁育场是全省唯一具有现代化高科技水平的优质种苗生产龙头。该场已投资 4 000 多万元,面积达 620 多亩,已建成高标准无病毒水果"二园三圃"和茶叶"二园二圃"及高标准优质果茶产品商品化处理生产线,实现了优质种苗育、繁、推一体化。已引进国内外名特优新品种 158 个和以色列的电脑自控喷滴灌设施,形成了年产优质种苗 1 000 万株、果茶接穗 1 万千克、优质果茶产品 1 000 吨、年产值 1 000 万元的生产规模。目前,该场又办理了 400 亩土地的征租手续,计划再投资 6 000 万元,进一步扩大生产规模。

区内已建成的省原种猪场是全国最大、最先进的原种猪场,猪舍实行电视监控,实现了种猪生产一条龙。该场占地 181 亩,共投入建设资金 3 450 多万元,已从加拿大、丹麦引进长白猪、大约克、杜洛克等原种猪 200 头,达产后可形成年供种猪 1.5 万头、年产值过 2 000 万元的生产规模。

区内的锦绣生态农庄占地 400 亩,已投资 2 000 多万元,目前已引进国内外花卉苗木新品种 100 多个,年产值 800 万元以上。同时集休闲、旅游、垂钓于一体。

3. 经营管理与促销方法

农产品加工区引进湖南旺旺集团、光明派派奶业、沐林食品、亚华宾佳乐、秀龙米业、光阳米业、长鸿实业、五福食品、华越食品等大型食品加工企业 12 家,总投资已过 16 亿元,打造了旺旺、派派、沐林、湘隆、黄金园、华越等知名品牌,带动全县农业产业结构调整 45 万亩。2002 年创产值近 15 亿元,上缴国家税收 6 000 多万元。目前又争取了湖南台商投资区落户农产品加工区。

做大园区规模,招商引资是关键。注重发挥"国家农业科技园区"的品牌优势,狠抓招商引资引智。

(1)以良好的设施招商　近几年,县人民政府投入资金 2 亿多元,基本完成了农产品加工区"三纵六横"的道路骨架,完善了无公害粮菜区内机耕道、沟、渠、田埂、水、电等基础设施。

(2)以优惠的政策招商　县人民政府出台了土地、税费、人才等系列优惠政策。如人才政策方面,对两院院士入园创业,免费提供别墅一栋、专用小汽车一辆或者按 1 元/亩提供土地 5～10 亩;对做出突出贡献、创造巨大效益的科技人员,授予"国家农业科技园区贡献奖",最高奖金可达 200 万元等等。

(3)以先进的手段招商　成功举办了"湖南望城国家农业科技园区新闻发布暨招

商推介会",当场签约 13 项,协议资金 2.3 亿元;制作了 5 000 份《园区招商指南》,进行广泛宣传;建成了园区网站,在网上宣传推介园区,实现了网上招商。

(4)以优质的服务招商　园区实行"封闭式管理""一站式审批",由园区管委会代办、协办一切手续,实行"保姆式"服务。

4.引申服务项目与其他

无公害粮菜区一直是湖南省委、省政府主要领导的"科技兴湘"样板示范基地,对湖南省农业产生了较好的示范与辐射作用。该区规划面积 3 000 亩,已建成 2 000 亩,投入资金 1 000 万元,搞好了道路、水利等基础设施建设,完成了 1 000 亩高标准田园化建设。已引进碧水园林、三木园林、湖南国发、农业综合开发、中国农科院麻类研究所、湖南天潮、秀龙米业等 10 多家无公害粮菜种植项目。带动全县种植无公害水稻、蔬菜 40 万亩。

高效养殖区已引进湖南鸿远股份有限公司的龟类等特种水产养殖,湖南湘云生物科技有限公司的湘云鲤、湘云鲫养殖项目;奶牛养殖从无到有。

科技是园区发展的强大动力。园区切实加强与科研院所协作,注重科研成果的转化和运用,强化科技培训,努力提高园区的科技含量。

(1)狠抓科研成果的转化和运用　园区管委会聘请了袁隆平、刘筠院士和省内外知名专家共 15 人担任园区科技顾问,设立了专家委员会,为园区的发展提供科技信息与技术咨询;与中科院长沙农业现代化研究所、国家杂交水稻工程技术研究中心、湖南农科院、湖南农大等科研院所和高等院校加强技术合作,积极引进农业高新技术和科研成果。2002 年园区已引进无毒快繁、配方基质育苗等种苗繁育技术,超数排卵、活体采卵、体外受精等养殖技术,自控连栋大棚、以色列自控喷滴灌节水灌溉、无公害栽培等蔬菜种植技术,以及生物发酵、微波膨化、高温挤压等农产品加工技术共有 150 多项。

(2)健全科技网络,引进科技人才　园区已健全了"县—乡镇—村组—科技示范户"多层次的科技服务网络,大力引进科技人才。2002 年园区共拥有各类科研和技术推广人员 480 人,其中高级职称 122 人,中级职称 282 人,涌现了 1 155 户农业科技示范户。

(3)加强科技培训　2001 年到 2002 年下半年,园区共举办了各类农业技术培训班 355 期,受训人员达 4.5 万人次。

良好的运行机制是园区发展的重要保障。根据园区网络化的结构特征,园区建立健全了适应市场经济内在要求的"政府引导、企业运作、中介参与、农民受益"的运行机制。

①在组织机制上,设置了园区协调领导小组、园区建设领导小组和园区管理委员

会,构建了"县级领导联产业、农口各职能局办示范点、园区管委会具体抓"的工作格局。

②在投入机制上,建立了多元化的投入机制,多渠道引进资金、技术、人才,积极鼓励农民以土地、劳动力、资金等入股,或通过与企业签订产品购销合同等形式参与建设,实现园区的可持续发展。

③在服务机制上,大力培育各类中介服务组织,进一步健全产前、产中、产后的全方位农业服务体系。

案例三:上海大千庄园

1. 建园条件与环境评估

上海大千庄园坐落在江南水乡淀山湖畔,与驰名中外的青浦朱家角古镇近在咫尺,相互呼应。其占地 600 余亩,其中湖泊 400 亩、陆地 200 余亩,有生态十八岛及芦苇千鸟林。四周河道环绕,是庄园天然界河,形成一个集自然风光、田园野趣、生态环境、农家生活为一体的世外桃源。经过长达 4 年、耗资数千万元精心打造和试营业,上海首座生态庄园——大千庄园于 2005 年 8 月 18 日正式开园迎客。园内动物众多,梅花鹿、孔雀、锦鸡、火鸡、珍珠鸡和牛、羊、马、驴、牦牛、骆驼四散放养,与人为伴。宽阔的湖面上游弋着天鹅、大雁、野鸭、鸳鸯等多种鸟类,湖中央近百亩的芦苇荡栖息着野生白鹭、灰鹭。清晨,鸟儿们成群结队离巢去淀山湖觅食,傍晚归巢时黑压压地在庄园上空盘旋。庄园饲养了近万只白羽王鸽,还有一个名犬观赏园,深得孩子们的青睐。

2. 功能设计与特色风格

大千生态庄园园内浓荫滴翠、廊桥曲回、花茂果盛、鸟语蛙鸣,为上海近郊一处集自然风光、田园野趣、生态环境、农家生活于一体的大型户外休闲娱乐场所。进入大千生态庄园,树林茂密、瓜果飘香的乡村气息,会给乘兴而来的宾客留下深刻的印象。水网密布、宽阔的湖面上,有白天鹅、黑天鹅、大雁、赤麻鸭、绿头野鸭、鸳鸯等多种珍贵野生禽类,姿态万千。一队队天鹅在水面上优雅地舞蹈;一排排野鸭振翅欲飞……湖中央有一处数十亩的天然芦苇荡,栖息着数千只野生白鹭、灰鹭。

天然湖水质优良,水域辗转迁绕面积巨大,野趣盎然。沿岸水深高差悬殊。建有宽大木结构钓台。塘底复杂,水草丰富但淤泥较少,鱼种以鲫鱼、鲤鱼、草鱼、鲢鳙为主,密度很高,质量上乘,个体中等。深水处卧虎藏龙,常有大乌青钓获。湖里鱼类达百万斤,此地非常适合偏爱野钓趣味的钓友娱乐,是上海近郊超大型天然钓鱼场之一。庄园四周均有天然河道与园内湖水相连,直通淀山湖水系,可根据需要调节水位高低,保持河水清澈。

郁郁葱葱的庄园里,梅花鹿、孔雀、锦鸡、火鸡、珍珠鸡和谐相处;牛、羊、马、驴、牦牛、骆驼悠闲散步,最大的乐趣是在湖边喂天鹅,在兔岛上逮野兔,在野鸭岛上拣鸭蛋,在小溪钓龙虾。如果夜宿庄园,在湖边下几个饵子,明早准保收获满满一篓子野生黄鳝。湖畔坐落着几十栋松林木屋与绿野小舍。庄园饲养了近数千只美国白羽王鸽,还有一个世界名犬观赏园,深得喜爱小动物的孩子们的青睐。农民们在田里种植了卷心菜、芹菜、青菜、马铃薯等品种繁多的蔬菜,让都市的孩子大开眼界。

夏日,数百米葡萄长廊果实累累,百亩河塘花团锦簇,荷花飘香。此外,为丰富游园内容,还增设了水上射箭、竹筏游湖、沙滩排球、骑马、游泳、勇敢者道路、篝火、烧烤、放天灯等众多有益于身心健康的活动项目。因此,对于长期生活在繁华闹市的人们而言,大千庄园不失为一个修身养息、陶冶情趣的好去处。据了解,大千庄园自试营业以来,已有 10 余万人次到此一游,深得好评。特别是每到周末,近百座森林别墅、小木屋都被早早预定一空。更值得一提的是,大千的美食沪上闻名,新鲜蔬菜都是自己种的,美味菜肴都是自然生态产品,不用农药、不施化肥、不用激素,全是庄园自己种植和养殖,菜从田中取,鱼虾湖中钓,如果游客想试试自己的厨艺可上自助灶台,烹制自己捕捉的鸡鸭鱼兔,或者到烧烤场自助烧烤,不少游客吃了还带回家。夜晚只要风不是太大,可以放“天灯祈福”。在灯纸上写下憧憬,点燃之后,古色古香的“孔明灯”便带着美好的祝福轻盈地飘向远空。同时,大千生态庄园中的森林别墅、小木屋、游泳池、大餐厅、包房、会议室、歌舞厅、卡拉 OK 厅等也是活动的好场所。

3. 经营管理与促销方法

上海首座生态庄园——大千庄园是在著名台商黄海伯先生经过长达 4 年、投入巨资精心筹划下建成的,内有生态十八岛及芦苇千鸟林,四周河道环绕,形成一个集自然风光、田园野趣、农家生活为一体的生态园。该园实施可持续发展循环经济,用畜牧的粪便作原料建立沼气池,利用沼气发电,而沼气化后的剩余物作为鱼的高蛋白饲料,这里的农副产品不施农药、不施化肥、不用激素,吸引了市区不少超市纷纷前来订购。

第十一节　创意型观光农业园

案例一:紫海香堤艺术庄园

“紫海香堤艺术庄园”(以下简称香草园)位于北京密云县古北口镇汤河村,是一个集养生、度假、休闲、体验、艺术创作、婚纱摄影、影视拍摄为一体的综合性都市型现代农业观光旅游区。以创意为切入点,打造“长城脚下的普罗旺斯”,无垠的香草田、宁静的汤河水、茂密的金山林,形成了一个差异化的、具有唯一性的农业旅游区。

香草园核心区占地面积 300 亩,主要种植了薰衣草、紫苏、马鞭草、洋甘菊等世界

200 余种珍贵香草品种,是北京市规模最大、品种最全的香草种植园。自 2008 年 9 月正式对外营业到同年"十一"黄金周结束,园区共接待游客万余人,仅门票收入就达 20 万元。其中吸引了约 1 000 对情侣来此"闻香识色,走过浪漫之旅"。市场认知度迅速上升,而且锁定了一批高端、特色消费人群,经济效益较为可观。

1. 以创意为导引,发展都市型现代农业新业态

在香草园中,以创意为导引,用爱情这一主题把每个文化创意下的项目活动串连起来,"串珠成链",形成了一个集都市型现代农业、情景式休闲度假、文化创意产业三位一体的新兴产业模式。具体做法是:

(1)主题创意　香草园突破了传统农业园区的种植果树、农作物,以观光、采摘为主打的经营模式,采取差异化经营战略,运用地理纬度,全球选取差异化主题,避免因趋同现象导致的不必要竞争。根据纬度相近区域气候环境相似这一地理变化规律,创新性的以纬度作为主要定题指标,在全球范围内选材。北京密云县处于北纬 40°3′,与以香草种植闻名的法国普罗旺斯(北纬 43°31′)相近,经过实地考察,并在古北口镇种植香草试验田取得成功,最终选定香草为主营项目。异国风情的引进实现了差异化,创造出北京一项新的具有唯一性的都市型现代农业资源,开发出都市型现代农业的浪漫、时尚元素。

(2)经营创意

①目标群体锁定中高端市场,有效地规避了与传统农业竞争,赢得了独特的市场占有率。香草园市场定位于中高端消费群体,特别是新婚夫妇、情侣、摄影爱好者、写生画家、商务游客等特殊客源。目标群体明确,满足了个性化的市场需求,从而有效地避免了与传统农业的低价竞争,还提高了市场占有率。

②项目策划了 DIY(英文 Do It Yourself 的缩写,又译为自己动手做,亲身参与)旅游体验活动,以延长游客停留时间来影响消费行为,增加收益。香草园划分了"香草体验休闲"和"汤河亲水休闲"两大功能区,开发了"五大香草休闲""四大爱情体验"和"汤河亲水休闲"三类旅游产品,使游客不仅能感受异域乡土风情,还能亲身参与制作、体验香草文化。

"五大香草休闲活动"指的是香草画廊、香草 DIY、写生坊、香草大讲堂、香草园环游等活动,游客可以认知香草、感知香草,满足了特定游客的特殊需求,打造了独特的"知性之旅"新产品。

"四大爱情体验活动"则为新婚夫妇、情侣们设计了爱之墙、爱情渠、星座爱情柱、香海小木屋等小品,用物化表征其纯洁的爱情和对未来幸福生活的憧憬等。

"汤河亲水休闲"是国际上最新倡导的休闲方式,青山筑起了隔绝城市烦扰的屏障,一池清水拌着醉人的薰衣草香,让游客或慵懒地靠在水岸边的躺椅上,或端坐在

阳光水岸边,当一名临时"渔夫",静待"香草鱼"的出现。

③以移动式自宿营地代替固定的客房,既新颖实惠,还解决了建设用地不足的矛盾。香草园充分利用了游客渴望零距离"拥抱"香草的心理,创新性的用帐篷营地解决住宿问题。一来营造置身花海、抬头望月的浪漫氛围;二来还能宣传香草的驱蚊作用,以每顶帐篷租赁150元的实惠价格,吸引游客。

④开发了香草系列时尚产品,既增加了香草作为农产品的经济附加值,又增加了香草的文化附加值。香草园开发了多种香草时尚产品,如根据普罗旺斯古法手工制作的干花、香包、香袋、精油、香水、香皂、蜡烛、薰衣草花草茶等。这样,不仅满足了游客"购"的意愿,而且农产品由此成为了具有实用价值的商品和具有特殊意义的纪念品。

(3)营销创意

①以"唯一性旅游资源——长城脚下的普罗旺斯"为主要吸引物。唯一性旅游资源是客流量的保障,打造唯一性旅游资源离不开创意。法国普罗旺斯的香草象征无暇浪漫,中国长城象征坚贞永恒,二者是两国的标志性资源,文化底蕴深厚,用统一的爱情主题有机融合在一起,创意出了观赏性强的唯一性旅游资源——长城脚下的普罗旺斯。

②以联合经营为手段,与专业婚纱影楼公司签订合约,保障基本收益。为开发香草园的多元效应,香草园与北京傲视婚纱摄影公司独家签约,通过租赁婚纱摄影场地的形式,既保障了香草园的基本收益,也有效地为香草园做了推介宣传。与此同时,通过婚纱摄影公司的客户,挖掘和培育出了一批香草园的潜在客源。

2.以市场需求为导向是创意农业发展的出发点

香草园项目的选择和建设摒弃了过去农业开发的"资源决定论",代之而来的是"市场需求决定论"。古北口镇是密云县乃至北京市的旅游重点区域,巨大而源源不断的客源成为发展新的旅游增长点的动力,而新的旅游增长点的选择又是在充分分析当地客源对象的特征和城市新的市场的发现、挖掘的基础上确定的。

市场决定创意。认真研究消费市场的需求是创意农业项目发展的前提,好的创意关键还要看我们的消费者是不是接受它。香草园的建设理念非常符合并充分印证了发展都市型现代农业的"221行动计划"。

3.体验活动策划和差异化经营是创意农业项目建设的重要内容

继产品经济和服务经济之后,体验经济时代已经来临。香草园的经营者正是顺应了经济发展规律的变化,锁定一部分高端、个性、时尚、浪漫的特殊客源,根据他们的特定需求,依托异域浪漫的香草题材农业观光园,与古老的司马台长城、淳朴的古北口乡村旅游村等资源创意性配置组合,集香草、长城、青山、民居于一体,构成了一幅绝美独有的风景图画。在这个图画中,有机融合了时尚创意、浪漫创意的理念,创造性地量身打造了一系列独特的旅游体验、文化娱乐项目,既有别于其他区域的休闲项目,又有别于其他休闲项目游客的无定位,从而丰富了农业休闲的新产品,有效延长了游客停留时间,进而刺激了游客的消费欲望。譬如,在"香草 DIY"活动区,游客可以亲手制作香草茶、香包、香皂、蜡烛等,不但能够尝试到手工制作的乐趣,而且也是游客馈赠亲朋好友最好的礼物,从而实现了香草从一般的农产品到商品,从商品到纪念品,从纪念品到艺术品的华丽转身,增加了香草的文化附加值和加工附加值,提高了香草园的效益。

4. 产业化发展是创意农业建设的生命力

通过香草种植发展第一产业,大大带动了乡村民俗旅游、旅游接待服务等第三产业的发展。香草不仅具有独特的景观价值,还具有食用、药用价值,也是居家装饰、美容香体的重要原料。纵深发展产业链,由观赏性向深加工型转化,在香草园农贸市场,出售有各种薰衣草制品,如香包、香袋、精油、香水、香皂、蜡烛、薰衣草花草茶等加工产品。第一产业和第二产业、第三产的联动,带动了产业链的延长,产业的延伸,又增加了农业附加值,还满足了游客购物需求,进而实现了农民增收、产业增效的目标。

香草园与司马台长城景区相得益彰,带动了司马台长城沿线沟域内的司马台民俗村、古北口民俗村等 4 个民俗村的乡村旅游发展,多样化的旅游资源,互为补充,"点、面"结合,以"点"促"面",共同构筑起汤河沟域特色经济,打造出古北口旅游产业重镇。2008 年全镇有 340 户、526 人从事相关产业,民俗旅游业接待 38 万人次,客流量同比明显增多,实现旅游收入 4 200 万元,人均增收 4 000 元。

5. 城市资源的注入将是创意农业发育、发展和壮大的有力保障

兴建于 2006 年的香草园,其建设主体是北京古北口盛阳旅游开发有限公司。该公司的投资人和经营者是广告策划人,也是当今国内电视媒体包装界的重要人物。他思想前卫,对美术、色彩学和营销宣传颇有研究,懂得创意,了解市场,他以文化人的敏感性把香草园经营的有声有色。

香草园采取"公司＋合作社＋农户"的形式,有效地帮助农民实现了就业增收。在汤河村和司马台村分别成立香草种植合作社,与北京盛阳公司签订合作协议,分别从土地租用、人员务工、收益分红等方面确定双方权利义务。直接带动近 300 人种植香草,实现人均年增收 3 000 元。香草产业开发顺利推进的同时,形成了政府、企业、农民"三赢"局面,社会效益明显。

香草园 2008 年 9 月投入运营,尚处于生命周期的成长期,需要进一步规避发展中的不稳定因素,顺利地进入成熟期,并有效延长成熟期的时间,以提高示范性和推广价值。

参 考 文 献

[1] 郭馨梅.体验经济刍议[J].北京工商大学学报(社会科学版),2003,**18**(4):1-4.

[2] 皮平凡.体验经济时代的旅游产品开发探索[J].学术交流,2005,(2):66-69.

[3] 范萍.现代休闲理论初探[J].黑龙江史志,2009,(17):107-108.

[4] 郭焕成.观光休闲农业与农业生态旅游[C].第二届海峡两岸休闲农业与观光旅游学术研讨会论文集,2004:63-69.

[5] 张屹东.都市农业的理论与实践[D].上海:上海交通大学,2008:1-21.

[6] 陈颖.景观农业的内涵和构建[J].*Economist*,2008,(3):124-126.

[7] 赵羿,郭旭东.景观农业研究的兴起及其实际意义[J].生态学杂志,2000,**19**(4):67-71.

[8] 王浩等.农业观光园规划与经营.北京:中国林业出版社,2003.

[9] 潘贤丽.观光农业概论.北京:中国林业出版社,北京大学出版社,2009.

[10] 张晴.观光农业的产业融合定位思考[J].农村经济与科技,2008,**19**(11):60-66.

[11] 李娜,徐梦洁.都市农业比较研究及我国都市农业的发展[J].江西农业大学学报(社会科学版),2006,**5**(1):69-72.

[12] 菲利普·科特勒.营销管理.北京:中国人民大学出版社,2001.

[13] 章海荣,方起东.休闲学概论.昆明:云南大学出版社,2005.

[14] 约翰·特莱伯.休闲经济与案例分析.李文峰译.沈阳:辽宁科学技术出版社,2007.

[15] 谢彦君.基础旅游学.北京:中国旅游出版社,1999.

[16] 孙海植等.休闲学.大连:东北财经大学出版社,2005.

[17] 史亚军等.城郊农村如何发展观光农业.北京:金盾出版社,2006.

[18] 史亚军等.观光农业开发与经营.北京:中国农业科技出版社,2006.

[19] 史亚军等.观光农业项目与技术.北京:科学普及出版社,2008.

[20] 史亚军等.都市型现代农业发展研究.北京:中国农业出版社,2008.

[21] 史亚军等.新农村建设模式与解析.北京:科学普及出版社,2009.

[22] 黄映晖等.农村文化资源的开发与经营.北京:科学普及出版社,2009.